22.90
— 20%

Breve História
da População
Mundial

Título original:
A Concise History of World Population, 5th Edition

English translation © 2012 John Wiley & Sons, Ltd
Publicada originalmente em italiano como *Storia minima della populazione del mondo*
© 2011 Massimo Livi-Bacci

Tradução (a partir do italiano, cotejada com a 5.ª edição inglesa): José Serra

Revisão: Pedro Bernardo

Capa: FBA

Depósito Legal nº 356154/13

Biblioteca Nacional de Portugal – Catalogação na Publicação

BACCI, Massimo Livi, 1936-

Breve história da população mundial. –(Extra colecção)
ISBN 978-972-44-1691-5

CDU 314

Paginação:
Rosa Baptista

Impressão e acabamento:
PENTAEDRO
para
EDIÇÕES 70
março de 2013

Direitos reservados para todos os países de língua portuguesa

EDIÇÕES 70, uma chancela de Edições Almedina, S.A.
Avenida Fontes Pereira de Melo, 31 – 3º C - 1050-117 Lisboa / Portugal
e-mail: geral@edicoes70.pt

www.edicoes70.pt

MASSIMO LIVI BACCI

Breve História da População Mundial

70

Índice

Capítulo 3. Terra, trabalho e população   101

Capítulo 4. A demografia contemporânea: a caminho da ordem e da eficiência   135

Capítulo 5. As populações dos países pobres   183

Prefácio

Porque é que a população atual do mundo se situa pouco acima dos sete mil milhões e não é inferior ou superior a este número? Durante milhares de anos, anteriormente à invenção da agricultura, a espécie humana deve ter somado uma milésima parte do número que atingiu hoje em dia. E há quem afirme que o nosso planeta, dados os recursos disponíveis, poderia acomodar de forma confortável uma população dez vezes maior do que a atual. Quais são os fatores que, através dos tempos, determinam o crescimento demográfico? Como é mantido o difícil equilíbrio relativo aos recursos e ao meio ambiente? Trata-se de questões relativamente antigas, confrontadas pela primeira vez em termos atuais por Malthus, que, certamente não por acaso, inspirou o trabalho de Darwin.

Nas páginas desta *Breve História da População Mundial* tenciono dedicar-me a estas questões fundamentais, discutindo os pressupostos subjacentes, as soluções avançadas, os pontos já clarificados e aqueles que ainda precisam de ser investigados. O leitor irá encontrar aqui uma discussão geral do desenvolvimento demográfico e, espero, um guia para a compreensão dos mecanismos que, através dos tempos, têm determinado o crescimento, a estagnação ou o declínio da população.

Desde a descoberta do fogo que a espécie humana tem procurado modificar o ambiente e desenvolver os recursos que este proporciona. A humanidade, num período de tempo muito alargado (milénios), tem aumentado, em termos numéricos, em relativa harmonia com os recursos disponíveis. O sistema de caça e recolha não teria certamente permitido a sobrevivência de mais do que alguns milhões de pessoas, tal como a agricultura europeia apenas com grande dificuldade teria sustentado mais do que os cem milhões de habitantes que viviam no continente antes da Revolução Industrial. Contudo, em períodos de tempo mais curtos (séculos ou gerações), este equilíbrio não é tão notório, por duas razões fundamentais. A primeira prende-se com a acção recorrente de acontecimentos catastróficos – epidemias, calamidades naturais ou climatéricas –, a qual altera radicalmente um dos termos da equação população-recursos. A segunda reside no facto de os mecanismos demográficos que determinam a intensidade reprodutiva, e portanto o crescimento demográfico, se modificarem lentamente e não se «adaptarem» com facilidade a condições ambientais que evoluem rapidamente. Alega-se amiúde que a espécie humana está equipada com mecanismos de «autorregulação» que permitem o rápido restabelecimento do equilíbrio entre números e recursos. Contudo, isso só em parte é verdadeiro, uma vez que estes mecanismos – quando funcionam – são imperfeitos (e de eficiência variável de população para população e de época para época), de tal forma que já desapareceram populações inteiras – um sinal claro do insucesso de todas as tentativas de regulação.

Nas páginas que se seguem, portanto, dedico grande atenção ao funcionamento, em diferentes contextos e períodos, dos mecanismos que determinam o equilíbrio permanentemente precário entre população e recursos. Para isso tive de alargar a minha análise a temas e problemas de um modo geral pouco tratados nas publicações sobre demografia – desde a biologia à economia – sempre com receio de perder profundidade ao alargar o campo de investigação. Mas é um risco calculado e conscientemente aceite. Derrubado o mito da interdisciplinaridade, é grande a tentação de procurar abrigo no seio de limites disciplinares seguros. Mas os problemas permanecem complexos e, de forma a resolvê-los, não basta que sejam identificados individualmente e isolados. De vez em quando vale a pena fazer uma tentativa no sentido da sua reconstrução.

Esta quinta edição da *História da População Mundial* [refere-se ao original italiano; em Portugal trata-se apenas da primeira edição], a mais de vinte anos da primeira publicação, contém variados aprofundamentos e atualizações imprescindíveis para melhor compreender a direção e as consequências das formidáveis mudanças em curso. Desde então, o controlo da natalidade difundiu-se rapidamente, a sobrevivência aumentou, a mobilidade foi favorecida por fortes impulsos, os habitantes do mundo aumentaram um terço e temos todos mais consciência dos limites do planeta.

Capítulo 1

Espaço e estratégias do crescimento demográfico

1. Humanos e animais

Ao longo da história da humanidade a população tem sido sinónimo de prosperidade, estabilidade e segurança. Um vale ou uma planície repletos de casas, quintas e aldeias têm sido desde sempre um sinal de bem-estar. Ao viajar de Verona para Vicenza, Goethe comentou com agrado: «Vemos um contínuo de sopés de montanha [...] pontuados por aldeias, castelos e casas isoladas [...] viajámos numa estrada larga, direita e em bom estado através dos campos férteis [...]. A estrada é muito utilizada e por todo o tipo de pessoas.»[1] Os efeitos de um longo historial de boa governação eram evidentes, tal como nas paisagens bem ordenadas da Siena do século XIV dos irmãos Lorenzetti. Da mesma forma, Cortés não conseguiu refrear o seu entusiasmo quando olhou sobre o vale do México e viu as lagoas rodeadas por aldeias e atravessadas por canoas, a grande cidade e o mercado (num quadrado com mais do dobro do tamanho da cidade de Salamanca) que «acolhia, todos os dias, mais de sessenta mil indivíduos que compravam e vendiam todo o tipo imaginável de mercadorias.»[2]

Isto não deveria constituir surpresa. Uma região densamente povoada é prova implícita de uma ordem social estável, de relações humanas não precárias e de recursos naturais bem utilizados. Apenas uma grande população pode mobilizar os recursos humanos necessários para construir casas, cidades, estradas, pontes, portos e canais. Em termos históricos, tem sido o abandono e a deserção a assustarem o viajante, não uma população abundante.

---

[1] J.W. Goethe, *Viaggio in Italia*, Florença, Sansoni, 1980, p. 48.
[2] H. Cortés, *Cartas de Relación*, México, Editorial Porrúa, 1976, p. 62.

A população, deste modo, pode ser encarada como um índice grosseiro de prosperidade. O milhão de habitantes do Paleolítico, os dez milhões do Neolítico, os 100 milhões da Idade do Bronze, os mil milhões da Revolução Industrial ou os 10 mil milhões que poderemos atingir no final do século XXI, representam certamente mais do que o simples crescimento demográfico. Até estes escassos números nos revelam que o crescimento demográfico não tem sido uniforme ao longo do tempo. Tem havido uma alternância entre períodos de expansão e de estagnação, e até de declínio – a sua interpretação, mesmo no que diz respeito a períodos históricos relativamente recentes, não é tarefa fácil. Devemos responder a questões que são tão claras na sua aparência como complexas na sua substância: porque é que hoje somos 7 mil milhões e não em número superior ou inferior, digamos, 100 mil milhões ou 100 milhões? Porque é que o crescimento demográfico, desde tempos pré-históricos até ao presente, seguiu um determinado trajeto em vez de muitas outras possibilidades alternativas? Estas questões são difíceis mas vale a pena considerá-las, uma vez que o progresso numérico da população tem sido ditado ou, pelo menos, constrangido por muitas forças e obstáculos que têm determinado a direção geral desse trajeto. Para começar, podemos categorizar essas forças e obstáculos como biológicos e ambientais. Os primeiros estão ligados às leis de mortalidade e reprodução que determinam a taxa de crescimento demográfico. Os últimos determinam a resistência que estas leis encontram e que continuam a regulação da taxa de crescimento. Para além disso, os fatores biológicos e do meio ambiente afetam-se reciprocamente e, deste modo, não são independentes uns dos outros.

Cada coletividade de seres vivos desenvolve as suas estratégias específicas de sobrevivência e de reprodução, que se traduzem em taxas de crescimento potenciais e efetivas de velocidade variável. Uma breve análise destas estratégias é a melhor introdução ao caso específico da espécie humana. Os biólogos identificaram duas grandes categorias de estratégias vitais, denominadas *r* e *K*, que, na realidade, representam simplificações de um contínuo[3]. Os insetos, os peixes e alguns mamíferos pequenos praticam a estratégia *r*: estes organismos vivem em meios ambientes de um modo geral instáveis, e aproveitam os períodos favoráveis (anuais ou sazonais) para se reproduzirem de forma prolífica, apesar de a probabilidade de sobrevivência da sua descendência ser escassa. É, contudo,

[3] Para este parágrafo sirvo-me da sugestão de R. M. May e D. I. Rubinstein, *Reproductive Strategies*, in C. R. Austin e R.V. Short (orgs.), *Reproductive Fitness*, Cambridge University Press, Londres, 1984, pp. 1-23. Ver também R.V. Short, *Species Diferences in Reproductive Mechanisms*, in C. R. Austin e R.V. Short (orgs.), *Reproductive Fitness*, Cambridge University Press, Londres, 1984, pp. 24-61. Para um ensaio mais amplo veja-se S.C. Stearns. *Life History Tactics: a Review of the Ideas*, in *The Quarterly Review of Biology*, LI, 1976, pp. 3-47.

exatamente devido a esta instabilidade ambiental que eles devem depender de números elevados, porque «a vida é uma lotaria e pura e simplesmente faz sentido comprar muitos bilhetes.»[4] Os organismos que seguem a estratégia *r* atravessam muitos ciclos violentos, com fases de rápido aumento ou decréscimo.

Os organismos do tipo *K* – mamíferos, em particular de médio e grande porte, e alguns pássaros – que colonizam ambientes relativamente estáveis, apesar de habitados por concorrentes, predadores e parasitas, praticam uma estratégia muito diferente. Os organismos da estratégia *K* são forçados, pela pressão seletiva e ambiental, a competir pela sobrevivência que, por sua vez, requer um investimento considerável de tempo e de energia para a criação da descendência. Este investimento só é possível se o número de descendentes for pequeno.

As estratégias *r* e *K* caracterizam dois grupos bem diferenciados de organismos (figura 1.1). As primeiras são adequadas para pequenos animais com vida curta, intervalos mínimos entre gerações, períodos breves de gestação, intervalos curtos entre nascimentos, grandes ninhadas. As estratégias *K*, por outro lado, estão associadas a animais maiores, com tempo de vida mais longo, intervalos compridos entre as gerações e entre os nascimentos, bem como nascimentos isolados.

A figura 1.2 apresenta a relação entre o tamanho do corpo (em termos de comprimento) e o intervalo entre as sucessivas gerações, para uma grande variedade de organismos vivos: à medida que o primeiro aumenta, o mesmo acontece com o segundo. Pode igualmente ser demonstrado que a taxa de crescimento de diversas espécies (limitando-nos aos mamíferos) varia, mais ou menos, de forma inversa com a duração da geração e, portanto, com o tamanho do corpo[5]. A um nível de generalização reconhecidamente macroscópico, o potencial mais baixo para o crescimento demográfico dos animais de maior porte pode ser relacionado com a sua mais baixa vulnerabilidade às flutuações ambientais, e isto está, de igual modo, ligado ao seu maior porte. Uma vez que a sua vida não é um jogo de acaso e as suas hipóteses de sobrevivência são melhores, os animais de maior porte não precisam de confiar a perpetuação da espécie a níveis elevados de reprodução. Estes últimos, com efeito, iriam levar a

---

[4] May e Rubinstein, *Reproductive Strategies*, pág. 2.

[5] May e Rubinstein, em *Reproductive Strategies*, recordam que para os mamíferos existe uma relação próxima entre o peso do corpo e a idade de maturidade sexual. Como veremos mais à frente, a taxa de crescimento de uma população pode ser inferida a partir da equação de Lotka, $r = lnR_0/T$, na qual T é a extensão média da geração e R_0 o número médio de filhas que uma geração de mulheres tem durante a sua vida (taxa de reprodução líquida). Segue-se que *r* é razoavelmente sensível a alterações em T (estreitamente ligado à idade de maturidade sexual) e menos sensível a alterações em R_0, uma vez que está diretamente ligado a lnR_0. Desta forma, alterações no valor de T têm forte influência, de espécie para espécie, no valor de *r*.

Estratégia r
- Equilíbrio precário
  com o ambiente
- Elevadas taxas de crescimento
- Ciclos de crescimento e de declínio
  violentos e, em alguns casos, regulares

Estratégia K
- Equilíbrio estável
  com o ambiente
- Taxas de crescimento
  compatíveis com o ambiente
- Ciclos lentos e irregulares

Características bioreprodutivas

- Corpos pequenos
- Vidas curtas
- Gestação curta
- Ninhadas numerosas
- Intervalos curtos
  entre nascimentos
- Gerações de curta duração
- Taxas potenciais
  de crescimento elevadas

- Corpos grandes
- Vidas longas
- Gestação longa
- Nascimentos isolados
- Intervalos longos
  entre nascimentos
- Gerações longas
- Taxas potenciais
  de crescimento baixas

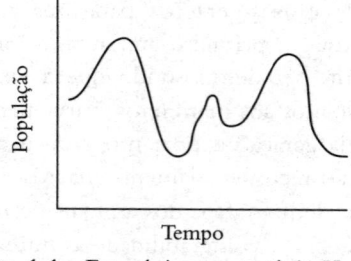 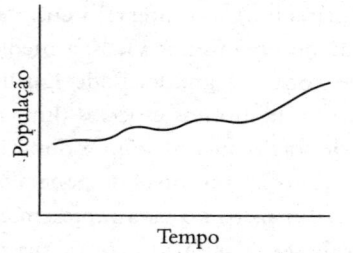

Figura 1.1   Estratégia *r* e estratégia *K*

um desvio do investimento requerido ao nível de proteção e cuidado, de forma a assegurar uma vulnerabilidade reduzida da descendência e a manter baixo o nível de mortalidade.

Estas ideias são bem conhecidas pelo menos desde o tempo de Darwin e de Wallace, criadores da teoria da seleção natural. No entanto, elas proporcionam uma introdução útil para a discussão dos fatores de crescimento humano. A nossa espécie pratica, obviamente, uma estratégia *K*, na medida em que conseguiu controlar o meio ambiente e as suas flutuações e investe fortemente na educação da sua descendência.

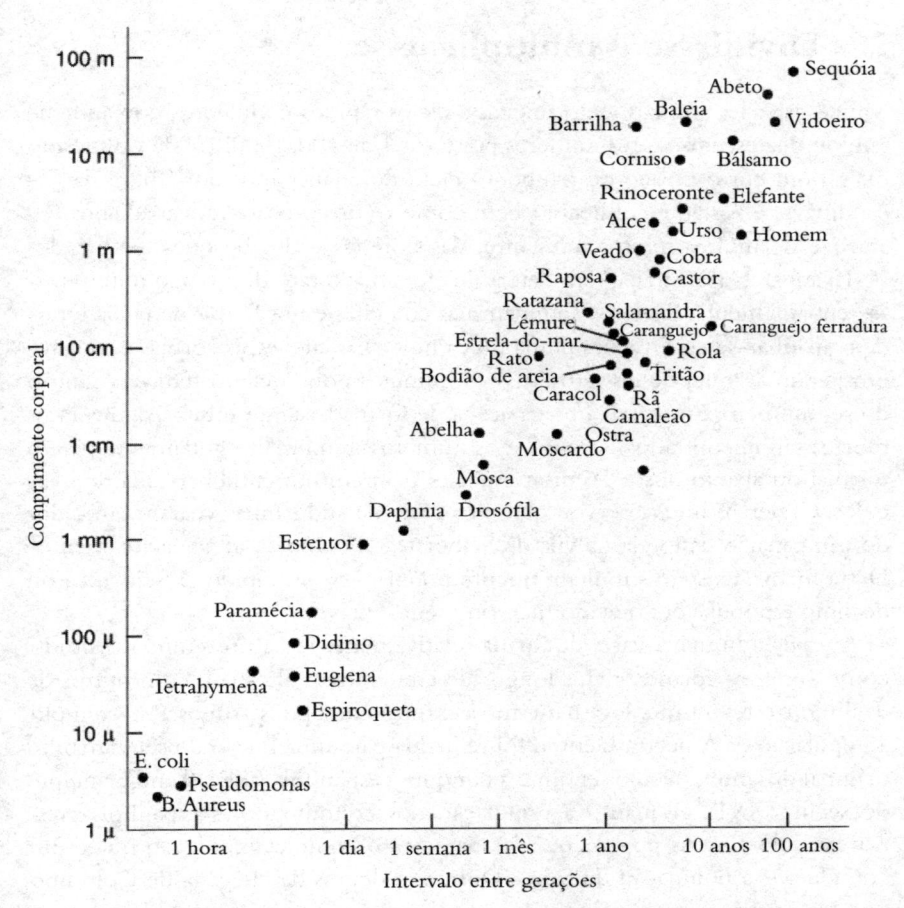

Figura 1.2   Relação entre comprimento corporal e intervalo entre gerações
Fonte: J. T. Bonner, *Size and Cycle: An Essay on the Structure of Biology*, Princeton, Princeton University Press, 1965), pág. 17.

Há dois princípios que irão ser particularmente úteis na análise dos argumentos apresentados nas páginas seguintes. O primeiro diz respeito à relação entre população e ambiente: esta relação deve ser entendida em sentido amplo, de forma a incluir todos os fatores – ambiente físico, clima, disponibilidade de comida, etc. – que determinam a sobrevivência. O segundo princípio diz respeito à relação entre reprodução e mortalidade, na medida em que o último é uma função do investimento dos pais, que, por sua vez, se relaciona inversamente com a intensidade reprodutiva.

2. Dividir-se e multiplicar-se

Muitas espécies animais estão sujeitas a ciclos rápidos e violentos que aumentam ou decrescem os seus números por fatores de 100, 1000, 10000 ou mesmo mais, num curto espaço de tempo. O ciclo de quatro anos do lémure da Escandinávia é bastante conhecido, bem como os dos predadores canadianos (10 anos) e de muitos insetos infestantes das florestas e dos bosques temperados (4-12 anos). Na Austrália, «em determinados anos o rato doméstico multiplica--se enormemente. Os ratos abundam nas colheitas e nos fardos de palha e podem apanhar-se cestos deles numa única noite. Os falcões, as corujas e os gatos prosperam à conta destes ratos, mas os inimigos pouco efeito têm na redução do seu número. Em geral, a praga acaba de forma bastante súbita. Alguns ratos mortos são encontrados no chão e os números diminuem rapidamente para o normal ou abaixo disso»[6]. Outras espécies mantêm um equilíbrio. Há dois séculos, Gilbert White observou que oito pares de andorinhas voaram em redor do campanário da igreja na vila de Selborne, tal como acontece actualmente[7]. Desta forma, existem simultaneamente populações em rápido crescimento ou declínio e populações que são mais ou menos estáveis.

A espécie humana varia de forma relativamente lenta no tempo. Contudo, como veremos adiante, ciclos longos de crescimento alternam com outros de declínio, e estes últimos levam mesmo à extinção de alguns grupos. Por exemplo, a população da América Central foi reduzida para uma fração do seu tamanho original durante o século seguinte à conquista espanhola (iniciada no princípio do século XVI), enquanto a população dos conquistadores espanhóis cresceu metade. Outras populações desapareceram completamente ou quase por completo – a população de Santo Domingo depois da chegada de Colombo, ou a da Tasmânia na sequência do contacto com os primeiros exploradores e colonos – enquanto, simultaneamente, outras populações próximas continuaram a aumentar e a prosperar. Mais recentemente, a população de Inglaterra e do País de Gales multiplicou-se por seis vezes entre 1750 e 1900, enquanto a da França, durante o mesmo período, apenas cresceu mais 50 por cento. De acordo com projeções fiáveis, entre 1950 e 2040, a população da República Democrática do Congo aumentará 10 vezes, enquanto a da Itália permanecerá inalterada.

Estes poucos exemplos devem ser suficientes para demonstrar as diferentes taxas segundo as quais a espécie humana pode crescer mesmo em situações

---

[6] F. MacFarlane Burnet, *Natural History of Infectious Diseases*, Cambridge University Press, Londres, 1962, pág. 14.
[7] May e Rubinstein, *Reproductive Strategies*, pág. 1.

semelhantes (França e Inglaterra) e durante longos períodos de tempo. Deve ser igualmente claro que é aqui que reside o núcleo da demografia como ciência: medir o crescimento, analisar os seus mecanismos e compreender as suas causas.

O crescimento populacional (quer positivo quer negativo, rápido ou lento) pode ser descrito através de um cálculo simples. Em qualquer intervalo de tempo, uma população (P) varia em termos numéricos em resultado de renovação ou de chegadas (nascimentos N e imigração I) e eliminação ou partidas (mortes M e emigração E). Deixando de lado a migração (considerando a população «fechada», uma vez que é população do planeta), as alterações na população dP em qualquer intervalo de tempo t – convencionalmente e por conveniência os demógrafos utilizam os anos – são dadas através de:

$$dP = N - M,$$

e, desta forma, a taxa de crescimento r (onde $r = dP/P$) será igual à diferença entre a taxa de nascimentos b (onde $b = N/P$) e a taxa de mortes m (onde $m = M/P$):

$$r = dP/P = n - m$$

A amplitude de variação das taxas de nascimento e de morte é razoavelmente grande. Os valores mínimos são 5‰ a 10‰ (possíveis atualmente com a natalidade e a mortalidade sob controlo) e os máximos de 40‰ a 50‰. Uma vez que a natalidade e a mortalidade não são independentes, é improvável que os extremos opostos coexistam. Ao longo de grandes períodos, as taxas de crescimento variam entre -1 e 3% ao ano.

Durante a maior parte da história humana a natalidade e a mortalidade devem ter permanecido em equilíbrio virtual, uma vez que a taxa de crescimento populacional era muito baixa. Se aceitarmos as estimativas de 252 milhões para a população mundial no início da presente era e de 771 milhões em 1750 (tabela 1.2), no início da Revolução Industrial, então podemos calcular a taxa média de crescimento anual para esse período como sendo de 0,06%. Se imaginarmos que a mortalidade era em média 40‰, então a natalidade deve ter sido 40,6‰, apenas 1,5% mais elevada do que a mortalidade. Desde os anos 60 que a situação tem sido bastante diferente, uma vez que a fertilidade excedeu a mortalidade em 200%.

As taxas de natalidade e de mortalidade são cálculos numéricos com escasso conteúdo conceptual e, como tal, não descrevem bem os fenómenos de reprodução e sobrevivência dos quais depende o crescimento demográfico.

3. Jacopo Bichi e Domenica Del Buono; Jean Guyon e Mathurine Robin

Jacopo Bichi era um humilde camponês de Fiesole (perto de Florença)[8]. Em 12 de Novembro de 1667 casou com Domenica Del Buono. Deste casamento, que terminou cedo com a morte de Jacopo, nasceram três crianças: Andrea, Filippo e Maria Maddalena. A última morreu quando tinha apenas uns meses, mas Andrea e Filippo sobreviveram e casaram. Num certo sentido, Jacopo e Domenica saldaram a sua dívida demográfica: os cuidados recebidos dos seus pais e a sua própria resistência e sorte conseguiram levá-los até idade reprodutiva. Por seu lado, eles tiveram e criaram duas crianças que também atingiram o mesmo estádio de maturidade (idade reprodutiva e casamento) e que, num certo sentido, os substituíram de forma exata na corrente geracional. Prosseguindo com a história desta família, Andrea casou com Caterina Fossi e tiveram quatro crianças, duas das quais casaram-se. Andrea e Caterina também pagaram a sua dívida. Não foi o caso de Filippo, que casou com Maddalena Cari. Maddalena morreu pouco depois do casamento, tendo tido uma filha que, por sua vez, morreu de tenra idade. Os dois filhos sobreviventes de Andrea constituem a terceira geração: Giovan Battista casou com Caterina Angiola e teve seis crianças, cinco das quais morreram antes de casar. Jacopo casou com Rosa, teve oito crianças, quatro das quais casaram. Vamos fazer aqui uma pausa e resumir os resultados destes cinco casamentos (e dez cônjuges):

Dois casais (Jacopo e Domenica, Andrea e Caterina) saldaram a sua dívida, tendo tido cada casal duas crianças do casamento.

Um casal (Jacopo e Rosa) saldou a sua dívida com juros, uma vez que os dois tiveram quatro descendentes que casaram.

Um casal (Giovan Battista e Caterina Angiola) acabou parcialmente em dívida: apesar de terem tido seis filhos, apenas um casou.

Um casal (Filippo e Maddalena) foi completamente insolvente, os pais não tiveram qualquer descendente a sobreviver até chegar ao eventual casamento.

Em três gerações, cinco casais (dez cônjuges) produziram ao todo nove filhos que casaram. Em termos biológicos, dez reprodutores levaram nove descendentes até à fase reprodutora, um declínio de 10% que, se repetido durante um período extenso, levaria à extinção da família.

---

[8] Agradeço a Carlo Corsini por me ter fornecido os exemplos tirados de reconstituições de famílias da diocese de Fiesole.

Uma população, contudo, é feita de muitas famílias e muitas histórias, cada uma diferente das restantes. Neste mesmo período, e aplicando a mesma lógica, seis casais da família Patriarchi casaram 15 dos seus filhos, enquanto os cinco casais Palagi apenas casaram 10 dos seus. Os Patriarchi pagaram com juros, enquanto os Palagi apenas cumpriram a sua obrigação. A combinação destas experiências individuais, quer o balanço seja positivo, negativo ou igual, determina, a longo prazo, o crescimento, declínio ou estagnação de uma população.

Em 1608 foi fundado o Quebeque e começou a ocupação francesa do Vale de São Lourenço, praticamente abandonado pelos Iroqueses[9]. Durante o século seguinte, chegaram a estas terras virgens aproximadamente 15 000 imigrantes, vindos da Normandia, da região circundante de Paris e da França Central Ocidental. Dois terços destes imigrantes voltaram para França, depois de estadias de duração variada. A população atual de 6 milhões de canadianos franceses descende, na sua maior parte, destes 5 000 imigrantes que permaneceram, uma vez que a subsequente imigração pouco contribuiu para o crescimento da população. Graças a uma reconstrução genealógico-demográfica realizada por um grupo de investigadores canadianos, temos acesso a uma quantidade considerável de informação relacionada com os acontecimentos demográficos desta população. Por exemplo, dois pioneiros, Jean Guyon e Mathurine Robin, tinham 2150 descendentes em 1730. Naturalmente, as gerações posteriores, incluindo mulheres e maridos de outras linhas genealógicas, contribuíram para este número, que em si próprio tem pouco significado demográfico. Por outro lado, o destino de outro pioneiro, o famoso explorador Samuel de Champlain, foi muito diferente, pois não deixou qualquer descendente. O extraordinário material canadiano fornece igualmente medidas de interesse demográfico significativo. Por exemplo, os 905 pioneiros (homens e mulheres) que nasceram em França, migraram para o Canadá antes de 1660 e tanto casaram como morreram neste país, produziram em média 4,2 descendentes casados (figura 1.3), um nível de fertilidade que corresponde ao dobro, em relação ao da população original, numa única geração (a partir de dois cônjuges, quatro filhos casados). A capacidade reprodutiva excecionalmente elevada dos colonos do Canadá francês resultou de uma combinação extraordinária de circunstâncias: a seleção física dos imigrantes, a sua elevada fertilidade e baixa mortalidade, o amplo espaço disponível, a baixa densidade e a ausência de epidemias.

---

[9] A discussão que se segue baseia-se em H. Charboneau, B. Desjardisn, A. Guillemette, Y. Landry, J. Légaré e F. Nault, *Naissance d'une Population. Les Français établis au Canada au XVIIe siécle*, Presses de la Université de Montréal, Montréal, 1987.

Sem querer, tocamos no cerne dos mecanismos do crescimento populacional. Como vimos, uma população cresce (ou declina ou permanece estável) de uma geração para a outra se os que têm o acesso à reprodução (aqui definido pelo ato do casamento) conseguem, por sua vez, levar um maior (ou menor ou igual) número de indivíduos ao casamento. O resultado final, qualquer que ele seja, é determinado basicamente por dois fatores: o número de crianças que cada indivíduo, ou cada casal, consegue criar – resultante de capacidade biológica, desejo, idade de casamento, duração da co-habitação e outros fatores – e a intensidade da mortalidade desde o nascimento até ao final do período reprodutivo. Uma familiaridade com esses mecanismos, que discutirei na próxima secção, é essencial para a compreensão dos fatores da mudança demográfica.

4. Reproduzir-se e sobreviver

O potencial de crescimento de uma população pode ser expresso como função de duas medidas, cujo significado deve ser intuitivo: (1) número de nascimentos, ou filhos, por mulher, e (2) esperança de vida na altura do nascimento. São medidas sintéticas, respetivamente, de reprodução e de sobrevivência. A primeira descreve o número médio de filhos produzidos por uma geração de mulheres, durante o decurso das suas vidas reprodutivas e na ausência hipotética de mortalidade[10]. Mais adiante vamos considerar os fatores biológicos, sociais e culturais que determinam o nível desta medida. A segunda, esperança de vida na altura do nascimento, descreve a duração média de vida (ou número médio de anos vividos) para uma geração de recém-nascidos, e é função da força da mortalidade nas várias idades, mortalidade que, por sua vez, é determinada pelas características biológicas da espécie e pela sua relação com o ambiente circundante. Nas sociedades rurais dos séculos passados, que careciam do controlo da natalidade e do conhecimento médico eficaz dos tempos atuais, estas duas medidas podiam variar consideravelmente. O número de filhos por mulher variava desde menos de cinco a mais de oito (apesar de hoje em dia, em algumas sociedades ocidentais caracterizadas por níveis elevados de controlo de natalidade, ter decrescido para menos de um), e a esperança de vida na altura do nascimento variava entre 20 e 40 anos (hoje em dia excedeu os 80 em alguns países).

---

[10] O número médio de crianças por mulher, ou taxa de fertilidade total (*Tft*), é a soma das taxas de fertilidade específicas da idade para mulheres entre as idades mínima e máxima de reprodução, $f_x = B_x/P_xB_x$ é o número de nascimentos de uma mulher com a idade x, e P_x é a população feminina com a idade de x.

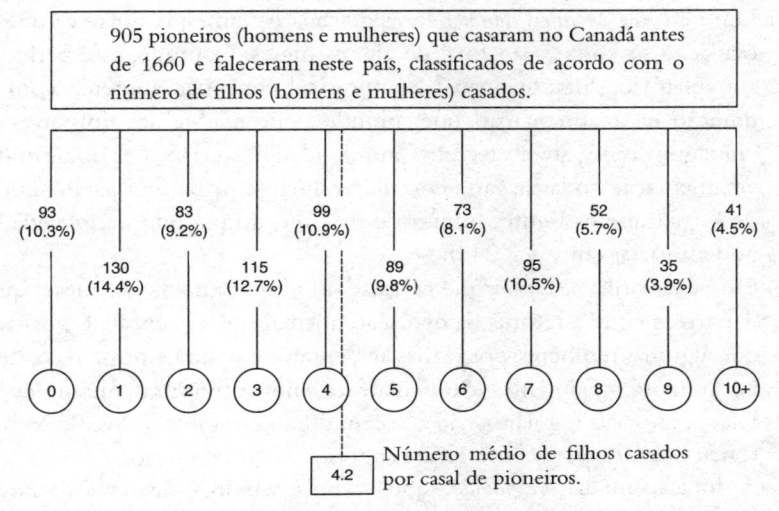

Figura 1.3 Crescimento da população canadiana de origem francesa (século XVII): os pioneiros e os seus filhos.

O número de filhos por mulher depende, tal como já foi referido, de fatores biológicos e sociais que determinam: (1) a frequência de nascimentos durante o período de fecundidade da mulher e (2) o segmento do período de fecundidade – entre a puberdade e a menopausa – utilizado de forma eficaz para a reprodução[11].

I. A frequência dos nascimentos

Esta é uma função inversa do intervalo entre nascimentos. Dada a condição de fertilidade natural – um termo utilizado pelos demógrafos para descrever as sociedades pré-modernas, que não praticavam a contraceção intencional com o objetivo de controlar quer o número de nascimentos quer o momento em que ocorriam – o intervalo entre nascimentos pode ser dividido em quatro segmentos:

---

[11] A discussão que se segue inspira-se em grande parte em J. Bongaarts e J. Menken, *The Supply of Children: A critical Essay*, in R. A. Bulatao e R. B. Lee (orgs.), *Determinants of Fertility in Developing Countries*, Academic Press, Nova Iorque, 1983, vol. 1, pp. 27-60. A avaliação dos componentes da fertilidade baseia-se no pressuposto de que todos os nascimentos resultam de uniões estáveis (casamentos), hipótese próxima da realidade em muitas culturas e períodos.

a) Um período de *infertilidade* depois de cada nascimento, uma vez que a ovulação só começa ao final de alguns meses. Contudo, este período anovulatório, durante o qual é impossível conceber, aumenta com a duração da amamentação, que, amiúde, continua até aos dois anos e, em alguns casos, até ao terceiro ano de idade da criança. A duração da amamentação, todavia, varia consideravelmente de cultura para cultura, de forma que os limites mínimo e máximo do período de fertilidade podem variar entre 3 e 24 meses.

b) O *período médio de espera*, que consiste no número médio de meses que decorrem entre a retoma da ovulação normal e a concepção. É possível que algumas mulheres, por razões acidentais ou naturais, possam conceber durante o primeiro ciclo ovulatório, enquanto outras, mesmo com relações sexuais regulares, não o façam durante muitos ciclos. Podemos tomar 5 e 10 meses como limite superior e limite inferior.

c) A duração média da *gravidez* que, como é sabido, é de cerca de nove meses.

d) A *mortalidade fetal*. Cerca de uma em cada cinco gravidezes reconhecidas não chega ao seu termo devido a aborto espontâneo. De acordo com os escassos estudos disponíveis, esta frequência não parece variar muito de população para população. Depois do aborto espontâneo pode ocorrer uma nova concepção, a seguir ao período normal de espera (5 a 10 meses). Como apenas uma em cada cinco gravidezes contribui para este componente do intervalo entre os nascimentos, a soma média é de 1 a 2 meses.

Somando os valores mínimos e máximos apresentados em a, b, c, d, verificamos que o intervalo entre os nascimentos é entre 18 e 45 meses (ou aproximadamente 1,5 a 3,5 anos) mas como uma combinação de mínimos e de máximos é improvável, este intervalo em geral cai para entre 2 e 3 anos. A análise anterior mantém-se aplicável a uma população caracterizada por natalidade natural não controlada. Evidentemente, se o controlo de natalidade é introduzido, o período de vida reprodutiva sem filhos pode ser expandido como se quiser.

II.   O período fecundo utilizado para reprodução.

Os fatores que determinam a idade de acesso à reprodução ou a concretização de uma união estável com o objetivo da reprodução (casamento), são fundamentalmente culturais, enquanto os que determinam a idade na qual o período reprodutivo termina são sobretudo biológicos.

a) A idade no casamento pode variar entre um mínimo próximo da idade da puberdade – digamos 15 anos – e um máximo que, em muitas sociedades europeias, excedeu os 25.

b) A idade no final do período de fecundidade pode atingir os 50 anos, mas em média é bastante inferior. Podemos tomar como bom indicador a idade média das mães na altura do nascimento do seu último filho, em populações que não praticam o controlo de natalidade. Este valor é razoavelmente estável e varia entre 38 e 41 anos.

Podemos, deste modo, dizer – combinando mais uma vez os valores mínimos, máximos e os arredondamentos – que a duração média de uma união com fins reprodutivos, excluindo a morte ou o divórcio, pode variar entre 15 e 25 anos.

Simplificando ainda mais, podemos estimar quais seriam os níveis de procriação mínimo e máximo em populações hipotéticas não sujeitas a mortalidade. Para obter o mínimo combinamos o período reprodutivo mínimo (15 anos) com o intervalo máximo entre nascimentos (3,5 anos).

$$\frac{\text{Período reprodutivo de 15 anos}}{\text{Intervalo entre os nascimentos de 3,5 anos}} \quad 4,3 \text{ filhos}$$

Por sua vez, para obter o nível máximo combinamos o período máximo reprodutivo (25 anos) com o intervalo mínimo entre nascimentos (1,5 anos):

$$\frac{\text{Período reprodutivo de 25 anos}}{\text{Intervalo entre os nascimentos de 1,5 anos}} \quad 16,7 \text{ filhos}$$

Estas combinações de extremos (principalmente a última) são, evidentemente, impossíveis, uma vez que as várias componentes não são independentes umas das outras. As gravidezes seguidas, que ocorrem na sequência de casamentos precoces, por exemplo, podem criar condições patológicas que diminuem a fecundidade ou levar, de outra forma, a um declínio na atividade sexual e, portanto, aumentar o intervalo entre nascimentos. Em situações históricas estáveis, são raros os níveis médios inferiores a 5 e superiores a 8 filhos por mulher.

O número de crianças por mulher depende, antes de mais, da idade em que ocorre o casamento (o fator principal que determina a duração do período reprodutivo) e da duração do período de amamentação (o principal compo-

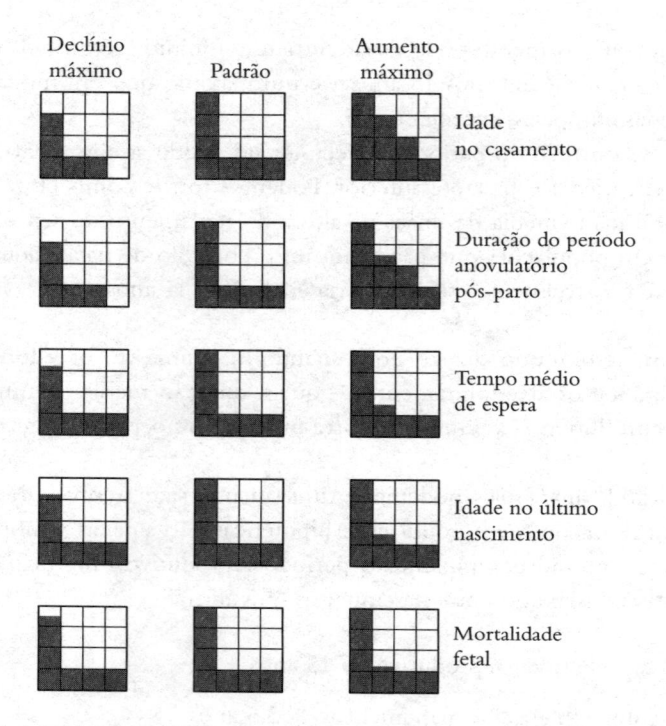

Figura 1.4   Efeito das variações máximas dos componentes da natalidade, situados acima ou abaixo do padrão, sobre o número médio de filhos por mulher (1 quadrado = 1 nascimento)

nente que determina o intervalo entre os nascimentos). A figura 1.4, retirada do artigo de Bongaarts e Menken, no qual se baseia a lógica desta discussão, mostra que o número médio de filhos por mulher pode variar em resultado da variação (entre valores máximo e mínimo) de cada componente. Tomamos o valor de 7 filhos como padrão, obtido ao combinar os valores médios das várias componentes. À medida que um componente varia, os restantes permanecem fixos[12].

---

[12] As várias hipóteses estão de acordo com o modelo de Bongaarts e Menken. Com efeito, o número de crianças (Tft, na ausência de mortalidade) é obtido dividindo a duração do período reprodutivo (idade na altura do nascimento da última criança, à qual se subtrai a idade média na altura do casamento) pelo intervalo entre os nascimentos. No modelo, a idade na altura do casamento varia entre os 15 e os 27,5 anos (22,5 no modelo-padrão) e a idade média na altura do nascimento da última criança varia entre 38,5 e 41 (40 no padrão). Para calcular o intervalo entre os nascimentos, os valores mínimo, máximo e padrão (em anos) para os componentes tem-se em conta os períodos de infecundidade anovulatória pós-parto, (0,25, 2,0, 1,0), o período médio de espera (0,4, 0,85, 0,6) e a mortalidade fetal (0,1, 0,2, 0,15).

Filhos por mulher (Tft)	Espaço reprodutivo utilizado	Características	Populações	Exemplos históricos de populações
(1) 16		Máximo biológico	Teórica	Nenhum Apenas casos individuais
(2) 11.4	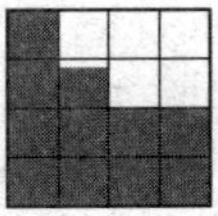	União em idade muito precoce Intervalos mínimos	Grupos seleccionados	Canadianos franceses nascidos antes de 1660
(3) 9		União tardia Intervalos mínimos	Grupos seleccionados	Canadianos de origem hutterita, 1926-30=8,5
(4) 7.5		União em idade precoce Intervalos longos	Muitas populações em desenvolvimento	Egito, 1960-65=7,1
(5) 7		Padrão de referência		
(6) 5	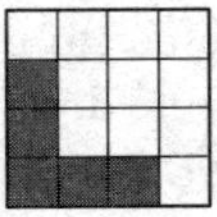	União tardia Intervalos longos	Muitas populações europeias (séculos XVIII-XIX)	Inglaterra, 1751-1800=5,1
(7) 3	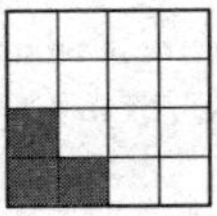	Controlo voluntário da natalidade (difusão média)	Europa (primeira metade do século XX)	Itália, 1937=3,0
(8) 1	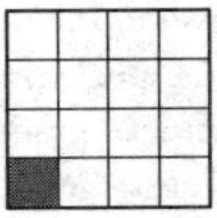	Controlo voluntário da natalidade (difusão elevada)	Várias populações europeias atuais	Taiwan 2011= 1,1

Figura 1.5 Modelos de natalidade

Nota: na ausência de mortalidade, o número de filhos por mulher é determinado pela idade de início de uma união com fins reprodutivos e pelo intervalo entre os nascimentos. O cinza de cada quadrado ilustra o grau de utilização do espaço reprodutivo, de um máximo teórico de 16 filhos ao mínimo de 1 efetivamente atingido em muitas populações europeias.

Na figura 1.5 o modelo anteriormente referido é aplicado a vários exemplos históricos (e teóricos). Ao máximo biológico (1) vêm juntar-se: um possível máximo (2) resultante de uma combinação do casamento em idade mais baixa (com a idade de 18 anos) e intervalos curtos entre os nascimentos (devido a um desmame precoce); um possível mínimo na ausência de controlo de natalidade (6) resultante de casamento tardio (com a idade 25 anos) e amamentação prolongada; três níveis intermédios (3), (4) e (5); e, finalmente, exemplos de níveis médios e muito elevados de controlo de natalidade, (7) e (8), tendo como resultado, respetivamente, 3 e 1 filhos. Estes exemplos não devem ser considerados como representando uma sequência cronológica ou evolutiva, uma vez que quase todos podem ser encontrados em populações que vivam durante os mesmos períodos históricos (com exceção dos últimos dois, caracterizados por uma natalidade fortemente controlada, que apenas podem ser encontrados nas populações atuais).

A acrescentar aos componentes biossociais que determinam a natalidade, a reprodutibilidade humana também deve debater-se com o duro controlo da mortalidade, fator que até agora temos ignorado. A reprodutibilidade e a mortalidade não são mutuamente independentes em qualquer uma das espécies, incluindo a humana. Quando o número de descendentes é muito elevado, aumenta o risco de morte mais cedo na infância e a competição pelos recursos dentro da família pode fazer decrescer a resistência em qualquer idade. Por outro lado, a elevada natalidade é, a longo prazo, incompatível com a baixa, ou recentemente decrescida, mortalidade, devido ao crescimento excessivo da população daí resultante. Contudo, a mortalidade está, em grande medida, enraizada na biologia humana e é, portanto, independente dos níveis de natalidade.

Uma forma razoavelmente simples de descrever a mortalidade humana é dada pela função de sobrevivência, l_x, que segue a eliminação progressiva de uma geração de 10^n indivíduos, desde o nascimento até à idade na qual o último elemento falece[13]. A figura 1.6 mostra três curvas de sobrevivência. A curva

---

[13] Irei referir-me com frequência à tabela de mortalidade, por isso é útil, neste ponto, explicar sucintamente como funciona, remetendo o leitor para publicações especializadas se quiser encontrar análise mais profunda. Uma tabela de mortalidade descreve a extinção gradual, com a passagem do tempo, de uma geração de recém-nascidos (ou geração fictícia). Esta geração fictícia consiste, por convenção, em 10^n indivíduos – vamos utilizar 1000.

Os valores de l_x, em que x representa a idade, descrevem o número de sobreviventes, dos 1000 iniciais, em cada aniversário até à completa extinção da geração. Outra função fundamental da tabela de mortalidade é q_x (expresso, em termos convencionais, por 1000 ou outra potência de 10), que representa a probabilidade de que os sobreviventes por altura do aniversário x faleçam antes do aniversário $x + 1$. Estas probabilidades podem referir-se a períodos superiores a um ano, e os prefixos 1, 4 e 5 (ou outros valores) indicam os intervalos de idade a que se refere a probabilidade. Outra função utilizada com frequência é a esperança de vida, ou e_x (em que x se refere, mais uma

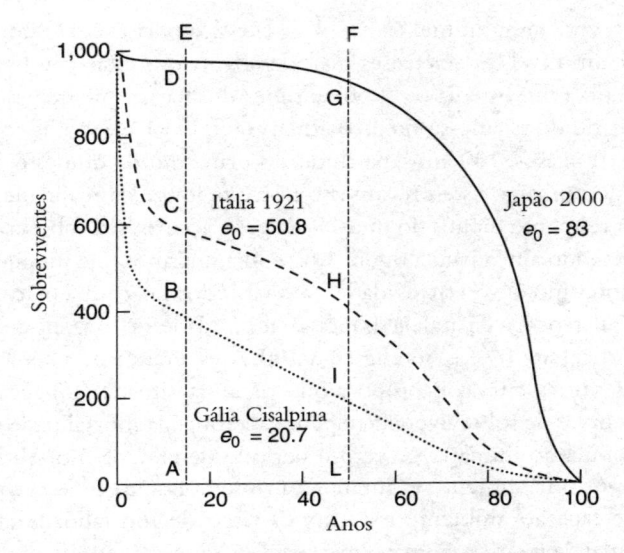

Figura 1.6   Curvas de sobrevivência para três populações femininas caracterizadas por baixa, média e elevada esperança de vida na altura do nascimento.
Nota: As curvas de sobrevivência identificam o declínio numérico, que ocorre com a idade, de uma geração de 1000 nascimentos. A esperança de vida na altura do nascimento é proporcional ao espaço delimitado pela ordenada, pela abcissa e pela curva de sobrevivência. A área AEFL, equivalente a 35 quadrados (35 anos), descreve a duração do período reprodutivo. As áreas ADGL, ACHL e ABIL descrevem as vidas médias de eficácia reprodutiva para as três gerações de 1000 recém-nascidas, equivalentes, respectivamente a 34,4, 24,8 e 10,2 anos. Os rácios ADGL/AEFL, ACHL/AEFL e ABIL/AEFL são, respectivamente, 98,2, 70,8 e 29,2 por cento, e representam a média do segmento do período reprodutivo vivido pelas três gerações.

inferior corresponde à esperança de vida na altura do nascimento (e_0) de 20 anos. Este é um valor muito baixo, próximo do mínimo compatível com a sobrevivência continuada de uma população, e pode caracterizar uma população

---

vez, a um aniversário específico), que indica, em média, o número de anos que restam àqueles que sobreviveram até à idade de x (l_x), dados os níveis de mortalidade listados na tabela de mortalidade. «A esperança de vida à nascença» é expressa por e_0. Aqui surge um paradoxo aparente: nas tabelas de vida que reflectem a mortalidade elevada de regimes demográficos históricos, a esperança de vida aumenta durante vários anos depois do nascimento ($e_0 < e_1 < \ldots e_5$, e mesmo depois). Isto deve-se ao facto de, nos primeiros anos de vida, ser eliminado um grande número de bebés que pouco contribuem para a soma de anos de vida que restam à geração e, deste modo, diminuem o valor médio representado pela esperança de vida. Uma vez terminado este efeito, depois de alguns anos, dependendo dos níveis de mortalidade, a esperança de vida começa o seu declínio natural com a idade. Tenhamos presente, contudo, que em regimes de elevada mortalidade, e_{20}, por exemplo, pode ser mais elevado do que e_0.

primitiva que viva num ambiente hostil. A curva superior corresponde a um e_0 de 83 anos, um nível que os países mais desenvolvidos estão prestes a atingir. A terceira, a curva intermédia ($e_0 = 50$), é típica dos países que beneficiaram de um grau limitado do progresso médico atual. Na figura 1.6, escolhi como idade máxima, nos três casos, 100 anos, partindo do princípio de que este é o limite da longevidade humana. Este pressuposto não está longe da realidade, uma vez que consideravelmente menos do que 1% da geração original sobrevive até esta idade[14]. Remetendo ainda para a figura 1.6, se imaginarmos que ninguém morre até ao seu centésimo aniversário, idade na qual todos falecem, então a curva l_x vai ser retangular (vai ser paralela à abcissa até à idade de 100, ponto no qual irá cair na vertical até 0) e e_0 será igual a 100. A esperança de vida à nascença descrita pelas outras curvas é proporcional às áreas situadas sob essas curvas. A forma das curvas de sobrevivência depende da força da mortalidade nas várias idades. Na população humana existe um período de elevada mortalidade imediatamente após o nascimento e durante a primeira fase da infância, resultante da fragilidade face ao ambiente externo. O risco de mortalidade atinge um mínimo no final da infância ou na adolescência e, seguidamente, a partir da maturidade cresce exponencialmente como função do enfraquecimento gradual do organismo. Em regimes de elevada mortalidade (ver a curva $e_0 = 20$) a curva tende a ser côncava no sentido superior. À medida que a mortalidade melhora a mortalidade infantil torna-se um fator menos relevante e a curva torna-se cada vez mais côncava no sentido inferior. De um ponto de vista estritamente genético – a transmissão genética hereditária de características – a sobrevivência para além dos anos reprodutivos (para simplificar, digamos, 50 anos) é, evidentemente, irrelevante. Por muito elevada ou baixa que seja, a taxa de mortalidade para lá dos 50 anos de idade não terá qualquer efeito no património genético de uma população. Antes e durante os anos de reprodução, por outro lado, quanto mais elevado for o nível de mortalidade mais forte será o efeito de seletividade, uma vez que os indivíduos que possuem características desfavoráveis à sobrevivência são eliminados e, consequentemente, não passam essas características às gerações seguintes.

Contudo, uma sobrevivência aumentada para além da idade reprodutiva pode ter efeitos biológicos indiretos, uma vez que os adultos mais velhos contribuem para a acumulação, organização e transmissão do conhecimento, favorecendo

---

[14] Desde os anos 70 que acelerou (1 a 2% por ano) o declínio da mortalidade em idades bastante avançadas (acima de 80) em países com baixa mortalidade. Se esta tendência continuar, a proporção dos que atingem os 100 anos pode tornar-se significativa, e a hipótese da «retangularização» da curva de sobrevivência tornar-se-ia improvável, uma vez que toda a curva l_x mudaria gradualmente para a direita. Ver V. Kannisto, J. Lauritsen, A. R. Thatcher e J. W. Vaupel, *Reductions in Mortality at Advanced Ages: Several Decades of Evidence from 27 Countries*, in «Population and Development Review» 20, 4, dezembro 1994.

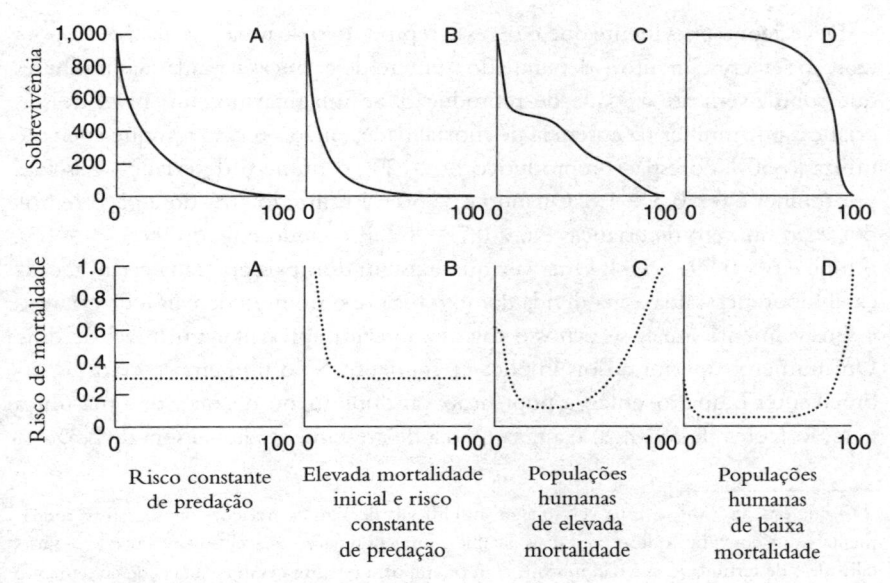

Figura 1.7 Modelos de sobrevivência

simultaneamente o investimento parental e, desta forma, podem contribuir para uma sobrevivência melhorada de novas gerações.

A figura 1.7 mostra dois modelos típicos de sobrevivência de outras espécies, juntamente com modelos humanos de alta e baixa mortalidade. O modelo A tipifica as espécies que estão sujeitas a um risco relativamente constante de mortalidade, constituído por outras espécies predatórias, enquanto o modelo B é típico das espécies (de estratégia r) cuja sobrevivência depende de uma reprodução prolífera e que estão sujeitas a uma mortalidade pós-natal muito elevada.

Voltemos à espécie humana. De forma a avaliar a sua capacidade reprodutiva, devemos perceber as leis que regulam a sua sobrevivência até ao final do período reprodutivo. Depois deste, em termos teóricos não é importante se um indivíduo sobrevive ou não[15]. A partir da figura 1.6 podemos ver que, com uma esperança de vida na altura do nascimento de 20 anos, apenas 29,2% do potencial de vida fecunda de uma geração é na realidade vivida, devido à dizimação causada pela elevada mortalidade. Esta proporção sobe gradualmente com o aumento da esperança de vida (e a elevação da curva l_x). Nos exemplos dados, é 70,8% quando e_0 é igual a 50 e 98,2% quando e_0 é igual a 80.

---

[15] Em teoria, já que a sobrevivência de um indivíduo além do período reprodutivo, embora não contribua diretamente para a reprodução, pode, no entanto, melhorar as hipóteses de sobrevivência dos filhos.

Deve agora ser evidente que o sucesso reprodutivo de uma população – e, portanto, o seu crescimento – depende do número de crianças nascidas das mulheres que sobrevivem até à idade de reprodução. Se imaginarmos um nível de seis crianças por mulher na ausência de mortalidade, então no caso em que apenas é utilizado 30% do espaço reprodutivo ($e_0 = 20$), o número de crianças nascidas por mulher é 6 x 0,3 = 1,8. Quando $e_0 = 50$ e é utilizado 70% do espaço reprodutivo, o número de crianças é 6 x 0,7 = 4,2. E quando é usado 99% ($e_0 = 83$), o total é 6 x 0,99 = 5,94. Uma vez que existem dois pais por cada criança, cada casal hipotético salda a sua dívida demográfica (e o número de pais e de crianças é sensivelmente igual) se o nosso cálculo anterior apresentar um nível de dois. Um número superior a dois implica crescimento. Se o número de crianças sobreviventes é quatro, então a população vai duplicar no decurso de uma única geração (cerca de 30 anos) e a taxa média de crescimento anual será de 2,3%[16].

---

[16] O que está a ser dito é uma versão algo simplificada de algumas relações demográficas fundamentais, que convém explicar com mais detalhe. Numa população estável (sujeita a níveis de mortalidade e de fertilidade que não mudam com o tempo), a estrutura etária e a taxa de crescimento também são fixas, de acordo com a seguinte equação:

$$R_0 = e^{rT}$$

na qual R_0 é a taxa líquida de reprodução, ou o número de filhas que cada mulher produz, em média, durante todo o período reprodutivo. Também pode ser expresso como:

$$R_0 = \sum f_x \, l_x$$

em que f_x é a taxa de fertilidade, ou taxa de natalidade, específica da idade, ou o número de filhas nascidas por mulher na idade x, e l_x é uma função de sobrevivência (o rácio entre os sobreviventes com a idade x e a dimensão da geração na altura do nascimento). Voltando à primeira equação, T é a duração média de geração, que é razoavelmente aproximada pela idade média de maternidade e que varia dentro de um intervalo curto para as populações humanas (27-33 anos); r é a taxa de crescimento para uma população estável. Nesta população estável ideal, a taxa de crescimento r varia diretamente com R_0, o número de filhas por mulher, e inversamente com T. Deve acrescentar-se que a taxa líquida de reprodução tem uma relação próxima com a taxa bruta de reprodução R, que é a soma de f_x e descreve o número de filhas por mulher na ausência de mortalidade. A relação entre R_0 e r é aproximada pela equação $R_0 = Rl_a$, em que l_a é a probabilidade de sobrevivência desde o nascimento até à idade média de maternidade, a. A equação inicial pode voltar a ser escrita da seguinte forma:

$$Rl_a = e^{rT}$$

Se imaginarmos T como constante (com efeito, varia muito pouco), então a taxa de crescimento r pode ser expressa como uma função de l_a, um índice de mortalidade, e R, um índice de natalidade. Pode-se demonstrar que l_a é aproximadamente igual aos valores calculados na figura 1.6 para a percentagem utilizada de vida reprodutiva. Para além disso, l_a correlaciona-se fortemente com e_0, ou esperança de vida à nascença, por isso r pode ser expresso como função de R e e_0. Por último, existe uma relação próxima entre R e TFR (número médio de crianças por mulher na ausência de mortalidade): multiplica-se simplesmente R por 2,06 (uma constante que representa o rácio entre o total de nascimentos e nascimentos femininos) para obter TFR. Na figura 1.8, r é expresso como uma função de TFR e e_0, utilizando um valor de T igual a 29 anos.

5. O espaço do crescimento

A natalidade e a mortalidade impõem limites objetivos ao padrão de crescimento das populações humanas. Se imaginarmos que numa determinada população tanto a natalidade como a mortalidade permanecem fixas durante um longo período de tempo, então, recorrendo a algumas hipóteses simplificadoras[17], podemos expressar a taxa de crescimento como função do número de crianças por mulher (Tft) e da esperança de vida (e_0).

A figura 1.8 mostra várias curvas que designarei de «isocrescimento». Cada curva representa a localização dos pontos que combinam a esperança de vida (a abcissa) e o número de crianças por mulher (a ordenada) para dar a mesma taxa de crescimento r. Este gráfico exemplifica situações históricas pré-modernas e não apresenta valores de esperança de vida inferiores a 15 anos ou superiores a 45: os primeiros porque não são compatíveis com a sobrevivência da espécie, os segundos porque nunca foram atingidos nas populações históricas. Pela mesma razão, não representam valores do número de filhos por mulher superiores a 8 (na prática quase nunca observados em populações normalmente constituídas) ou inferiores a 4 (consideram-se populações que desconhecem o controlo da natalidade). No espaço assim delimitado apresentam-se, da esquerda para a direita, três áreas ovais e uma redonda: estas áreas representam o «espaço estratégico» ocupado pelas populações de diferentes épocas. A primeira diz respeito a populações históricas, *grosso modo*, anteriores à Revolução Industrial e à difusão do moderno controlo da natalidade. Estas populações, de um modo geral, situam-se numa faixa compreendida entre as curvas que representam crescimentos entre 0% e 1%, um espaço de crescimento típico de populações pré-modernas. Ainda que comprimidas pelos constrangimentos inerentes à pobreza de recursos e de conhecimentos – e, portanto, com taxas de crescimento moderadas – estas populações podiam produzir reprodução e sobrevivência bastante diferentes: por exemplo, a Dinamarca de finais do século XVIII e a Índia um século mais tarde tinham taxas de crescimento muito semelhantes, mas obtidas com posições muito diferentes uma da outra no espaço estratégico: a primeira com «alta» esperança de vida (em redor dos 40 anos) e número baixo de filhos (pouco mais de 4), a segunda com baixa esperança de vida (em torno dos 25 anos) mas alto número de filhos (pouco menos de 7).

Apesar de taxas de crescimento semelhantes, os pontos para as populações do Paleolítico e do Neolítico são considerados como tendo estado bastante afastados. De acordo com um parecer bem aceite (ver capítulo 2), a população paleolítica, de caçadores e recolectores, caracterizava-se por uma mortalidade

---

[17] Ver nota 16.

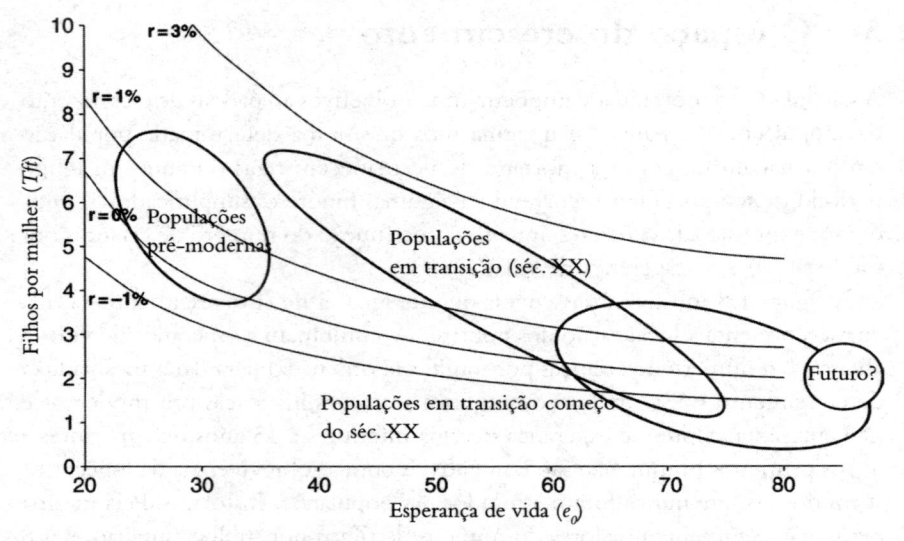

Figura 1.8   Relação entre o número médio de filhos por mulher (*Tft*) e a esperança de vida (*e₀*) em populações históricas e atuais

mais baixa, devido à sua escassa densidade, um fator que evitou que doenças infecciosas se instalassem e disseminassem, e uma natalidade moderada, compatível com o seu comportamento nómada. Para a população do Neolítico, sedentária e agrícola, tanto a mortalidade como a natalidade eram mais elevadas, em resultado de uma densidade superior e de uma mobilidade inferior.

O segundo espaço oval apresenta as populações no decurso do processo de transição que se desenrolou quase por todo o mundo durante o século XX. O espaço estratégico, estreito em épocas mais antigas, sofreu enorme dilatação, pois o progresso médico-sanitário deslocou os limites máximos da vida média, desde os 40 de antes até aos 80 ou mais em finais do século XX, enquanto o controlo da natalidade baixou – na direção do atual mínimo empírico de 1 filho por mulher – o limite inferior da natalidade. O terceiro espaço oval sintetiza a situação atual, de início do século XXI, que atesta a presença simultânea de populações ainda com alta natalidade (África subsariana) e de populações com níveis anormalmente baixos de natalidade próximos de 1 filho por mulher. Constata-se o caráter excepcional – e em certos aspetos insustentável – de muitas situações empíricas próprias das épocas de transição do século XX e do início do século XXI: algumas com taxas de crescimento próximas de 4%, outras com taxas em diminuição de 2%. Uma população que cresça a um ritmo de 4% aumenta para o dobro em 17-18 anos, e uma que diminua 2% perderia metade em 35 anos[18]. Duas populações que se desenvolvam a este ritmo e que participem numa relação numérica de 1 para 1 encontram-se passados 35 anos (pouco mais do que uma geração) numa relação de 8 para 1. Mas estamos a falar de populações «em transição», e, portanto, de situações dinâmicas, instáveis e totalmente insustentáveis em muitos casos. O quarto espaço oval, dedicado ao «futuro», indica uma possível convergência das populações do mundo na direção de colocações mais estáveis: a longevidade pode aproximar-se dos limites naturais, com uma esperança de vida por todo o lado superior aos 80 anos, mas com reprodutividade compreendida entre 1 e 3 filhos por mulher e possíveis taxas de aumento compreendidas entre -1 e +1%. Isto poderia significar a alternância (e a sobreposição a nível global) de ciclos de crescimento e redução, com alterações numéricas diluídas no tempo.

6. Os constrangimentos ambientais

Apesar de o espaço estratégico de crescimento ser grande, apenas uma pequena porção deste pode ser ocupado de forma permanente por uma população. O declínio continuado é obviamente incompatível com a sobrevivência de um grupo humano, enquanto o crescimento ininterrupto pode, a longo prazo, ser incompatível com os recursos disponíveis. Os mecanismos de crescimento, portanto, devem ajustar-se continuamente às condições ambientais (que podemos denominar fricção ambiental), com as quais interagem, mas que apresentam igualmente obstáculos ao crescimento, como comprovam os milénios em que a taxa de crescimento da população tem sido muito baixa. Para já limitar-me--ei aos aspetos macroscópicos destes obstáculos ao crescimento demográfico, deixando para depois uma discussão mais detalhada da forma como operam.

Num ensaio meritoriamente famoso, Carlo Cipolla escreveu: «É seguro afirmar que até à Revolução Industrial o homem continuou a recorrer às plantas e aos animais para obter energia – as plantas para alimento e combustível e os animais para comida e energia mecânica.»[19]. Esta subordinação ao ambiente natural e aos seus recursos é, de facto, o mecanismo que controla o aumento da

---

[18] Pode ser útil recordar uma mnemónica para o cálculo dos tempos de duplicação da população. Estes podem ser aproximados dividindo 70 pela taxa de crescimento anual (expresso em percentagem): uma taxa de crescimento de 1% implica um tempo de duplicação de 70 anos, de 2% de 35 anos, de 3% de 23 anos. De igual modo, se a taxa de crescimento for negativa, o tempo de redução para metade da população é obtido pelo mesmo método: se a população está em declínio em 1% por ano, irá reduzir-se para metade em 70 anos, se em 2% em 35 anos, e assim sucessivamente.

[19] C.M. Cipolla, *The Economic History of World* Population, Harmondsworth, Penguin Books, 1962, pp. 45-46.

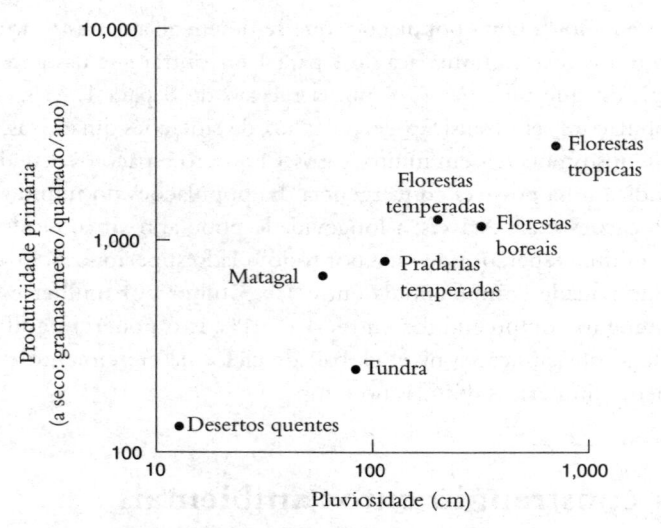

Figura 1.9 Relação entre pluviosidades anuais e produtividade primária vegetal
Fonte: F. A. Hassan, *Demographic Archaelogy*, Nova Iorque, Academic Press, 1981.

população, situação particularmente evidente para uma sociedade de caçadores e recoletores. Imagine-se uma população que utiliza um *habitat* que se estende apenas aos locais que podem ser alcançados, e dos quais é possível regressar, numa jornada a pé de um único dia. A abundância da comida disponível depende da ecologia da área, da acessibilidade dos recursos e dos custos associados (por assim dizer) da extração e utilização, e isto, por sua vez, efetua um controlo sobre o número de habitantes. Em linguagem mais simples, a produção de biomassa vegetal (produtividade primária) por unidade de superfície é uma função da pluviosidade, e a produção de biomassa animal (de herbívoros e carnívoros – produtividade secundária) é, por seu turno, uma função da biomassa vegetal, de forma que a pluviosidade é o fator principal que limita, ao mesmo tempo, os recursos disponíveis para os caçadores e recoletores e o seu crescimento numérico[20]. A figura 1.9 mostra a relação entre a biomassa vegetal e a pluviosidade em várias partes do mundo, enquanto a figura 1.10 apresenta o diagrama da dependência da densidade da população aborígene australiana da intensidade das chuvas.

A tabela 1.1 apresenta os valores possíveis para a densidade populacional de sociedades de caçadores-recoletores em diferentes sistemas ecológicos, de acordo com determinadas hipóteses relacionadas com a biomassa e a pluviosidade. Isto

---

[20] F. A. Hassan, *Demographic Archaeology,* Nova Iorque, Academic Press, 1981, pp. 7-12.

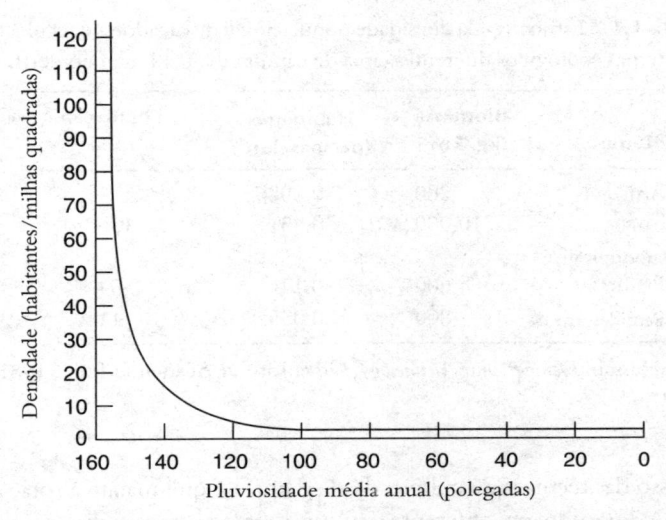

Figura 1.10   Relação entre precipitação anual e densidade populacional (aborígenes australianos)

é, evidentemente, apenas um modelo, mas descreve de forma eficaz o duplo controlo sobre o aumento da população. O primeiro controlo é imposto pelos limites naturais da produção vegetal e animal, que define o número máximo de indivíduos que podem ser alimentados. Numa área de 10 km de diâmetro, a população sustentável varia de 3, para uma área no Ártico, a 136, para a savana subtropical. O segundo controlo relaciona-se com a incompatibilidade de uma densidade populacional muito baixa (áreas no Ártico ou semidesertas, por exemplo) com a sobrevivência de um grupo populacional estável. De forma a assegurar uma escolha razoável de parceiros e a sobreviver a acontecimentos catastróficos, estes grupos não devem ser demasiado pequenos.

As observações arqueológicas e contemporâneas têm situado a densidade das populações de caçadores-recoletores entre 0,1 e 1 por km^2 [21]. Encontramos densidades mais elevadas na proximidade de mares, lagos e cursos de água, onde a pesca pode constituir um suplemento eficaz aos produtos da terra. Como é evidente, os fatores limitativos neste nível cultural são essencialmente a pluviosidade e a disponibilidade e acessibilidade da terra.

A transição do Neolítico para o cultivo estável da terra e a criação de gado representou, certamente, uma expansão impressionante da capacidade produtiva. Esta transição, que muitos denominam «revolução», desenvolveu-se e espalhou-se lentamente ao longo de milénios, numa variedade de formas e modos.

---

[21] *Idem*, pág. 7.

Tabela 1.1   Estimativa da densidade populacional de caçadores e recolectores
em sistemas ecológicos diferentes (área de captura de 314 km², raio de 10 km).

Bioma	Biomassa (kg/km²)	Habitantes (pessoas/km²)	População total
Ártico	200	0.0086	3
Savana subtropical	10,000	0.43	136
Pradaria	4,000	0.17	54
Semideserto	800	0.035	11

Fonte: F. A. Hassan, *Demographic Archaelogy*, Nova Iorque, Academic Press, 1981, pág. 57.

O progresso das técnicas de cultivo, desde o corte e queima até à rotação trienal
(que têm coexistido em diferentes culturas até aos nossos dias); a seleção de
sementes cada vez melhores; a domesticação de novas plantas e animais; e a
utilização da energia dos animais, do ar e da água – tudo isto aumentou a disponibilidade de alimento e energia[22]. Como resultado a densidade populacional
também aumentou: a dos principais países europeus (França, Itália, Alemanha,
Países Baixos), em meados do século XVIII, era de cerca de 40-60 pessoas
por km², 100 vezes mais do que a dos caçadores-recoletores. Naturalmente, a
capacidade produtiva variava bastante em diferentes épocas, como função da
evolução tecnológica e social, um ponto facilmente demonstrado com a comparação da agricultura do Vale do Pó ou dos Países Baixos, com os métodos
razoavelmente primitivos utilizados em algumas partes do continente. Por todo
o planeta, a inovação tem permitido a notável expansão da produtividade por
unidade de energia investida. Por exemplo, parece que a produtividade por hectare triplicou em Teotihuacán (México), entre o terceiro e o segundo milénios
a.C. devido à introdução de novas variedades de milho[23]. E em várias zonas da
Europa, no decurso da era atual, o rácio da produção agrícola relativamente à
semente aumentou graças a novos tipos de sementes[24].

Contudo, o sucesso no domínio do ambiente esteve sempre dependente
da disponibilidade de energia. Como observa Cipolla, «o facto de que, para
além do trabalho muscular do homem, as principais fontes de energia tenham

---

[22] V.G. Childe, *Man Makes Himself*, Nova Iorque, Mentor, 1951.
[23] Hassan, *op.cit.*, pág. 42.
[24] B. H. Slicher van Bath, *The Agrarian History of Western Europe. a.D. 500-1850*, Londres, Edward
Arnold, 1963, apêndice.

continuado a ser basicamente as plantas e os animais, deve ter estabelecido um limite à possível expansão da provisão de energia em qualquer sociedade agrícola do passado. A este respeito, o fator limitativo é, em última análise, a terra disponível.»[25]. Na Europa pré-industrial, a população parece ter-se aproximado com alguma frequência dos limites permitidos pelo ambiente e pela tecnologia disponível. Estes limites podem ser expressos pela disponibilidade de energia *per capita* e, mais uma vez segundo Cipolla, deve ter-se situado abaixo das 15 000 calorias, ou mesmo 10 000, por dia (um nível que os países mais ricos atualmente excederam por um fator de 20 ou de 30), a maioria do qual se destinava à nutrição e ao aquecimento[26].

Os limites ambientais à expansão demográfica foram mais uma vez quebrados pelo enorme aumento de energia disponível, resultante da revolução industrial e tecnológica da segunda metade do século XVIII e a invenção de máquinas eficientes na conversão de materiais inanimados em energia. A produção mundial de carvão aumentou 10 vezes entre 1820 e 1860, de novo mais 10 vezes entre 1860 e 1950, triplicando de seguida entre 1950 e 2010. Calcula-se que a utilização de energia primária pelos habitantes do planeta se multiplicou duas vezes e meia entre 1800 e 1900, e ainda quase nove vezes entre 1900 e 2000, o consumo *per capita* aumentou – em dois séculos – três vezes e meia, passando da penúria a uma relativa abundância de disponibilidades energéticas[27]. A dependência da disponibilidade de energia da terra é de novo (e talvez definitivamente) quebrada, e é removido o principal obstáculo do desenvolvimento numérico da população. A síntese desta história complexa foi bem elaborada por Earl Cook: o homem caçador e recolector precisava de 5000 calorias diárias, num contexto agrícola não se ultrapassavam as 12 000 calorias e antes da Revolução Industrial nenhuma sociedade, por mais desenvolvida e organizada que fosse, teria disponibilidades superiores às 26 000 *per capita*. Nas primeiras fases da Revolução Industrial, a disponibilidade energética – sobretudo, combustíveis fósseis – rondaria as 70 000 calorias, até ultrapassar as 200 000 nalgumas sociedades avançadas atuais[28].

---

[25] Cipolla, *op. cit.*, pág. 46.

[26] *Idem*, pág. 47.

[27] W. S. Woytinsky e E. S. Woytinski, *World Population and Production, Trends and Outlook*, Nova Iorque, Twentieth Century Fund, 1953, pp. 924-30. J. H. Gibbons, P. D. Blair, e H. L. Gwin, *Strategies for Energy Use*, in «Scientific American» (setembro 1988), pág. 86. Mikael Höök, Werner Zittel, Jörg Schindler, Kjell Aleklett, *Global coal production outlooks based on a logistic model*, «Fuel», volume 89, n. 11, novembro 2010. Arnulf Grubler, *Energy transitions*, in «Encyclopedia of Earth» < http://www.eoearth.org/article/Energy_transitions >.

[28] E. Cook, *Energy Flow in Industrial Societies*, in «Scientific American», setembro 1971; J.H. Bodley, *Anthropology and Contemporary Human Problems*, Lanham (Md.), Altamira Press, 2008, pp. 91-92.

A figura 1.11[29] descreve em termos esquemáticos (numa escala logarítmica dupla e simplificando drasticamente as complexidades da história) a evolução da população como uma função de três grandes fases tecnológico-culturais, anteriormente descritas: caça e recolha (até ao Paleolítico), agrícola (a partir do Neolítico) e industrial (desde a Revolução Industrial). Durante estas três fases (sendo que ainda estamos inseridos na última) a população aumentou por incrementos que diminuíram progressivamente com o tempo, à medida que os limites de crescimento iam ficando mais próximos. Este esboço é apenas a aplicação desse conceito, comum à biologia animal e à demografia malthusiana, de acordo com o qual o crescimento de uma espécie (mosquitos, ratos, seres humanos ou elefantes), num ambiente restrito, varia inversamente com a sua densidade. Isto acontece porque os recursos disponíveis são considerados fixos e, deste modo, o crescimento da população cria os seus próprios controlos. Para a espécie humana, evidentemente, o ambiente, e portanto os recursos disponíveis, nunca têm um carácter fixo, mas estão em constante expansão devido à inovação. No esquema de Deevey, o crescimento demográfico no primeiro período longo da história humana, que decorreu até há 10 000, foi limitado pela biomassa disponível para a nutrição e o aquecimento numa taxa de vários milhares de calorias por dia por pessoa. Na segunda fase, do Neolítico à Revolução Industrial, os limites eram impostos pela disponibilidade de terra e pela energia limitada fornecida por plantas, animais, água e vento. Na fase atual, os limites ao crescimento não estão tão bem definidos, mas podem ser relacionados com os efeitos ambientais adversos ao crescimento demográfico combinado com o crescimento tecnológico e as escolhas culturais consequentes.

7. A palavra aos números

A 1 de Novembro de 2010, a República Popular da China realizou o seu sexto censo desde a Revolução e, com a ajuda de 10 milhões de funcionários do censo, cuidadosamente formados, contaram 1340 milhões de habitantes. Foi a maior investigação social jamais realizada. Até meados do século XX havia ainda algumas regiões do mundo menos desenvolvido para as quais existiam, na melhor das hipóteses, estimativas demográficas fragmentárias e incompletas. Nos países ocidentais a atual era estatística iniciou-se no século XIX, quando se generalizou a prática do censo com periodicidade regular, iniciada no século anterior por alguns países. Os 10,4 milhões de pessoas contadas no Reino de Espanha no verão de 1787, por ordem do primeiro-ministro de Carlos III,

---

[29] E. S. Devey, Jr., «The Human Population», *Scientific American* (Sept. 1960), pp. 194-204.

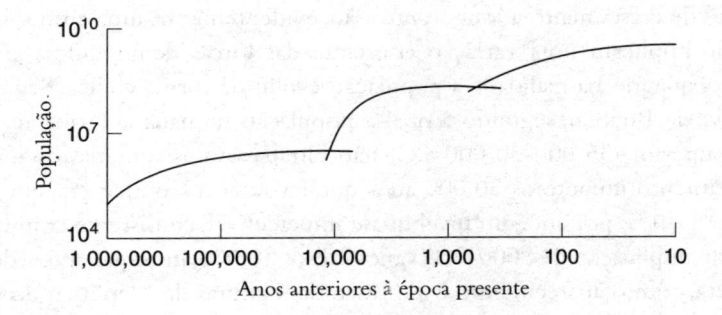

Figura 1.11   Ciclos de crescimento demográfico
Fonte: E.S. Deevey jr., *The Human Population*, in «Scientific American», setembro 1960, pp. 49-55.

Floridablanca, ou os 3,9 milhões contados nos Estados Unidos em 1790, tal como ordenado pelo primeiro artigo da Constituição aprovada três anos antes em Filadélfia, são os primeiros exemplos de censo moderno em países de grandes dimensões[30]. Em séculos anteriores existiam, evidentemente, contagens de habitantes e estimativas – muitas vezes ao serviço de objetivos fiscais – para áreas limitadas e, frequentemente, de cobertura restrita. Entre estes últimos contam-se as listas de famílias da dinastia Han à dinastia Ching, na China (cobrindo um período de quase dois mil anos e terminando no século anterior)[31]. O trabalho do estatístico deve ser complementado pelo do historiador, especialista em avaliar, integrar e interpretar as fontes. Em muitas partes do mundo antes deste século, na Europa antes do final da Idade Média ou na China antes da presente era, apenas se pode estimar o tamanho da população com base em informação qualitativa – a existência ou extensão de cidades, vilas ou outros povoados, a extensão da terra cultivada – ou com base em cálculos de possível densidade populacional relativamente ao ecossistema, o nível de tecnologia ou a organização social. São necessárias as contribuições tanto de paleontólogos como de arqueólogos e de antropólogos.

Os dados sobre o crescimento demográfico mundial das tabelas 1.2 e 1.3 baseiam-se em grande parte em conjeturas e inferências realizadas com base em informação não quantitativa. A tabela 1.2 apresenta uma síntese destas tendências.

---

[30] M. Livi Bacci, «Il Censimento de Floridablanca nel contesto dei censimenti europei», *Genus* 43:3-4 (1987).
[31] J. Lee, C. Campbell e Wang Feng, *The Last Emperors: An Introdution to the Demography of the Qing Imperial Lineage*, in R. Schofield e D. Reher (orgs.), *Old and New Methods in Historical Demography* Oxford, Oxford University Press, 1993.

As taxas de crescimento a longo prazo são, evidentemente, uma abstração, uma vez que implicam uma variação constante das forças demográficas em cada período, quando na realidade a população evolui de forma cíclica. Seguindo a hipótese de Biraben, segundo a qual a população humana anterior ao Paleolítico Superior (35 000-30 000 a.C) não ultrapassava as centenas de milhares, o crescimento durante os 30 000 anos que levou ao Neolítico era, em média, inferior a 0,1‰ por ano, um nível quase impercetível, consistente com um período de duplicação de 8000-9000 anos[32]. Nos 10 000 anos que antecederam a nossa era, com o aparecimento e a difusão das culturas do Neolítico do Médio Oriente e do Alto Egipto, a taxa aumentou para 0,4‰ (o que implica uma duplicação em menos de 2000 anos) e a população cresceu de alguns milhões para cerca de 0,25 mil milhões. Esta taxa de aumento, apesar dos importantes ciclos de crescimento e de declínio, foi reforçada nos dezassete séculos e meio seguintes. A população triplicou para cerca de 0,75 mil milhões em vésperas da Revolução Industrial (uma taxa global de crescimento de 0,6‰). Foi, contudo, a Revolução Industrial que iniciou um período de crescimento decisivo e sustentado. Durante os dois séculos seguintes, a população aumentou cerca de dez vezes mais, numa taxa de crescimento anual de 6‰ (período de duplicação de 118 anos). Este processo de crescimento foi o resultado de uma rápida acumulação de recursos, controlo do ambiente e declínio da mortalidade, e culminou na segunda metade do século XX. A população duplicou novamente nas quatro décadas a seguir a 1950 e a taxa de crescimento triplicou para 18‰. Apesar dos sinais de que o crescimento está a abrandar, o ímpeto atual certamente levará a população até aos 8 mil milhões no final de 2030, e aos 10 mil milhões no período próximo do final do século XXI. A aceleração da taxa de crescimento e o encurtamento do período de duplicação (que foi expresso em milhares de anos antes da Revolução Industrial e é atualmente apresentado em dezenas de anos) dão alguma indicação da velocidade a que têm abrandado os controlos históricos ao crescimento populacional.

A tabela 1.2 responde a uma outra questão que, à primeira vista, parece ser apenas uma curiosidade estatística. Quantas pessoas têm vivido na Terra? A resposta requer o cálculo do número total de nascimentos em cada um dos períodos indicados. Seguindo a corajosa hipótese de Bourgeois-Pichat[33], pode-

---

[32] As estimativas nas tabelas 1.2 e 1.3 foram retiradas de J. N. Biraben, *Essai sur l'évolution du nombre des hommes*, in «Population», XXXIV, 1979, n.º 1, pp. 13-25. Ver também J. D. Durand, *Historical Estimates of World Population*, in «Population and Development Review», III, 1977, pp. 253-96.

[33] J. Bourgeois-Pichat, *Du XXᵉ ao XXIᵉ siècle: l'Europe et sa population après l'an 2000*, in «Population», XLIII, 1988, n.º 1, pp. 9-42.

Tabela 1.2 População, total de nascimentos e anos vividos (de 10 000 a.C a 2000 d.C)

Indice demográfico	10,000 BC	0	1750	1950	2000
População (milhões)	6	252	771	2,529	6,115
Crescimento anual (%)	0.008	0.037	0.064	0.594	1.766
Tempo de duplicação (anos)	8,369	1,854	1,083	116	40
Nascimentos (milhares de milhões)	9.29	33.6	22.64	10.42	5.97
Nascimentos (%)	11.4	41.0	27.6	12.7	7.3
Esperança de vida (e_0)	20	22	27	35	56
Anos vividos (milhares de milhões)	185.8	739.2	611.3	364.7	334.3
Anos vividos (%)	8.3	33.1	27.3	16.3	18.0

Tabela 1.3 Populações continentais (400 a.C a 2000 d.C, dados em milhões)

Ano	Ásia	Europa	África	América	Oceânia	Mundo
400 BC	97	30	17	8	1	153
0	172	41	26	12	1	252
200	160	55	30	11	1	257
600	136	31	24	16	1	208
1000	154	41	39	18	1	253
1200	260	64	48	26	2	400
1340	240	88	80	32	2	442
1400	203	63	68	39	2	375
1500	247	82	87	42	3	461
1600	341	108	113	13	3	578
1700	437	121	107	12	3	680
1750	505	141	104	18	3	771
1800	638	188	102	24	2	954
1850	801	277	102	59	2	1,241
1900	92	404	138	165	6	1,634
1950	1,403	547	224	332	13	2,529
2000	3,698	727	784	829	30	6,115
% Taxa de crescimento						
0–1750	0.06	0.07	0.08	0.02	0.06	0.06
1750–1950	0.51	0.68	0.38	1.46	0.74	0.59
1950–2000	1.94	0.57	2.51	1.83	1.67	1.77

Nota: as últimas três linhas dizem respeito às taxas médias de crescimento anuais (%).
Fonte: elaborações de J. N. Biraben, *Essai sur l'evolution du nombre des hommes*, in «Population», XXXIV, 1979, n.º 1, pp. 13-25. Nações Unidas, *World Population Prospects: The 1998 Revision*, Nova Iorque, 2011.

mos estimar o número total de nascimentos desde a origem da espécie humana até ao presente em 82 mil milhões, dos quais 6 mil milhões ocorreram a partir dos anos 50, menos 3 mil milhões do que aqueles que surgiram nas centenas de milhares de anos da existência humana anterior ao Neolítico. No ano 2000, os 6 mil milhões de habitantes do globo representavam 7,3% do número total de seres humanos que nasceram até hoje. Numa abordagem diferente, e mantendo presente que o que somos hoje representa as experiências acumuladas dos nossos progenitores – selecionadas, mediadas e passadas para nós – podemos observar que 11% dessas experiências foram acumuladas antes do Neolítico e mais de 80% antes de 1750 e da Revolução Industrial-Tecnológica.

Se atribuirmos uma esperança de vida na altura do nascimento estimada aos indivíduos em cada época (estas estimativas apenas no último período é que são de natureza estatística; para o período precedente baseiam-se em dados fragmentários e para os períodos ainda mais anteriores são pura conjetura), então podemos calcular o número total de anos vividos por cada um destes grupos. Os que nasceram entre 1950 e 2000 terão vivido (no final das suas vidas) cerca de 334 mil milhões de anos, quase o dobro do número total de anos vividos por todos os outros que nasceram antes do Neolítico. Os 420 mil milhões de anos que presumivelmente vão ser vividos (durante a totalidade das suas vidas) pelos que estão vivos em 2000, representam um pouco menos do que um quinto de todos os anos vividos desde a origem da raça humana.

Por último, se considerarmos os recursos energéticos utilizados, podemos fazer mais uma observação. Estima-se que em 2008 o consumo de energia mundial anual rondasse os 474 000 petajoules e esse consumo, nos anos 80, era mais ou menos igual ao consumo total de energia da humanidade nas centenas de milhares de anos que levaram até ao Neolítico[34]. Estes valores são apresentados não pelo facto de serem chocantes, mas sim para demonstrar a expansão extraordinária de recursos disponíveis hoje em dia para a humanidade, comparativamente a sociedades agrícolas anteriores.

A população, evidentemente, não cresceu de forma contínua, mas atravessou ciclos de crescimento e declínio, cujos aspetos a longo prazo estão resumidos na tabela 1.3 e na figura 1.11. Se nos limitarmos à Europa, o aumento da população para o triplo, entre o nascimento de Cristo e o século XVIII, não ocorreu

---

[34] World Resouces Institute, *World Resources 1987*, Nova Iorque, Basic Books, 1987, pág. 300. *Orders of Magnitude (Energy)*, in Wikipedia [http://en.wikipedia.org/wiki/World_energy_resources_and_consumption], acesso 23-06-2011. Um petajoule = 34,140 UN de toneladas padrão do equivalente em carvão. O cálculo tem sido feito pondo como hipótese (com Cipolla) um consumo médio diário de 10 000 calorias por habitante para os anos anteriores a 1750, de acordo com os cálculos da tabela 1.2.8.

de forma gradual, tendo resultado de sucessivas ondas de expansão e de crise: crise durante o final do Império Romano e da era justiniana, devido às invasões bárbaras e à peste; expansão nos séculos XII e XIII; nova crise que, mais uma vez, resultou de surtos recorrentes e devastadores da peste, com início em meados do século XIV; uma forte retoma de meados do século XV até ao final do século XVI; e crise ou estagnação até ao início do século XVIII, quando surgiram as forças da expansão moderna. De igual forma, estes ciclos não se desenvolvem em paralelo em diferentes áreas, de forma que o peso demográfico relativo se altera com o tempo: a quota da Europa (excluindo os territórios da ex-URSS), relativamente à população mundial, cresceu de 14,5 para 18,1% entre 1500 e 1900, para declinar novamente para 8,4% em 2000. Todo o continente americano continha cerca de 2% da população mundial no início do século XVII, enquanto atualmente esse valor é de 13,3%.

Capítulo 2

Crescimento demográfico entre escolha e constrangimento

1. Constrangimento, escolha e adaptação

Já estabelecemos alguns pontos de referência: o crescimento demográfico ocorre com graus de intensidade variáveis e dentro de um espaço estratégico razoavelmente alargado, suficientemente grande para que as taxas de crescimento ou de declínio conduzam a população a uma rápida expansão ou extinção. Os limites superiores deste espaço estratégico são definidos pelas capacidades reprodutiva e de sobrevivência e, portanto, pelas características biológicas da espécie humana. A longo prazo, o crescimento demográfico evolui em concomitância com o crescimento dos recursos disponíveis, sendo que estes últimos impõem um limite intransponível aos anteriores. Evidentemente que estes recursos não são estáticos, expandindo-se em resposta à atividade humana incessante. Novas terras são desbravadas e cultivadas, o conhecimento aumenta e desenvolvem-se novas tecnologias. Mais adiante, e relativamente aos recursos e à população, iremos identificar qual deles é a locomotiva e qual a carruagem; ou seja, se a desenvolvimento dos primeiros arrasta com ele a segunda ou vice-versa; se a disponibilidade de uma unidade adicional de alimento e energia permite a sobrevivência de mais um indivíduo ou, em vez disso, se o facto de existir mais um par de mãos leva à produção dessa unidade extra; ou, por último, se eles não funcionam ambos como a locomotiva e um pouco como a carruagem, de acordo com a conjuntura histórica.

Por agora, vamos concentrar a nossa atenção noutro problema, já mencionado no primeiro capítulo. Identificamos três grandes ciclos da população:

desde os primeiros humanos até ao início do Neolítico, do Neolítico à Revolução Industrial e da Revolução Industrial até ao presente. Nas fases de transição entre estes períodos quebrou-se o frágil equilíbrio entre população e recursos. Contudo, como já vimos para as populações europeias, o crescimento demográfico, também dentro destes ciclos, avançou de forma irregular. Os períodos de crescimento alternaram com outros de estagnação e de declínio. Quais foram as causas?

Numa linha claramente teórica, podemos conceber o crescimento demográfico como ocorrendo dentro de dois grandes sistemas de forças, as de constrangimento e as de escolha. As forças de constrangimento incluem clima, doenças, terra, energia, alimento, espaço e modos de povoamento. Estas forças têm graus variáveis de interdependência mas partilham duas características: são importantes na mudança demográfica e têm ritmos lentos de mudança. No que diz respeito à mudança demográfica, os mecanismos são intuitivos e bem demonstrados. Os padrões humanos de povoamento (densidade e mobilidade) dependem do espaço geográfico, bem como da disponibilidade de terra. Os recursos relativos ao alimento, às matérias-primas e à energia vêm todos da terra e são determinantes importantes da sobrevivência humana. O clima, por sua vez, determina a natalidade do solo, impõe limites ao povoamento humano e está ligado aos padrões de doença. As doenças, por seu turno, relacionadas com a nutrição, afetam diretamente a reprodução e a sobrevivência. E o espaço e os padrões de povoamento estão relacionados com a densidade populacional e a disseminação de doenças. Estes poucos comentários devem, desde já, tornar clara a complexidade das relações que ligam as grandes categorias de forças de constrangimento, no seu relacionamento com o crescimento demográfico.

A segunda característica comum das forças de constrangimento é a sua permanência (espaço e clima) ou ritmo lento de mudança (terra, energia, alimento, doença, padrões de povoação), relativamente ao quadro temporal de análise demográfica (uma geração ou a duração média de uma vida humana). Estas forças são relativamente fixas e apenas podem ser modificadas pela intervenção humana de forma lenta. Evidentemente, as provisões de alimento e energia podem ser aumentadas, em resultado do cultivo de novas terras e de novas técnicas e tecnologia, os melhoramentos a nível do vestuário e alojamento podem atenuar os efeitos do clima e as medidas para prevenir infeções e o alastramento das doenças podem limitar o seu impacto. Contudo, o cultivo de terra anteriormente não cultivada, o desenvolvimento e propagação de nova tecnologia, a proliferação de melhores estilos de alojamento e métodos de controlo de doenças não são desenvolvidos de um dia para o outro, mas ao longo de extensos períodos de tempo. Em termos de curto e médio prazo (e muitas vezes também a longo prazo) as populações devem adaptar-se e viver com as forças de constrangimento.

O processo de adaptação requer um certo grau de flexibilidade comportamental, para que a população ajuste o seu tamanho e taxa de crescimento às forças de constrangimento anteriormente descritas. Estas mudanças comportamentais são em parte automáticas, em parte determinadas em termos sociais e resultam parcialmente de escolhas explícitas. Por exemplo, confrontado com a escassez de alimento, o crescimento do corpo (altura e peso) torna-se mais lento, produzindo adultos com necessidades nutricionais reduzidas mas com igual eficiência. Este tipo de adaptação aos recursos disponíveis é invocado, por exemplo, para explicar o tamanho pequeno do corpo dos índios dos Andes. Naturalmente, se esta escassez se torna uma carência grave, então a mortalidade aumenta, a população declina ou desaparece e não é possível qualquer adaptação. Outro tipo de adaptação – quase automático ou, de qualquer modo, independente da ação humana – é a imunidade permanente ou semipermanente que se desenvolve nos que são infetados por determinados agentes patogénicos, como a varíola ou o sarampo.

A adaptação, contudo, atua acima de tudo através dos mecanismos que discutimos detalhadamente no primeiro capítulo. A idade de acesso à reprodução (casamento) e a proporção de indivíduos que entram neste estádio tem sido, durante a maior parte da história humana, o principal meio de controlo do crescimento. Antes da difusão, no século XVIII, do que se tornou o principal instrumento de controlo – a limitação voluntária dos nascimentos –, uma série de outros componentes tinham a sua influência sobre a natalidade dos casais e a sobrevivência dos recém-nascidos: tabus sexuais, duração da amamentação, frequência de abortos e infanticídio, quer direto quer sob formas mais subtis de exposição e abandono. Por último, uma forma de adaptação ao meio e aos recursos que tem sido praticada pelas populações em todas as épocas e climas é a migração, tanto para escapar a uma conjuntura existente como para procurar uma nova situação.

O ambiente, desta forma, controla o crescimento através de forças de constrangimento. Este controlo pode, a longo prazo, ser afrouxado pela ação humana e o seu efeito atenuado a curto e médio prazo. Os mecanismos para restabelecer o equilíbrio são em parte automáticos, mas na sua maioria são produto de escolhas (nupcialidade, natalidade, migração). Isto não quer dizer, como por vezes é afirmado de forma precipitada, que as populações possuam mecanismos providenciais de regulação, que mantêm o seu tamanho e crescimento dentro de dimensões compatíveis com os recursos disponíveis. Muitas populações têm desaparecido e outras cresceram até a um ponto em que o equilíbrio deixou de poder ser restabelecido.

2. De caçadores a agricultores: a transição demográfica do Neolítico

O 10º milénio a.C. testemunhou o início da revolução do Neolítico «que transformou a economia humana [e] deu ao homem o controlo sobre a sua própria provisão de alimento. O homem começou a plantar, a cultivar e a melhorar, através da seleção, as ervas, raízes e árvores comestíveis. E foi bem sucedido na domesticação e vinculação firme à sua pessoa de algumas espécies de animais, em troca da forragem que lhes podia dar.»[35]. Resumindo, caçadores e recoletores tornaram-se agricultores e, com o tempo, transitaram de um estilo de vida nómada para a sedentariedade. Esta transição, naturalmente, teve um desenvolvimento gradual e irregular, e ainda hoje existem grupos isolados que sobreviveram através da caça e da recolha. Ocorreu, de forma independente, em épocas e sítios separados por milhares de anos e de quilómetros, no Próximo Oriente, na China e na América Central[36]. As causas desta transição são complexas e iremos discutir mais adiante os seus aspetos demográficos. Mesmo dada a dificuldade em fazer uma avaliação quantitativa, é certo que a população aumentou, tal como é revelado pela propagação da população humana e pelo aumento da sua densidade[37]. Biraben estima que antes da introdução da agricultura a espécie humana somava cerca de 6 milhões de indivíduos e que estes se tornaram cerca de 250 milhões no início da presente era[38]. A taxa de crescimento correspondente é de 0,37‰, menos de 1% da taxa atingida em anos recentes por muitos países em desenvolvimento, mas muitas vezes superior à que é colocada

---

[35] V. G. Childe, *Man Makes Himself*, Nova Iorque, Mentor, 1951, pág. 51. L. Cavalli Sforza e F. Cavalli Sforza, *Moderni da centomila anni*, in «Il Sole-24 Ore», 9 de julho, 2000.

[36] J. R. Harlan, *Agricultural Origins: Centers and Noncenters*, in «Sciences», 1971, 174.

[37] Uma prova indireta do crescimento demográfico contemporâneo com a domesticação de plantas e animais no Próximo Oriente, cerca de 8000 a.C., é dada pelas vagas sucessivas de migração para nordeste. E estas, por sua vez, foram provavelmente a causa primária da expansão da tecnologia agrícola. «Uma consequência da introdução da agricultura, evidentemente, é o aumento no número de pessoas que podem viver em determinada área. Um aumento destes na população é amiúde acompanhado por uma vaga de expansão: a agricultura primitiva foi em si própria um tipo de agricultura de mudança que muitas vezes requeria a transição de campos velhos para outros novos». O volume médio anual de expansão era cerca de 1 km. Esta é a teoria desenvolvida por Cavalli Sforza e Ammerman, que situaram o início da agricultura em várias zonas da Europa, tendo datado os restos mais antigos das plantas cultivadas através do carbono 14. Ver L. L. Cavalli Sforza, *La genetica delle popolazioni umane*, in «Le Scienze», 1975, 79, de onde foi retirada a citação anterior. A. J. Ammeran e L. L. Cavalli Sforza, *A Population Model for the Diffusion of Early Farming in Europe*, in C. Renfrew (org.), *The Explanation of Culture Change*, Londres, Duckworth, 1973.

[38] J. N. Biraben, *Essai sur l'évolution du nombre des hommes*, in «Population» XXXIV (1979), 1. Ver também, acima, a tabela 1.2.

como hipótese entre o surgimento dos primeiros humanos e 10 000 a.C.[39]. Um aspeto, contudo, permanece inquestionável (embora a sua interpretação seja contestada): com a propagação da agricultura, a população aumentou de forma estável e em várias ordens de magnitude, tendo o teto imposto pelo ecossistema dos caçadores-recoletores sido elevado de forma drástica.

Apesar da concordância geral no que diz respeito à natureza quantitativa do crescimento da população pré-histórica, antropólogos e demógrafos têm mantido uma longa discussão quanto às suas causas e aos seus mecanismos. Uma interpretação concentra-se mais na forma como a aceleração surgiu do que na sua causa. É óbvio que não se pode falar de população mundial, ou de populações de grandes áreas geográficas, no Paleolítico. Ao invés, estamos a lidar com um conjunto de grupos pequenos, relativamente autónomos e altamente vulneráveis, cada qual com, talvez, algumas centenas de indivíduos, e a viver num equilíbrio precário com o seu meio. Para grupos desta natureza, um declínio no seu tamanho abaixo de determinado nível (digamos 100-200 membros), fosse qual fosse a causa, compromete a capacidade de reprodução e a sobrevivência da coletividade. De forma alternativa, um crescimento nos números pode levar a uma cisão e à criação de um novo grupo. O crescimento do agregado ou o declínio da população é, desta forma, uma função do «nascimento» e da «morte» destes núcleos elementares. Num período de sucesso, o equilíbrio entre nascimentos e mortes é positivo e a população cresce; num período de insucesso o balanço é negativo e a população declina. A figura 2.1(a) (o eixo x corresponde ao nível de sucesso; o eixo y ao número de núcleos) inclui três modelos possíveis: a curva A descreve uma situação na qual domina o sucesso; a curva C, o inverso; e a curva B, um equilíbrio. As taxas de crescimento correspondentes serão positiva, negativa e nula. As mudanças no clima, no meio ou na doença irão, então, fazer com que a curva mude quer para a esquerda quer para a direita. A figura 2.1(b) mostra o que poderia ter acontecido na transição do Paleolítico para o Neolítico: maior «estabilidade» das condições de sobrevivência fez com que a curva mudasse da esquerda para a direita e, desta forma, acelerasse a taxa de crescimento[40].

---

[39] A comparação entre taxas médias de crescimento calculadas a partir de dados tão incertos, períodos tão longos e áreas tão vastas tem um significado puramente abstrato. O aumento do crescimento pode também ser interpretado com uma menor frequência de extinção dos vários núcleos de povoamento surgidos por fixação e migração de núcleos anteriores, ao invés de ser efeito de uma taxa de crescimento normal mais elevada.

[40] Neste sentido, ver também A. J. Ammerman, *Late Pleistocene Population Dynamics: An Alternative View*, in «Human Ecology», 1975, 3. Ver igualmente E. A Hammel e N. Howell, *Research in Population and Culture: an Evolutionary Framework*, in «Current Anthropology», 28, 1987.

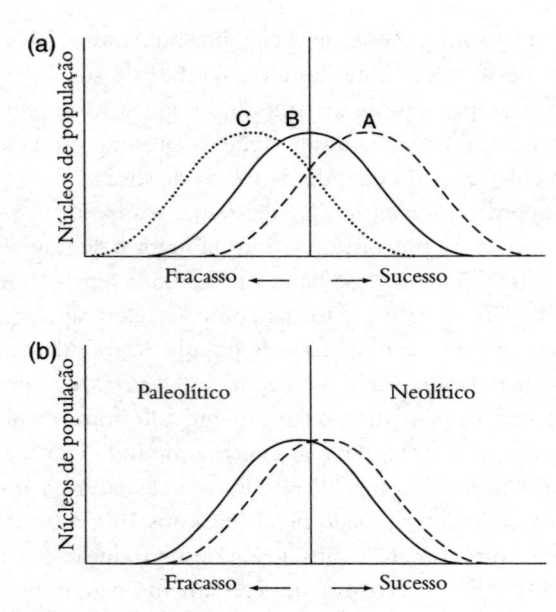

Figura 2.1   Fracasso ou sucesso das populações: um modelo

Além desta hipótese «técnica», existem pelo menos duas teorias diametral-mente opostas, que tentam explicar as causas subjacentes a esta aceleração do crescimento populacional. A teoria «clássica» defende que o crescimento acele-rou devido a uma sobrevivência melhorada, em consequência de uma melhor nutrição tornada possível pelo sistema agrícola[41]. Uma teoria mais recente, ao invés, sugere que a dependência de colheitas que pouco variavam baixou a qua-lidade da nutrição, que os hábitos sedentários e uma densidade mais elevada au-mentaram os riscos de transmissão das doenças infecciosas e, desta forma, tam-bém a sua frequência, enquanto o «custo» reduzido de criar crianças se traduziu numa maior natalidade. Por outras palavras, a introdução da agricultura trouxe um aumento na mortalidade mas também um aumento ainda maior na natali-dade, resultando no aumento da taxa de crescimento[42]. De forma extremamente

---

[41] Cohen atribui a teoria que inapropriadamente denominei «clássica» a Childe, *Man Makes Him-self, op. cit.* Cf. M. N. Cohen, *An Introduction to the Symposium*, in G. J. Armelagos e M. N. Cohen, *Paleopathology and the Origin of Agriculture*, Orlando, Academic Press, 1984.

[42] Observações sobre esta nova teoria podem ser encontradas em B. Spooner (org.), *Population Growth: Anthropological Implications*, Cambridge, MIT Press, 1972. Ver também Cohen, *An Introduc-tion, op. cit.* Para uma formulação em termos demográficos ver A. J. Coale, *La storia della popolazione umana*, in «Le Scienze», VIII, 1975, 79.

sintetizada, são estes os postulados nos quais se baseiam as duas teorias. Vale a pena considerar resumidamente os argumentos favoráveis a cada uma delas.

A teoria clássica baseia-se num argumento simples mas convincente. O povoamento e o início do cultivo agrícola e da domesticação dos animais permitiram uma provisão de alimento mais regular, e protegeu as populações que viviam dos frutos do ecossistema do *stress* nutricional associado à instabilidade climática e à mudança das estações. O cultivo de trigo, cevada, milho ou arroz – cereais altamente nutritivos e facilmente armazenáveis – expandiu bastante a disponibilidade de alimento e ajudou a ultrapassar os períodos de necessidade ([43]). A saúde e a sobrevivência melhoraram e o potencial para o crescimento aumentou e estabilizou.

Em décadas recentes esta teoria tem sido questionada e o problema apresentado de forma diferente: nas populações agrícolas sedentárias, tanto a mortalidade como a natalidade aumentaram, mas a natalidade aumentou mais do que a mortalidade, e isto explica o crescimento demográfico[44]. Outros concordam com o facto de tanto a natalidade como a mortalidade terem aumentado, mas afirmam que a aceleração do crescimento foi mínima[45], porém é possível que os agregados demográficos sedentários, de maiores dimensões, fossem mais estáveis e estivessem menos sujeitos à extinção, segundo o esquema da figura 2.1. Contudo, porque é que a mortalidade deveria ser maior entre os agricultores do que entre os caçadores? Em resposta a esta questão são geralmente citados dois grupos de causas. O primeiro baseia-se no pressuposto de que os níveis nutricionais, de um ponto de vista qualitativo (e, segundo alguns defendem, também quantitativo), pioraram com a transição para a agricultura. A dieta dos caçadores-recoletores, que era constituída por raízes, vegetais, bagas, frutos e caça, provavelmente era mais completa do que a comida dos agricultores sedentários, a qual, embora adequada em termos calóricos, era pobre e monótona devido à grande dependência dos cereais[46]. São encontradas provas no estudo de ossadas: o tamanho do corpo, a altura e densidade dos ossos parecem ter entrado em declínio quando os caçadores se tornaram sedentários e agricultores[47]. Armelagos e os colegas chegam à seguinte conclusão: «A mudança no padrão de

---

[43] Childe, *Man Makes Himself, op. cit.*, pág. 66.

[44] Esta maneira de apresentar a questão é, naturalmente, muita esquemática. A transição para a agricultura deve ter sido gradual e durante longos períodos devem ter coexistido métodos antigos e novos. As sociedades de pastorícia, por exemplo, parecem ter sido caracterizadas por muitos elementos de ambas as fases.

[45] M. N. Cohen, *Introduction: Rethinking the Origins of Agriculture*, in «Current Anthropology», 50, outubro, 5, pág. 594.

[46] Spooner (org.), *Population Growth, op. cit.*; ver, em particular, a introdução, pp. xxiv-xxv.

[47] *Editor's Summation*, in Armelagos e Cohen, *Paleopathology, op. cit.*

subsistência teve um impacto significativo na adaptação biológica dos Núbios pré-históricos. O desenvolvimento da agricultura resultou numa diminuição das dimensões faciais e em mudanças concomitantes na morfologia craniana. Além disso, a intensificação da agricultura levou à privação nutricional. O padrão do crescimento e desenvolvimento dos ossos, a ocorrência de anemia por deficiência de ferro (tal como mostrado pela hiperostose porosa), microdefeitos na dentição e osteoporose prematura em mulheres jovens e adultas, sugerem que as populações núbias posteriores, envolvidas na agricultura intensiva, evidenciavam deficiências nutricionais.»[48]. Apresentei a citação anterior não porque a experiência dos Núbios seja aplicável a todos os outros tipos de transição (partindo do princípio de que as ossadas das várias épocas seriam representativas, que não existia imigração, nem ocorriam erros na avaliação destes ossos), mas sim para ilustrar o tipo de prova usada para apoiar a hipótese da nutrição.

O segundo argumento a favor desta teoria é de natureza diferente e talvez mais convincente. O estabelecimento de povoações estáveis criou para a população as condições necessárias para o aparecimento, propagação e sobrevivência de parasitas e de doenças infecciosas, que eram desconhecidos ou raros nas populações móveis e de baixa densidade[49]. Uma concentração demográfica mais elevada funciona como «depósito» para os agentes patogénicos, que permanecem num estado latente à espera do momento oportuno para emergir. A propagação de doenças transmitidas por contacto físico é favorecida pela densidade crescente e, por sua vez, esta densidade aumenta a contaminação do solo e da água, facilitando a reinfeção. A substituição dos abrigos móveis e temporários das populações nómadas por outros de caráter permanente encorajou o contacto com parasitas e outros transportadores de doenças infecciosas. A acrescentar a isto, a sedentarização aumentou a transmissão de infeções trazidas por portadores cujo ciclo de vida era, de outra forma, interrompido pelas movimentações humanas frequentes. É o caso, por exemplo, das pulgas, cujas larvas se desenvolvem em cestos, camas ou habitações, e não no corpo de ani-

---

[48] G. P. Armelagos, D. P. van Gerven, D. L. Martin e R. Huss Hushmore, *Effects of Nutritional Change on the Skeletal Biology of Northeast African (Sudanese Nubian) Populations*, in J. D. Clark e S. A. Brandt (orgs.), *From Hunters to Farmers*, Berkeley, University of California Press, 1984, pág. 146. A interpretação dos dados osteológicos é, contudo, um assunto controverso. Ver J. W. Wood, G. R. Milner, H. C. Harpending e K. M. Weiss, *The Osteological Paradox*, in «Current Anthropology», 33, 1992, 4.
[49] Para uma teoria geral das doenças infecciosas ver F. Macfarlane Burnet, *Natural History of Infectious Disease*, Londres, Cambridge University Press, 1962); T. A. Cockburn, *Infectious diseases: Their Evolution and Eradication*, Springfield, C. G. Thomas, 1967. Sobre as doenças infecciosas no período pré-histórico: T. A. Cockburn, *Infectious Diseases in Ancient Populations*, in «Current Anthropology» 12, 1971, 1. Para um excelente resumo de factos e teorias ver M .N. Cohen, *Health and the Rise of Civilization*, New Haven-Londres, Yale University Press, 1989.

mais ou de seres humanos. Com a passagem à sedentariedade, muitos animais, domesticados ou não, vieram ocupar um lugar estável no nicho ecológico humano, aumentando a possibilidade de infeção, de agentes patogénicos animais específicos, e desenvolvendo a incidência do parasitismo. A tecnologia agrícola pode igualmente ter sido responsável pela propagação de determinadas doenças, como por exemplo a malária, que beneficiou da irrigação e da criação artificial de depósitos de água estagnada[50]. Como confirmação da baixa incidência de doenças infecciosas agudas em populações pré-agrícolas são citados, por exemplo, os estudos dos Aborígenes australianos, isolados do contacto com a população branca[51]. Em geral, as pequenas dimensões e a mobilidade dos grupos atuais de caçadores-recoletores parecem proporcionar uma defesa contra os parasitas, tal como o seu isolamento relativo parece controlar a propagação de epidemias[52]. Contudo, deve-se recordar que muitos académicos continuam a afirmar que a complexidade biológica do ecossistema (complexo nos trópicos e simples em áreas de deserto ou do ártico) está diretamente relacionada com a variedade e incidência das infeções que afetam as populações[53].

Desta forma, no geral, uma dieta mais pobre e menos variada e condições favoráveis às doenças infecciosas parecem justificar a hipótese de maior mortalidade entre os agricultores, relativamente aos seus antecessores caçadores[54]. Mas se a mortalidade era mais elevada entre os agricultores, então o seu crescimento populacional mais rápido só podia resultar de uma natalidade mais elevada. Esta última hipótese é apoiada pelas modificações sociais que acompanharam a transição da caça para a agricultura. A elevada mobilidade dos caçadores-recoletores, que se movimentavam continuamente num vasto território de caça, tornava simultaneamente o transporte das crianças dependentes muito pesado e perigoso para a mãe. Por esta razão, o intervalo entre os nascimentos deveria ter sido razoavelmente maior, de forma que um novo nascimento apenas surgia quando a criança anterior já era capaz de cuidar de si própria. Numa sociedade sedentária esta necessidade tornou-se menos premente, o «custo» das crianças em termos de investimento por parte dos pais diminuiu e a sua contribuição económica aumentou, em termos de trabalho na casa, no campo e no tratamento dos animais. A análise dos achados ósseos nos cemitérios da Europa, do Norte de África e da América do Norte revelou modificações sistemáticas na

---

[50] Cockburn, *Infectious Diseases*, *op. cit.*, pág. 49.

[51] *Ibidem*, pág. 50.

[52] Cohen, *Health*, pág. 104.

[53] F. L. Dunn, *Epidemiological Factors: Health and Disease in Hunter-Gatherers*, in R. B. Lee e I. De Vore (orgs.), *Man the Hunter*, Chicago, Aldine, 1968.

[54] Para uma reavaliação recente desta teoria, ver Cohen, *Health*, pp. 113 e 122.

estrutura por idades com a passagem para a agricultura, interpretadas como «sinal» de crescimento da natalidade[55].

A hipótese de a natalidade aumentar com a transição da caça para a agricultura é mais do que uma conjetura. Com efeito, tem sido confirmada por diversos estudos de populações atuais. Entre 1963 e 1973 um grupo de estudiosos liderado por R. B. Lee[56] estudou os !Kung San, uma população nómada que vivia da caça e recolha no norte do Botsuana (África Austral) e que nessa altura estava a iniciar um processo de sedentarização. O grupo de Lee observou que cerca de metade dos vegetais comestíveis dos !Kung eram recolhidos pelas mulheres, que no decurso de um ano percorriam alguns milhares de quilómetros. Durante a maior parte das suas movimentações as mulheres transportavam com elas as suas crianças com menos de 4 anos. A idade da puberdade entre as mulheres !Kung era tardia, entre os 15 e os 17 anos, e seguia-se um longo período de esterilidade pós-puberdade, de forma que o primeiro nascimento surgia entre os 18 e os 22 anos, seguido de intervalos de três a cinco anos entre os nascimentos. Estes intervalos[57] são muito longos para uma população que não pratica o controlo de natalidade moderno e resultavam de uma amamentação contínua até ao terceiro ou ao quarto ano de idade. O crescimento corporal dos bebés era lento, uma vantagem adaptativa notável, uma vez que facilitava o seu transporte durante as longas movimentações diárias das mães. Por conseguinte, o número médio de crianças por mulher era razoavelmente baixo (4,7). A baixa natalidade desta natureza, imposta pelos hábitos das populações de caçadores-recoletores, também é característica de outros grupos, como os Pigmeus africanos[58]. Mas ainda mais interessante é o facto de a natalidade dos !Kung San parecer ter aumentado durante o seu processo de sedentarização. Com efeito, as

---

[55] J.-P. Bocquet-Appel, *Paleopathological Traces of a Neolithic Demographic* Transition, in «Current Anthropology», 47, 2010, 2. J.-P. Bocquet-Appel e S. Naji, *Testing the Hypothesis of a Worlwide Neolithic Demographic* Transition, in «Current Anthropology», 47, 2010, 2. M. N. Cohen, *Implications of the Neolithic Demographic Transition for Worldwide Health and Mortality Prehistory*, in J.-P. Bocquet-Appel e O. Bar-Yosef (orgs.), *The Neolithic Demographic Transition and Its Consequences,* Nova Iorque, Springer, 2008. Sobre o tema da maior natalidade do Neolítico vejam-se: R.B. Lee, *Lactation, Ovulation, Infanticide and Women's Work: A Study of Hunter-Gatherer Population Regulations*, in M. N. Cohen, R. S. Malpass e H. G. Klein (orgs.), *Biosocial Mechanics of Population Regulation*, New Haven, Yale University Press, 1980. Uma análise bastante detalhada dos *!Kung* encontra-se em N. Howell, *The Demography of the Dobe !Kung*, Nova Iorque, Academic Press, 1979. Coale, *La storia della popolazione umana, op. cit.*

[56] Estes elementos baseiam-se no estudo de Lee, *Lactation, op. cit.*

[57] Sobre os intervalos entre nascimentos ver capítulo 1, parágrafo 4.

[58] L. L. Cavalli Sforza, *The Transition to Agriculture and Some of its Consequences*, in D. J. Ortner (org.), *How Humans Adapt,* Washington, Smithsonian Institution Press, 1983.

mulheres sedentárias tinham intervalos entre os nascimentos (36 meses) significativamente mais pequenos do que as suas conterrâneas caçadoras-recoletoras (44 meses)[59], tal como postulado pelos defensores da teoria de que a natalidade aumenta com a transição da caça e recolha para a agricultura. A comparação entre populações históricas e atuais fornece resultados semelhantes. Dois estudos recentes revelam diferenças entre as taxas de fertilidade total (*Tft*) dos caçadores-recoletores (5,7 e 5,6) e dos agricultores (6,3 e 6,6)[60].

Os postulados das duas teorias estão resumidas na figura 2.2. Os dados sobre os quais se apoiam são, na sua maior parte, fruto de conjeturas e a sua recolha é lenta e, amiúde, contraditória. Ambas as teorias afirmam que o nível de nutrição se alterou, mas em sentidos opostos. Mesmo que seja verdade que os caçadores-recoletores tinham uma dieta mais variada (os caçadores-recoletores atuais apenas raramente parecem estar mal nutridos), é difícil imaginar que o nível de nutrição tenha diminuído com a transição para a agricultura tendo em conta, por exemplo, a possibilidade de expandir o cultivo, de acumular reservas, de complementar os produtos da terra com os que eram obtidos pela caça e pela pesca, o melhoramento das técnicas de preparação e conservação dos alimentos. Pode ser, por outro lado, que o nível de nutrição tenha tido menor influência na mortalidade do que a sugerida por qualquer uma destas teorias, dado que é apenas em casos de extrema necessidade e desnutrição que aumenta o risco de contrair e sucumbir a determinadas doenças infecciosas[61]. A hipótese de que a frequência e transmissão de doenças infecciosas aumentou em populações de maior densidade e permanência está melhor fundamentada, apesar de a questão ser demasiado complexa para permitir simplificações[62].

---

[59] Lee, *Lactation, op. cit.* Devemos, contudo, mencionar igualmente a hipótese de Rose Frisch, de acordo com a qual a baixa natalidade das mulheres !Kung resulta de desnutrição inferior ao limite crítico.

[60] Ver K. L. Campbell e J. W. Wood, *Fertility in Traditional Societies*, in P. Diggory, S. Tepper e M. Potts (orgs.), *Natural Human Fertility: Social and Biological Mechanisms*, Londres, Macmillan, 1988; G. R. Bentley, G. Jasienska e T. Goldberg, *Is the Fertility of Agriculturalists Higher than that of Nonagriculturalists?*, in «Current Anthropology» 34, 5, dezembro 1993).

[61] É um ponto de vista que defendo em Livi Bacci, *Popolazione e alimentazione. Saggio sulla storia demografica europea*, Bolonha, Il Mulino, 1993². Será discutido mais adiante (capítulo 2, secção 7).

[62] São muitas as razões que apelam à prudência. A densidade da maioria das populações pré-históricas agrícolas era muito baixa e os aglomerados urbanos eram escassos. Se, por um lado, a propagação dos agentes patogénicos era maior entre os agricultores, havia igualmente um processo de adaptação mútua entre agente patogénico e organismo hospedeiro que diminuiu o perigo. Cito as palavras de um estudo clássico e ainda válido sobre a história das doenças infeciosas e das epidemias, o livro de Hans Zinsser, *Rats, Lice, and History*, Nova Iorque, Bantam, 1971, escrito em 1935: «No mundo das coisas vivas nada é permanentemente fixo [...] de um ponto de vista puramente biológico, é absolutamente lógico supor que as doenças infecciosas estão em constante mudança;

No que diz respeito à natalidade, os dados dos grupos atuais em estado pré-
-agrícola argumentam, de forma convincente, no sentido da possibilidade de
que a transição para a agricultura sedentária tenha envolvido maior prolificidade. Além do mais, Childe, um defensor da teoria clássica, referiu que numa
sociedade agrícola «as crianças se tornam úteis em termos económicos; mas
para os caçadores as crianças são, provavelmente, um fardo»[63].

3. A grande peste e o declínio demográfico na Europa

Por volta do ano 1000 a população da Europa começou uma fase de crescimento que haveria de continuar durante três séculos. A informação é escassa e frag-
mentária mas suficiente para revelar os sintomas de um crescimento demográfico sólido. Os povoados multiplicaram-se, foram fundadas novas cidades, áreas
abandonadas foram habitadas e o cultivo expandiu-se a solos progressivamente
menos férteis. No decurso destes séculos a população europeia aumentou por
um fator de dois ou três, testemunho de um potencial de crescimento que as
crises frequentes não conseguiram suprimir. Para o final do século XIII e nas
primeiras décadas do século XIV há provas claras de que este ciclo de crescimento estava a perder força: as crises tornaram-se mais frequentes, os povoados
deixaram de se expandir e aqui e ali as populações estagnaram. Este abrandamento foi consequência de causas complexas, provavelmente ligadas a uma economia agrícola tornada menos vigorosa devido ao esgotamento dos melhores
solos e a uma paragem no progresso tecnológico, bem como sujeita a períodos
mais frequentes de escassez decorrentes de condições climáticas desfavoráveis[64].
Pode ter sido uma fase transitória, um período de ajustamento à medida que
a população procurou um equilíbrio mais favorável relativamente aos recursos,
para ser seguido por outro ciclo de crescimento. Ao invés, em meados do século
XIV ocorreu uma catástrofe devastadora e duradoura que causou um declínio

---

novas doenças estão em processo de desenvolvimento e as antigas a modificar-se ou a desaparecer… Desta forma, seria surpreendente se novas formas de parasitismo – ou seja, infecção – não
estivessem constantemente a surgir e se, entre as suas formas, as modificações nos ajustes recípro-
cos entre parasitas e hospedeiros não tivessem ocorrido durante os séculos de que temos registo»
(pp. 43-44). Por fim, não nos esqueçamos de que os dados de facto respeitantes às patologias das
populações pré-históricas são escassos e fragmentários e que muitas das hipóteses são meras conjeturas.
[63] Childe, *Man Makes Himself, op. cit.*, pág. 69.
[64] B. H. Slicher van Bath, *Storia agraria dell'Europa occidentale (500-1850)*, Turim, Einaudi, 1972;
E. Sereni, *Agricoltura e mondo rurale*, in *Storia d'Italia*, vol. I, Turim, Einaudi, 1972.

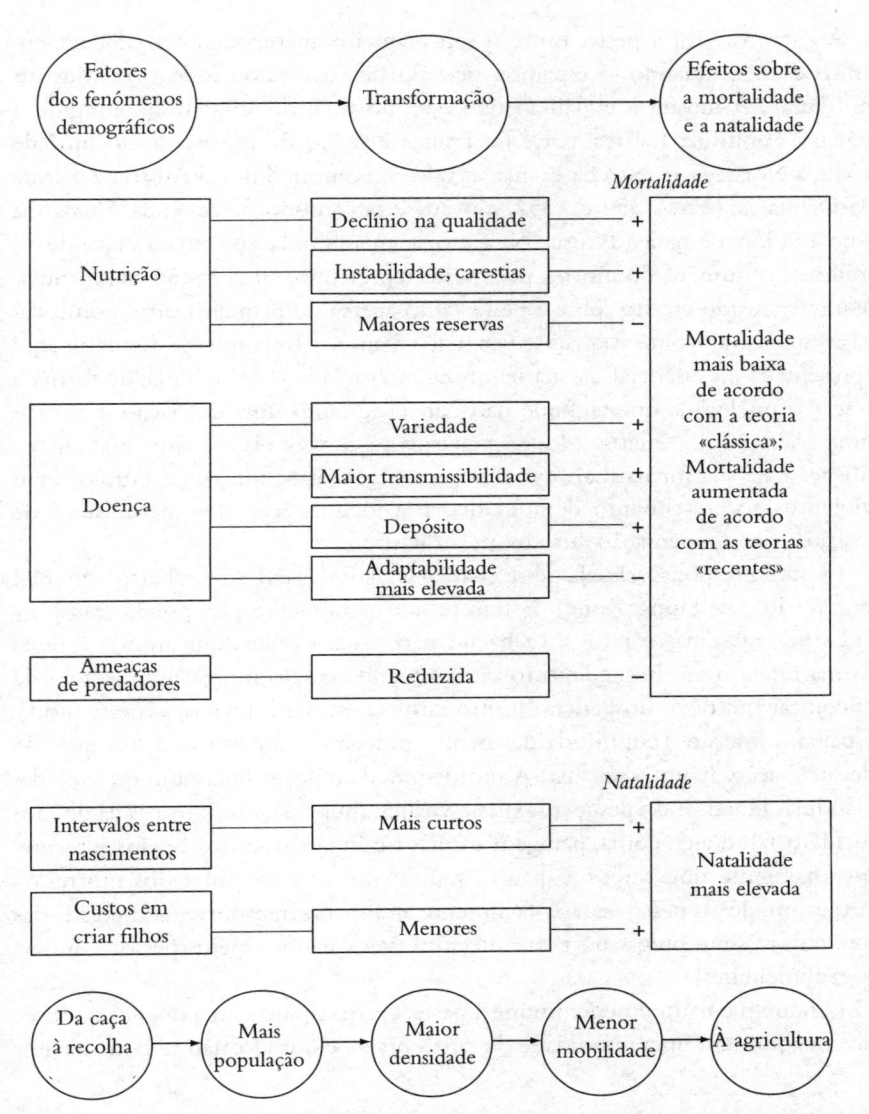

Figura 2.2   Efeitos demográficos presumíveis que acompanham a transição da caça e recoleção para a agricultura

na população, de acordo com as estimativas da tabela 1.3, em perto de um terço entre 1340 e 1400, para continuar em declínio durante a primeira metade do século seguinte, antes de começar a recuperar. Esta recuperação só em meados do século XVI levou a população ao seu nível anterior à crise.

A catástrofe foi a peste. Entre o seu primeiro aparecimento na Sicília, em 1347, e 1352, quando se espalhou pela Rússia, atravessou todo o continente. A figura 2.3 mostra a expansão da peste: no final de 1348 tinha atingido a Itália, a Península Ibérica, parte de França e o Sul de Inglaterra; no final de 1349, a Noruega, o resto da França, o vale de Reno, a Suíça, a Áustria e a costa da Dalmácia; entre 1350 e 1352, moveu-se no sentido do leste, da Alemanha para a Polónia e para a Rússia. Na Europa, cuja população somava cerca de 80 milhões, o número de mortes pela peste representou uma fração significativa. Muito tem sido escrito sobre a peste, tanto acerca do primeiro surto como das vagas sucessivas (sobre as quais se fala mais adiante)[65]. Irei limitar a discussão aqui apresentada ao essencial da sua natureza, intensidade e cronologia, de forma a atacar o núcleo da questão, que não concerne tanto uma descrição mas mais uma avaliação dos efeitos a longo prazo da peste sobre o crescimento, a identificação, na sua forma mais extrema e catastrófica, de um dos controlos mais violentos ao crescimento demográfico e a identificação dos mecanismos de reação e de compensação ativados pela catástrofe.

O bacilo responsável pela peste chama-se *Yersinia pestis* (descoberto em 1894 por Yersin, em Hong Kong). É transmitido geralmente por pulgas transportadas por ratazanas e ratos[66]. O bacilo não mata a pulga, que morde e desta forma infeta o seu hospedeiro (o rato). Quando o rato morre, a pulga tem de encontrar um novo hospedeiro (outro rato ou um ser humano) e, deste modo, espalha a infeção. Transmitida de forma epidérmica, a peste tem um período de incubação de um a seis dias. A mordedura da pulga resulta num inchaço das glândulas linfáticas do pescoço, axilas e virilhas (bubões). Os sintomas da doença incluem febre alta, coma, paragem cardíaca e inflamação dos orgãos internos. Normalmente dois terços a quatro quintos dos que são infetados morrem[67]. A transmissão da peste ocorria facilmente através do transporte de mercadorias que contivessem pulgas ou ratos infetados (vestuário e objetos pessoais, provisões alimentares).

Ninguém é naturalmente imune à peste. Os que contraem a doença e sobrevivem adquirem uma imunidade de curto prazo. Contudo, não se pode excluir

---

[65] Da vasta bibliografia sobre a peste limito-me a citar J.-N. Biraben, *Les hommes et la peste en France et dans les pays européens et mediterranées* (Mouton, Paris, 1974-6), vol. 1: *La peste dans l'histoire*; vol. 2: *Les hommes face à la peste*. Ver igualmente L. Del Panta, *Le epidemie nella storia demografica italiana (secoli XIV-XIX)*, Turim, Loescher, 1980. M. Livi Bacci, *La popolazione nella storia d'Europa*, Roma-Bari, Laterza, 1998.

[66] Biraben, *Les hommes et la peste, op. cit.*, vol. 1, pp. 7-31; Del Panta, *Le epidemie, op. cit.*, pp. 34-40.

[67] Esta descrição é extremamente esquemática. Em acréscimo à peste bubónica, mais comum, também deve ser mencionada a peste «pneumónica», que se transmitia diretamente de uma pessoa para outra através da tosse ou do espirro e era quase completamente letal.

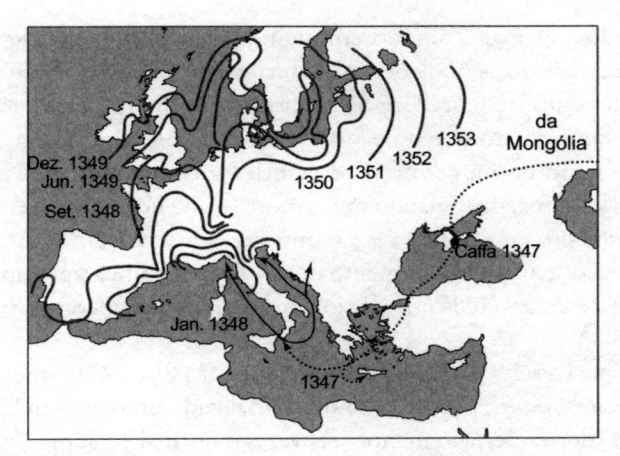

Figura 2.3 Propagação da peste na Europa entre 1347 e 1353
Fonte: C. McEvedy e R. Jones, *Atlas of World Population History*, Harmondsworth, Penguin 1980.

a possibilidade de que vagas sucessivas da peste tenham selecionado progressivamente indivíduos que eram, por alguma razão, menos suscetíveis à doença, apesar destes processos necessitarem de evoluir, de forma a terem um efeito percetível, durante longos períodos de tempo.

A peste que surgiu na Europa em 1347, não sendo um fenómeno novo, tinha estado ausente durante seis ou sete séculos, desde a peste do período justiniano. Este último surto propagou-se pelo Mediterrâneo Oriental em 541-544 e atingiu a Itália e, particularmente, a Europa mediterrânica, em vagas sucessivas desde 558-61 até 599-600. Permaneceu no Oriente até meados do século VIII, gerando epidemias sucessivas que, apesar de localizadas, continuaram a afetar a Europa[68].

Em Setembro de 1347, o desembarque de várias galeras genovesas em Messina interrompeu os longos séculos de paz bacteriológica. Estes navios vieram de portos no Mar Negro onde a peste, tendo chegado do Oriente, grassava. No espaço de quatro ou cinco anos, como mencionado, a doença atravessou todo o continente, e esta foi apenas a primeira de uma série de vagas epidémicas. Em Itália (e o progresso pouco diferiu no resto da Europa) estas vagas surgiram em 1360-1363, 1371-1374, 1381-1384, 1388-1390 e 1398-1400. No século XV ainda ocorriam com frequência, mas com menor sincronia e severidade[69]. A medida da mortalidade das várias vagas epidémicas é incerta devido à au-

---

[68] Biraben, *Les hommes et la peste, op. cit.*, vol. 1, pp. 30 e seguintes.
[69] Del Panta, *Le epidemie, op. cit.*, pág. 118.

sência de dados precisos. Contudo, em muitas áreas ocorreram séries de mortes anuais, a partir das quais podemos discernir os níveis de mortalidade dos anos normais e dos anos de peste. Em Siena, por exemplo, a peste de 1348 causou 11 vezes mais mortes do que o normal. Nas outras cinco epidemias do mesmo século, o aumento do número total de mortes variou entre cinco e dez vezes mais do que a norma. Imaginando que a mortalidade normal era cerca de 35‰, então um aumento de 11 vezes mais significaria cerca de 420‰, ou a morte de mais de 4 pessoas em 10. Um aumento de dez vezes significa, aproximadamente, a eliminação de um terço da população; um aumento de cinco vezes a supressão de um sexto.

Calculei, para várias partes da Toscana, entre 1340 e 1400, que, em média, a cada onze anos ocorreu uma crise de mortalidade grave, definida como um aumento nas mortes de, pelo menos, três vezes o normal. O aumento médio nas mortes era pelo menos de sete vezes mais. Durante o período de 1400-50, estas crises ocorreram em média a cada 13 anos e as mortes aumentaram cinco vezes mais. Na metade seguinte do século (1450-1500), a frequência média diminuiu para 37 anos e a média aumentou para 4 vezes mais[70]. Com o correr do tempo, tanto a frequência como a intensidade das crises diminuiu, tal como a sincronia geográfica da sua ocorrência. Há que ter presente que a Toscana é um caso excepcional apenas devido à abundância de fontes históricas que aí se encontram.

A devastação da peste não poupou os dois séculos seguintes, desde o ciclo de 1522-1530 (piorado pelas guerras que sucederam à queda de Carlos VIII) ao de 1575-1577 (especialmente no Norte), 1630-1631 (no Centro-Norte) e 1656-1670 (particularmente no Centro-Sul)[71]. Apesar de estes surtos de peste serem terríveis (Cipolla calcula que foi dizimado pela peste de 1630-1631 mais de um quarto da população do Centro-Norte)[72], já não eram as catástrofes dominantes que haviam sido nos séculos anteriores. Outras crises (por exemplo o tifo) competiam com a peste pelo primeiro lugar. Com algumas variantes, a experiência italiana aplica-se à Europa como um todo. Depois da epidemia de 1663-70, que atingiu a Inglaterra (a peste de Londres de 1664 é descrita por Defoe), o Norte de França, os Países Baixos e o vale do Reno, a peste desapareceu da Europa como acontecimento geográfico geral, à excepção de um surto na Provença em 1720-1722 e em algumas outras áreas limitadas[73].

---

[70] M. Livi Bacci, *La société italienne devant les crises de mortalité*, Florença, Dipartimento Statistico, 1978, pág. 41; Del Panta, *Le epidemie, op. cit.*, pág. 132.

[71] *Ibidem*, pág. 118.

[72] C. M. Cipolla, *Il declinio economico in Italia*, in C.M. Cipolla (org.), *Storia dell'economia italiana*, Turim, Einaudi, 1959, vol. 1, p. 620.

[73] Biraben, *Les hommes et la peste, op. cit.*, vol.1, pp. 125-126.

Voltando ao nosso tema principal, no século seguinte ao da Morte Negra de 1348 a população europeia diminuiu, como resultado tanto da primeira e, de um ponto de vista literário, mais famosa explosão, como também dos ciclos implacáveis que se seguiram. A população europeia só no século XVI é que conseguiria atingir o nível numérico de 1340, enquanto a peste continuaria a desempenhar um papel de controlo no crescimento populacional até ao seu desaparecimento virtual na segunda metade do século XVII. Não existem dados precisos sobre a escala do declínio entre o período anterior a 1348 e o ponto baixo da população, atingido durante a primeira metade do século XV, mas é confirmada uma perda de 30% a 40%, pelos estudos locais, no Piemonte e na Toscana[74], e em França, Espanha, Inglaterra e Alemanha. Cidades vazias dentro de limites urbanos desproporcionados, aldeias abandonadas e a zona rural deserta são consequências concretas disso mesmo. A escassez de mão-de-obra fez aumentar os salários e a abundância de terra disponível levou à diminuição dos preços dos alimentos.

A peste constitui um controlo populacional do sistema sociodemográfico largamente exógeno, ou externo. Agiu independentemente das formas de organização social, dos níveis de desenvolvimento, da densidade populacional, etc. A capacidade da peste para infetar e matar não tinha qualquer relação com o estado de saúde, a idade ou o nível nutricional de cada um. Atingiu com igual violência populações urbanas e rurais e, com excepção de escassas áreas isoladas, os níveis de densidade não colocaram qualquer obstáculo à sua propagação. O movimento de pessoas e bens era suficiente para a levar de uma ponta à outra do continente. A longo prazo, evidentemente, as sociedades tomaram medidas para se defender. A quarentena e isolamento de indivíduos ou de bens infetados ou suspeitos, o encerramento das casas de vítimas da peste e algumas medidas de saúde pública podem explicar parcialmente o desaparecimento da peste do continente europeu[75]. Contudo, durante cerca de três séculos a peste fez sentir o peso da sua presença.

Ao contrário das vítimas de muitas outras doenças, os poucos indivíduos que contraíram a peste e sobreviveram não adquiriram imunidade a longo prazo. Não é razoável, desta forma, atribuir o declínio gradual da peste apenas à exis-

---

[74] R. Comba, *Vicende demografiche in Piemonte nell'ultimo Medioevo*, in «*Bollettino Storico-bibliografico subalpino*», LXXV, 1977, fascículo 1; E. Fiumi, *Fioritura e decadenza dell'economia fiorentina, II: Demografia e movimento urbanistico*, in «Archivio Storico Italiano», CXVI, 1958, dosp. IV. Outros estudos de Fiumi dizem respeito a Prato e à área de Volterra e San Gimignano. Para a Toscana, ver igualmente D. Herlihy e C. Klapisch-Zuber, *I toscani e le loro famiglie. Uno studio sul catasto Fiorentino del 1427*, Bolonha. 1978.

[75] C. M. Cipolla, *Public Health and the Medical Profession*, Londres, Cambridge University Press, 1976; Livi Bacci, *La société, op. cit.*, pp. 95-122.

tência de uma maior porção imunizada da população. O processo de *Durch-seuchung*, segundo o qual «aqueles que casualmente são menos suscetíveis sobrevivem e, geração após geração, determina-se uma alteração entre parasita e hospedeiro»[76], pode ter tido algum efeito. E «se a doença tivesse continuado, constantemente presente, e a atacar uma vasta porção de novas gerações à medida que surgiam, poderia assumir gradualmente uma forma endémica, esporádica, com mortalidade relativamente baixa.»[77]

Uma doença com este nível de ferocidade poderia, depois de vários ataques, ter eliminado por completo as populações que infetou. Mas tal não aconteceu e, com o passar do tempo, a frequência das crises, se não sempre a sua intensidade, diminuiu. Nem as explicações específicas apresentadas anteriormente (ajustamento social, imunidade, seleção) nem outras (transformações sociais e ecológicas) são suficientes para explicar este fenómeno. Por razões não inteiramente claras, a peste sofreu um processo de adaptação mútua entre agente patogénico (*Yersinia*), portador (pulga) e hospedeiro-vítima (humano).

Tal como sucede com outros tipos de crises de mortalidade, deu-se igualmente um processo de adaptação sociodemográfica e de resposta à peste, tanto a curto e médio como a longo prazo. A curto prazo, um aumento na mortalidade súbito e elevado tem um efeito duplo. A propagação da doença baixa a frequência de concepções, nascimentos (por escolha, necessidade e razões psicobiológicas) e casamentos. O declínio nos nascimentos acentua a ação demográfica negativa da epidemia. Para além disso, a mortalidade põe fim a casamentos e separa ou destrói unidades familiares. No final da crise dá-se um efeito de contragolpe que, embora não sendo suficiente para compensar a perda de vidas e de nascimentos, atenua, contudo, o seu efeito. São celebrados os casamentos que foram adiados durante a crise e aumenta a taxa de casamentos entre viúvos. Em alguns casos notou-se mesmo um incremento na natalidade dos casais. Estes vários fatores combinam-se para produzir um aumento temporário na natalidade global. Da mesma forma, depois de uma crise a mortalidade é frequentemente inferior ao normal, devido à reduzida representação dos grupos de crianças de baixa idade e aos efeitos seletivos relacionados com a epidemia. O equilíbrio entre nascimentos e mortes melhora e, durante alguns anos, parte das perdas anteriores é compensada. Uma nova crise pode, com certeza, recomeçar rapidamente o ciclo, como no século seguinte a 1348, ou fazê-lo depois de um longo intervalo, como nos séculos XVI e XVII[78].

---

[76] Zinsser, *Rats, op. cit.*, pp. 66-7.

[77] *Ibidem*, p. 89.

[78] Livi Bacci, *La société, op. cit.*, pp. 8 ss, pp. 63 ss, discute vários aspectos da reação às crises de mortalidade.

Outros fatores intervêm a longo prazo. O despovoamento causado pela peste na Europa criou abundância de terra disponível e escassez de mão-de--obra. Novas unidades familiares adquiriram os recursos que necessitavam para se estabelecerem com maior facilidade. Os controlos ao casamento em geral tornaram-se mais flexíveis e a nupcialidade aumentou, estimulando o crescimento populacional. Podemos, por exemplo, explicar desta forma a baixa idade de casamento na Toscana do início do século XV[79]. Tanto as respostas a curto como a médio prazo tendem a minimizar os estragos causados à sociedade e à população pelo *yersinia*, as pulgas e os ratos.

4. A tragédia dos índios americanos: micróbios antigos e populações novas

«Triplamente felizes são aqueles que, habitando uma ilha ainda por descobrir no meio do oceano, nunca foram levados ao contacto contaminador com o homem branco.»[80] Assim escreveu o jovem Melville em 1854 ao regressar das Ilhas Marquesas. Os efeitos trágicos do contacto entre os europeus brancos – conquistadores, colonos, exploradores, marinheiros – e as populações indígenas do Novo Mundo, do Pacífico e da Oceania foram evidentes desde os tempos das primeiras explorações. A documentação histórica é abundante e apenas temos de escolher os exemplos a apresentar.

Como é sobejamente conhecido, Colombo desembarcou em Santo Domingo (batizada, na altura, Hispaniola) em 1492. O número de habitantes dessa altura é, evidentemente, desconhecido, mas parecia densamente populosa aos primeiros visitantes, «como a região rural de Córdova»[81]. Os autores que escreveram cerca de um quarto de século mais tarde reportaram uma população original de um milhão ou mais, supostamente «contados» por Colombo ou pelo seu irmão Bartolomeu, em 1495 ou 1496, quando tentaram impor aos nativos um imposto em ouro. Las Casas – o colono que se tornou frade dominicano e

---

[79] A idade do primeiro casamento para as mulheres, em Florença, atingiu o seu ponto mais baixo na primeira metade do século XV; a partir daqui aumentou gradualmente: 17,6 anos em 1427, 19,5 em 1458, 20,8 em 1480. Na vizinha cidade de Prato era igualmente de 16,3 anos em 1372, 17,6 em 1427 e 21,1 em 1470. No mundo rural a tendência deve ter sido análoga. Ver Herlihy e Klapisch-Zuber, *I toscani, op. cit.*

[80] H. Melville, *Typee*, Nova Iorque, New American Library, 1964, pág. 29.

[81] De acordo com a descrição de Fernando Colombo, baseada nas anotações do seu pai Cristóvão. H. Colón, *Historia del Almirante*, Madrid, Historia 16, 1984. Para uma análise e discussão gerais do caso de Hispaniola, resumidas nas páginas seguintes, ver M. Livi Bacci, *Return to Hispaniola: Reassessing a Demographic Catastrophe*, in «Hispanic American Historical Review», vol. 83, 203.

um firme defensor dos índios – viria a aumentar este número para 3 ou 4 milhões. Os académicos atuais, desde os anos 50, dão estimativas tão amplamente diferentes como 60 000 e 8 milhões. Estimativas recentes, seguindo estratégias diferentes (tal como a capacidade de povoamento da ilha; a produção de ouro e a possível produtividade da mão-de-obra nativa – um terço da qual foi enviada para as minas; o número de comunidades e a distribuição das cidades/aldeias, etc.), parecem apontar para uma população de contacto de 200 000-300 000 pessoas, subdivididas em várias centenas de comunidades, cada qual chefiada por um cacique. Em 1514, o *Repartimiento* – ou distribuição dos nativos pelos conquistadores-colonos em serviços pessoais, trabalho nos campos, criação de gado e prospeção de ouro) contava apenas 26 000 pessoas de ambos os sexos e de todas as idades[82]. Depois da epidemia de varíola de 1518-1519, apenas restaram algumas centenas e os nativos caminhavam para a extinção. Em meados do século a comunidade tinha sido dizimada: os nativos ainda sobreviviam como criados dos espanhóis, com uma elevada taxa de miscigenação com os próprios espanhóis, com escravos negros trazidos de África e com outros índios trazidos de outras ilhas ou do continente.

O que determinou o declínio abrupto da população dos Taíno, nas três décadas que se seguiram à conquista, e a sua extinção concreta 20 anos mais tarde? Como discutiremos mais adiante, uma das principais causas do declínio da população no Novo Mundo foi o facto de a população nativa não ter imunidade a muitas patologias, desconhecidas na América mas comuns na Eurásia, e às quais o colono europeu estava bem adaptado. Doenças relativamente inofensivas na Europa tornaram-se letais para os nativos: é o chamado efeito do «solo virgem». O paradigma de uma população de «solo virgem» e da sua vulnerabilidade a novas patologias dá uma resposta aparentemente eficiente e convincente, mas em relação ao caso de Hispaniola tem duas limitações. A primeira é que não existe qualquer prova histórica de epidemias graves na ilha antes da epidemia da varíola em 1518-1519, quando a população já estava reduzida a 10 000 habitantes ou menos. Testemunhas contemporâneas fazem frequentemente referência a uma situação geral de sobrevivência muito precária, fraqueza da população e alta mortalidade contínua – mas não a epidemias arrasadoras e letais. A segunda

---

[82] O «*Repartimiento* de Albuquerque» é a primeira contagem da população americana. Ver L. Arranz Márquez, *Repartimientos y encomiendas en la isla Espa ola*, Santo Domingo, Fundación Garcia Arevalo, 1991). Em contraste com o desaparecimento das populações autóctones e dos escravos importados, aumentou extraordinariamente o número de cavalos, bois, porcos e cães em estado selvagem importados de Espanha. Diego Velázquez, o primeiro governador de Cuba, escreveu ao rei em 1514 que o pequeno número de porcos importados alguns anos antes tinha aumentado para 30 000.

limitação é que o paradigma do «solo virgem» tende a obscurecer todos os outros fatores de declínio da população, como por exemplo as dificuldades impostas à reprodução devido à desorganização profunda da sociedade.

Tendo começado na segunda década do século XVI, quando as consequências negativas do declínio da população nativa para a economia da ilha começaram a ser evidentes, o debate sobre as causas da catástrofe demográfica decorrente foi bastante intenso: Las Casas e os dominicanos participaram ativamente no debate, mas também os padres jerónimos enviados para a ilha pelo rei para pôr um ponto final na situação; altos funcionários e administradores; espanhóis residentes na ilha como o historiador Oviedo. Acredita-se que a ganância pelo ouro e o sistema de *encomienda* (a prática de atribuir nativos aos colonos como mão-de-obra em regime de quase escravidão) foram as principais causas. A ganância pelo ouro: demasiados índios nas minas e por períodos demasiado longos (até 10 meses por ano); abandono de outras atividades produtivas; sobrecarga de trabalho; falta de comida; clima e ambiente desapropriados nas minas; maus--tratos; separação das famílias. Todas estas razões levaram a elevada mortalidade nos homens e a uma baixa natalidade nas suas mulheres. O sistema de *encomienda*: os índios eram levados de um lado para outro da ilha; mudavam frequentemente de um senhor para outro; a vida comunitária era interrompida; os *encomenderos*, com medo de perder os seus índios, exploravam-nos e sobrecarregavam-nos de trabalho; concubinagem; maus-tratos. Nestas condições, os índios amiúde fugiam para as montanhas, onde a sobrevivência era difícil, num meio hostil e longe das suas fontes habituais de sobrevivência; suicidavam-se; revoltavam-se abertamente; eram vítimas de violência.

Estas explicações propostas por testemunhas competentes – embora por vezes facciosas – podem ser resumidas da seguinte forma: a conquista espanhola provocou um desenraizamento económico e social e criou as condições para uma elevada mortalidade e uma natalidade reduzida. O desenraizamento económico foi determinado pela «confiscação» da mão-de-obra indígena, tirada às normais atividades de subsistência e utilizada na produção de serviços, alimentos e ouro para os seus patrões. A mão-de-obra das minas, por sua vez, tinha de ser apoiada pelo trabalho de nativos nos campos. Este «ataque» duplo aos padrões tradicionais de produção e de consumo foi letal para uma sociedade baseada numa economia de subsistência e sem hábitos de acumulação. Significou um aumento no trabalho e uma diminuição no consumo, bem como uma deterioração dramática das condições de vida, e maior vulnerabilidade à escassez. Embora apenas algumas centenas de espanhóis vivessem na ilha até ao início do século XVI, as suas exigências em termos de alimentação, mão--de-obra e serviços eram um fardo muito pesado na relativamente pequena sociedade dos Taíno.

O desenraizamento social decorreu do sistema de *encomienda*: os índios eram levados de um sítio para o outro e de senhor para senhor; o seu sistema tradicional de vida – incluindo o apoio comunitário – foi quebrado; algumas das mulheres foram atraídas para o sistema de reprodução dos conquistadores (em 1514 havia nas comunidades nativas 83 mulheres adultas para cada 100 homens adultos); comunidades, clãs, famílias, casais foram divididos ou separados.

Estas causas gerais tiveram um impacto profundo na demografia dos Taíno. As uniões eram mais difíceis e precárias e a natalidade diminuiu. Em 1514 as crianças com menos de 14 anos representavam apenas 10% da população total, uma situação condizente com uma população em rápido declínio. As condições de vida pioraram e a sobrevivência deteriorou-se, e novas doenças (antes da varíola), apesar de não serem responsáveis pelas principais epidemias, certamente trouxeram uma maior complexidade ao mundo microbiano da ilha, aumentando a mortalidade corrente. Juntamente com os sistemas económico e social, o sistema demográfico dos Taíno também entrou em colapso. Cuba, Porto Rico, Jamaica – menos habitada do que Hispaniola – sofreram a mesma sorte.

Em todos os outros locais do continente americano, o contacto com os intrusos europeus teve consequências catastróficas, mas os nativos não foram exterminados. As estimativas anteriores à conquista baseiam-se em conjeturas e têm conduzido os peritos a valores de população bastante diferentes, que vão desde um mínimo de 8 milhões a um máximo de 113 milhões para todo o continente. Uma revisão recente coloca o total em 54 milhões. No caso do México Central – região dos Astecas e a mais populosa do continente – Cook e Borah dão um número de 6,3 milhões de índios em 1548, que subsequentemente diminuiu para 1,9 milhões em 1580 e 1 milhão em 1605 (tabela 2.1)[83]. Deu-se um forte despovoamento na bacia do rio Amazonas: os primeiros observadores europeus, navegando pelo rio no século XVI, testemunharam a

---

[83] Deve referir-se que o debate sobre a população pré-colombiana do continente está longe de resolvido. Entre as estimativas mais baixas de Kroeber e Rosenblat (9 a 13 milhões) e as mais elevadas de Dobyns (90 a 112 milhões), baseadas na pesquisa de Cook e Borah, há uma grande variedade de estimativas intermédias. Para uma avaliação recente ver W. M. Denevan (org.), *The Native Population of the Americas in 1492*, Madison, University of Wisconsin Press, 1992²). No que diz respeito à população da América Central, a estimativa de 25,2 milhões de Cook e Borah para o período imediatamente anterior à Conquista decorre principalmente de extrapolações retrospectivas baseadas em tendências do final do século XVI e não são muito fiáveis. Ver S. F. Cook e W. Borah, *Essays in Population History. Mexico and the Caribean*, Berkeley, University of California Press, 1971, vol. 1, cap. 2. As estimativas de Cook e Borah foram recentemente objeto de várias críticas: veja-se Denevan, *The Native Population*, op. cit., pp. xxi-xxii. No entanto, repito, ninguém põe em causa o facto do declínio demográfico, atestado por dados do final do século XVI e numerosos relatos históricos. Veja-se a este propósito N. Sánchez Albornoz, *La Población de América Latina desde los tiempos precolombianos al año 2000*, Madrid, Alianza, 1994²), pp. 53-73.

presença de numerosas concentrações populacionais em aldeias ao longo das margens, que foram diminuindo rapidamente durante os séculos seguintes. As doenças, a escravatura a que os colonos portugueses reduziram as populações, as migrações e as fugas para o interior para regiões menos propícias à sobrevivência determinaram o despovoamento. A população indígena, avaliada em alguns milhões à época do contacto, reduziu-se progressivamente, atingindo o ponto mínimo em meados do século passado: neste período, calcula-se que na bacia amazónica vivessem cerca de 100 000 indígenas[84]. No Peru inca, o maior núcleo demográfico da América do Sul, outra concentração demográfica importante do continente, as estimativas baseadas na visita do vice-rei Toledo em 1572, atualizadas posteriormente, reportam 1,3 milhões de índios sujeitos a impostos, tendo o seu número sido reduzido para 0,6 milhões em 1620[85]. Mais a norte, no Canadá, Charbonneau calculou que existiam nada menos que 300 000 índios no início do século XVII. Dois séculos mais tarde esse número caía para menos de um terço. Thornton afirma que nos três séculos a seguir a 1500 os índios da área que veio a ser os Estados Unidos foram reduzidos de 5 milhões para 60 000[86]. Para todos estes grupos o declínio demográfico parece ser a regra, a partir do momento em que entram em contacto com os europeus. Mas existem exemplos mais recentes: Darwin refere-se ao desaparecimento dos habitantes da Tasmânia[87]; os Maoris viveram um rápido declínio demográfico desde a época das viagens do capitão Cook até ao final do século seguinte[88]; e presume-se que os aborígenes australianos sofreram um destino semelhante. A população indígena da Terra do Fogo, 7000-9000 habitantes em 1871, está agora praticamente extinta[89]. Na bacia do Amazonas existem grupos que, pelo seu extremo isolamento, apenas entraram em contacto com colonos ou explo-

---

[84] M. Livi Bacci, *Gli Iberici in Amazonia. Storie di un disastro*, in «Rivista di storia economica», XXVII, 1. Segundo Marta do Amaral Azevedo, na comunicação apresentada no XVII Congresso do ABEP (Associação Brasileira de Estudos Populacionais) de 2010, a população indígena do Brasil teria descido das 100 000 unidades em 1957.

[85] Sánchez Albornoz, *La Población, op. cit.*, pág 65.

[86] H. Charbonneau, *Trois siècles de population amérindienne*, in L. Normandeau e V. Piché (orgs.), *Les populations amérindiennes et Inuit du Canada. Aperçu démographique*, Montreal, Presses Universitaires de Montréal, 1984; R. Thornton, *American Indian Holocaust and Survival*, Norman, University of Oklahoma Press, 1987, pág. 90.

[87] C. Darwin, *The Descent of Man*, Nova Iorque, Random House, s.d., pp. 543-544.

[88] D. I. Pool, *The Maori Population of New Zealand, 1769-1971*, Auckland, Auckland University Press, 1977. Pool estima que os 100 000-200 000 habitantes de 1770 estavam, um século mais tarde, reduzidos a pouco mais de 40 000.

[89] H. F. Dobyns, *Estimating Aboriginal American Population. An Appraisal of Techniques with a New Hemispheric Estimate*, in «Current Anthropology», 7, 1966, pág. 413.

radores no século passado e que morreram perante o olhar dos observadores contemporâneos[90].

Os exemplos anteriores devem ser suficientes. O colapso das populações indígenas em resultado do contacto com grupos de origem europeia é um fenómeno muito comum e bem documentado em toda a América e Oceania. O momento, escala e duração do declínio variam, evidentemente, de acordo com a situação histórica, mas o mecanismo básico é razoavelmente simples. As populações indígenas foram, por assim dizer, solo virgem para muitas doenças infecciosas com as quais nunca tinham entrado em contacto. Seria interessante estudar o efeito reverso do contacto, ou o impacto das doenças indígenas nos colonos europeus, tema que tem recebido pouca atenção. A partir do momento em que o agente patogénico passou – por via do explorador, *conquistador* ou colono – da população original (exposta à doença durante muitas gerações) para a população virgem, propagou-se com uma virulência basicamente atribuível a três fatores:

1. As doenças infecciosas imunizam (por períodos pequenos ou longos) os indivíduos que contraíram a doença e recuperaram. Daí resulta que, enquanto a doença continua a avançar através da população (por ser endémica ou continuamente reintroduzida), existe sempre uma parcela imunizada, maior ou menor, que resiste à infeção e, assim, limita os estragos. Por outro lado, todos os membros de uma população virgem são teoricamente vulneráveis e, portanto, a introdução de uma nova doença produz perdas enormes na fase inicial.
2. A teoria afirma que numa população não virgem a doença tende, ao longo das gerações, a selecionar os indivíduos mais resistentes. Na ausência deste fator, a doença ataca a população virgem com maior ferocidade.
3. O processo de adaptação mútua ao longo do tempo entre agente patogénico (vírus, micróbio, parasita) e hospedeiro – um processo complexo e não totalmente compreendido que atenua a virulência da doença – não ocorreu no caso da população virgem. A sífilis, a malária, o sarampo e a gripe são doenças que parecem tornar-se, com o tempo, menos severas. Diz-se que um agente patogénico não está interessado em matar o hospedeiro do qual depende para sobreviver, mas sim em coexistir com ele e não causar demasiados danos – daí a seleção de estirpes menos letais. Nas populações virgens esta coexistência não teve, obviamente, tempo para se desenvolver.

O processo de «unificação microbiana» do mundo – uma globalização da doença, para usar um termo mais atual – não foi o único fator da queda catas-

---

[90] *Ibidem.*

Tabela 2.1   População do México central (1532-1608)

Ano	População (milhares)			População anual (var. % [r])		
	Planalto	Costa	Total	Planalto	Costa	Total
1532	11,226	5,645	16,871	–	–	–
1548	4,765	1,535	6,300	−5.4	−8.1	−6.2
1568	2,231	418	2,649	−3.8	−6.5	−4.3
1580	1,631	260	1,891	−2.6	−4.0	−2.8
1595	1,125	247	1,372	−2.5	−0.3	−2.1
1608	852	217	1,069	−2.1	−1.0	−1.9
1532–1608	–	–	–	−3.4	−4.3	−3.6
1548–1608	–	–	–	−2.9	−3.3	−3.0

Fonte: S. F. Cook e W. Borah, *Essays in Population History. Mexico and the Caribbean*, Berkeley, University of California Press, 1971.

trófica das populações americanas. Além das novas patologias, os europeus trouxeram tecnologias e um saber bastantes superiores aos dos nativos. Os conquistadores foram levados não apenas pelo espírito de aventura mas também pela procura de riquezas como compensação pelos elevados riscos que estavam a correr. Depois da segunda travessia do Atlântico, Colombo não encontrou um único sobrevivente dos 39 homens do primeiro contingente que tinha deixado na ilha dez meses antes. Dos 1500 membros da segunda expedição de Colombo, que saiu de Cádis a 25 de Setembro de 1493, apenas metade sobreviveu quando o Almirante voltou para Espanha, dois anos e meio mais tarde. Dos 2500 homens e mulheres que chegaram a Hispaniola em 1502 com Ovando, o novo governador da ilha, 1000 morreram no ano seguinte, de acordo com o testemunho de Las Casas. Dos 2000 companheiros de Cortés, nas várias fases da conquista do México, talvez metade tenha sobrevivido. Estas experiências foram replicadas na América Central, no Peru, no estuário do Rio da Prata e no Brasil[91].

A fase inicial da Conquista foi um assunto profundamente violento: as pessoas ficaram ricas através da mobilização do trabalho dos índios utilizados na prospeção do ouro, na produção da subsistência e nos serviços pessoais dos espanhóis. A recompensa dos conquistadores foi a «distribuição» dos índios, que se traduzia numa confiscação forçada da mão-de-obra. Em Hispaniola, até

---

[91] M. Livi Bacci, *Conquista. La distruzione degli indios americani*, Bolonha, Il Mulino, 2005, cap. 1 [*Conquista. A Destruição dos Índios Americanos*, Lisboa, Edições 70, 2005].

cerca de um terço dos nativos adultos foi mobilizado para a prospeção de ouro nos leitos dos rios, longe da sua comunidade de origem (que era muitas vezes desmembrada e atribuída a diferentes senhores). O mesmo aconteceu noutras áreas de exploração de ouro na América Central e na região dos Andes. Noutros sítios não se encontrava ouro e a prosperidade dos primeiros colonos baseava-se na abundância de mão-de-obra nativa e na sua mobilização para a construção de infraestruturas urbanas, estradas e edifícios civis e religiosos; para o transporte, para a produção e alimentação de uma população espanhola em crescimento de administradores, clero, mercadores e artesãos; para sustentar as expedições militares; e para o funcionamento geral da complexa sociedade ibérica que tinha sido transplantada para a América. Em muitas regiões do continente, a Conquista implicava guerra, com as suas consequências de destruição, carestia e fome. Durante 20 anos o Peru foi devastado pelas guerras da Conquista e as guerras civis entre as fações espanholas. Os exércitos eram pequenos, comportando escassas centenas ou, no máximo, um ou dois milhares de soldados, mas apoiados por aliados nativos que dobravam várias vezes o seu número[92]. Por todo o lado, os colonos espanhóis e portugueses atraíam para o seu meio mulheres nativas, como concubinas ou esposas, subtraídas à sociedade índia e ao *pool* reprodutivo dos nativos. Em toda a parte, a migração forçada e a desorganização social e económica perturbaram o equilíbrio da sociedade nativa. O impacto europeu foi muito para lá da transmissão de novas patologias, que não foram o único fator de declínio populacional. Já vimos anteriormente neste capítulo que a Europa, devastada por meia dúzia de vagas da epidemia mais mortífera de todas – a peste, muito mais letal do que as novas doenças que atingiram a América –, perdeu talvez um terço da sua população original, mas evitou a catástrofe através de uma recuperação vigorosa após cada episódio epidémico. Mas nas sociedades nativas, a combinação de novas doenças com a desestruturação da sociedade paralisou as forças que asseguravam a recuperação demográfica – a reprodução foi perturbada e o declínio nos nascimentos combinou os seus efeitos negativos com os da elevada mortalidade. Segundo Cook e Borah, pioneiros da análise documental do México colonial, a população do México diminuiu de cerca de quase 17 milhões de habitantes em 1532 para pouco mais de 1 milhão em 1608: uma catástrofe bíblica. As estimativas para os anos 30 e 40, baseadas em dados muito frágeis, são provavelmente excessivas; todavia, mesmo restringindo a análise a um período mais bem documentado que permite avaliações muito mais robustas, emerge uma crise gravíssima porque

---

[92] C. Sempat Assadorian, *Transiciones hacia el sistema colonial andino,* Lima, Colégio de México y Instituto de Estudios Peruanos, 1994.

a população ter-se-ia reduzido em cerca de 60% em 40 anos (de 2,649 milhões para 1,069 milhões)[93].

Contextos diferentes para a Conquista significaram diferentes destinos para as sociedades nativas. Como anteriormente observámos, os Taíno das Grandes Antilhas já estavam a caminho da extinção quando a primeira epidemia, a varíola, atingiu as ilhas em 1518-1519. O violento embate da Conquista – juntamente com o desenraizamento das comunidades, o trabalho forçado, a subtração de mulheres nativas e a violência difusa – teve um impacto mais forte do que a doença. No hemisfério sul, na vasta região então chamada Paraguai – na bacia formada pelos rios Paraná e Uruguai – os Guarani, congregados nas 30 missões jesuítas, evidenciaram uma expansão demográfica no século XVII e na primeira parte do século XVIII. Os padres protegeram-nos das expedições que procuravam escravos, organizadas pelos brasileiros da região de São Paulo, bem como contra a exploração dos colonos espanhóis. Os padres encorajaram os Guarani a abandonar a sua vida seminómada e promíscua e impuseram-lhes a monogamia e o casamento na idade da puberdade, maximizando desta forma a sua natalidade. Apesar das vagas recorrentes e destrutivas das epidemias (em média uma cada 15 anos), a população guarani recuperou a seguir às crises e continuou o seu crescimento[94]. Entre estes extremos opostos – os Taíno e os Guarani – existiu uma grande variedade de situações: na região dos Andes do império Inca (Equador, Peru, Bolívia), o efeito das guerras e dos conflitos prevaleceu na determinação do declínio populacional durante as primeiras décadas após a queda do império Inca. No México, por outro lado, onde a «pacificação» que se seguiu à abdicação dos Astecas foi rápida, e o impacto social e económico da Conquista sobre os nativos não foi tão pesado como no Peru, as epidemias tiveram um papel principal na determinação da elevada mortalidade. É possível que a configuração radial do México Central, com linhas de comunicação que saíam de Technochtitlan (posteriormente Cidade do México) e que levavam aos quatro quadrantes do império, tivesse acelerado a difusão de novas doenças. Por outro lado, a configuração em pente do império Inca, com a sua espinha dorsal ao longo dos Andes e vales profundos perpendiculares ao oceano, teve um efeito oposto.

Por último, tanto no México como no Peru o colapso demográfico foi mais forte nas regiões costeiras, mais baixas, do que nas terras altas, devido tanto a

---

[93] S.F: Cook e W. Borath, *Essays in Population History, Mexico and the Caribbean*, Berkeley, University of California Press, 1971.

[94] Sobre as vicissitudes da população das trinta missões, ver M. Livi Bacci e E. J. Maeder, *The Missions of Paraguay: The Demography of an Experiment*, in «Journal of Interdisciplinary History», XXXV, outono 2004, 2.

causas epidemiológicas como sociais. O impacto das novas patologias foi acentuado pelo clima quente, como aconteceu com a malária no golfo do México. Os conflitos e a concentração de espanhóis devastaram o frágil *habitat* e determinaram a expulsão ou a abdicação dos colonos nativos, tal como sucedeu no Peru. Por todo o lado, as sociedades mais densas e estruturadas tiveram maiores hipóteses de sobrevivência do que as menos complexas, baseadas em economias de subsistência e incapazes de produzir excedentes e de investir[95]. Em suma, os novos micróbios explicam apenas parcialmente a catástrofe – devem ser procurados outros fatores no processo variável da Conquista e nas peculiaridades sociais, culturais e geográficas das sociedades nativas subjugadas.

5. Africa e América e o comércio de escravos

Estimativas bem fundamentadas mostram que entre 1500 e 1870 – altura em que o comércio de escravos foi finalmente abolido – 9,5 milhões de africanos foram deportados como escravos para a América. Estes foram os sobreviventes de um número, superior em vários milhões, de mulheres, homens e crianças raptados das suas aldeias, muitos dos quais morreram enquanto eram transferidos para a costa, ou esperavam para serem embarcados num navio de escravos, ou a bordo durante a longa viagem no mar. Dos sobreviventes, cerca de 1,5 milhões foram levados para a América antes de 1700, 5,5 milhões entre 1700 e 1800 e 2,5 milhões depois dessa data[96]. Este foi um escoamento demográfico que afetou principalmente a África Ocidental e que combinou os seus efeitos com os do comércio de escravos, que envolveu números ainda maiores de africanos, nas regiões mais a norte e a ocidente, ao longo das rotas de comércio dos mercadores árabes. As consequências deste escoamento demográfico continuam por estudar, mas é opinião comum que pode ter tido um efeito depressor relevante na população da África Ocidental. Uma interpretação diferente, quase paradoxal, defende que esta extraordinária subtração forçada de recursos humanos notáveis pode ter melhorado as condições de vida e de perspetivas de sobrevivência das populações de origem. Contudo, há provas de que as populações que pagaram este elevado preço ao comércio de escravos estavam a estagnar, se não mesmo em declínio, durante o século XVIII, quando o comércio estava no seu auge e esgotou os grupos etários mais jovens – mais homens do que mulheres – de idade reprodutora adulta.

---

[95] M. Livi Bacci, *La catastrofe, op. cit.*, epílogo.
[96] P. D. Curtin, *The Atlantic Slave Trade. A Census,* Madison, University of Wisconsin Press, 1969.

Se os efeitos do comércio de escravos nas populações de origem ainda requerem estudo, sabe-se bastante mais acerca do regime demográfico das comunidades africanas no Novo Mundo. Podemos obter uma panorâmica sintética da demografia dos africanos na América através da comparação entre o fluxo cumulativo dos escravos que entraram nos três séculos anteriores a 1800 e a parcela da população de origem africana nesta data. Esta parcela incluía africanos trazidos para a América, e que sobreviviam em 1800, os seus descendentes e os descendentes de todos os outros escravos extintos. Se o rácio entre a parcela e o fluxo acumulado de entradas for inferior a 1, isso é um sinal inequívoco de que a população é incapaz de se reproduzir. Vamos considerar a tabela 2.2, que mostra a parcela da população de origem africana em 1800 e a imigração forçada acumulada para a América entre 1500 e 1800: para todo o continente, a primeira (5,6 milhões) é mais baixa do que a última (7 milhões), com um rácio de 0,8. Nas ilhas das Caraíbas, a população africana era de 1,7 milhões, um número inferior a metade do fluxo acumulado de entrada de 3,9 escravos (rácio 0,43). A população africana no Brasil era de 2 milhões, mas o número total de escravos recebidos era de 2,3 (rácio 0,87). O milhão residual de escravos foi trazido para a América espanhola e para o que veio a ser os Estados Unidos, onde encontraram melhores condições de sobrevivência e de reprodução (rácio parcela/fluxo = 1).

No Brasil, e nas ilhas das Caraíbas de forma ainda mais acentuada, que em conjunto absorveram, de longe, o maior número de escravos, o sistema demográfico da população de origem africana era alimentado pelos recrutamento contínuo de escravos que preenchiam as lacunas deixadas por uma mortalidade elevada, compensada apenas parcialmente por uma fraca taxa de nascimentos. Consequentemente, o rácio parcela/fluxo era inferior a 1, com um mínimo de 0,3 nas Caraíbas inglesas. Nos Estados Unidos o rácio situava-se bastante acima de 1: a reprodução da população de escravos era elevada (cerca de 8 filhos por mulher) e a idade média do primeiro nascimento era inferior a 20, a duração da amamentação e os intervalos entre os nascimentos eram mais curtos do que em África. O sistema de escravatura não interferia excessivamente com os casamentos e as uniões, apesar de colocar alguns obstáculos evidentes. Por outro lado, a mortalidade, apesar de mais elevada do que entre os brancos, era muito mais baixa do que entre os escravos do Brasil ou das ilhas das Caraíbas. No global, o sistema demográfico da população da América do Norte estava de acordo com um crescimento natural elevado.

As causas da tragédia africana nas Caraíbas e no Brasil — destino de seis em cada sete navios de escravos — residem nas condições de vida ditadas pela perda de liberdade, pela forma como os africanos eram capturados e transportados, pelo trabalho incessante nas plantações de açúcar, pelas condições adversas sob

Tabela 2.2 Escravos transportados para a América (1500-1800) e população de origem africana na América (1800) (milhares)

	Escravos transportados para a América até 1800	População de origem africana na América em 1800	Rácio entre população de origem africana na América e escravos transportados para a América
	(1)	(2)	(2):(1)
EUA	348	1,002	2.9
Área continental espanhola	750	920	1.2
Brasil	2,261	1,988	0.9
Caraíbas	3,889	1,692	0.4
Ilhas inglesas e holandesas	2,060	570	0.3
Ilhas francesas	1,415	732	0.5
Ilhas espanholas (Cuba)	414	390	0.9
Total	7,248	5,602	0.8

Fontes: Para as estimativas do comércio de escravos, ver Philip Curtin, *The Atlantic Slave Trade. A Census*, Madison, University of Wisconsin Press. Para estimativas da população de origem africana em 1800, ver M. Livi Bacci, *Conquista. A Destruição dos Índios Americanos*, Lisboa, Edições 70, 2006 [Bolonha, Il Mulino, 2005].

as quais decorria a adaptação a um novo meio, a um novo clima e a novas dietas. Para algumas ilhas das Caraíbas existem dados concretos de que a natalidade era muito mais baixa do que nos Estados Unidos, porque as uniões eram menos frequentes, os intervalos entre os nascimentos eram mais longos e a duração do período de vida reprodutiva mais baixa. Também há provas de uma enorme mortalidade, particularmente elevada durante o período de aclimatização – era opinião partilhada que entre um quinto e um terço dos escravos recém-chegados morria no espaço de três anos[97]. No Brasil, nessa época, era crença comum que a duração da vida ativa de um jovem escravo numa plantação se situava entre 7 e 15 anos e estes números, pela repetição, adquiriram um estatuto de verdade incontornável. O censo de 1872 – é o final da era da escravatura, mas os dados refletem uma situação que deve ter sido muito semelhante à do passado – permite estimar a esperança de vida dos escravos em 18 anos, contra 27 para toda a população brasileira. Estes valores podem ser comparados com uma e_0 de 35 para a população de escravos dos Estados Unidos em meados do século XIX[98].

Se não existem dúvidas relativamente à elevada mortalidade da população de escravos, está, contudo, em aberto o debate quanto às suas determinantes específicas. Existe uma vasta documentação acerca do regime de trabalho pesado nas plantações de açúcar – que até ao final do século XVIII era a principal cultura – sob o controlo rígido e impiedoso de supervisores. O trabalho envolvido requeria elevada mão-de-obra: plantação e monda dos campos; corte, transporte e esmaga das canas; destilação do melaço; corte e transporte de enormes quantidades de lenha durante grandes distâncias para alimentar as caldeiras. O trabalho decorria o ano inteiro e com um ciclo de produção de 9 meses, o que implicava a atividade contínua de moinhos e caldeiras e o trabalho de homens e mulheres, de sol a sol e, nos períodos de maior trabalho, também durante a noite[99]. Apesar de os senhores não terem interesse em desperdiçar o seu precioso capital humano, tem sido comentado que o trabalho de dois anos

---

[97] Relativamente à demografia dos escravos nos Estados Unidos e nas Caraíbas, ver L. S. Walsh, *The African American Population of the United States*, in M. H. Haines e R. H. Steckel (orgs.), *A Population History of North America,* Cambridge, Cambridge University Press, 2000, pp. 203-204 e 206; neste mesmo livro, ver R. Steckel, *The African American Population of the United States*, pp. 442-443 e S. Engerman, *A Population History of the Caribbean*, p. 509.

[98] S. B. Schwartz, *A população escrava na Bahia*, in I. Nero da Costa (org.), *Brasil: história económica e demográfica*, São Paulo, IPE/USP, 1986; T. W. Merrick e D. H. Graham, *Population and Economic Development in Brazil 1800 to Present*, Baltimore, Johns Hopkins University Press, (MD), 1979, pág. 53.

[99] S. B. Schwartz, *Sugar Plantations in the Formation of the Brazilian Society. Bahia, 1550-1835,* Cambridge, Cambridge University Press, 1985); K. M. Mattoso de Queirós, *To be a Slave in Brazil 1550-1888*, New Brunswick, Rutgers University Press, 1986.

pagava o capital investido na compra de um escravo e que em cinco anos se duplicava o investimento inicial[100]. Era inevitável que os senhores tentassem ganhar o máximo num mínimo de anos de trabalho dos escravos. Embora a dieta fosse adequada, o nível de higiene nos alojamentos dos escravos (senzala, ou alojamentos grandes retangulares, onde os homens eram separados das mulheres) era escandaloso, e o respeito, se não a cura, dos doentes e dos incapacitados por parte dos senhores era, certamente, muito fraco.

A elevada taxa de mortalidade não era compensada pela baixa taxa de natalidade, diminuída pelo rácio assimétrico, em termos de sexo, dos escravos trazidos de África (dois homens para cada mulher). O testemunho dos senhores, do clero, dos viajantes e observadores é unânime: todos lamentam o pequeno número de nascimentos. A sobrevivência e a reprodução eram postas em causa não somente pelo regime de trabalho pesado – sobretudo nas plantações de açúcar do Brasil e das Caraíbas – mas também pelos obstáculos aos casamentos e às uniões. Giovanni António Andreoni, um jesuíta de origem italiana, apelidado «Antonil», talvez o observador mais perspicaz e arguto do Brasil no início do século XVIII, escreveu: «Muitos senhores opõem-se ao casamento dos seus escravos, e não somente não colocam objeções às suas uniões ilícitas, como as consentem abertamente ou mesmo as iniciam dizendo «Tu, João, no tempo devido, vais casar com a Maria»; e a partir desse momento deixam-nos ficar juntos como se fossem marido e mulher (…) outros, depois dos seus escravos se terem casado, separam-nos, de maneira que ficam sozinhos durante longos anos. Ora, tudo isto vai contra a nossa consciência»[101]. O problema era que os senhores, apesar de autorizarem as uniões livres ou mesmo ocasionais, não encorajavam (e frequentemente desencorajavam) o casamento dos seus escravos, pondo em perigo a estabilidade e a reprodução do casal, um facto importante do equilíbrio negativo entre nascimentos e mortes. No século seguinte, Saint-Hilaire observou: «Quando se iniciou no Brasil a campanha em favor da abolição da escravatura, o governo intimou os donos dos campos a deixar que os seus escravos se casassem. Alguns acataram a intimação, mas outros responderam que não valia a pena dar um marido a uma mulher africana que não podia criar os seus filhos. Pouco depois de dar à luz, estas mulheres eram forçadas a trabalhar nas plantações de açúcar debaixo de um sol abrasador e quando, depois de terem sido separadas das suas crianças durante uma parte do dia, lhes era permitido voltar a estar com elas, o seu leite era insuficiente: como podiam as pobres cria-

---

[100] S. B. Schwartz, *Segredos internos. Engenhos e escravos na sociedade colonial, 1550-85*, São Paulo, Companhia de Letras, 1988, pp. 41-42.
[101] Andrea João Antonil, *Cultura e opolencia do Brasil por sus drogas e minas,* São Paulo, Companhia Editora Nacional, 1922, pp. 160-161.

turas sobreviver à miséria cruel com que a avareza dos seus senhores rodeava os seus berços?»[102]. Até haver um vasto fornecimento de escravos no mercado e o seu preço ser baixo, era mais conveniente comprá-los do que suportar os custos da reprodução e da criação das crianças. Outros fatores entraram em jogo: a intromissão dos senhores na vida sexual das suas escravas (e o nascimento de mulatos que mantinham o seu estatuto de escravos) e a «subtração» destas ao âmbito do casamento e da reprodução; o facto de os contactos entre os escravos de diferentes senhores serem proibidos ou dificultados, limitando, desta forma, as escolhas de acasalamento; a organização do trabalho. Pensa-se, de igual forma, que as tradições africanas desfavoráveis à monogamia tivessem encorajado as uniões temporárias relativamente a outras mais estáveis.

6. Os canadianos de origem francesa: uma história de sucesso demográfico

Tendo relatado dois casos catastróficos de mortalidade relacionada com doenças infeciosas – a peste e o quase extermínio dos índios – vamos apresentar um caso de sucesso demográfico. Alguns milhares de pioneiros chegaram, no século XVII, à província do Quebeque no Canadá, na bacia de São Lourenço e com uma dimensão cinco vezes superior à da Itália. A maior parte da população atual de 6,5 milhões tem os seus antepassados neste grupo original. Confrontados com um clima duro e inóspito, alguns indivíduos corajosos depressa se adaptaram e, graças à abundância de recursos naturais e de terra disponível, rapidamente se multiplicaram. Adam Smith escreveu em 1776: «O sinal mais decisivo da prosperidade de qualquer país é o aumento do número dos seus habitantes (…). Nas colónias britânicas da América do Norte tem-se verificado que eles duplicam o seu número em vinte ou vinte e cinco anos. Nos tempos atuais este aumento não se deve tanto à importação de novos habitantes mas mais à grande multiplicação da espécie. Aqueles que chegam a idade avançada, diz-se, com frequência vêem nessa altura entre cinquenta e cem, e por vezes ainda mais, descendentes do seu próprio corpo.»[103] Outros, por exemplo Benjamin Franklin ou Thomas Malthus, fizeram comentários semelhantes. As suas afirmações são essencialmente corretas e explicam, em larga medida, o aumento demográfico de escassas dezenas de milhares de colonos na América do Norte que entre o século XVIII e o final do século XIX se tornaram 80 milhões.

---

[102] Citado por J. Gorender, *O escravismo colonial,* São Paulo, Atica, 1978, pp. 342.
[103] A. Smith, *The Wealth of Nations,* Londres, J. M. Dent & Sons, 1964, vol. 1, pág. 62.

Juntamente com o vigor dos pioneiros e colonos, um fluxo contínuo de imigração contribuiu para o sucesso demográfico da maioria das populações europeias da América do Norte e da Oceania. Calcula-se que no período de 1840-1940 um excedente migratório tenha sido responsável por quase 40% do crescimento total na Argentina, quase 30% nos Estados Unidos e um pouco mais de 15% no Brasil e no Canadá[104], enquanto no Canadá francês houve uma consistente imigração para o exterior[105].

São duas as razões para a escolha do Canadá francês como nosso exemplo. Primeiro, a partir do século XVIII a imigração teve escasso efeito no crescimento populacional e, segundo, as fontes canadianas são espantosamente ricas e têm sido exploradas de forma hábil, permitindo a análise das razões demográficas do sucesso dos franceses na América.

Jacques Cartier explorou São Lourenço em 1534, onde durante o século seguinte se desenvolveu uma colónia francesa. O Quebeque foi fundado em 1608, a Companhia dos 100 Associés foi formada em 1627 com o objetivo da colonização, e em 1663 o governo real assumiu a direção do processo de colonização[106]. Por volta de 1680 a colónia estava bem estabelecida nas margens de São Lourenço e somava 10 000 indivíduos, distribuídos por 14 paróquias. Nos 100 seguintes o núcleo inicial foi multiplicado por onze (de 12 000 em 1684 para 132 000 em 1784, com uma taxa média de crescimento anual de 2,4%), devido quase exclusivamente ao aumento natural[107].

A partir de 1608, ano da fundação do Quebeque, e até 1700, a imigração total chegou a cerca de 15 000, uma pequena fração da população francesa desses dias (apenas oito imigrantes por um milhão de habitantes), enquanto a vizinha Inglaterra, com um terço da população, enviou 380 000 imigrantes para o novo mundo entre 1630 e 1700[108]. Uma pesquisa cuidada revelou que apenas um terço dos que imigraram antes de 1700 (4997 indivíduos) conseguiu constituir uma família na colónia. Os outros voltaram para França, morreram antes do casamento ou (em muito poucos casos) permaneceram solteiros. Contando apenas com os «pioneiros» verdadeiramente biológicos que fundaram famílias

---

[104] J.-C. Chesnais, *La transition démographique,* Paris, PUF, 1986, pág. 180.

[105] H. Charbonneau, *Essai sur l'évolution démographique du Québec de 1534 à 2034,* in «Cahiers québécois de démographie», XIII, 1984, pág. 13.

[106] Ver H. Charbonneau, B. Desjardins, A. Guillemette, Y. Landry, J. Légaré e F. Nault, *Naissance d'une population. Les Français établis au Canada au XVIIe siècle,* Montréal, Presses de l'Université de Montréal, 1987. Todas as informações aqui apresentadas e grande parte dos resultados citados provêm desta obra.

[107] H. Charbonneau, *Essai,* pág. 13.

[108] H. Charbonneau et al., *Naissance d'une population, op. cit.,* pág. 21.

Tabela 2.3   Comparação entre o comportamento demográfico dos pioneiros no Canadá e a população de origem francesa

Parâmetros demográficos	Pioneiros	Franceses	Rácio Pioneiros/Franceses
Idade média no primeiro casamento (H)	28.8	25.0	1.15
Idade média no primeiro casamento (M)	20.9	23.0	0.91
Percentagem de segundos casamentos (H)[a]	70.0	67.8	1.03
Percentagem de segundos casamentos (M)[a]	70.4	48.8	1.44
Descendência completa[b]	6.88	6.39	1.08
Esperança de vida aos 20 anos de idade	38.8	34.2	1.13

Notas: [a] Percentagem de viúvas e de viúvos que estavam novamente casados aos 50 anos. [b] Soma das taxas de natalidade legítima, desde os 25 aos 50 anos de idade, para as mulheres casadas antes dos 25 anos.
Fonte: H. Charbonneau *et al.*, *Naissance d'une population. Les Français établis au Canada au XVII* siècle, Montréal, Presses de l'Université de Montréal, 1987.

antes de 1680 (alguns destes casaram antes de imigrar, enquanto a maioria o fez posteriormente), temos 3380 indivíduos (1425 mulheres), dos quais descendem, tal como anteriormente referido, a grande maioria dos canadianos franceses. A análise deste grupo de pioneiros e dos seus descendentes (ver igualmente o capítulo 1, parágrafo 3) permite examinar as características demográficas dos canadianos franceses e, consequentemente, as razões do seu sucesso. Tais razões são essencialmente três: (1) elevada nupcialidade, devido especialmente à baixa idade de casamento; (2) elevada natalidade natural; e (3) mortalidade relativamente baixa.

A tabela 2.3 regista várias medidas demográficas tanto para os pioneiros como para as pessoas que permaneceram em França. As mulheres que vieram para Nouvelle France casaram, em média, dois anos mais cedo do que as suas irmãs francesas. Além disso, era muito mais comum as primeiras voltarem a casar e, dada a elevada mortalidade desse período, não era infrequente a viuvez com pouca idade. Dentro dos seus casamentos antecipados e mais frequentes, as mulheres canadianas tinham uma maior natalidade, devido a intervalos mais curtos entre as gestações (25 meses contra 29 meses em França) e descendentes mais numerosos. Por último, a esperança de vida dos pioneiros, calculada em vinte anos, era significativamente mais elevada (quase cinco anos) do que em França.

Apesar de não explicarem por completo a situação, existem fatores seletivos subjacentes a estas diferenças comportamentais. Aqueles que partiram numa viagem longa e difícil para uma terra inóspita, sem dúvida que tinham coragem, iniciativa e uma constituição forte. As semanas longas e árduas da viagem transatlântica exerciam uma seleção suplementar, uma vez que a mortalidade a bordo era elevada. Muitos dos que não se conseguiram adaptar voltaram para casa. Esta seleção, que acompanha sempre os movimentos migratórios, explica decerto a baixa mortalidade e talvez também a maior natalidade dos canadianos. Pelo menos durante as fases iniciais, a baixa densidade populacional também deve ter contribuído para manter uma mortalidade reduzida, através do controlo da propagação de infeções e epidemias. A baixa idade de casamento para as mulheres (que inicialmente se situava nos 15 ou 16 anos)[109] e a frequência de segundos casamentos são, em larga medida, devidos ao desequilíbrio entre os sexos, criado por uma maior imigração dos homens. Mais uma vez Adam Smith, que observou: «Uma jovem viúva com quatro ou cinco crianças pequenas, que, entre as fileiras mais baixas ou médias das pessoas da Europa, teria uma hipótese tão escassa de um segundo casamento, é aí [na América do Norte] frequentemente cortejada como uma espécie de fortuna. O valor das crianças é o maior de todos os encorajamentos ao casamento.»[110]

As condições vantajosas nas quais os pioneiros se encontraram permitiram que cada casal tivesse uma média de 6,3 filhos, dos quais 4,2 casaram, resultando daí que a população duplicou em menos de 30 anos[111]. Os 4 filhos excedentes dos pioneiros tiveram, por sua vez, 28 filhos, de forma que cada pioneiro teve em média 34 descendentes, entre filhos e netos. Cerca de um terço dos pioneiros teve mais do que 50 filhos e netos, tal como Smith escreveu na citação anteriormente apresentada[112].

As gerações subsequentes continuaram a desfrutar de níveis elevados de reprodução e de crescimento rápido. Porque enquanto a idade de casamento para as mulheres começou lentamente a aumentar, à medida que a sociedade começou a estar mais estabilizada[113], simultaneamente a natalidade das filhas dos pioneiros, nascidas no Canadá, e portanto participantes por inteiro na nova sociedade, era ainda maior do que a das suas mães (que por sua vez fora superior à das mulheres que tinham permanecido em França). Alguns exemplos numéricos: o número médio de descendentes para as mulheres que casaram entre os 15 e os 19 anos de idade no Nordeste da França (região de onde emigrou a maior

---

[109] H. Charbonneau, *Vie et morts de nos ancêtres*, Montréal, Presses de l'Université de Montréal, 1975, pág. 166.

[110] Smith, *The Wealth of Nations, op. cit.*, pág. 63.

[111] Ver capítulo 1, parágrafo 3.

[112] Charbonneau *et al.*, *Naissance d'une population, op. cit.*, pág. 113.

[113] Charbonneau, *Vie et Mort, op. cit.*, pág. 165.

parte dos pioneiros) foi 9,5; para as pioneiras foi de 10,1, enquanto para as mulheres nascidas no Canadá foi 11,4. Para mulheres que casaram entre os 20 e os 24 anos, os respetivos valores foram de 7,6, 8,1 e 9,5; e para as que se casaram entre os 25 e os 29 anos foram de 5,6, 5,7 e 6,3[114]. A natalidade das canadianas permaneceu elevada durante o século XVIII e conta-se entre as mais elevadas jamais encontradas[115]. No que diz respeito à mortalidade, a situação parece ter sido melhor no século XVII do que no século XVIII, talvez em resultado da densidade crescente e do declínio da influência da seleção da migração. No entanto, a mortalidade canadiana parece ter permanecido um pouco melhor do que a do Nordeste da França[116].

Um mecanismo inicial de seleção, a coesão social e os fatores ambientais favoráveis foram a base do sucesso demográfico da migração francesa no Canadá. Alguns escassos milhares de pioneiros no início do século XVII aumentaram, em meio século, para 50 000[117], iniciando o crescimento demográfico mostrado na tabela 2.4. É interessante notar que enquanto a população canadiana francesa cresceu rapidamente, a da França (de dimensão muito superior) cresceu lentamente ou estagnou e que a população índia indígena, atingida pela doença e deslocada em termos geográficos pela expansão colonial, declinou. Existe um paralelo, não para ser interpretado em termos mecânicos, entre este ajustamentos demográficos e os das populações animais que, emigrando de uma área saturada, se instalam num novo meio à custa de outras espécies com as quais competem. Os diferentes destinos das populações indígenas e colonizadoras − crises demográficas para os indígenas *versus* sucesso para os colonizadores − ocorreram em função não apenas de novas doenças, mas também de diferentes níveis de organização social e tecnológica. Os europeus controlavam fontes de energia (cavalo, tração animal e navegação marítima) e tecnologias (ferramentas e armas de ferro e de aço, a roda, explosivos) que ultrapassavam, de longe, o desempenho das que as populações indígenas possuíam. Tinham melhor vestuário e alojamento e, de qualquer modo, estavam acostumados a climas frios ou temperados. Além disso, os animais que importaram (cavalos, gado, ovelhas,

---

[114] Charbonneau *et al.*, *Naissance d'une population, op. cit.* pág. 90.

[115] H. Charbonneau, *Les regimes de fécundité naturelle en Amérique du Nord: bilan et analyse des observations*, in H. Leridon e J. Menken (orgs.), *Natural Fertility*, Liege, Ordina, 1979, pág. 450.

[116] H. Charbonneau, *Vie et mort, op. cit.* pág. 147.

[117] Charbonneau *et al.*, *Naissance d'une population*, pág. 163. Neste estudo o autor tentou fazer uma estimativa da contribuição genética dos pioneiros para o *pool* de genes da população canadiana francesa (pp. 107-25). Ele calcula que os pioneiros anteriores a 1680 são responsáveis por 70% do *pool* de genes de finais do século XVIII, uma proporção que pouco se alterou até ao presente dada a pequena quantidade de imigração posterior a essa data.

Tabela 2.4 População canadiana francesa e imigração (1608-1949)

Período	Imigrantes estabelecidos	População média (milhares)	Percentagem de imigrantes da população média	Contribuição dos pioneiros no final do período (%)[a]
1608–79	3,380	–	–	100
1680–99	1,289	13	10.0	86
1700–29	1,477	24	6.0	80
1730–59	4,000	53	7.5	72
1760–99	4,000	137	3.0	70
1800–99	10,000	925	1.0	69
1900–49	25,000	2,450	1.0	68

Notas: [a] Os dados desta coluna devem ser interpretados como estimativa da contribuição dos pioneiros para o *pool* de genes de toda a população canadiana francesa no final de cada período indicado na primeira coluna.

Fonte: H. Charbonneau *et al.*, *Naissance d'une population. Les Français établis au Canada au XVII* *siècle,* Montréal, Presses de l'Université de Montréal, 1987).

cabras) adaptaram-se ao novo meio com espantosa facilidade e reproduziram-se rapidamente, bem como as suas plantas (e ervas)[118].

7. Irlanda e Japão: duas ilhas, duas histórias

A longo prazo, a população e os recursos desenvolvem-se ao longo de linhas mais ou menos paralelas. Contudo, se mudarmos de um quadro temporal de vários séculos para outro de duração mais curta, este paralelismo nem sempre é fácil de identificar. Esta situação ocorre porque a espécie humana é extremamente adaptável e capaz de suportar tanto períodos de necessidade, como de acumular grandes quantidades de recursos. A variação demográfica também nem sempre reflete – num período suficientemente curto de forma a tornar óbvia a causalidade – as variações nos recursos disponíveis (que, por

---

[118] Estes comentários provêm do trabalho originalíssimo de A. W. Crosby, *Ecological Imperialism. The Biological Expansion of Europe,* Cambridge, Cambridge University Press, 1986). O gado foi extraordinariamente bem-sucedido nas Pampas argentinas: Crosby (pág. 178) considera fiável a estimativa de Félix de Azara, um viajante do século XVIII, de acordo com o qual existiriam 48 milhões de cabeças de gado entre os paralelos 26 e 41, e estas descendiam das escassas cabeças de gado importadas no século anterior. Este valor é comparável ao dos búfalos americanos das Grandes Planícies na altura da sua maior expansão.

uma questão de conveniência, vamos aqui considerar como independentes da intervenção humana). Além disso, alguns dos fatores que influenciam a mudança demográfica, sobretudo a mortalidade (ver secções 3 e 4 deste capítulo), são independentes da disponibilidade dos recursos. Em alguns casos, contudo, a relação entre recursos e demografia é claramente evidente. Se aceitarmos as opiniões acreditadas existentes, os exemplos da Irlanda e do Japão – duas ilhas distantes entre si, tanto cultural como geograficamente – entre os séculos XVII e XIX ilustram bem esta relação.

A Irlanda é um dos países mais pobres da Europa Ocidental. A sua população, subjugada pelos ingleses, privada de independência e de autonomia, e sujeita a uma economia de agricultura tributária dominada por senhorios ausentes, sofreu uma existência retrógrada. Apesar da pobreza, cresceu rapidamente – ainda mais rapidamente do que a vizinha Inglaterra, que era de longe o país mais dinâmico, em termos demográficos, dos grandes países europeus. Entre o final do século XVII e o censo de 1841 – alguns anos antes da Grande Fome que iria alterar dramaticamente a demografia irlandesa – os irlandeses aumentaram de pouco mais de 2 milhões para mais de 8 milhões (tabela 2.5). O Japão, apesar de se fechar às influências estrangeiras, passou por uma renovação interna significativa desde o início da era Tokugawa, no início do século XVII. A população triplicou em 120 anos e depois entrou num longo período de estagnação até à segunda metade do século XIII. Quais as razões para o rápido crescimento em ambos os casos e, seguidamente, a catástrofe na Irlanda e a estagnação no Japão?

O caso da Irlanda foi analisado por Connell[119] há mais de quarenta anos, e a sua análise tem resistido bastante bem à pesquisa minuciosa de estudos posteriores. Basicamente, a tese de Connell defende que a tendência natural dos irlandeses para casar cedo foi inibida pela dificuldade em adquirir terra onde construir uma casa e constituir família. Este obstáculo foi removido na segunda metade do século XVIII por uma série de fatores complexos – entre os quais o grande sucesso da batata – que permitiram a extensão e o loteamento da terra de cultivo. Como resultado, a nupcialidade aumentou e, juntamente com um elevado nível de natalidade natural e um nível de mortalidade que não era demasiado elevado, isto resultou numa elevada taxa de crescimento. Por último, este equilíbrio tornou-se precário, em resultado do crescimento excessivo, até

---

[119] K. H. Connell, *The Population of Ireland (1750-1845)*, Oxford, Clarendon Press, 1950). Ver igualmente K. H. Connell, *Land and Population in Ireland*, in D.V. Glass e D. E. C. Eversly (orgs.), *Population in History*, Londres, Edward Arnold, 1965. Para uma nova exposição de estudos posteriores a Connell, ver J. Mokyr e C. Ó Gráda, *New Developments in Irish Population History, 1700-1850*, in «Economic History Review» II série, XXVII, 4; C.Ó Gráda, *Ireland before and after the Famine; Explorations in Economic History 1820-1925*, Manchester, Manchester University Press, 1993².

Tabela 2.5   População da Irlanda e do Japão (séculos XVII-XIX)

Ano	População (milhões)	Taxa de crescimento anual (r%)
Irlanda		
1687	2.167	–
1712	2.791	1.01
1754	3.191	0.32
1791	4.753	1.08
1821	6.882	1.19
1831	7.767	1.33
1841	8.175	0.51
1687–1754		0.58
1754–1841		1.08
Japão		
1600	10–18	–
1720	30	0.92–0.43
1875	35	0.10

Fontes: Para a Irlanda, K. H. Connell, *The Population of Ireland (1750-1845)*, Oxford, Clarendon Press, 1950; para o período 1687-1791, estimativas; para 1821-41, dados dos censos. Para o Japão, A. Hayami, *Mouvements de longue durée et structures japonaises de la population à l'époque Tokugawa*, Paris, Mouton, 1972.

que a Grande Fome de 1846-1847 perturbou de forma permanente a ordem demográfica anterior.

Os dados da tabela 2.5 mostram o rápido crescimento demográfico irlandês: no século anterior a 1845, a população cresceu a uma taxa anual de 1,3%, comparativamente com 1% em Inglaterra. Estes são os dados nos quais Connell baseia a sua interpretação. Eles são o produto de censos fiáveis apenas para o período de 1821-1841 – os valores anteriores são elaborados a partir dos relatos feitos pelos que recolhiam o *fogacium* (uma espécie de imposto familiar).

Connell escreve: «No final do século XVIII e início do século XIX é muito evidente que os irlandeses eram tentados e instados de forma insistente a casar--se cedo: a miséria e o desespero das condições de vida, o temperamento imprevidente, a falta de atração em ficar solteiro, talvez a persuasão dos líderes espirituais, tudo agiu neste sentido.»[120]. Mas será que existiam meios materiais que permitissem o casamento mais cedo? A população rural pobre da ilha não

---

[120] Connell, *The Population, op. cit.*, pp. 81-82.

partilhava da ideia, comum aos grandes sectores da população europeia, de adiar o casamento de forma a acumular capital e atingir um melhor nível de vida[121]. Os grandes donos da terra tendiam a limitar os seus arrendatários a uma vida de subsistência ao ajustar as rendas e, desta forma, tornavam difícil qualquer melhoria do nível de vida. O custo do casamento era pequeno – uma casa nova, geralmente pouco mais do que uma cabana, podia ser construída em poucos dias com a ajuda dos amigos e da família, e a mobília era simples e rudimentar[122]. O problema real, numa sociedade de agricultores arrendatários, era a disponibilidade de um talhão onde estabelecer uma nova casa. Enquanto isto foi difícil (estando, por exemplo, dependente da morte do pai), a nupcialidade manteve-se sob controlo. Contudo, as condições mudaram em finais do século XVIII. A conversão das terras de pastoreio em talhões de agricultura e o cultivo de novas terras (pântanos e montanhas tornadas cultiváveis) – promovido por reformas do parlamento irlandês e pela procura em Inglaterra, que estava em guerra com a França, de produtos alimentares – retirou este controlo[123]. A subdivisão da terra aumentou ainda mais em resultado da introdução e propagação da batata, que rapidamente se tornou o principal alimento, e com frequência quase exclusivo, dos irlandeses[124]. O papel especial da batata, introduzida talvez por Sir Walter Raleigh no final do século XVII e depois gradualmente adotada, foi decisivo por duas razões. A primeira foi a sua elevada produtividade. À medida que a população se tornou cada vez mais dependente da batata, «a terra que anteriormente tinha sido adequada apenas para a subsistência de uma família podia ser dividida em talhões para filhos e outros sublocatários»[125], uma vez que «um acre de batatas era suficiente para alimentar uma família de seis pessoas e o gado»[126]. A segunda razão era o elevado valor nutricional da batata, consumida em proporções incríveis, como parte de uma dieta que também incluía uma

[121] *Ibidem*, pág. 82; ver também R. N. Salaman, *The Influence of the Potato on the Course of Irish History*, Dublin, Browne & Nolan, 1933, pág. 23.

[122] Connell, *The Population*, pág. 89.

[123] *Ibidem*, pp. 90 e seguintes.

[124] *Ibidem*, pág.133.

[125] *Ibidem*, pág. 90.

[126] Salaman, *The Influence of the Potato*, *op. cit.*, pág. 23. Ver também, do mesmo autor, *The History and Social Influence of the Potato*, Londres, Cambridge University Press, 1949. Grande parte da análise de Salaman é coincidente com a de Connell. O último, contudo, mantém que a batata se tornou o alimento principal dos irlandeses na segunda metade do século XVIII, enquanto Salaman considera que a sua vasta difusão tenha ocorrido anteriormente. Tanto Connell como Salaman defendem o papel dominante desempenhado pela batata na história sociodemográfica da Irlanda. Um ponto de vista muito diferente pode ser visto em L. M. Cullen, *Irish History Without the Potato*, in «Past and Present», 1968, 40.

quantidade considerável de leite[127]. Arthur Young, ao viajar em King's County, comentou: «A sua comida são batatas e leite durante dez meses e batatas e sal durante os restantes.»[128] Uma barrica de 280 lb (127 kg) de batatas alimentava uma família de cinco elementos durante uma semana, com um consumo médio diário de 8 lb (3,6 kg) por pessoa, incluindo crianças. Connell estima o consumo diário situado nas 10 lb entre 1780 e a Grande Fome, enquanto Salaman sugere 12 lb por adulto no final do século XVIII, «uma quantidade excedida no século seguinte.»[129] Deve-se acrescentar que uma dieta de 4 kg de batatas e meio litro de leite contém um valor calórico e nutricional mais do que suficiente para um homem adulto[130]. Por isso, embora possamos acusar a batata de ter empobrecido os camponeses irlandeses, não a podemos acusar de os ter exposto a uma mortalidade mais elevada. A disponibilidade de novas terras e a divisão dos terrenos existentes, tornados mais produtivos devido ao cultivo da batata, tornou possível a baixa idade de casamento e a elevada nupcialidade dos irlandeses. Estes fatores, em conjunto com uma natalidade natural elevada[131] e uma mortalidade moderada, produziram uma elevada taxa de crescimento no período que levou até à Grande Fome[132].

O crescimento demográfico continuado (a população duplicou entre 1781 e 1841) numa sociedade rural em que a terra, apesar de tornada mais produtiva pela introdução da batata, era o fator limitativo de produção, não podia prosseguir indefinidamente. Já na década anterior a 1841 existem indícios de um aumento gradual da idade de casamento e de emigração crescente. Estes desenvolvimentos, contudo, não evitaram a catástrofe: em 1845 um fungo, *phytophtora infestans*, danificou gravemente a colheita de batata; e em 1846 destruiu-a mesmo

---

[127] Connell, The *Population of Ireland, op. cit.*, pág. 149.

[128] As observações de Young são apresentadas em Salaman, *The Influence of the Potato, op. cit.*, pág. 19.

[129] *Ibidem*.

[130] Se considerarmos um consumo diário de 10 libras de batatas (3400 calorias) e um copo de leite (400 calorias), atingimos as 3800 calorias, mais do que a quantidade média actualmente considerada adequada para um homem adulto com atividade física intensa. Esta dieta parece ser adequada no que respeita à quantidade de proteínas, vitaminas e minerais. Pode-se, contudo, questionar a conveniência da dieta, dada a enorme quantidade de comida ingerida correspondente a 4-5 kg de batatas.

[131] Por volta de 1840, a natalidade legítima era de cerca de 370 por mil, 20% mais elevada do que em Inglaterra e no País de Gales em 1851 (307 por mil). O índice-padrão de natalidade legítima, I_g era de 0,82 na Irlanda e 0,65 em Inglaterra e no País de Gales. Ver Mokyr e Ó Gráda, *New Developments, op. cit.*, pág. 479.

[132] Estima-se que nos 30 anos entre a derrota de Napoleão em Waterloo e a Grande Fome, 1,5 milhões de irlandeses deixaram a Irlanda, tendo ido para Inglaterra e para a América do Norte. Ver *ibidem*, pág. 487.

por completo[133]. O Inverno de 1846-7 trouxe fome, pobreza, emigração deses-
perada e em massa e epidemias de febres e tifo. Tem sido estimado que a Grande
Fome, juntamente com as epidemias associadas, causou entre 1,1 e 1,5 milhões
de mortes acima do normal[134]. A emigração tornou-se um êxodo e entre 1847
e 1854 200 000 pessoas deixaram a Irlanda[135].

A Grande Fome marcou o final de um regime demográfico. A batata contribuiu para o rápido crescimento demográfico, mas também tornou precária
a dieta de uma população que dependia dela para suprir as suas necessidades
nutricionais. Durante as décadas seguintes, um novo regime de exploração e
posse da terra e uma nova ordem nupcial (casamento tardio e elevadas taxas de
celibato de mulheres e de homens), apoiados pelos grandes donos de terras e
o clero, juntamente com a emigração em massa, tiveram como resultado um
declínio estável na população. A média de idade no primeiro casamento aumentou de 23-24 anos entre 1831 e 1841 – um nível que aparentemente já se
situava acima dos valores nas décadas anteriores – para 27-28 anos no final do
século. A proporção de mulheres casadas em idade fértil declinou abruptamente
entre 1841 e o final do século[136], quando cerca de um quinto da população com
50 anos nunca tinha casado. A população da ilha declinou rapidamente de 8,2
milhões em 1841 para 4,5 milhões em 1901.

Segundo a interpretação de um dos académicos mais conceituados da história demográfica e social japonesa[137], o caso do Japão é semelhante ao da Irlanda na fase inicial, apesar de, evidentemente, o contexto ser muito diferente.

---

[133] Sobre a Grande Fome ver R. D. Edwards e T. D. Williams (orgs.), *The Great Famine*, Nova Ior-
que, New York University Press, 1957; C. Ó Gráda, *Black '47 and Beyond: the Great Irish Famine in
History, Economy and Memory*, Princeton, Princeton University Press, 1999; J. Mokyr e C. Ó Gráda,
Famine Disease and Famine Mortality: Lessons from the Irish Experience, Dublin, University College
Dublin Center for Economic Research, Working Paper, 12, 1999.

[134] J. Mokyr, *Why Ireland Starved: A Quantitative and Analytical History of the Irish Economy, 1800-1850*,
Londres, Allen & Unwin, 1983.

[135] M. R. Davie, *World Immigration*, Nova Iorque, Macmillan, 1936, pág. 63.

[136] O índice I_m, média ponderada de mulheres casadas com idade fértil, decaiu de 0,45, por volta
de 1841, para 0,324 em 1901 (-28%). Mokyr e Ó Gráda, *New Developments, op. cit.* pág. 479; M. S.
Tetelbaum, *The British Fertility Decline: Demographic Transition in the Crucible of the Industrial Revolution*, Princeton, Princeton University Press, 1984, pág. 103.

[137] A. Hayami, *The Population at the Beginning of the Tokugawa Period. An Introduction to the Histori-
cal Demography of Pre-Industrial Japan*, in «Keio Economic Studies», vol. IV, 1966-67; A. Hayami,
Mouvements de longue durée et structures japonaises de la population à l'époque Tokugawa, in «Annales de
Démographie Historique», Paris, Mouton, Paris, 1972. Ver também S. B. Hanley e K. Yamamura
(orgs.), *Economic and Demographic Change in Preindustrial Japan 1600-1868*, Princeton, Princeton
University Press, 1977. A. Havani, *Population and Family in Early Modern central Japan*, International
Center for Japanese Studies, Quioto, 2010.

O regime Tokugawa, que se estendeu durante mais de dois séculos e meio, de 1603 a 1867, e o começo da modernização da era Meiji, caracterizou-se por paz doméstica, encerramento tanto ao mundo exterior como à infiltração cristã, revivalismo do confucionismo e estabilidade política. Contudo, durante este longo período «a sociedade preparou-se para a modernização (...) o comportamento economicamente motivado modificou gradualmente o estilo de vida da população (...) Inicialmente, a produção, cujo propósito era pagar impostos sobre a propriedade e suprir as necessidades individuais, tinha a pobreza como um acompanhamento inevitável, (...) mas quando a venda se tornou o fim principal da produção, então o sofrimento passou a ser o trabalho por meio do qual cada um era capaz de prosperar e melhorar a sua qualidade de vida»[138]. A quantidade de terra cultivada duplicou e as técnicas de agricultura mudaram de extensivas para intensivas. As estruturas sociais tradicionais alteraram-se: grupos familiares numerosos, que incluíam muitos familiares e criados que em geral não podiam casar, foram divididos e nasceram muitas famílias independentes. Na província de Suwa, por exemplo, o tamanho médio da família baixou de 7 no período de 1671-1700 para 4,9 em 1751-1800[139]. A classe de criados dos Genin[140], dos quais apenas uma pequena fração se casou, foi transformada numa classe de agricultores arrendatários que se caracterizou por um comportamento demográfico normal.

A libertação de recursos económicos (novas terras, novas tecnologias agrícolas) foi acompanhada por um crescimento demográfico continuado. Hayami estima uma população de não mais de 10 milhões no início do século XVII, que rapidamente cresceu para 30 milhões em 1720 (a incerteza das fontes leva-o a adotar uma margem de segurança de mais ou menos 5 milhões), mantendo uma taxa média de crescimento anual entre 0,8% e 1% durante cerca de um século[141]. Durante o século e meio seguinte, este crescimento galopante abrandou: em 1870, logo a seguir à queda do regime de Tokugawa, a população rondava os 35 milhões, tendo crescido desde 1720 a uma taxa anual reduzida de 0,2%. As causas e os mecanismos desta estagnação são objeto de um grande debate. Existem provas definitivas de um controlo intencional da «produção» de filhos, não tanto através do adiamento do casamento mas pela prática do aborto e do infanticídio, bem como de um papel «destrutivo», desempenhado pelas cidades, no que diz respeito aos excedentes da população rural (Edo, a atual Tóquio, era a maior cidade do mundo no início do século XIX). Os estudos detalhados

---

[138] Hayami, *Mouvements, op. cit.*, pp. 248-249.
[139] *Ibidem*, pág. 254.
[140] Hayami, The *Population, op. cit.*, pág. 16.
[141] Hayami, *Mouvements*, págs. 249-251.

de várias vilas da era Tokugawa fornecem ampla documentação, como complemento dos relatos literários e legais, que atestam a prática generalizada do aborto e do infanticídio em todas as classes sociais[142]. Na vila de Yokouchi, por exemplo, as mulheres nascidas antes de 1700 e casadas aos 20 anos, tinham em média 5,5 filhos, enquanto as que se casaram com a mesma idade mas nascidas entre 1750 e 1800 tinham em média apenas 3,2[143]. Além do infanticídio e do aborto, outra explicação interessante para o crescimento lento da população de finais da época Tokugawa e da época Meiji que se seguiu é a bem documentada transformação agrícola que ocorreu e que levou a uma intensificação cada vez maior dos métodos agrícolas. Esta transformação melhorou as condições gerais da vida rural, mas também trouxe consigo um notável aumento da carga de trabalho para os homens e, ainda mais, para as mulheres. Esta tendência «deve ter tido efeitos desfavoráveis na natalidade marital, bem como na mortalidade infantil e materna, e desta forma deve ter contrabalançado alguns dos efeitos demográficos favoráveis do desenvolvimento agrário de longa duração»[144]. Seja qual for a explicação para a estagnação demográfica, a sociedade japonesa descobriu gradualmente mecanismos para limitar o crescimento demográfico, à medida que a expansão do cultivo encontrou limites naturais e insuperáveis.

O sistema demográfico japonês divergiu do irlandês na sua resposta à pressão gradual exercida sobre os recursos disponíveis. Na Irlanda o sistema entrou em colapso com a Grande Fome e a Grande Emigração: este choque duplo abriu caminho para mudanças no regime nupcial (idades de casamento elevadas e grande número de solteiros), um ajustamento menos doloroso. No Japão a resposta foi gradual e não resultado de acontecimentos traumáticos.

★ ★ ★

---

[142] T. C. Smith, *Nakahara. Family Forming and Population in a Japanese Village, 1717-1830*, Stanford, Stanford University Press, 1977, pág. 11.

[143] *Ibidem*, pág. 13; A. Hayami, *Demographic Aspects of a Village in Tokugawa Japan*, in P. Deprez (org.), *Population and Economics*, Winnipeg, University of Manitoba Press, 1968 (Atas da V secção do IV Congresso da Associação Internacional de História Económica). Sobre a baixa natalidade em meio urbano ver Y. Sasaki, *Urban Migration and Fertility in Tokugawa Japan: The City of Takayama, 1773-1871*, in S. B. Hanley e A. P. Wolf (orgs.), *Family and Population in East Asian History*, Stanford, Stanford University Press, 1985.

[144] Ver O. Saito, *Infanticide, Fertility and Population Stagnation: the State of Tokugawa Historical Demography*, in «Japan Forum», 4, 2, outubro 1992; *idem*, *Gender, Workload and Agricultural Progress: Japan's Historical Experience in Perspective*, Institute of Economic Research, Hitotsubashi University, Discussion Paper Series A, 268, 1993, 1993; *idem, Infant Mortality in Pre-Transition Japan. Levels and Trends*, in A. Bideau, B. Desjardins e H. Perez Brignoli (orgs.), *Infant and Child Mortality in the Past*, Oxford, Oxford University Press, 1997.

8. No limiar do mundo contemporâneo: a China e a Europa

Com o século XVIII, uma grande parte do mundo parece ter entrado numa fase de aceleração demográfica. A palavra «parece» é apropriada porque, se excluirmos a Europa e a América, a informação quantitativa é escassa em quase todo o lado. Contudo, se aceitarmos como credíveis as estimativas da tabela 1.3, a população mundial aumentou 40% entre 1700 e 1800. Um aumento semelhante fora atingido nos dois séculos anteriores a 1700. Enquanto em África se acredita que a população estava a estagnar, as estimativas indicam uma duplicação da população na América, e aumentos substantivos na Europa (54%) e na Ásia (46%). O que determinou esta aceleração? Como e por que motivos sofreu o sistema demográfico uma mudança destas?

Vamos analisar aqui os casos paralelos da Europa e da China. Existe algum consenso na bibliografia que, durante o século XVIII, se deu um crescimento populacional considerável na China – os números aumentaram para mais do dobro, de cerca de 160 milhões em 1700 para cerca de 330 em 1800 – mas este dinamismo perdeu algum do seu ímpeto no século seguinte, particularmente depois de 1850. O crescimento no século XVIII é atribuído por muitos a uma fase favorável de expansão económica, refletida no aumento dos valores da terra e na produção agrícola e favorecida por uma redução da pressão fiscal sobre a população[145].

Como consequência deu-se um aumento geral no padrão de vida que estimulou a expansão demográfica. Trata-se de uma explicação bastante sumária, de natureza malthusiana, e que considera implicitamente que os comportamentos demográficos são modelados pelas condições de vida. Alguns autores contemporâneos têm sublinhado a plasticidade do sistema demográfico chinês, capaz de se adaptar aos constrangimentos externos com uma variedade de mecanismos[146]. Em primeiro lugar, o infanticídio permitiu a regulação, ao nível da família, do número e composição, em termos de género, dos descendentes. O infanticídio de bebés do sexo feminino, na maioria dos casos, tem uma inci-

---

[145] Ping-Ti Ho, *La Cina. Lo sviluppo demográfico*, Turim, Utet, 1972, pp. 373-378. Para uma avaliação atualizada da situação social e económica da Europa e da China dos séculos XVIII e XIX ver K. Pomeranz, *The Great Divergence: China, Europe and the Making of the Modern World Economy*, Princeton, Princeton University Press, 2000.

[146] A tese da adaptabilidade do comportamento demográfico da população chinesa tem sido energicamente defendida por James Z. Lee e Wang Feng, *One Quarter of Humanity*, Cambridge, Harvard University Press, 1999. Ver igualmente James Z. Lee e Wang Feng, *Fate and Fortune in Rural China,* Cambridge, Cambridge University Press, 1997.

dência elevada, atingindo 10% para as crianças de mulheres que pertenciam à linhagem imperial, mas muito superior entre os filhos de mulheres de classe inferior. Numa amostra de camponeses nascidos entre 1774 e 1873, estima-se que entre um quinto e um quarto dos bebés do sexo feminino foi vítima de infanticídio[147]. A interpretação é que o infanticídio era uma resposta às flutuações das condições de vida.

O infanticídio seletivo e a mortalidade mais elevada dos bebés do sexo feminino sobreviventes, devido à negligência nos cuidados prestados às crianças, geraram distorções no mercado do casamento no sentido da escassez de mulheres elegíveis. A sua escassez era agravada pela poligamia, que não era rara, e por uma baixa frequência de reincidência de casamento nas viúvas jovens. O resultado é que quase todas as mulheres casavam muito jovens, enquanto os homens casavam substancialmente mais tarde e uma proporção elevada não chegava a casar. A proporção de mulheres entre os 15 e os 50 anos que eram casadas era muito mais elevada do que na Europa (tipicamente 90% contra 60% ou menos). Este sistema de casamento quase universal para as mulheres foi ele próprio articulado com uma variedade de formas institucionais adaptáveis às diferentes circunstâncias: além da forma patrilocal largamente dominante (o novo casal ficava a co-habitar com a família do marido), existiam formas alternativas de tipo uxorilocal, formas de levirato (para os muito pobres), poliginia (para os ricos) e adopção de bebés do sexo feminino, que se tornavam esposas de um dos membros da família adotiva.

A elevada proporção de mulheres casadas foi equilibrada por um nível de natalidade – dentro do casamento – mais baixo do que na Europa. O número total de filhos nascidos de mulheres com a idade de 20 anos (e que permaneceram casadas até aos 50 anos) rondava os 6, contra 7,5 ou mais para as mulheres europeias[148]. Os intervalos entre os nascimentos eram superiores aos das mulheres europeias e a idade por altura do último nascimento mais baixa. A baixa natalidade marital pode não ter sido alheia ao facto de as tradições filosóficas e religiosas prescreverem a continência sexual para os cônjuges. Por último, a adopção teve relevância no sistema familiar chinês e uma proporção não negligenciável de crianças – até 10% – foi criada pela família adotiva. As adopções eram extensivas a adolescentes e mesmo a adultos. «Desta forma o sistema demográfico chinês era caracterizado por uma multiplicidade de escolhas que equilibraram o romance e o casamento combinado, a paixão marital com a contenção marital e o amor parental com a decisão de matar ou dar os

---

[147] Lee e Wang, *One Quarter, op. cit.*, pp. 50-51. Para uma estimativa do infanticídio em Liaoning ver Lee e Campbell, *Fate and Fortune, op. cit.*, pág. 67.
[148] Lee e Wang, *One Quarter, op. cit.*, pág. 86.

filhos, e a adopção de outras crianças (…). Os indivíduos chineses adaptaram constantemente o seu comportamento demográfico, de acordo com as circunstâncias coletivas, de forma a maximizar o proveito comum»[149].

Durante a primeira parte do século XIX, a população chinesa continuou o seu rápido crescimento (de 330 para 430 milhões), mas num ritmo mais lento, enquanto as rebeliões e os conflitos sangrentos (a Guerra de Taiping entre 1851 e 1864 foi particularmente destrutiva) e a dureza das fomes deu um golpe violento no terceiro quartel do século e, sucessivamente, uma lenta recuperação. Durante o século XIX, devido à limitação da terra, de proveitos decrescentes da agricultura, de falta de inovação e de atraso na adopção dos frutos da revolução tecnológica, a população empobrecida adotou controlos preventivos e repressivos ao crescimento demográfico[150]. Para alguns autores, a plasticidade do sistema demográfico chinês – baseado também na prática do infanticídio – desempenhou o papel de «acelerador» do crescimento no século XVIII e de «travão» no século XIX. Esta interpretação não é partilhada por outros autores, para os quais a segunda parte do século XIX foi dominada pelo impacto destrutivo das crises de subsistência e da elevada mortalidade subsequente, e que atribuem um papel menor à ação endógena, autorreguladora, da população. A China, no final do século XIX, parece estar longe da modernidade, mesmo no seu perfil demográfico.

A aceleração demográfica da Europa no século XVIII, reforçada no século XIX, teve como causa fatores diferentes dos da China contemporânea. Na fase inicial as forças de constrangimento eram ainda fortes. O controlo da natalidade era ainda praticamente desconhecido, exceto nalguns casos isolados, como em França, e as medidas médicas e sanitárias tinham levado a escassos avanços contra a elevada mortalidade. Mas entre 1750 e 1850, o crescimento da população europeia acelerou. A taxa anual de crescimento, escassos 0,15% entre 1600 e 1750, aumentou para 0,63% entre 1750 e 1850 (ver tabela 1.3). Esta aceleração envolveu todos os principais países (ver tabela 2.6), apesar de ser mais acentuada em alguns deles (na Inglaterra, por exemplo) do que noutros (França). Contudo, apesar do desaparecimento da peste e do êxito no combate à varíola (Jenner descobriu uma vacina em 1797), o período entre meados do século XVIII e meados do século XIX não esteve livre de problemas. A Revolução Francesa e as Guerras Napoleónicas devastaram a Europa durante 20 anos. A última grande crise de subsistência – a fome de 1816-1817, acompanhada por um surto de tifo – atingiu toda a Europa[151], e uma doença anteriormente desconhecida, a

---

[149] *Ibidem*, pág. 9.
[150] Ping-Ti Ho, *La Cina*, *op. cit.*, pp. 321-336.
[151] J. Post, *The Last Great Subsistence Crisis in the Western World*, Baltimore, Johns Hopkins University Press, 1977.

Tabela 2.6 Crescimento de algumas populações europeias (1600-1850)

País	População (milhões)			Crescimento indexado			Densidade (habitantes por km²)	Distribuição (%)		
	1600	1750	1850	1750 (1600 = 100)	1850 (1750 = 100)	1850 (1600 = 100)	(1750)	1600	1750	1850
Inglaterra	4.1	5.8	16.6	141	286	405	48	7	8	14
Holanda	1.5	1.9	3.1	127	163	207	63	3	3	2
Alemanha	12.0	15.0	27.0	125	180	225	42	21	21	22
França	19.6	24.6	36.3	126	148	185	45	34	34	30
Itália	13.5	15.8	24.7	117	156	183	52	24	22	20
Espanha	6.7	8.6	14.8	128	172	221	17	12	12	12
Total	57.4	71.7	122.5	125	171	213		100	100	100

Nota: As estimativas referem-se às fronteiras atuais; para a Espanha, apenas território continental. Para a França, Itália e Espanha, as estimativas para as datas apresentadas são as do autor e baseiam-se em estimativas para datas próximas reportadas nos trabalhos citados.

Fontes: Dados baseados nos seguintes trabalhos: Inglaterra: E. A. Wrigley e R. S. Schofield, *The Population History of England, 1541-1871*, Londres, Edward Arnold, 1981, reeditado Cambridge University Press, 1987, págs. 532-534; Holanda: B. H. Slicher van Bath, *Historical Demography and the Social and Economic Development of the Netherlands*, In «Daedalus», primavera, 1968, pág. 609; Alemanha: C. McEvedy e R. Jones, *Atlas of World Population History*, Londres, Penguin, 1978, pp. 67-70; França: J. Dupâquier, *La population française, au XVIIe et XVIIIe siècle*, Paris, PUF, 1979, pp. 9-11; Itália: L. Del Panta, M. Livi Bacci, G. Pinto e E. Sonnino, *La popolazione italiana dal Medioevo a oggi*, Roma-Bari, Laterza, 1996; Espanha: J. Nadal, *La población española (siglos XVI a XX)*, Barcelona, Ariel, 1984², pág. 47.

cólera, devastou o continente. Contudo, a população cresceu de forma vigorosa e extravasou, com o início de uma migração transoceânica de larga escala para as Américas.

Tem-se desenvolvido um debate – que ainda está em aberto – acerca das causas da aceleração demográfica que ocorre a partir de meados do século XVIII, em parte porque os próprios mecanismos demográficos não estão completamente compreendidos. Nalguns casos o crescimento deveu-se ao aumento da natalidade, resultante do incremento da nupcialidade, enquanto noutros, a maioria, o declínio da mortalidade era o principal fator.

No caso da Inglaterra, o país que viveu o maior crescimento demográfico durante esse período, os estudos recentes[152] atribuem mais a aceleração demográfica da segunda metade do século XVIII ao aumento da natalidade (ajudada pelo aumento da nupcialidade) do que à diminuição da mortalidade. Aparentemente, a Revolução Industrial gerou um aumento notável na procura de mão-de-obra que, por sua vez, estimulou a nupcialidade e, deste modo, a natalidade (esta última ainda não estava sujeita a «controlo» dentro do casamento). Contudo, a mortalidade também diminuiu, e o efeito combinado resultou num crescimento demográfico continuado e no aumento da população para três vezes mais no decurso de um século. Voltaremos à Inglaterra quando analisarmos a relação entre os sistemas demográfico e económico, no capítulo 3.

Em grande parte da Europa a transição dos séculos XVIII para o XIX trouxe um declínio na mortalidade. Este melhoramento é evidente sobretudo na menor frequência de crises de mortalidade resultantes de surtos epidémicos e, por vezes, de fome e escassez. Como exemplo, num grupo de 404 paróquias inglesas, a frequência de meses marcados por uma severa mortalidade era de 1,3 na primeira metade do século XVIII, 0,9% na segunda metade e 0,6% no primeiro quartel do século XIX[153], um sinal do rápido declínio da frequência das crises. Em França, a incidência das crises graves decresceu notavelmente entre a primeira e a segunda metades do século XVIII, de tal forma que se fala do final das crises do *ancien régime*, como por exemplo, a que se seguiu ao rigoroso Inverno de 1709, que resultou num milhão de mortes acima do normal ou as crises igualmente graves de 1693-1694 e de 1739-1741[154]. Noutros locais da Europa – Alemanha, Itália, Espanha – o declínio ocorre mais tarde e de forma menos evidente.

---

[152] E. A. Wrigley e R. S. Schofield, *The Population History of England, 1541-1871*, Londres, Edward Arnold, 1981.
[153] *Ibidem*, pág. 650.
[154] Livi Bacci, *Populazione e alimentazione, op. cit.*, pp. 70-78. Para uma história das crises alimentares e das carestias, ver C. Ó. Gráda, *Famine. A Short History*, Princeton, Princeton University Press 2009.

As causas para a atenuação das crises de grande mortalidade são simultaneamente biológicas, económicas e sociais. O efeito biológico da adaptação mútua entre agente patogénico e hospedeiro (de que se falou nos parágrafos anteriores), favorecido pelo aumento da densidade e da mobilidade populacional, não pode ser descartado como causa para a reduzida virulência de determinadas doenças. As causas sociais, ao invés, incluem a reduzida transmissibilidade da infeção em resultado do melhoramento da higiene privada e pública. Por último, as causas económicas pertencem não apenas ao progresso agrícola, mas também ao melhoramento do sistema de transportes e, deste modo, da distribuição dos bens, entre áreas de abundância e áreas de escassez.

O desaparecimento dos anos de crise por si só, contudo, não explica o declínio da mortalidade europeia. A esperança de vida na altura do nascimento, por exemplo, aumentou em Inglaterra de 33 para 40 anos entre 1740-1749 e 1840--1849, em França o mesmo período testemunhou um aumento de 25 para 40, na Suécia de 37 para 45 (entre 1750-1759 e 1840-1849) e na Dinamarca de 35 para 44 (entre 1780-1789 e 1840-1849)[155]. Claramente, o declínio da mortalidade, quer fosse do tipo «crise» ou «normal», era responsável pelo crescimento populacional acelerado. Uma das teorias que tem conquistado adeptos em anos recentes é a teoria «nutricional» defendida por McKeown[156], de acordo com a qual a aceleração demográfica do século XVIII se ficou a dever ao declínio da mortalidade. Este declínio, contudo, não pode ser explicado pelos avanços médicos (ineficazes até ao final do século XIX, com excepção da vacina da varíola), ou por mudanças na higiene pública ou privada (que, em alguns casos, provavelmente se deteriorou, como por exemplo nas grandes cidades), ou por outras causas. A verdadeira causa, de acordo com McKeown, era o melhoramento do nível nutricional da população, que aumentou a «resistência» orgânica à infeção. Este resultado surgiu graças ao progresso efetuado na produtividade agrícola e graças à introdução de culturas novas e mais abundantes, desde o milho às batatas.

Esta teoria é contrariada por algumas considerações, que nos fazem olhar para outras causas. Em primeiro lugar, a relação entre nutrição e resistência à infeção é válida principalmente em casos de desnutrição severa, e embora estes fossem frequentes em períodos de escassez, em anos normais a dieta das populações europeias parece ter sido bastante adequada[157]. Em segundo lugar, a

---

[155] Livi Bacci, *Popolazione e alimentazione*, *op. cit.*, pág. 96.

[156] T. McKeown, *The Modern Rise of Population*, Londres, Edward Arnold, 1976.

[157] Este ponto de vista, que defendi em *Popolazione e alimentazione*, *op. cit.*, especialmente no capítulo 5, tem em Braudel um apoiante credenciado. Para uma atualização deste debate veja-se C. Ó Gráda e T. Dyson (orgs.), *Famine Demography: Perspectives from the Past and the Present*, Oxford, Oxford University Press, 2001.

segunda metade do século XVIII e as primeiras décadas do século XIX, período durante o qual começou a «transição» da mortalidade, não parecem ter sido uma época assim tão afortunada. É verdade que novas colheitas se espalharam. Na segunda metade do século XVIII a batata, tendo a sua difusão sido favorecida pela fome grave de 1770-1772 no centro-norte, convenceu os europeus, que tinham dúvidas mais fortes, e em breve disseminar-se-ia. Um campo cultivado com batatas poderia alimentar uma população duas ou três vezes maior, relativamente a um campo semelhante de cereal. O versátil trigo–mourisco podia ser semeado no final da estação, caso a colheita do Inverno falhasse. O milho espalhou-se na Espanha no século XVII e depois passou para o Sudoeste da França, para o Vale do Pó, no Norte da Itália, e até aos Balcãs. Como aconteceu com a batata, o seu cultivo espalhou-se em resultado da crise de subsistência de 1816-1817[158]. Em muitos casos, contudo, a introdução de novas colheitas não melhorou o consumo *per capita*. Muitas vezes, como na Irlanda com a batata, as novas colheitas serviam para alimentar a população adicional mas levaram ao abandono de comidas mais apreciadas, como os cereais, e desta forma contribuíram para uma dieta mais pobre. A invetiva de Cobbet, relativamente às suas viagens na Irlanda é, neste âmbito, famosa: «É simultaneamente um prazer e um dever desencorajar de todas as formas que puder o cultivo desta raiz maldita, estando convencido que fez mais mal à humanidade do que a espada e a peste em conjunto.»[159] Em Inglaterra, e também na Flandres, há indícios de que à medida que o consumo da batata aumentava, diminuía o dos cereais. Nas regiões onde o milho teve maior sucesso, especialmente em Itália, tornou-se o principal alimento e foi responsável pela terrível propagação da pelagra[160].

Outras considerações indiretas também podem lançar dúvidas quanto à hipótese nutricional. Por exemplo, os salários reais diminuíram por todo o lado na Europa durante o século XVIII e as primeiras décadas do século XIX[161]. O declínio do salário real é indicador de um poder de compra diminuído por parte dos trabalhadores assalariados (e talvez também de outros grupos), que neste período gastavam cerca de quatro quintos dos seus salários em comida. Outra indicação é a variação da altura média, que parece ter diminuído neste mesmo período em Inglaterra, no Império dos Habsburgos e na Suécia. A altura é razoavelmente sensível às alterações nos níveis nutricionais, e o seu declínio ou

---

[158] Sobre a propagação de novas culturas e seus efeitos, ver F. Braudel, *Civilisation materielle, economie et capitalisme, XV-XVIII* ᵉ *siècle*, Paris, Colin, 1979, vol. 1: *Les structures du quotidien: le possible et l'impossible*; W. Abel, *Congiuntura agraria e crisi agrarie*, Turim, Einaudi, 1976.

[159] *Letters of William Cobbett to Charles Marshall*, in G. D. H. Cole e M. Cole (orgs.), *Rural Rides*, Londres, Peter Davies, 1930, vol. III, pág. 900.

[160] Livi Bacci, *Popolazione e alimentazione, op. cit.*, pp. 129-130.

[161] Abel, *Congiuntura agraria, op. cit.*

estagnação não é, certamente, um sinal de melhoria nutricional[162]. Por último, a melhoria na mortalidade beneficiou em primeiro lugar os jovens (como acontece sempre quando resulta de um declínio na mortalidade devida a doenças infecciosas, uma causa de morte relativamente menos importante em idades mais avançadas) e as crianças. Até ao desmame, que ocorria razoavelmente tarde, geralmente entre 1 e 2 anos, os bebés eram alimentados com o leite das suas mães e, desta forma, o seu nível nutricional era relativamente independente da produção agrícola e dos níveis de consumo. Mas a mortalidade infantil também diminuiu – não devido à melhor nutrição, mas à melhoria dos métodos de criar crianças e a uma melhor proteção do ambiente envolvente.

A diminuição da mortalidade deveu-se certamente a muitas causas (ver capítulo 4, secção 2), sendo que, considerada isoladamente, talvez nenhuma tenha predominado. Contudo, mesmo face a uma leitura benevolente, a hipótese nutricional resiste menos do que as outras a uma análise minuciosa. É, no entanto, um facto que o aumento da produção agrícola acompanhou a expansão demográfica europeia (a população quase duplicou no período de um século), mesmo se os níveis nutricionais não melhoraram de forma notável. Enquanto a possibilidade de cultivar novas terras – que em tempos eram pastos, pântanos ou mato – juntamente com melhor tecnologia e a introdução de novas colheitas, pode não ter sido responsável pela diminuição da mortalidade, estes elementos permitiram que a população agrícola se expandisse, formando novos centros e aumentando os níveis de nupcialidade. O crescimento do sector industrial, da urbanização e um aumento geral na procura de mão-de-obra não agrícola, acompanharam este processo e criaram uma alternativa de escoamento para a população rural.

---

[162] Livi Bacci, *Popolazione e alimentazione, op. cit.*, pp. 142-145.

Capítulo 3

Terra, trabalho e população

1. Diminuição dos rendimentos e crescimento demográfico

A questão relativa ao efeito do crescimento demográfico sobre o desenvolvimento económico das sociedades agrícolas permanece em aberto e por resolver. É uma questão acerca da qual se opõem dois pontos de vista bem definidos. O primeiro encara o crescimento demográfico como força negativa que coloca tensão na relação entre os recursos fixos ou limitados (terra, minerais) e a população, e que, a longo prazo, irá levar a uma maior pobreza. De acordo com o segundo ponto de vista, pelo contrário, o crescimento demográfico estimula o engenho humano a anular e reverter as desvantagens impostas pelos recursos limitados. Uma maior população gera economias de escala, mais produtos e excedentes, e estes, por sua vez, vão apoiar o progresso técnico.

A primeira posição tem uma verificação empírica imediata e a curto prazo: o aumento da densidade populacional gera competição pela utilização dos recursos fixos, que devem satisfazer um maior número de pessoas. A observação histórica, contudo, apresenta uma objeção válida a esta posição, uma vez que o progresso económico é, em geral, acompanhado pelo crescimento demográfico. Uma população grande permite uma melhor organização e especialização das tarefas e pode mais facilmente encontrar formas de substituir os recursos fixos, criando sistemas que uma população pequena ou esparsa não consegue manter. A conciliação das observações de curto e longo prazo não se tem mostrado fácil.

A segunda teoria, oposta, tem de resolver outra contradição, talvez mais importante. Mesmo admitindo que o crescimento demográfico estimula o espírito humano de inovação e inventiva (aquilo que os economistas denominam «progresso técnico»), é difícil imaginar como este espírito consiga expandir os recursos fixos (terra, espaço e outros elementos naturais essenciais) para a sobre-vivência e o bem-estar humanos.

Consideremos uma população agrícola isolada num vale profundo. A dife-rença entre nascimentos e mortes traduz-se num crescimento lento, de forma que a população duplica em cada dois séculos. No início, são cultivadas as terras mais férteis, fáceis de irrigar e acessíveis – as das várzeas ao longo do rio. À medida que a população cresce e, de igual forma, a necessidade de comida, será utilizado todo o solo de melhor qualidade, até que se torna necessário cul-tivar lotes mais distantes nas encostas do vale, difíceis de irrigar e menos férteis do que os outros. O crescimento contínuo vai requerer o cultivo de terras cada vez menos produtivas, situadas progressivamente mais alto nas encontas do vale e mais expostas à erosão. Quando toda a terra tiver sido utilizada, ainda pode ser obtido um crescimento adicional na produção através de um cultivo mais intensivo, mas estes ganhos também são limitados, uma vez que se atingirá um ponto em que os acréscimos de mão-de-obra deixarão de aumentar efetiva-mente a produção. Desta forma, o crescimento demográfico num meio fixo (e, deve acrescentar-se, com um nível fixo de tecnologia) leva ao cultivo de solos progressivamente menos férteis, com mais introdução de mão-de-obra, enquanto os rendimentos por unidade de terra ou de mão-de-obra vão acabar por diminuir.

O conceito de redução dos rendimentos é fundamental para o pensamento tanto de Malthus como de Ricardo[163] e também pode ser aplicado a situações não agrícolas. É fácil imaginar que, enquanto a contribuição de cada trabalhador individual para uma provisão fixa de capital (os trabalhadores que trabalham com a mesma máquina) pode aumentar a totalidade da produção, a contribui-ção de cada trabalhador adicional irá diminuir progressivamente.

A lei da redução dos rendimentos parece, desta forma, ditar um declínio na produção *per capita*, dada a combinação de aumento da população e de provisão fixa de terra ou de capital. A produtividade dos trabalhadores, contudo, não é constante, e ao longo da história da humanidade as inovações e invenções têm feito com que esta aumente continuamente. Na agricultura, as alfaias de metal

---

[163] Malthus introduziu o conceito da redução de rendimentos no início do seu *Ensaio*: «Quando a acre tem sido acrescentado acre, de modo que toda a terra fértil se encontra ocupada, o aumento anual de comida deve depender do melhoramento da terra já trabalhada. É uma quantia que, devido à natureza de todos os solos, em vez de aumentar, deve diminuir gradualmente». T. R. Malthus, *Essay on the Principle of Population*, 7.ª ed., Londres, Dent, 1967, pág. 8. Ricardo definiu o conceito da seguinte forma: «Como a terra tem extensão limitada e qualidade variável, a cada porção acres-centada de capital utilizado corresponderá uma decrescente quantidade de produção, enquanto o potencial de crescimento da população continuará invariável». D. Ricardo, *The Principles of Political Economy and Taxation*, Londres, Dent, 1964, p. 56.

substituíram as de madeira, a enxada deu origem ao arado e a força dos animais foi adicionada à dos seres humanos. Um progresso análogo tem caracterizado as inovações técnicas ao nível da produção: a rotação de colheitas, a seleção de estirpes de sementes e os melhoramentos na adubação. Em suma, a introdução de uma inovação tecnológica, quer vá aumentar a produção por unidade de terra ou de mão-de-obra, traz consigo um aumento nos recursos disponíveis. O efeito positivo deste acréscimo, contudo, pode ser apenas temporário, uma vez que o crescimento demográfico continuado irá neutralizar os ganhos conseguidos. Também se deve acrescentar que não existe grau de progresso que possa aumentar interminavelmente a produtividade de um recurso fixo como a terra.

Em 1798, Malthus descreveu a relação anterior na primeira edição do seu famoso *Essay*, afirmando a incompatibilidade entre o potencial de crescimento da população, «que aumenta num rácio geométrico», e o dos recursos necessários para a sobrevivência, principalmente a comida, que «aumenta apenas num rácio aritmético». Como as leis da natureza requerem que os humanos tenham comida, «esta desigualdade natural dos dois poderes da população e da produção da terra e dessa grande lei da nossa natureza, que deve manter constantemente iguais os seus efeitos, constitui a grande dificuldade que me parece intransponível»[164]. O aumento demográfico cria uma tensão na relação entre os recursos e a população até que ocorra a intervenção de um controlo ao crescimento. Malthus chamou-lhes controlos «positivos» – a fome, a doença ou a guerra reduzem a dimensão da população (tal como aconteceu com os ciclos medievais da peste ou com a Guerra dos Trinta Anos) e restabelecem um equilíbrio mais adequado relativamente aos recursos. O equilíbrio mais uma vez alcançado, contudo, apenas dura até ao início de mais um ciclo negativo, a menos que a população consiga encontrar outra forma de limitar a sua capacidade reprodutiva. Este controlo «preventivo» e virtuoso existe na forma do celibato ou, pelo menos, do adiamento do casamento, práticas que reduzem a capacidade de reprodução das populações suficientemente sábias para escolher esta alternativa. O destino das populações depende da batalha entre os controlos positivos e preventivos, entre o comportamento descuidado e o responsável, entre ser uma vítima do constrangimento e da necessidade ou realizar uma escolha ativa.

O modelo de Malthus, apesar de revisto e atualizado repetidas vezes ao longo dos anos, contém ainda, em termos básicos, a sua formulação inicial, podendo ser resumido do seguinte modo:

---

[164] T. R. Malthus, *An Essay on the Principle of Population* (1798), Harmondsworth, Penguin, 1970, pág. 72.

1. O recurso primário é a comida. A sua escassez leva a que a mortalidade aumente, diminuindo (ou invertendo) o crescimento da população e restabelecendo o equilíbrio.
2. A lei da redução dos rendimentos é inevitável. O cultivo de nova terra e a intensificação da mão-de-obra, em resposta ao crescimento demográfico, trazem incrementos progressivamente mais pequenos à produção por cada unidade adicional de terra ou de mão-de-obra.
3. Os aumentos de produção ou de produtividade que resultam da invenção ou da inovação trazem um alívio apenas temporário, uma vez que quaisquer ganhos são inevitavelmente anulados pelo crescimento demográfico.
4. A consciência do ciclo vicioso do crescimento populacional e dos controlos positivos pode levar uma população a controlar a sua prolificidade (e, desta forma, o seu crescimento demográfico) por meio da restrição nupcial.

A figura 3.1 (ao lado) esquematiza um modelo de relação entre a população e os recursos, de acordo com o qual o equilíbrio é restabelecido a seguir a um período de crescimento ou de declínio. Em ambos os casos a figura apresenta dois percursos, conforme o controlo preventivo esteja ou não a atuar. À medida que a população aumenta, da mesma forma acresce a procura de comida, e os preços, consequentemente, sobem. Simultaneamente, a mão-de-obra é menos bem paga, uma vez que a sua oferta aumenta. A combinação de preços mais elevados e salários mais baixos resulta num decréscimo ainda maior nos salários reais, ou seja, num agravamento dos padrões de vida da população. Este agravamento não pode continuar indefinidamente e deve acabar por levar a novo equilíbrio, imposto quer por uma escolha mais sábia do controlo preventivo (percurso 1), pelas consequências da sua recusa, nomeadamente uma mortalidade mais elevada (percurso 2), ou por uma combinação dos dois. Seja qual for o percurso seguido, um agravamento do padrão de vida leva à redução da população (ou pelo menos a um crescimento mais lento), em resultado de mortalidade mais elevada ou de nupcialidade e natalidade reduzidas e, portanto, ao restabelecimento do equilíbrio entre a população e os recursos.

As inovações e as descobertas, ao introduzirem uma descontinuidade, apenas atrasam a atuação dos mecanismos de restabelecimento, sem alterarem, contudo, o seu funcionamento básico. O modelo anterior aplica-se particularmente a economias agrícolas, cujo crescimento é limitado pela disponibilidade de terra, e a populações pobres, que gastam grande parte do seu rendimento na aquisição de comida. Até à época de Malthus e da Revolução Industrial, quase todos os países do mundo se incluíam nestas categorias e, atualmente, muitos países pobres ainda se incluem nelas.

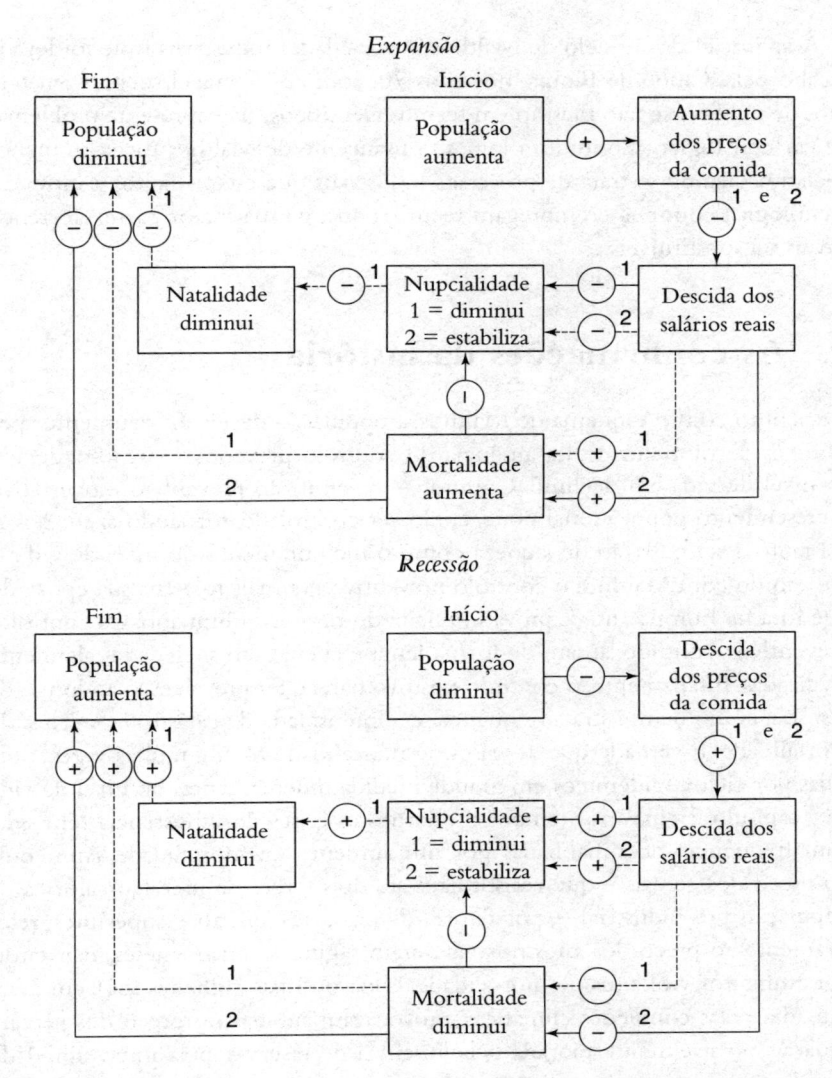

Figura 3.1 O sistema malthusiano de controlos positivos e preventivos durante as fases de expansão e de recessão demográfica.

Nota: As setas indicam a presumível direcção da causalidade, os símbolos de + e de − indicam os efeitos positivos e negativos sobre o próximo passo. As linhas tracejadas indicam uma relação mais fraca do que as linhas contínuas. O papel da natalidade é forte para o caminho 1 e fraco para o percurso 2.

A aplicação do modelo de Malthus às sociedades industriais (que foi levada a cabo pelo Clube de Roma, nos anos 70, com considerável sucesso em termos de público, se não mesmo em termos científicos) não apresenta problemas de carácter lógico. Contudo, a lógica convincente de Malthus torna-se menos apelativa quando se trata de processos industriais que estão sujeitos a inovação tecnológica contínua e empregam recursos que, na sua maior parte, são renováveis ou substituíveis.

2. As confirmações da história

De acordo com o esquema de Malthus, a população deve sofrer aumentos periódicos de mortalidade, na ausência do controlo preventivo virtuoso, devido ao nível de vida em declínio. Contudo, se o controlo preventivo estiver ativo o crescimento populacional pode, então, ser controlado, tornando assim possível tanto a acumulação de riqueza como o melhoramento do nível de vida[165]. De acordo com Malthus, o controlo preventivo era mais forte na sua época do que fora na Europa antiga, prova implícita do progresso humano. Os controlos preventivos, contudo, atuam de forma lenta e apenas em sociedades altamente civilizadas. Infelizmente, o controlo positivo parece ter prevalecido ao longo da história, como demonstra a frequência e a intensidade de catástrofes e crises de mortalidade. É verdade que as crises de mortalidade foram, muitas vezes, causadas por ciclos epidémicos em grande medida independentes do nível de vida (ver capítulo 2), mas nos tempos modernos as crises de subsistência têm sido, com frequência, acompanhadas por um aumento na mortalidade. Aumentos no preço dos cereais – que constituíam até dois terços da ingestão calórica da população pré-industrial –, por fatores de dois, três, quatro e superiores, relativamente ao preço dos anos normais, eram seguidos, vários meses mais tarde, por aumentos violentos de mortalidade. Uma ou mais colheitas más, em geral causadas pelas condições climáticas, provocavam subidas no preço dos cereais, situação possivelmente piorada pela ausência de reservas, pela impossibilidade de substituição por outros alimentos, por obstáculos ao comércio e pela pobreza básica da população afetada. A eliminação periódica da população em excesso nos anos de crise é um dos argumentos mais frequentemente citados a favor do modelo de Malthus. A figura 3.2 apresenta diagramas sobre o preço do trigo e as mortes em Siena (juntamente com várias outras localidade na Toscana), durante alguns períodos, centrados em anos de grande aumento dos preços que

---

[165] T. R. Malthus, *A Summary View of the Principle of Population* (1830), Harmondsworth, Penguin, 1970, pp. 251-252.

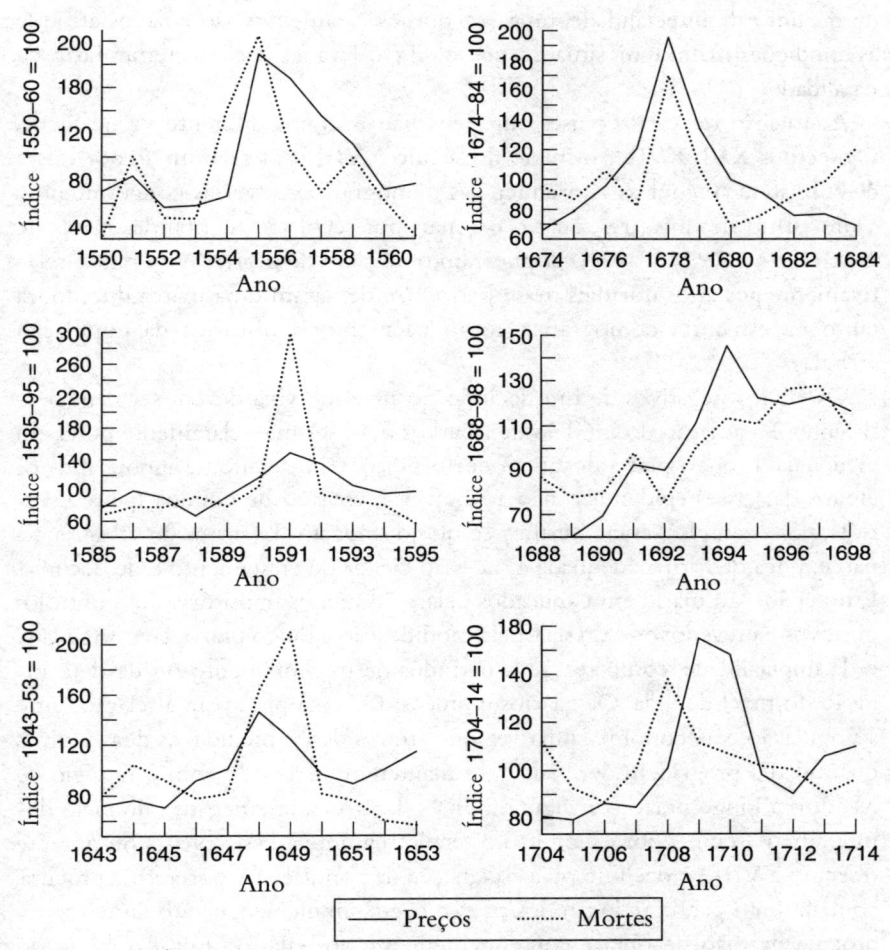

Figura 3.2 Índices relativos aos preços dos cereais e aos falecimentos em Siena (séculos XVI e XVII)

Fonte: Para os preços, G. Parenti, *Prezzi e mercato a Siena (1546-1765)*, Florença, Cya, 1942, pp. 27-28. Para as mortes, um estudo inédito do Departamento de Estatística da Universidade de Florença.

coincidiram com picos de mortalidade, entre meados do século XVI e o início do século XVIII[166]. De forma semelhante, anos de escassez são geralmente anos

---

[166] M. Livi Bacci, *Popolazione e alimentazione. Saggio sulla storia demografica europea*, Bolonha, Il Mulino, 1993, pp. 86-87. Para uma avaliação da natureza e do impacto das fomes sobre a mortalidade nos séculos XIX e XX, ver C. Ó. Gráda e T. Dyson (orgs.), *Famine Demography: Perspectives from the Past and Present*, Oxford, Oxford University Press, 2001.

de declínio da nupcialidade, uma vez que os casamentos são adiados até que as condições melhorem, situação que também leva ao declínio temporário da natalidade.

A situação de vários países europeus não é muito diferente da de Siena. Os séculos XVI, XVII e o início do século XVIII caracterizam-se por crises de subsistência, com as consequências demográficas adversas concomitantes, a um ritmo de dois, três, quatro ou mais por século[167]. As grandes crises de 1693-1694 e de 1709-1710 duplicaram o número de mortes em França, relativamente aos anos normais nesse período, e deixaram uma marca duradoura tanto na estrutura demográfica como na memória histórica da população afetada[168].

Os efeitos negativos de um declínio no nível de vida devem ser mais persistentes e a atuação do modelo de Malthus deve ser mais claramente posta em evidência a longo prazo do que a curto prazo. Com efeito, se ignorarmos os efeitos das crises epidémicas não atribuíveis à escassez de comida (peste e varíola, por exemplo), então verifica-se que o impacto das crises de subsistência não explica de forma adequada a sucessão cíclica de crescimento e de declínio. Estes ciclos são mais bem explicados pela ação menos transitória dos controlos positivos e preventivos – ou seja, pela modificação a longo prazo da mortalidade e da nupcialidade, como reação a períodos de melhoramento ou de deterioração do nível de vida. Os salários e preços dão uma pista para a relação entre a população e a economia, uma vez que através destas medidas as duas últimas quantidades progridem de forma a se manterem de acordo com o modelo de Malthus a longo prazo (ver figura 3.3). Ao longo da fase negativa do ciclo demográfico – como, por exemplo, no século seguinte à Peste Negra ou durante o século XVII –, o declínio ou a estagnação da população e, portanto, a procura, contribuíram para a redução dos preços e, em simultâneo, para o aumento na procura de mão-de-obra e consequentemente dos salários. Entre o início do século XIV e o final do século XV, por exemplo, os preços do trigo desceram para mais de metade, apenas para depois subirem novamente, tanto em França como em Inglaterra. Como Slicher van Bath escreve: «Veio depois a recessão

---

[167] Para a Inglaterra, ver A. B. Appleby, *Grain Prices and Subsistence Crises in England and France 1590-1740*, in «The Journal of Economic History», XXXIX, 1979, 4, pp. 865-887. Para a França, ver F. Lebrun, *Les crises démographiques en France au XVIIème et XVIIIème siècles*, in «Annales ESC», XXXV, 1980. Para a Itália, ver L. Del Panta, *Le epidemie nella storia demografica italiana (secoli XIV-XIX)*, Turim, Loescher, 1980. Para a Espanha, ver V. Pérez Moreda, *Las crisis de mortalidad en la España interior, siglos XVI-XIX*, Madrid, Siglo Veintiuno, 1980. Para a Alemanha, ver W. Abel, *Massenarmut und Hungerkrisen in vorindustriellen Europa*, Hamburg, Paul Parey, 1974.
[168] M. Livi Bacci, *Populazione e alimentazione, op. cit.*, pp. 77-78.

dos séculos XIV e XV. A população tinha sido reduzida pelas epidemias e, uma vez que a área de cultivo era agora maior do que o necessário para a subsistência do povo, os preços dos cereais caíram. Através do declínio na população, a mão-de-obra tornou-se escassa, de forma que os salários em dinheiro e os salários reais subiram consideravelmente.»[169]. A forte recuperação demográfica no século XVI inverteu a situação: a procura em ascensão levou a um aumento no preço dos cereais e outros alimentos, enquanto os salários reais decaíram[170], tendência que atingiu um ponto crítico no início do século XVII[171]. O abrandamento demográfico do século XVII e o declínio catastrófico da população alemã, como resultado da Guerra dos Trinta Anos, situam-se entre as causas de uma nova inversão do ciclo (acompanhado pela procura e pelos preços em declínio, bem como pelos salários em ascensão), que continuou até meados do século XVIII, altura em que o crescimento demográfico inverteu novamente a situação.

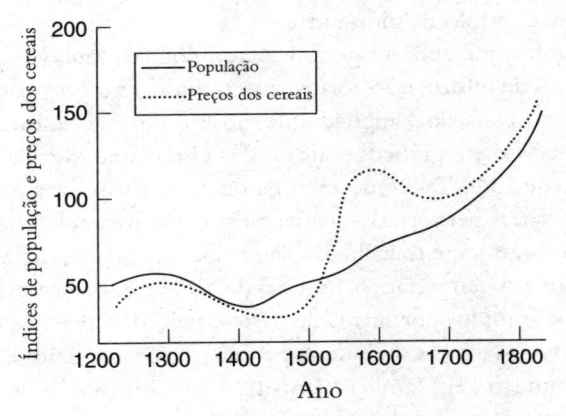

Figura 3.3 População e preços dos cereais na Europa (1200-1800; 1721-45 = 100)
Fonte: B. H. Slicher van Bath, *Storia agraria dell'Europa occidentale (500-1850)*, Turim, Einaudi, 1972, pág. 144.

O caso inglês – desde o século XVI até ao século XVIII – parece estar em conformidade com o modelo de Malthus. As alterações na dimensão da popu-

---

[169] B. H. Slicher van Bath, *Storia agraria dell'Europa occidentale (500-1850)*, Turim, Einaudi, 1972, pág. 148.
[170] *Ibidem*, pág. 107.
[171] *Ibidem*, pp. 108-109.

lação e o índice dos salários reais são apresentados na figura 3.4[172]. As estatísticas revelam uma relação aparentemente direta entre população e preços – em consonância com a ideia de que o crescimento ou o declínio demográficos levam ao aumento ou ao decréscimo nos preços –, particularmente nos dois pontos de inversão que ocorrem em meados dos séculos XVII e XVIII. A figura sublinha a relação inversa entre os movimentos demográfico e dos salários, apesar de existir uma discrepância no que diz respeito ao momento dos pontos de viragem. Por último, a figura 3.5 revela claramente que dos dois fatores na mudança demográfica – mortalidade, expressa por estimativas de esperança de vida à nascença, e_0, e natalidade, expressa pela taxa de fertilidade total (Tft) –, o primeiro varia independentemente do nível de vida (expresso pelos salários reais), enquanto o segundo (reagindo à nupcialidade em alteração) parece, depois de um pequeno atraso, seguir as suas alterações.

O exemplo inglês parece estar em conformidade com o percurso 1 (figura 3.1) do modelo de Malthus, segundo o qual o equilíbrio entre população e recursos é restabelecido através das alterações da nupcialidade e da natalidade, em vez do lúgubre controlo da mortalidade.

Outros estudos que cobrem períodos cronológicos longos, embora não tão ricos em termos de informação, fornecem, contudo, interpretações semelhantes. A vida social do zona do Languedoque, no Sul de França, caracteriza-se por ciclos económico-demográficos marcados[173]. Um primeiro ciclo completou-se antes da peste de 1348. Tal como em grande parte da Europa, a população expandiu-se e as terras periféricas – acidentadas e não particularmente produtivas – foram progressivamente trabalhadas. São evidentes os sinais de fome frequente e de abrandamento demográfico, no final do século XIII e na primeira metade do século XIV, seguidos por surtos de peste e pelo declínio da população. Este declínio teve vários efeitos sociodemográficos – por exemplo, a recombinação dos núcleos familiares em famílias alargadas e a redistribuição de terra, que serviram um sistema agrícola subitamente rico em terra e pobre em mão-de-obra. O efeito económico mais significativo para os nossos objetivos, contudo, foi a redução dos preços e o aumento nos salários até que a recuperação demográfica ganhou ímpeto e acelerou no século XVI. Mais uma vez a terra tornou-se escassa, foram cultivados solos novos e progressivamente menos produtivos, os salários reais entraram em declínio, a sociedade tornou-se mais pobre e, no período que se estendeu entre os séculos XVII e XVIII, a população diminuiu. Le Roy Ladurie interpreta estes ciclos alternados de crescimento e de declínio

---

[172] E. A. Wrigley e R. S. Schofield, *The Population History of England, 1541-1871*, Londres, Edward Arnold, 1981, cap. X.

[173] E. Le Roy Ladurie, *I contadini della Linguadoca*, Roma-Bari, Laterza, 1984.

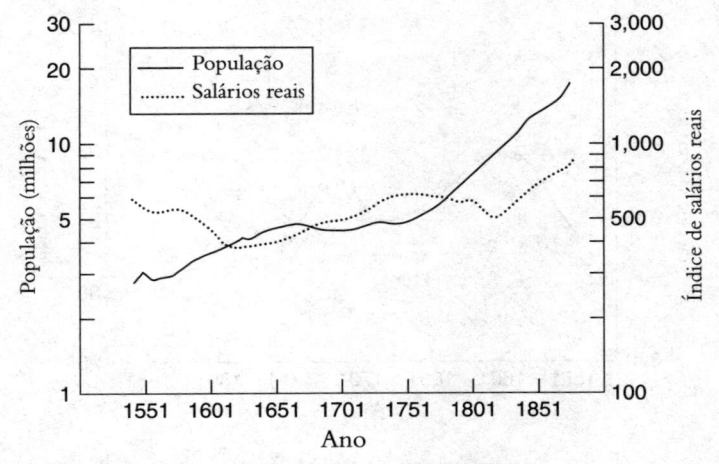

Figura 3.4 População e salários reais em Inglaterra (1551-1851)
Fonte: E. A. Wrigley e R. S. Schofield, *The Population History of England, 1541-1871*, Londres, Edward Arnold, 1981, pág. 408.

em termos malthusianos. A população cresce mais depressa do que os recursos e, a longo prazo, na ausência de avanços tecnológicos, os controlos positivos intervêm. O caso do Languedoque é diferente do de Inglaterra, na medida em que segue o percurso 2 da figura 3.1, de acordo com o qual a mortalidade é o mecanismo regulador.

Existem interpretações semelhantes para outras regiões, tanto no Sul como no Norte da Europa[174]. Um aspeto que todas têm em comum é a observação de que o crescimento demográfico e o processo da redução dos proveitos leva ao declínio na produção *per capita* e, portanto, ao aumento da pobreza, e que esta espiral, ou «armadilha», pode ser evitada ou pelo menos atenuada pela inovação ou pelo controlo do crescimento demográfico.

---

[174] Para a Catalunha: J. Nadal, *La població*, in J. Nadal, I. Farreras e P. Woff (orgs.), *História de Cata-lunya*, Barcelona, Oikos-Tau, 1982; J. Nadal e E. Girault, *La population catalane de 1552 à 1717*, Paris, SEVPEN, 1960. Para a Provença, ver R. Baehrel, *Une croissance: La Basse Provence rurale*, Paris, SEVPEN, 1961. Para a Itália, uma interpretação de longa duração conforme ao modelo malthu-siano é a de A. Bellettini, *La popolazione italiana dall'inizio dell'era volgare ai nostri giorni. Valutazioni e tendenze*, in *Storia d'Italia*, Turim, Einaudi, vol. V, 1973; ver igualmente M. A. Romani, *Nella Spirale di una cris*. Milão, Giuffrè, 1975. Para os Países Baixos, B. H. Slicher van Bath, *Historical Demography and the Social and Economic Development of the Netherlands*, In «Daedelus», Primavera, 1968). Em geral, D. Grigg, *Population Growth and Agrarian Change: A Historical Perspective*, Cambridge University Press, 1980.

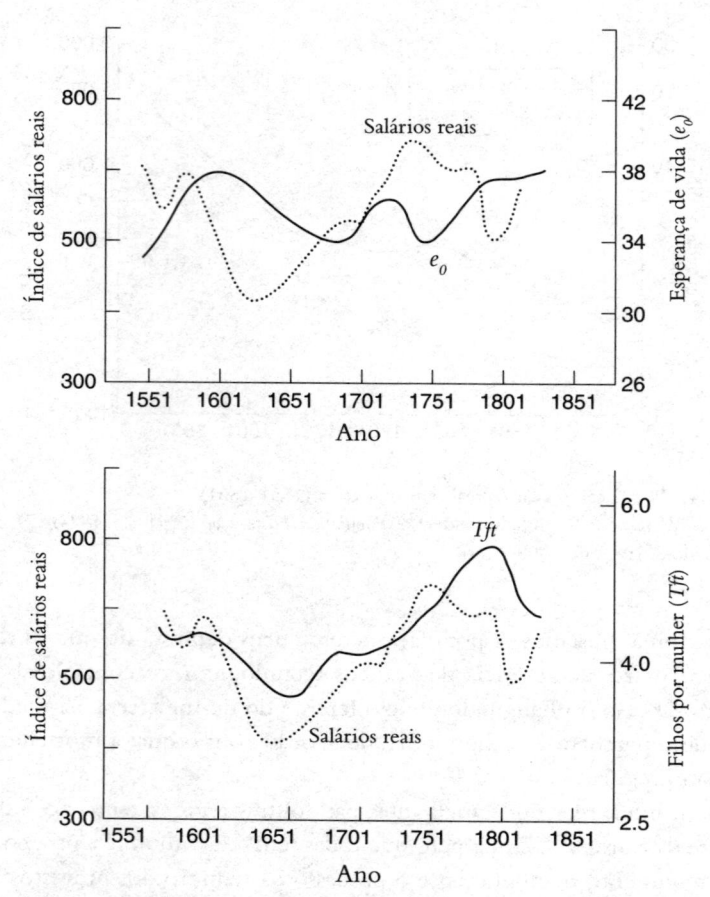

Figura 3.5   Salários reais, natalidade (*Tft*) e esperança de vida (*e₀*) em Inglaterra (1551-1801)
Fonte: Adaptado de E. A. Wrigley e R. S. Schofield, *The Population History of England, 1541-1871*, Londres, Edward Arnold, 1981, pp. 414 e 420.

3.   Pressão demográfica e desenvolvimento económico

A lógica da redução dos rendimentos implica a competição contínua entre o crescimento dos recursos e da população, a menos que a última seja controlada pela restrição da reprodução e, desta forma, permita a acumulação da riqueza e o aumento do bem-estar. Em todo o caso, o crescimento demográfico atua como controlo ao desenvolvimento económico.

A teoria que se opõe à de Malthus, de acordo com a qual o aumento da população estimula o desenvolvimento, tem um historial ainda mais longo. Economistas do século XVII e de grande parte do século XVIII, preocupados com os efeitos económicos negativos associados ao despovoamento de alguns países (em especial a Espanha e a Alemanha) e convictos de que a pobreza de muitos outros, ricos em recursos, estava relacionada com a escassez de população, encaravam favoravelmente o crescimento demográfico: «Com raras excepções, eram entusiastas relativamente ao 'populacionismo' e ao aumento rápido em termos numéricos. Com efeito, até meados do século XVIII eram quase mais unânimes acerca desta atitude 'populacionista' do que alguma vez o tinham sido. Uma população numerosa e em crescimento era o sintoma mais importante de riqueza, era a causa principal da riqueza, era a própria riqueza – o maior bem que alguma nação poderia ter.»[175]. No contexto da população de desenvolvimento limitado e baixa densidade desse período, o crescimento demográfico significava uma multiplicação dos recursos e, como tal, o aumento do rendimento individual[176]. Esta opinião era, como afirmei anteriormente, bastante difundida, e só no final do século XVIII é que os efeitos negativos associados à primeira fase da Revolução Industrial induziram Malthus, e com ele muitos outros, a adotar o ponto de vista oposto.

O crescimento demográfico pode gerar desenvolvimento económico? Se os recursos «fixos» são abundantes ou passíveis de ser substituídos, não existe razão para que tal não aconteça, observação que a história social e económica confirma. É fácil ver como, dentro de determinados limites, o desenvolvimento pode ser controlado ou ausente para populações pequenas, caracterizadas por baixa densidade, comércio limitado, possibilidades mínimas de divisão ou especialização de trabalho e incapacidade para realizar investimentos substanciais. Em termos históricos, as regiões despovoadas ou num processo de perda da população têm-se caracterizado quase sempre por economias atrasadas. Muitos governos europeus, nos séculos XVII e XVIII, agiram (amiúde sem sucesso) de modo a povoar áreas habitadas de forma esparsa ou cujo declínio demográfico tinha baixado o nível de vida[177].

É importante compreender a lógica da relação entre desenvolvimento e crescimento demográfico. Como é que a pressão da população em crescimento e a consequente tensão nos recursos disponíveis pode ser um pré-requisito para o

---

[175] J. A. Schumpeter, *Storia dell'analisi economica*, vol. I, Turim, Einaudi, 1960, pp. 303-304.

[176] *Ibidem*, pp. 251-252.

[177] Por exemplo, a tentativa do século XVIII para colonizar a Andaluzia, no reinado de Carlos III, e a Maremma italiana durante o domínio dos Lorena.

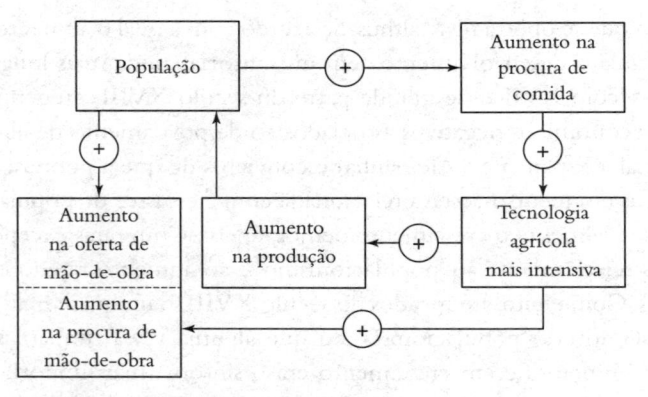

Figura 3.6   População e intensificação da agricultura

desenvolvimento? Uma teoria recente proposta por Ester Boserup explica este relacionamento com base em economias agrícolas[178].

A variável densidade populacional das áreas rurais está naturalmente associada à fertilidade da terra: elevada densidade em áreas de solo rico e facilmente irrigável; densidade diminuída em áreas menos adequadas para o cultivo. Esta interpretação pode, contudo, ser invertida, de forma que o crescimento demográfico é visto como criador das condições necessárias para a adaptação de métodos progressivamente mais intensivos de cultivo. A pressão populacional é, então, causa e não consequência da inovação agrícola.

Os vários sistemas de cultivo de terra distribuem-se ao longo de um contínuo, que vai desde sistemas de pousio de floresta (preparação do terreno através de corte e queimada, seguida de um ou dois anos de cultivo e, posteriormente, um período longo de pousio de 20-25 anos, durante o qual a floresta se restabelece e a fertilidade do solo é reposta) num dos extremos, até às colheitas multianuais do mesmo lote de terra, no outro extremo. Entre os dois pólos, o cultivo de pousio de mato é idêntico ao método de pousio de floresta, mas mais curto, uma vez que um está coberto de arbustos e restabelece-se ao fim de seis a oito anos. No sistema de pousio curto (um ou dois anos) existe tempo apenas para o crescimento de um manto de ervas, enquanto o cultivo anual apenas permite que o solo repouse alguns meses. O crescimento demográfico determina a transição para sistemas de cultivo progressivamente mais intensivos e de pousio mais curto, que permitem alimentar uma população progressivamente mais numerosa numa área fixa. Este processo de intensificação, contudo, é acompanhado por um requisito ainda maior de mão-de-obra e, muitas vezes, também por um

---

[178] E. Boserup, *The Conditions of Agricultural Growth*, Londres, 1965.

declínio na produtividade dos trabalhadores. Por exemplo, a preparação da terra e o semeio são extremamente rudimentares num sistema de corte e queimada: o machado e o fogo limpam o terreno da floresta, a cinza aduba o solo, um pau afiado é tudo o que é necessário para lavrar a terra macia e a produtividade por hora é elevada. Os períodos de pousio mais curtos requerem uma preparação mais laboriosa do solo, e a ação simples do fogo deve ser substituída pelo trabalho com enxada ou arado. Tornam-se necessárias a adubação, a monda e a irrigação. Num sistema de pousio de floresta, «o fogo faz a maior parte do trabalho e não há necessidade de remoção de raízes, que é tarefa tão morosa quando a terra tem de ser limpa para a preparação de campos de cultivo permanentes. O tempo usado para a limpeza superficial no sistema de pousio de floresta, desta forma, parece ser apenas uma fração − talvez dez ou vinte por cento − do tempo necessário para a limpeza completa.»[179] Da mesma forma, as ferramentas mudam nos vários estádios: enquanto num sistema de corte e queimada basta um pau afiado para semear, se o pousio é mais curto é necessária a enxada para limpar o solo dos arbustos, e se for ainda mais breve é preciso um arado para erradicar as ervas. Quando é introduzida a força dos animais para arar, o gado produz adubo mas, ao mesmo tempo, deve ser alimentado e tratado, tarefas que requerem trabalho adicional. Para obter o mesmo produto, cada agricultor tem de trabalhar mais. Por outras palavras, a sua produtividade por hora de trabalho (na ausência de inovações tecnológicas) tende a diminuir. Quando a população se torna demasiado grande relativamente à terra disponível, os agricultores são forçados a utilizar novas técnicas que, através de um acréscimo de trabalho, permitem maior produção por unidade de terra. Em muitos casos, de acordo com esta argumentação, determinadas populações não adotam técnicas mais intensivas, não porque não tenham conhecimento destas alternativas, mas porque a disponibilidade de terra as torna desvantajosas. Com efeito, a intensificação levaria a uma menor produção por unidade de terra.

Este processo de inovação agrícola difere daquele que defende que as inovações ou descobertas são «imediatamente» adotadas porque poupam mão-de-obra. No primeiro caso, a inovação é consequência do crescimento demográfico e do facto de ter sido atingido determinado limiar de densidade populacional. No segundo, a inovação é independente de fatores demográficos.

A relação entre sistemas agrícolas e densidade populacional é também fundamentada pelo facto de o anterior processo de inovação agrícola parecer ter sido revertido durante os períodos de declínio populacional (alguns dos quais foram discutidos no capítulo 2): uma densidade mais baixa favorece o regresso a sistemas menos intensivos. «Muitos dos campos de cultivo permanentes que

---

[179] *Ibidem*, capítulo III, pág. 30.

foram abandonados depois de guerras ou de epidemias [...] ficaram por cultivar durante séculos. A utilização de métodos de adubação de mão-de-obra intensiva, como a margagem, foram abandonados durante vários séculos em França e depois reapareceram na mesma região, quando a população se tornou novamente densa.»[180]. Exemplos mais recentes desta regressão «tecnológica» podem ser encontrados nos países em desenvolvimento, por exemplo na América Latina, «quando migrantes de regiões mais densas, em termos de população, com níveis técnicos muito mais elevados, se estabelecem em [...] regiões com uma população esparsa.»[181] A agricultura de corte e queimada praticada nas florestas equatoriais pelos novos colonos – na Amazónia, por exemplo – é um infeliz exemplo contemporâneo deste fenómeno.

O modelo de Boserup (sintetizado de forma esquemática na figura 3.6) refere-se, em termos gerais, à transformação lenta de sociedades históricas sob a pressão do aumento gradual da população, sendo esta última vista como variável independente, externa ao modelo ([182]). Perde alguma força, como veremos mais à frente, enquanto modelo explicativo, quando aplicado a economias mistas ou a países em desenvolvimento a passar pela aceleração demográfica moderna. Este modelo não descarta a ação de outros fatores, mas concebe o crescimento demográfico como uma das forças motrizes da transformação económica. Contraria o modelo de Malthus, na medida em que a população se torna, não variável dependente do desenvolvimento, mas sim variável que, por si própria, determina esse desenvolvimento.

4. Pressão demográfica e desenvolvimento: exemplos da Idade da Pedra e da Era Contemporânea

A teoria positiva da pressão demográfica tem sido aplicada, com resultados intrigantes, à «rápida» transição do sistema de caça e recolha para a agricultura, que apresentei anteriormente. Esta transição permitiu à raça humana – que durante centenas de anos dependeu dos produtos animais e vegetais fornecidos espontaneamente pelo ecossistema – o desenvolvimento, em mais uns escassos milhares de anos, de um sistema para a produção humana de recursos.

---

[180] *Ibidem*, capítulo VI, pág. 62.

[181] *Ibidem*.

[182] É possível encontrar elementos do modelo de Boserup em vários autores modernos. Veja-se, por exemplo, C. Clark e M. Haswell, *The Economics of Subsistence Agriculture*, Londres, MacMillan, 1964, caps. I-II.

De acordo com a teoria tradicional, esta transição é explicada pelo desenvolvimento e pela difusão de inovações e invenções. A invenção de novas técnicas de domesticação dos animais, de cultivo e de colheita levaram a uma maior e mais estável produção e, desta forma, provocaram a aceleração demográfica[183]. Por outras palavras, as pessoas modificaram o meio e, assim, criaram as condições para o crescimento populacional. Mark Cohen, como Boserup, inverte o processo[184]. Quando, entre 11 000 e 12 000 anos atrás, as sociedades de caçadores-recoletores se estabeleceram todas na terra então disponível, o crescimento demográfico levou-os a alargar a seleção do que recolhiam de forma a incluir comidas inferiores, menos nutritivas e com pouco sabor. Então, com início há 9000 anos, os caçadores-recoletores foram obrigados a alargar ainda mais esta variedade de comida, cultivando alimentos, não os mais saborosos, mas os que se reproduziam mais facilmente e assim começou a transição para a agricultura. Este raciocínio baseia-se em dois argumentos principais e numa série de corolários.

Segundo o primeiro argumento, a agricultura consiste numa série de práticas e de técnicas, que eram conhecidas pelos caçadores-recoletores mas que não eram adotadas por serem desnecessárias: «Qualquer grupo humano dependente, num determinado grau, de materiais vegetais, que possua os rudimentos da inteligência humana e que tenha algum tipo de estrutura de acampamento base (…) será quase levado a observar o processo básico pelo qual uma semente ou rebento se transforma numa planta […]. A agricultura é […] uma combinação de comportamentos […] que incluem coisas do tipo da criação de clareiras, nas quais se desenvolvem determinadas plantas, do enriquecimento de determinados solos, da sementeira, da irrigação das plantas, da remoção das espécies concorrentes, da prática de medidas de conservação, do transporte de espécies para lá das suas fronteiras ecológicas originais, ou da seleção de tipos preferidos. Nenhum destes comportamentos, por si só, constitui a agricultura – tomados no seu conjunto eles *são* a agricultura.»[185].

O segundo argumento diz respeito à qualidade da nutrição e ao trabalho requerido para a obter na transição para a agricultura. Em primeiro lugar, esta transição envolveu uma deterioração tanto da qualidade como da variedade da dieta, uma vez que a comida conseguida através da pesca, da caça e da recolha é muito mais rica em termos nutricionais e de sabor do que a da agricultura sedentária, dominada pela monotonia do cereal. Por conseguinte, esta transição

---

[183] V. G. Childe, *Man Makes Himself*, Nova Iorque, Mentor, 1951.
[184] M. N. Cohen, *The Food Crisis in Prehistory. Overpopulation and the Origin of Agriculture*, New Haven, Yale University Press, 1977.
[185] M. N. Cohen, *The Food Crisis*, op. cit., cap. II.

não teria sido vantajosa se não tivesse ocorrido o crescimento demográfico que fez com que fosse necessária. Além disso, o trabalho de um agricultor sedentário era consideravelmente mais oneroso do que o de um caçador-coletor que muitas vezes considerava a procura de comida não tanto um trabalho mas mais uma forma natural de vida.

Esta teoria baseia-se, essencialmente, na observação de grupos de caçadores--coletores que sobreviveram até aos nossos dias. A hipótese relativa à carga leve de trabalho inerente a este modelo de sobrevivência é confirmada pelos bosquímanos do Kalahari, cujos homens adultos dedicam em média duas a três horas por dia a arranjar comida, pelos aborígenes de Arnhem Land, que o fazem em média três a cinco horas, e pelas tribos da Tanzânia, com apenas duas[186]. Observações semelhantes foram realizadas por Grey, no século XIX[187]. As comparações entre os agricultores primitivos e os seus antecessores caçadores-recoletores presumivelmente também confirmam o menor esforço efetuado por estes últimos na aquisição de comida adequada. Concluindo, «a agricultura permite um crescimento mais denso da comida como apoio a uma população mais densa e maiores unidades sociais, mas a custo de uma qualidade dietética reduzida, de menor certeza relativamente à colheita e de um trabalho igual ou provavelmente maior por unidade de comida.»[188] A agricultura espalha-se, então, quando o crescimento demográfico requer maior produção por unidade de área. Mantendo presente que existia um mecanismo de reequilíbrio (migração), que distribuía o excesso de população entre as áreas, reduzindo a pressão demográfica, pode compreender-se porque é que a transição para a agricultura (impulsionada pelo crescimento demográfico) ocorreu num período de tempo relativamente curto, comparativamente à duração da história humana.

A abordagem de Cohen provocou um debate intenso e muitas tentativas de confirmação. A atenção tem sido particularmente centrada na hipótese de que o período que levou à transição agrícola se caracterizou por um declínio nos padrões de vida e no nível nutricional. A confirmação, contudo, continua difícil de obter e tanto os achados arqueológicos como os estudos paleopatológicos são inconclusivos relativamente a este aspeto[189].

A teoria segundo a qual a primeira revolução demográfica conhecida levou à invenção da agricultura partilha com a teoria de Boserup a crença de que a

---

[186] *Ibidem*.

[187] Citado em M. Sahlins, *Stone Age Economics*, Chicago, Aldine, 1974). Sahlins apresenta exemplos detalhados da limitada atividade laboral das populações contemporâneas de caçadores-recoletores.

[188] Cohen, *Food Crisis, op. cit.*; ver também Clark e Haswell, *Economics*, pp. 33 e 46.

[189] M. N. Cohen e G. J. Armelogos (orgs.), *Paleopathology and the Origins of Agriculture*, Orlando, Academic Press, 1984; ver o capítulo final dos dois organizadores.

população atua como estímulo ao crescimento. Os desenvolvimentos demográficos posteriores – o período de crescimento na Europa medieval anterior à peste, por exemplo – também provocaram alterações na organização da produção, de acordo com o modelo anteriormente apresentado. «O novo sistema, que se espalhou entre os séculos IX e XIV, foi de rotação de três períodos, de todos os campos numa aldeia, nos quais duas colheitas de cereais eram seguidas por um ano de pousio. O restolho e o pousio eram utilizados para o pasto acompanhado dos animais domésticos que pertenciam a todos os aldeões. Os animais que se alimentavam do restolho adubavam os campos com os seus excrementos, o que ajudava a compensar a perda de fertilidade do solo devido ao pousio mais breve, e pela perda das pastagens naturais devido à expansão da área cultivada. Mesmo assim, é possível que os rendimentos das colheitas fossem mais baixos do que tinham sido no sistema de pousio mais longo, e é provável que tenha havido alguma mudança na dieta de comida animal para a vegetal, à medida que a população continuou a aumentar. Quando, mais tarde, a Peste Negra reduziu as densidades populacionais, ocorreu uma mudança oposta, no sentido de uma menor quantidade de comida de origem vegetal, à medida que os campos aráveis, tornados supérfluos pelo declínio da população, regressaram ao pastoreio.»[190] Nos Países Baixos – a região mais densamente povoada da Europa – o sistema agrícola conseguiu evitar os surtos recorrentes de fome, típicos de outras regiões da Europa. E é nos Países Baixos, de acordo com Boserup, que primeiro foram introduzidas as principais inovações, como pousios breves e cultivo de raízes com elevado conteúdo calórico por unidade de terra.

O facto de as sociedades agrícolas atuais utilizarem técnicas tradicionais também confirma a teoria do papel impulsionador do crescimento demográfico. Por exemplo, entre 1962 e 1992, nos países em desenvolvimento, identifica-se uma relação positiva entre as mudanças nos rácios mão-de-obra/terra (em geral aumento) e a produtividade da terra, também no sentido do aumento. A pressão da população sobre a terra aumentou na maior parte dos países, fazendo com que ocorra uma resposta de acordo com o modelo de Boserup, em termos de rendimentos aumentados da terra. Um estudo importante inclui uma série de casos tirados da América Latina, de África e da Ásia no período de 1962-92[191].

---

[190] E. Boserup, *Population and Technological Change*, Oxford,Blackwell, 1981, pp. 95-96.

[191] Uma ótima síntese das relações entre crescimento demográfico e agricultura, com dados para o período entre 1962 e 1992, em N. Cuffaro, *Population Growth and Agriculture in Poor Countries: A Review fo Theoretical Issues and Empirical Evidence*, «World Development», 25 (1977), 7. Da mesma autora veja-se também *Population, Economic Groth and Agriculture in Less Developed Countries*, Londres, Routledge, 2001. P. L. Pingali e H. R. Binswagen, *Population Density and Agricultural Intensification: A Study of the Evolution of Technologies in Tropical Agriculture*, em D. G. Johnson e R. D. Lee (orgs.), *Population Growth and Economic Development*, Madison, University of Wisconsin Press, 1987.

Nestes o nível de pressão populacional tem sido muito maior do que no passado, devido a taxas mais elevadas de crescimento. Os casos analisados ilustram a resposta das sociedades agrícolas a taxas de crescimento de 2-3% por ano. Em quase todos os casos o crescimento urbano absorveu uma fração do excesso demográfico rural (ou excesso de população rural) e em alguns o sector não agrícola tem mesmo passado a ser o dominante.

Dados os níveis tecnológicos aproximadamente iguais, o trabalho requerido para o cultivo de determinada colheita, numa dada unidade de terra, aumenta com os sistemas de cultivo cada vez mais intensivo. Por exemplo, se compararmos o cultivo de pousio de floresta – empregando a técnica de corte e queimada e períodos longos de pousio – com o cultivo anual, o número de horas anuais trabalhadas por hectare salta de 770 para 3300 nos Camarões[192]. A necessidade de maior mão-de-obra resulta tanto do maior trabalho necessário para cada fase de cultivo (preparação do solo, monda, etc.) como do grande número de fases (irrigação e adubação, por exemplo). Para a agricultura de corte e queimada bastam três operações: preparação do solo pela queimada, que requer 300-400 horas por hectare na Libéria ou na Costa do Marfim; sementeira com um pau ou enxada no terreno amolecido pelo fogo; e colheita. Durante o período entre a sementeira e a colheita praticamente não se faz qualquer trabalho, uma vez que não é necessária qualquer adubação, monda ou irrigação. À medida que o cultivo se intensifica, estas últimas operações tornam-se indispensáveis e progressivamente mais trabalhosas. Tendo em consideração os 52 casos estudados por Pingali e Binswagen, e calculando os índices de cultivo e de intensidade de trabalho[193], verificamos que existe correlação positiva entre as duas variáveis: o aumento de 10% na intensidade do cultivo corresponde, em média, a uma subida de 4,6% nas horas trabalhadas por hectare. A mesma análise revela que o aumento de 10% na intensidade do cultivo corresponde ao aumento de 3,9% na produção por hectare. Desta forma, a produtividade por hora de trabalho decresce ligeiramente, mas se tivermos igualmente em conta as horas de trabalho não diretamente realizado no cultivo (tal como tratar do gado e fazer a manutenção dos sistemas de irrigação e das ferramentas), o declínio na produtividade por hora de trabalho é mais elevada. Este declínio na produtividade (calculado na ausência de inovações) pode, evidentemente, ser compensado com um investimento adequado e com nova tecnologia.

---

[192] *Ibidem*, pág. 38.

[193] O índice de intensidade de cultivo é o número de culturas anuais por unidade de terra (um terreno sujeito ao cultivo de pousio de floresta com 24 anos de pousio e 1 de cultivo representa o índice mínimo de 0,04; um terreno cultivado duas vezes por ano terá um índice de 2). O índice de intensidade de mão-de-obra representa uma estimativa das horas anuais de trabalho por unidade de terra.

A experiência dos países em desenvolvimento confirma muitos aspetos da teoria. A intensificação agrícola implica mais trabalho por unidade de terra cultivada e, dado um nível constante de tecnologia, mais trabalho por unidade de produção. Esta tendência tem sido contrariada de forma eficaz nos tempos recentes pela inovação tecnológica, mas é plausível que a adoção de novos métodos de cultivo ocorresse sob o impulso da necessidade e a custo de maiores cargas de trabalho.

5. Espaço, terra e desenvolvimento

Durante grande parte da história humana, o bem-estar de uma população tem dependido da disponibilidade de espaço e de terra, bem como dos constrangimentos impostos pela sua falta ou quantidade limitada. As formas pelas quais as populações têm conseguido ultrapassar ou contornar estes constrangimentos, através da inovação e da adaptação, têm sido as principais determinantes da sobrevivência e do crescimento. Os modelos de Malthus e de Boserup anteriormente descritos dependem do espaço. No primeiro caso, primariamente como um fator determinante da mudança demográfica e, no segundo, como dimensão que responde ao crescimento ou declínio populacional e é alterada por este. No decurso da história da população, estes modelos têm-se alternado, sobreposto e cruzado, não sendo fácil definir as suas respetivas influências. De forma a estudar o crescimento populacional a longo prazo, devemos ter em conta o «espaço» e tudo o que ele implica, em particular a terra, os produtos da terra (comida, bens manufaturados, energia) e as características que determinam os padrões de povoamento. Durante demasiado tempo, a demografia ignorou ou, na melhor das hipóteses, prestou escassa atenção a estes temas e, desta forma, privou-se de instrumentos interpretativos valiosos. Com efeito, a relevância do espaço para a compreensão das tendências demográficas deve ser evidente, tanto direta como indiretamente, ao longo de todo este livro, seja em relação à revolução do Neolítico, à colonização de novos territórios ou aos acontecimentos na Irlanda e no Japão.

Outro aspeto da relação entre terra, espaço e desenvolvimento diz respeito aos movimentos migratórios. A espécie humana moderna («homem anatomicamente moderno») ter-se-ia difundido a partir da África e da Ásia Ocidental até à Europa e, de seguida, até à Ásia Oriental, atingindo, mais tarde, na fase final da sua difusão, a América e a Austrália[194]. Uma fase de difusão-povoamento ocor-

---

[194] L.L. Cavalli Sforza, P. Menozzi, A. Piazza, *Storia e geografia dei geni umani*, Milão, Adelphi, 1997, pp. 124-125.

rida mediante deslocações para territórios vazios ou ocupados por outros tipos humanos (como os Neandhertal na Europa) com capacidades menos desenvolvidas. Os primeiros caçadores siberianos que se aventuraram para oriente, durante a última glaciação, passando pela ponte sólida surgida entre a Ásia e a América há cerca de 20 000 mil anos, foram a vanguarda de uma longa e lenta marcha, desde o Alasca até à Terra do Fogo. Segundo alguns estudiosos, a ocupação de todo o continente, desde as extremidades setentrionais até às extremidades meridionais, teria ocorrido num período de tempo relativamente breve, na ordem de alguns milhares de anos[195].

Podemos fazer considerações mais específicas referindo-nos à revolução neolítica e à introdução da agricultura no Próximo Oriente e na Europa. Trata-se de um processo que se teria iniciado há 9000 anos, no Próximo Oriente, e termina, há 5000 anos, nas ilhas britânicas. A este respeito há duas teorias explicativas opostas que podem ser combinadas, uma vez que não se excluem uma à outra. Para uma delas, o aparecimento da agricultura deve-se a um processo de difusão cultural. Teriam sido os conhecimentos, as práticas e as técnicas a viajar e a difundir-se pelo território. Para a outra teoria, a da «difusão démica», teriam sido, ao invés, os agricultores a emigrar, apoiados por um crescimento demográfico mais estável e sólido, e com eles as suas técnicas produtivas. A combinação entre crescimento demográfico e deslocação teria determinado uma «onda a avançar» da população, lenta mas contínua[196].

Esta forma de migração lenta e gradual, na forma de onda a avançar, típica das sociedades agrícolas em territórios despovoados ou esparsamente ocupados, caracterizava-se por dois aspetos. O primeiro era a capacidade de movimentação e de adaptação a ambientes diferentes, nem sempre objetivamente melhores. A capacidade de adaptação estava ligada, certamente, ao capital de experiências e conhecimentos, ao domínio de técnicas e de recursos materiais: quanto maiores fossem estes, melhores seriam as capacidades de usufruir das potencialidades de um novo território. O segundo aspeto era a possibilidade – para as famílias e as comunidades inseridas na frente da onda a avançar – de gerarem um excedente demográfico suficiente para levar a cabo mais avanços. Ambos os aspetos estão ligados a eventuais mecanismos de seleção dos migrantes. Existem indícios históricos de que os migrantes – ou seja, aqueles que vão à frente, que se deslocam – não são uma amostra casual da população de onde partem, mas são selecionados em virtude de algumas caraterísticas. Idade, estado de saúde, força física, resistência, tendência para experimentar o que é novo, são caraterís-

---

[195] Cavalli Sforza, Menozzi e Piazza, *Storia e geografia*, cit., pág. 211.
[196] A.J. Ammerman e L.L. Cavalli Sforza, *La transizione neolitica e la genetica di popolazioni in Europa*, Turim, Boringhieri, 1986, págs. 82-83.

ticas que emergem nas populações que se deslocam, quando comparadas com as que permanecem fixas. Mas são meras conjeturas, já que não há provas para as populações pré-históricas e as relativas às populações históricas são raras.

Tomemos a Europa como exemplo, um continente – ou talvez, mais aproximadamente, a extensão ocidental do grande continente euroasiático – de que temos informação abundante para o estudo das relações entre espaço e demografia. É um continente marcado por, pelo menos, três características fundamentais. A primeira é o seu acesso relativamente fácil – é quase exclusivamente rodeado pelo mar, é penetrado por numerosos cursos de água e inclui características orográficas que regulam mas não impedem as comunicações. A segunda é o seu clima favorável, na sua maior parte temperado e favorável a grande variedade de colheitas. A terceira é a grande variabilidade das suas condições ambientais, que requer adaptação por parte das populações mas que, simultaneamente, favorece a especialização.

A área da Europa (tendo em conta a sua extensão até aos Urais, ao mar Cáspio e ao Cáucaso) abrange 9,6 milhões de quilómetros quadrados, dos quais cerca de metade pertence à Rússia. Neste contexto, seria superficial examinar as relações complexas entre espaço e população numa área tão vasta e variada, apesar de existirem muitos aspetos interessantes a salientar. De acordo com Cavalli Sforza e Ammerman, foi devido à disponibilidade de espaço que os agricultores migraram progressivamente para noroeste, a partir da Ásia Menor para a Europa, trazendo novos povoamentos e novas técnicas de cultivo e causando, ou pelo menos encorajando, aí a revolução do Neolítico. De igual modo, o aumento da pressão exercida pelos povos nómadas contra as fronteiras orientais do Império Romano deve ser atribuída à conquista de espaço e recursos.

De forma a perceber melhor a relação entre espaço e mudança demográfica, é necessário investigar pelo menos três linhas de análise: a primeira diz respeito à ocupação de regiões desabitadas, ou esparsamente povoadas, dentro de uma área de povoamento; a segunda relaciona-se com a transformação do espaço existente através da desflorestação, aproveitamento de terras e drenagem de pântanos; e a terceira diz respeito à expansão fora das áreas de povoamento através da emigração e da colonização de novos territórios. Estes três processos estão intimamente ligados e, em termos conceituais, podem ser ordenados por ordem cronológica (apesar de, na realidade, poderem acontecer todos em simultâneo) de acordo com as suas exigências crescentes em termos de custos económicos, sociais e humanos.

A ocupação de regiões desabitadas ou esparsamente povoadas. Este tipo de expansão acompanhou o crescimento demográfico medieval dos séculos XI a XIII, um período durante o qual a população europeia se multiplicou por um factor de dois ou três. Segundo Grigg, «em 900 d.C. grande parte da Europa estava coberta por floresta, mas nos séculos seguintes assistiu-se à remoção da mata para permitir o cultivo. Entre 1000 e 1300 d.C. grande parte da floresta das terras baixas foi removida na Europa Central e Ocidental, e o cultivo também se estendeu a áreas de montanha, nomeadamente nos Vosges, Alpes e Pirinéus»[197]. Foi um processo generalizado, à medida que territórios já povoados se expandiam através do cultivo de novas terras, amiúde acompanhado pela consolidação da população em vilas, castelos e novas cidades[198]. A expansão da terra cultivada surgiu de diversas formas, apesar de, na maioria dos casos, ter sido o camponês individual que lavrou o espaço livre que delimitava campos já cultivados ou terra de floresta já desbravada. Noutros casos eram organizados novos povoamentos pelos senhorios[199]. Este processo está bem documentado em Itália, em Espanha, na França, na Alemanha e noutros sítios. Evidentemente, a procura crescente de recursos por parte de uma população em expansão também era de alguma forma satisfeita pela drenagem de terrenos pantanosos, pelo povoamento de terras mais altas e por transformações onerosas do território (dentro dos limites da tecnologia existente e, em geral, através do tipo de intensificação da agricultura de que falámos anteriormente). Contudo, é difícil imaginar que essa expansão medieval pudesse ter sido tão dinâmica sem uma abundância de terra facilmente adquirível.

Transformação e drenagem de terrenos pantanosos. Com custos consideravelmente mais elevados o aproveitamento de terras ajudou a sustentar o crescimento da população medieval. Foram construídas barragens para controlar os cursos de água e para proteger as terras baixas de inundações, tanto dos rios como do mar: «As áreas costeiras tiveram muito aproveitamento de terras e foram construídas represas para proteger as terras baixas tanto das inundações do mar como do estuário, em Lincolnshire e Norfolk, no Elba, no Loire, na costa da Flandres e, muito particularmente, em Zuiderzee.»[200] Um trabalho hidráulico semelhante foi realizado no Vale do Pó, que incluiu projetos financiados por cidades da Lombardia, da Emilia, da Romanha e da planície veneziana[201].

---

[197] D. Grigg, *Storia dell'agricoltura in occidente*, Bolonha, Il Mulino, 1994, pp. 22-23.
[198] H. Dubois, *L'essor médiéval*, in J. Dupâquier (org.), *Histoire de la population française*, vol. I: *Des origines à la Renaissance*, Paris, PUF, 1988.
[199] G. Pinto, *Dalla tarda antiquità alla meta del XVI secolo*, in L. Del Panta, M. Livi Bacci, G. Pinto e E. Sonnino (orgs.), *Breve storia della popolazione italiana*, Roma-Bari, Laterza, 1995.
[200] Grigg, *Storia, op. cit.*, pág. 23.
[201] Pinto, *Dalla tarda antiquità, op. cit.*

O aproveitamento de terras tomou proporções maiores durante a recuperação demográfica que se seguiu às crises dos séculos XIV e XV. Na Inglaterra, foram drenadas as terras húmidas e pantanosas, tanto no interior (em Lancashire e nas Fenlands) como ao longo das zonas costeiras de Sussex, Norfolk e Essex[202]. Um trabalho semelhante foi realizado em França, ao longo das costas pantanosas e maláricas da Provença e do Languedoque[203]. E em Itália a atividade de aproveitamento de terras conheceu novo impulso: «Toda a parte mais baixa do Vale do Pó foi afetada pelo grande movimento de aproveitamento do século XVI. A ocidente foram feitos os primeiros campos de arroz na zona leste do Piemonte, entre Novara e Vercelli, mas a maior atividade foi a leste. Ocorreram transformações enormes e surpreendentes nas duas margens do Pó: na *terra ferma* [terra firme, *N. T.*] veneziana, nos ducados de Parma, de Reggio, de Mântua e de Ferrara e na Emilia.»[204] Contudo, foi na Holanda, em resposta ao crescimento populacional e ao aumento no preço dos cereais, entre o final do século XV e meados do século XVII, que o aproveitamento de terras do mar e de pântano por meio de diques, canais e obras hidráulicas assumiu proporções formidáveis. «Entre 1540 e 1565, foram feitos diques em 125 000 hectares de pólder; metade situava-se na Zelândia e no Brabant Norte, um terço nos Países Baixos e os restantes seis na Frísia e Groningen.»[205] Houve igualmente terras aproveitadas no interior do país: «A área que foi destinada ao cultivo era notável: entre 1550 e 1650 a população dos Países Baixos aumentou em cerca de 600 000 habitantes, mas a área de terra aproveitada era de 162 000 hectares.»[206] Se partirmos do princípio de que um hectare pode sustentar em média duas ou três pessoas, então a terra acrescida alimentaria entre metade e três quartos do aumento de população. O aproveitamento de terra nos Países Baixos seguiu rapidamente o crescimento demográfico. Noutros sítios o despertar demográfico da segunda metade do século XVIII também foi acompanhado pelo renascimento de projetos de aproveitamento de terras: em Inglaterra e na Irlanda, em Poitou e na Provença, em Schleswig-Holstein e na Prússia, e na Catalunha e na Maremma italiana.

Expansão externa. O terceiro elemento na relação complexa entre espaço e população é a existência de espaço acessível fora das áreas já povoadas.

---

[202] Grigg, *Population Growth and Agrarian Change: an Historical Perspective, op. cit.*, pp. 90-91.

[203] *Ibidem*, pág. 106.

[204] M. Aymard, *La fragilità di un'economia avanzata: L'Italia e la transformazione dell'economia europea*, in *Storia dell'economia italiana*, vol. II: *L'età moderna verso la crisi*, Turim, Einaudi, pág. 26.

[205] Grigg, *Population, op. cit.*, pág. 150.

[206] *Ibidem*, pág. 151.

Relativamente a este aspeto, a Europa tem sido, simultaneamente, um recetor e um fornecedor de população. Antes da Idade Média, a população ia fluindo das estepes para o leste e do Mediterrâneo para o sul. No período a partir da Idade Média, seria difícil compreender o desenvolvimento da demografia e da sociedade europeias sem ter em conta a disponibilidade de espaços habitáveis a ocidente e a leste e, desta forma, o fenómeno da emigração e da colonização. A acessibilidade destes espaços e a atracção que eles exerciam é um dos dois principais fatores subjacentes às grandes migrações. O outro aspeto é a existência de forças de expulsão relacionadas com as dificuldades económicas das regiões de origem. Mais à frente, discutiremos com maior detalhe as grandes migrações transoceânicas do século XIX, que ocorreram num período de rápida mudança económica e industrial, mas por agora vamos restringir a nossa atenção à Europa entre a Idade Média e a Revolução Industrial e centrarmo--nos em três grandes movimentos. O primeiro é a colonização alemã do território a leste do rio Elba, entre os séculos XI e XIV. O segundo inclui a migração ibérica para a América Central e para a América do Sul e a migração britânica para a América do Norte, bem como os movimentos relativamente menores dos holandeses e dos franceses para as suas respetivas colónias, durante o período do século XVI ao século XVIII – estes movimentos constituem o prelúdio para as grandes migrações do século XIX. O terceiro é a expansão da fronteira da Rússia para leste e para sul.

O impulso no sentido do leste – *Drang nach Osten* – foi um fenómeno de grandes dimensões, uma vez que determinou o povoamento de grandes áreas a leste do Elba e, depois, sucessivamente da Polónia, dos Sudetas e da Transilvânia. Foi um processo de colonização iniciado no século XII por pioneiros holandeses e flamengos – em parte organizado e em parte espontâneo –, que se mudaram para espaços abertos esparsamente habitados por eslavos. Estima-se que esta migração envolveu 200 000 pessoas que, no decurso do século XII, ocuparam a região entre o Elba e o Oder, e que a vaga do século XIII, que ajudou a povoar a Silésia e a Pomerânia, terá tido dimensões semelhantes. Foi um fluxo migratório relativamente modesto mas com uma importância considerável a longo prazo: no final do século XIX, a população germânica a leste da linha Elba-Saale era de cerca de 30 milhões[207]. No século XVIII, ao chamar várias dezenas de milhares de colonos alemães, Catarina, *a Grande*, da Rússia provocou uma nova vaga de migração para o vale do Volga, numa tentativa de empurrar a fronteira no sentido do sul. Entre 1764 e 1768, foram fundadas 104 colónias nas margens do Volga, para 27 000 imigrantes. Seguiram-se outros

---

[207] C. Higounet, *Les Allemands en Europe centrale et orientale au Moyen Age*, Paris, Aubier, 1989.

povoamentos na Crimeia, no Norte do Cáucaso, no Cazaquistão e na Sibéria[208]. De um ponto de vista demográfico, o interesse destas migrações reside não tanto na sua dimensão, que foi modesta tanto em termos absolutos como relativos, mas na sua constituição: os migrantes eram, na sua maior parte, jovens trabalhadores, muitos sem família; representavam uma porção significativa da população em idade reprodutiva e, desta forma, um meio para o aumento demográfico. A sua descendência foi considerável: tal como com os pioneiros canadianos franceses (ver capítulo 2), a sua reprodutibilidade foi elevada, quer devido ao efeito seletivo da migração como à abundância dos recursos disponíveis que eram explorados da melhor forma por famílias numerosas. Assim, algumas centenas de milhares de colonos alemães tornaram-se, alguns séculos mais tarde, dezenas de milhões, e as escassas dezenas de milhares que migraram para a Rússia fundaram colónias que cresceram e se tornaram em grandes povoamentos no final do século XIX.

O segundo grande destino migratório foi o continente americano e, em menor grau, outros colonatos ultramarinos. No final do século XIX, uma vez que o sistema colonial estava em colapso, o continente americano foi lar para colonatos europeus modestos mas significativos: cerca de 4 milhões na América Latina e 4,5 milhões na América do Norte[209]. Estes colonatos, alimentados por migrações da Espanha e das Ilhas Britânicas e, em menor grau, de Portugal, eram pequenos em comparação com as dimensões físicas do continente mas, no entanto, constituíam um terço da sua população. Em comparação com a população da Europa (excluindo a Rússia) constituam apenas cerca de um quinze avos.

Com base em estimativas indiretas, extraídas do tráfego marítimo, pensa-se que a contribuição espanhola foi de 3000 a 5000 emigrantes por ano, durante os 150 anos que terminaram em meados do século XVII. Estes vieram quase exclusivamente de Castela e constituíram uma perda (de acordo com a estimativa mais elevada) de 1‰ por ano, um valor significativo dada a sua jovem estrutura etária e o fraco crescimento populacional desse período. Depois de 1630, e em conjunção com a crise geral (incluindo demográfica), a emigração declinou e atingiu um mínimo entre 1700 e 1720[210]. O escoamento em Inglaterra foi maior, atingindo um valor líquido de 7000 emigrantes por ano durante o século XVII, de uma população que somava pouco mais do que 4 milhões no

---

[208] R. Caratini, *Dictionnaires des nationalités et des minorités en URSS*, Paris, Larousse, 1990.

[209] C. McEvedy e R. Jones, *Atlas of World Population History*, Harmondsworth, Penguin, 1978, pág. 279.

[210] J. Nadal, *La población española (siglos XVI a XX)*, Barcelona, Ariel, 1984, pp. 73-76.

seu início[211]. A emigração da Holanda foi comparável à de Inglaterra: estima-
-se que um número líquido de 230 000 emigrantes foram para locais situados
na Ásia, entre o início do século XVII e o final do século XVIII, mais 15 000
para a América Latina e para as Caraíbas e 10 000 para os Estados Unidos[212].
A França, o país mais populoso da Europa (ver capítulo 2), contribuiu relativamente pouco para estas migrações. A migração transoceânica entre o início do
século XVI e o final do século XVIII foi significativa em termos numéricos e
constituiu a base demográfica e política para as grandes migrações do século
XIX. Tornou possível, então, uma enorme expansão do espaço europeu para lá
da barreira do Atlântico que teve grandes consequências demográficas a longo
prazo.

O terceiro movimento consistiu na mudança da fronteira russa para o sul e
para o leste. O povoamento da Sibéria no século XIX – que nos leva para lá dos
limites cronológicos aqui impostos – assemelha-se ao do continente americano,
apesar dos números terem sido menores. Como escreve McNeil: «Em 1796,
portanto quando morreu a Imperatriz Catarina II, a maré russa tinha inundado
uma sociedade tártara outrora formidável [...]. Toda a vasta região das estepes a
norte da Crimeia e a oeste do Don tinha sido ocupada por senhorios e colonos.
Foram construídas novas cidades (Kherson, 1778; Nikolaev, 1788; Odessa, 1794)
que floresceram enquanto centros administrativos e portos de cereais; e, com a
vida urbana, em breve surgiram as manifestações de uma cultura mais elevada
– condimentadas por um matiz cosmopolita que se deveu à mistura de gregos,
búlgaros, polacos, judeus e alguns europeus ocidentais.»[213]

Estas notas sobre uma história enormemente complexa e pouco conhecida
devem dar uma ideia sobre a relação próxima entre a mudança demográfica e a
disponibilidade de espaço, quer interno quer externo, das populações estudadas.
O tema relaciona-se naturalmente com as migrações que atravessaram o continente em várias direções. Ajuda-nos, por sua vez, a compreender como no arco
de um milénio a disponibilidade de novos espaços, não definidos em termos
estritos pelas fronteiras politicas, jogou um papel tão importante e variado na
modelação da mudança demográfica. O espaço, desta forma, tem tornado possível a expansão da economia europeia num mundo mais alargado.

---

[211] E. A. Wrigley e R. Schofield, *The Population History of England, 1541-1871*, Londres, Edward
Arnold, 1981, pág. 219.
[212] J. Lucassen, *Dutch Migrations*, artigo apresentado no XVII Congresso Internactional de Ciências
Históricas, Madrid, 1990.
[213] W. McNeill, *Europe's Steppe Frontier, 1500-1800*, Chicago, University of Chicago Press, 1964,
pp. 199-200.

6. Número e bem-estar

Nas páginas anteriores apresentei várias relações dinâmicas possíveis entre o desenvolvimento populacional e o desenvolvimento económico. Também vale a pena refletir, ainda que só por instantes, sobre o efeito do «número» de habitantes sobre o bem-estar da sociedade. Já anteriormente aflorei de passagem esta questão, que merece, contudo, mais do que a mera observação de que o nível de complexidade da organização social é também uma função do tamanho numérico. Muitos académicos se debateram com a questão relativa à existência de um tamanho *optimum* para a população[214], mas este exercício académico não é particularmente útil para a compreensão das razões históricas do desenvolvimento demográfico. O conceito de *optimum*, que pode ser definido como o tamanho populacional teórico no qual o bem-estar individual é maximizado (e acima ou abaixo do qual o bem-estar entra em declínio), é um conceito essencialmente estatístico e com fraca aplicação a populações dinâmicas.

O tamanho da população atua por meio de dois mecanismos familiares aos economistas clássicos. O primeiro está ligado ao princípio da divisão do trabalho e, desta forma, a uma utilização mais eficiente das capacidades humanas. O segundo decorre da observação de que a complexidade de organização da sociedade é também função das dimensões demográficas, tanto em termos absolutos como relativos a determinada unidade de território (densidade).

Os benefícios da divisão do trabalho foram demonstrados de forma magistral por Adam Smith, e antes dele por William Petty. Referindo-se às vantagens das cidades grandes, Petty escreveu: «No fabrico de um relógio, se um homem fizer as rodas, outro a corda, outro gravar o mostrador e outro fizer as caixas, então o relógio será melhor e mais barato, do que se todo o trabalho for realizado por um único homem.»[215] Os exemplos de Smith do ferreiro que produz pregos e das vantagens da divisão do trabalho necessário para a produção de alfinetes são clássicas: «Um homem tira o arame, outro endireita-o, um terceiro corta-o, um quarto aguça-o, um quinto prepara-o no topo para receber a cabeça, para fazer a cabeça são necessários duas ou três operações distintas, colocá-la é uma atividade específica, para branquear os alfinetes é outra atividade; é mesmo uma

---

[214] A. Sauvy, *Théorie générale de la population,* vol. I: *Economie et population,* Paris, PUF, 1956; P. Guillaumont, *The Optimum Rate of Population Growth,* in A. J. Coale (org.), *Economic Factors of Population Growth* Nova Iorque, John Wiley, 1976.

[215] W. Petty, *The Economic Writings,* in C. H. Hull (org.), Nova Iorque, A. M. Kelley, 1963, pág. 473. Devo a citação de Petty a J. L. Simon, *Theory of Population and Economic Growth,* Londres, Blackwell, 1986. Simon é o defensor mais explícito da relação causal positiva entre crescimento demográfico e crescimento do grau de inovação/invenção. Os primeiros quatro capítulos do livro citado dedicam-se a este ponto de vista.

arte em si própria colocá-los no papel; e a atividade importante de fazer um alfinete é, desta forma, dividida em cerca de dezoito operações distintas que, em determinadas fábricas, são todas realizadas por diferentes mãos»[216], e enquanto um único trabalhador pode fazer no máximo 20 alfinetes por dia, uma fábrica que empregue uma equipa de 10 trabalhadores consegue produzir cerca de 2,5 kg por dia, ou 48 000 alfinetes, 4800 por trabalhador. A divisão do trabalho, contudo, é uma função da dimensão do mercado. Se o mercado é pequeno, a divisão é moderada, tal como as vantagens que daí advêm. Smith observou que nas terras altas da sua Escócia natal, onde as famílias estavam bastante espalhadas, em cada uma eram realizados, pelos próprios elementos, os trabalhos de açou-gueiro, padeiro e cervejeiro. Ferreiros, carpinteiros e pedreiros eram escassos, e as famílias que viviam a 20-25 quilómetros da vila faziam grande parte deste tipo de trabalhos por conta própria[217].

Onde é impossível dividir o trabalho de forma adequada, tal situação em certa medida contribuiu: para o atraso dos grupos espalhados; para as dificuldades de desenvolvimento enfrentadas pelas comunidades pequenas e isoladas, cujas dimensões não permitiam a especialização; para o insucesso da colonização rea-lizada por núcleos pequenos; e para a instabilidade de populações de pequenas ilhas, mesmo quando o meio é favorável. O máximo de ineficiência, de acordo com esta fórmula, é a população que consistia apenas em Robinson Crusoe.

A segunda vantagem decorrente do tamanho ou da densidade da população são as economias de escala atingidas em níveis crescentes de população. Os me-lhores sistemas de utilização e produção de recursos apenas são viáveis quando a população atinge uma certa densidade relativamente ao território habitado. Já apresentámos anteriormente um exemplo, de acordo com o qual o processo de intensificação agrícola respondia ao incitamento do crescimento demográfico. Nos nossos dias, um país como o Canadá é considerado, por representantes tanto do governo como dos cidadãos em geral, como demasiado «vazio» para manter o desenvolvimento que a sua extensão e riqueza natural pareceriam assegurar. Outros exemplos clássicos incluem o desenvolvimento do sistema de irrigação, o estabelecimento de cidades, o melhoramento das comunicações e, em geral, aqueles investimentos em infra-estruturas que requerem uma massa crítica de recursos e uma massa crítica de procura – nenhuma das quais pode ser obtida em grupos pequenos e mercados limitados. Estas infra-estruturas podem ser desenvolvidas a um custo *per capita* inferior em populações de maior dimensão.

---

[216] A. Smith, *The Wealth of Nations*, Londres, J.M. Dent & Sons, 1964, vol. I, pág. 5.
[217] *Ibidem*, pág. 15.

O desenvolvimento dos sistemas de irrigação na Mesopotâmia permitiu aos escassos caçadores-recoletores que habitavam as montanhas de Zagros, em 8000 a.C., evoluírem para uma grande população de habitantes das planícies nos milénios seguintes. «Esta densa população utilizou sistemas de agricultura intensiva, baseados na irrigação de fluxo e as colheitas múltiplas foram igualmente introduzidas. Os campos eram preparados por charruas com aivecas e ferros, puxadas por bois. O sistema de irrigação utilizava noras para levar água a campos situados num nível superior ao do rio principal, que fornecia a água. Assim, ao longo de um período de cerca de oito mil de anos, a Mesopotâmia tornou-se densamente povoada... Gradualmente, a população mudou de recoletores primitivos de comida para indivíduos que aplicavam os sistemas mais sofisticados de produção de comida existentes no mundo antigo.»[218]. A transformação da Maremma italiana em terra pantanosa, que acompanhou o declínio da população medieval, foi o resultado de um processo inverso, que assistiu à deterioração dos sistemas de controlo da água.

Considerações desta natureza podem ser aplicadas igualmente ao desenvolvimento das redes de estradas, que está altamente correlacionado com a densidade populacional[219]. Claramente, a vantagem e utilidade de uma estrada é uma função do grau em que esta é fortemente utilizada. Uma vez construída, vai exercer diversos efeitos sobre o desenvolvimento, acelerando as comunicações, auxiliando o comércio e permitindo a criação de um mercado mais alargado. As diferenças nos preços dos bens primários nas sociedades primitivas são explicadas, em larga medida, por dificuldades de transporte e comunicações incertas.

O crescimento das cidades, de igual forma, tem ligações óbvias com a demografia. Dou por garantido que a criação de cidades permite maior especialização e organização mais eficiente da economia. Estas vantagens podem, nos nossos dias, ser comprometidas pelas «deseconomias» de escala que as grandes metrópoles geram, mas no caso das economias primariamente rurais que estamos a analisar a situação é completamente diferente. Claramente, a manutenção de uma população centralizada importante, não diretamente envolvida na produção de comida, implica a criação de um excedente agrícola por parte da população rural. E quanto mais rica for esta última, maiores os recursos disponíveis. O crescimento inicial de cidades na Mesopotâmia, no Norte da Índia e na

---

[218] Boserup, *Population and Techological*, op. cit., pág. 51.

[219] Clark e Haswell, *Economics of Subsistence Agriculture*, op. cit. O capítulo 9 estuda o papel dos transportes e das comunicações nas economias primitivas. J. L. Simon, *The Economics of Population Growth*, Princeton, Princeton University Press, 1977. De acordo com Simon existe uma relação muito forte entre densidade populacional e densidade da rede de estradas. Este é um dos principais benefícios de escala possibilitados pelo crescimento demográfico (pp. 262-277).

China é certamente uma função do elevado povoamento permitido pela fertilidade do solo e pela abundância agrícola. É mais uma vez Ester Boserup quem fornece uma explicação original para esta situação, propondo uma corrente causal: o crescimento demográfico impulsiona a intensificação agrícola, mas não é tanto o nível de produção *per capita* — que aumenta com um cultivo intensivo crescente — mas mais a densidade populacional crescente que permite a criação de um excedente de recursos que são o requisito para a criação de cidades. Por outras palavras, mais população em redor de uma cidade implica mais produção e maior excedente para abastecer uma população urbana mais numerosa. «Mesmo as melhores tecnologias disponíveis no mundo antigo, quando utilizadas na melhor terra, não permitiam a uma família rural abastecer muitas famílias não rurais (...). O tamanho da população disponível para abastecer um centro urbano era de longe mais importante do que o volume de comida que podia ser entregue ou vendido por trabalhador agrícola.»[220]

As ligações entre divisão do trabalho, economias de escala e dimensões demográficas podem ser facilmente apreendidas e demonstradas através de numerosos exemplos históricos. Menos fácil de demonstrar é a tese, sustentada por muitos académicos, que recorre à seguinte sequência lógica: quando os recursos estão disponíveis, o desenvolvimento é função daquilo a que Kuznets chama «conhecimento testado.»[221] Utilizando uma hipótese restritiva, os «criadores» de «novo conhecimento» (investidores, inovadores) existem proporcionalmente ao tamanho da população. A criação de «novo conhecimento», contudo, é provavelmente ajudada por fatores de escala (a existência de escolas, universidades e academias que multiplicam tanto a eficiência de conhecimento já adquirido, como as oportunidades para a criação de novo conhecimento) e, desta forma, usufrui de proveitos acrescidos à medida que a população aumenta. Deste modo, em igualdade de circunstâncias, o aumento da população leva ao aumento de produção *per capita*.

Tal como o próprio Kuznets confessa, este é um argumento perigoso[222], apesar de não ser o único a defendê-lo. Com efeito, foi Petty quem afirmou: «É mais provável que se encontre um homem curioso e engenhoso entre 4 milhões do que entre 400 pessoas.»[223]

---

[220] Boserup, *Population and Techological Change, op. cit.*, p. 65.
[221] S. Kuznets, *Population Change and Aggregate Output*, in *Demographic and Economic Change in Developed Countries*, Princeton (NJ), Princeton University Press, 1960), pp. 328-30.
[222] *Ibidem*, pág. 329.
[223] Petty, *Economic Writings, op. cit.*, pág. 474.

7. Aumento ou redução de rendimentos?

Durante os últimos 10 000 anos a raça humana tem conseguido multiplicar-se por um fator de 1000 e, simultaneamente, aumentar a disponibilidade de recursos. Os que defendem a inevitabilidade da redução dos rendimentos afirmam que tal sucedeu porque os limites dos recursos fixos não foram atingidos, quer porque esses limites têm sido repetidamente afastados à medida que são cultivadas terras novas e habitados os continentes povoados de forma esparsa, quer porque os recursos têm sido utilizados de forma mais produtiva graças às inovações e às descobertas. No entanto, durante longos períodos históricos a ferroada dos recursos em decréscimo tem constituído um teste severo à capacidade de reação da população. Além disso, alguns recursos pareceriam ser não apenas limitados mas também insubstituíveis e, deste modo, a longo prazo, nem a inovação nem a invenção pode evitar o início da redução dos rendimentos e o empobrecimento.

De acordo com o ponto de vista oposto, não existe razão para acreditar que o início da redução dos rendimentos seja inevitável. Kuznets expressa bem esta posição em termos históricos quando pergunta: «Se foi o homem quem arquitetou o crescimento social e económico no passado e foi responsável pelas vastas contribuições para o conhecimento e para o poder tecnológico e social, porque é que o aumento da população deveria resultar numa taxa mais baixa de aumento do produto *per capita*? Mais população quer dizer mais criadores e produtores, tanto de bens de acordo com padrões de produção estabelecidos, como de novo conhecimento e invenções. Porque é que um número maior de indivíduos não há-de conseguir alcançar aquilo que um número menor de indivíduos conseguiu no passado recente, ou seja, aumentar o produto total de maneira a satisfazer o acréscimo de população e também aumentar o produto *per capita*?»[224]. Por outras palavras, a redução do rendimento dos recursos fixos é mais do que compensada pelo aumento dos rendimentos relativos ao engenho humano e pelas condições cada vez mais favoráveis criadas pelo crescimento demográfico.

Este dilema só é insolúvel se insistirmos em descobrir regras rápidas e palpáveis para explicar um fenómeno complexo. O tempo é um fator de importância primária. A redução dos rendimentos pode criar obstáculos intransponíveis a curto e médio prazo, durante algumas décadas ou algumas gerações. Os custos gerados por estes obstáculos não são fáceis de avaliar. Nem se refletem necessariamente em flutuações de mortalidade, à medida que a população se caracteriza por um elevado nível de resistência às dificuldades e, em termos históricos,

---

[224] S. Kuznets, *Population, Capital and Growth*, Nova Iorque, 1973, pág. 3.

a componente das doenças infecciosas e epidémicas tem sido largamente independente da condição humana. Contudo, eles refletem-se num aumento geral da pobreza que, a longo prazo, apenas pode ser controlado ou revertido através da inovação. O preço pago em termos de sofrimento humano pode ser elevado, apesar de, em termos históricos, sermos mais impressionados pela capacidade de as sociedades conseguirem inverter uma tendência negativa. Se transferirmos estes dilemas para os dias de hoje, ele assume proporções dramáticas. O rápido crescimento demográfico pode, a longo prazo, ser acompanhado por um desenvolvimento inesperado mas, entretanto, os problemas a médio prazo são graves. Mesmo a inovação tem o seu preço. A revolução verde na Índia é um bom exemplo disso. As sementes altamente produtivas introduzidas nos anos 60 resultaram numa maior produção de trigo, cereal dispendioso consumido principalmente pelas classes médias urbanas, enquanto os pobres comiam arroz ou pão de qualidade inferior. Os pobres integravam a sua dieta de arroz com leguminosas (*dal*), ricas em proteínas. Mas como o trigo era mais lucrativo, os agricultores começaram a cultivar trigo, em vez de leguminosas. Entre 1960 e 1980 a produção de cereais aumentou 72%, contra um aumento de 57% para a população total e um declínio de 17% na produção de leguminosas. Deste modo, a dieta dos pobres deteriorou-se. A longo prazo, contudo, a revolução verde resultou em mais empregos e maior rendimento para os pobres, compensando os efeitos iniciais negativos de uma deterioração na dieta[225].

As avaliações que se fazem são, por isso, muito influenciadas pelo fator tempo: aquilo que é negativo a médio prazo pode ser positivo a longo prazo e vice-versa. Devemos assim julgar e escolher segundo a perspetiva do historiador, que foca a sua atenção nas gerações, nos séculos e nos milénios, ou segundo a perspetiva do contemporâneo, que concentra a sua atenção unicamente nos problemas que podem surgir durante o nosso arco de vida?

---

[225] N. Cook, *Principles of Population and Development*, organizado por I. Timaeus, Oxford, Oxford University Press, 1997, pp. 27-29.

Capítulo 4

A demografia contemporânea: a caminho da ordem e da eficiência

1. Da dispersão à economia

Em 1769 James Watt construiu um motor a vapor com um condensador separado. Comparado com o anterior motor de Newcomen usado para bombear a água das minas, a mecanização de Watt trouxe um enorme aumento em termos de eficiência: para produzir a mesma energia, o seu motor consumia um quarto do combustível do seu antecessor, poupando a energia desperdiçada para voltar a aquecer o cilindro depois de cada movimento dos pistons. Esta poupança foi decisiva na determinação do importante papel que o motor a vapor haveria de desempenhar em todos os sectores da economia[226].

Durante os séculos XIX e XX as populações ocidentais sofreram um processo semelhante. Anteriormente, o crescimento lento foi acompanhado por um considerável desperdício demográfico. As mulheres tinham de dar à luz meia dúzia de filhos de modo a conseguir apenas a reposição na geração seguinte. Entre um terço e metade perecia antes de atingir a idade de reprodução e procriar. De um ponto de vista demográfico, as sociedades do antigo regime eram ineficientes: para manter um nível baixo de crescimento era necessário muito combustível (nascimentos) e desperdiçava-se uma enorme quantidade de energia (mortes). O antigo regime demográfico caracterizou-se não apenas

[226] D. S. Landes, *Cambiamenti tecnologici e sviluppo industriale nell'Europa occidentale, 1750-1914*, in H.J. Habakkuk e M. Postan (orgs.), *Storia economica*, Cambridge, VI/1: *La rivoluzione industriale e i suoi sviluppi*, edição italiana de V. Castronovo, Turim, Einaudi, 1974, pp. 296-650.

pela ineficiência mas também pela desordem. A probabilidade de a hierarquia cronológica natural ser invertida – que uma criança morresse antes dos seus pais ou dos seus avós – era considerável. Os elevados níveis de mortalidade e as catástrofes frequentes tornavam precários quaisquer planos a longo prazo baseados na sobrevivência individual.

O ciclo demográfico moderno do Ocidente passou por todas as fases da sua trajetória durante os séculos XIX e XX: a população europeia quadruplicou; a esperança de vida aumentou de uma média de 25-35 para mais de 80; o número médio de filhos por mulher baixou de 5 para menos de 2; as taxas de nascimento e de mortalidade desceram ambas de valores que se situavam, geralmente, entre os 30‰ e os 40‰ para cerca de 10‰. Esta profunda alteração, parte integral da transformação social do século XVIII, é geralmente referida como «transição demográfica», termo que entrou no uso comum, tal como o de «Revolução Industrial». É um processo complexo de passagem da desordem para a ordem e do desperdício para a economia. Nos países em desenvolvimento, de que falaremos no próximo capítulo, esta transição está em curso, nos países mais atrasados apenas começou, enquanto noutros está próximo da conclusão. Tendo presente os necessários ajustamentos históricos, a experiência europeia, e do Ocidente em geral, pode servir como guia útil para o que está a acontecer no resto do mundo. É esta experiência que vamos agora considerar nas suas linhas gerais, tentando identificar pontos comuns em vez de manifestações particulares de sociedades e culturas específicas. Esta escolha põe de parte uma área rica de pesquisa, mas é impossível incluí-la num estudo sintético como o que proponho.

O espaço estratégico anteriormente discutido (ver capítulo 1, figura 1.8) está reproduzido na figura 4.1. Recorde-se que o espaço é atravessado por curvas de «isocrescimento», cada uma das quais representa o *locus* de pontos que combinam a esperança de vida (e_0) e o número de filhos por mulher (*Tft*), para dar a mesma taxa de crescimento. Em termos históricos, as populações têm ocupado uma área entre as curvas de 0% e de 0,5%, com baixa esperança de vida e grande número de filhos. Também vimos que este espaço se expandiu imenso nos países em desenvolvimento dos nossos dias, uma vez que a mortalidade em rápido declínio não é, muitas vezes, acompanhada por diminuições semelhantes na natalidade, resultando daqui que muitos destes países ocupam o espaço entre as curvas de 2% e de 4%.

Para os países europeus, por outro lado, a transição dos últimos duzentos anos deu-se sem «explosões» da taxa de crescimento, mas sim por meio de uma modificação gradual e, em parte, paralela à mortalidade e à natalidade, de forma que as várias populações têm ocupado uma área mais limitada, geralmente situada entre as curvas de 0% e de 1,5%. A figura 4.1, análoga à figura 1.8, exemplifica

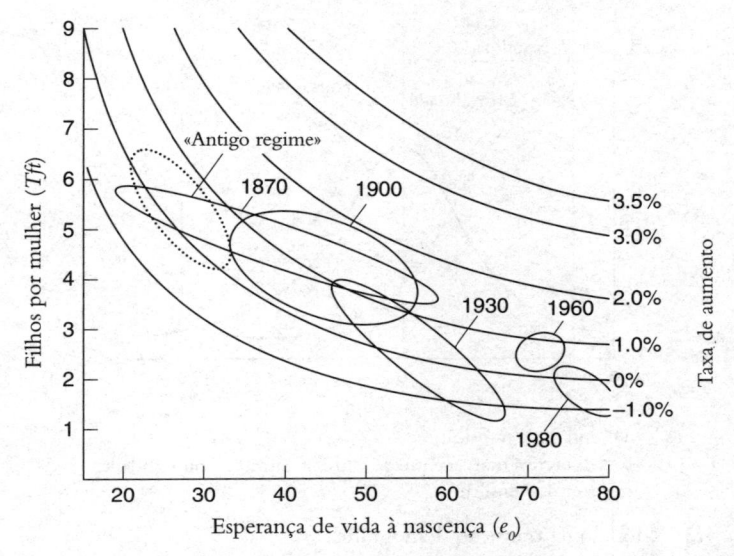

Figura 4.1 O espaço estratégico de crescimento para 17 países europeus (séculos XIX-XX)

Fontes: A. J. Coale, *The Decline of Fertility in Europe since the Eighteenth Century as a Chapter in Human Demographic History*, in A. J. Coale e S. C. Watkins (orgs.), *The Decline of Fertility in Europe*, Princeton, Princeton University Press, 1986, pág. 27.

muito bem o espaço estratégico ocupado por 17 países europeus em diferentes períodos nos últimos dois séculos. Para cada data, uma elipse representa a área ocupada por estes países. Dentro de uma faixa relativamente estreita, as elipses movem-se gradualmente do quadrante superior esquerdo (natalidade e mortalidade elevadas) para o inferior direito (natalidade e mortalidade baixas). Muitas das elipses de 1870 e de 1900 ocupam uma área entre 1% e 2%, revelando o período de transição demográfica, no qual a distância entre a natalidade e a mortalidade foi mais elevada. Por contraste, a maior parte das elipses de 1930 e 1980 situam-se abaixo da curva de 0%, períodos nos quais a natalidade estava abaixo da reposição.

Como já referi anteriormente, a transição demográfica teve diversas fases. De modo a descrever melhor o movimento simplificado na figura 4.1, vai ser útil considerar vários aspetos: o início do declínio tanto da mortalidade como da natalidade, o final e a duração da fase do declínio e as distâncias máxima e mínima entre as duas variáveis.

A figura 4.2 apresenta um modelo abstrato de transição. O início do declínio da mortalidade precede, em geral, o da natalidade e, durante esta fase, a separação

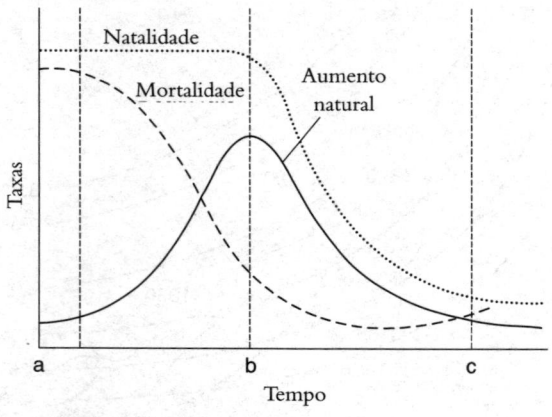

a = início da transição
b = diferença mais acentuada entre natalidade e mortalidade
c = fim da transição

Figura 4.2   Modelo da transição demográfica

entre os dois componentes (a taxa de aumento natural) atinge um valor máximo. À medida que o declínio da natalidade acelera e o da mortalidade abranda, as duas curvas aproximam-se uma da outra novamente e a taxa de aumento natural volta a um nível baixo (semelhante ao do início da transição). Este modelo tem implícita a hipótese de que, assim que a natalidade e a mortalidade iniciem a entrada em declínio, o processo irá prosseguir até que sejam atingidas taxas baixas, hipótese sustentada pela maior parte da experiência europeia.

A duração da transição, o grau de inclinação das duas curvas e a distância entre elas variou consideravelmente de país para país. O aumento da população durante a fase de transição, caraterizada por um crescimento acelerado, é uma função destes dois parâmetros. O rácio entre a dimensão da população no início e no final da transição pode ser denominado «multiplicador» da transição[227]. Em França, por exemplo, a transição começou no final do século XVIII e durou mais de século e meio. A mortalidade e a natalidade diminuíram de forma semelhante, quase paralela, não tendo divergido muito uma da outra com o tempo, e o multiplicador foi apenas 1,6. Na Suécia, por outro lado, o declínio da mortalidade avançou à frente da diminuição da natalidade e a transição foi mais breve – o multiplicador foi mais do dobro do apresentado pela França

---

[227] Esta apresentação do modelo de transição demográfica, o conceito de multiplicador e os dados da tabela 4.1 foram retirados de J.-C. Chesnais, *La transition démographique*, Paris, PUF, 1986, pág. 33.

Tabela 4.1   Início, fim, duração e valor do multiplicador de transição demográfica em alguns países

País	Início e fim da transição	Duração em anos	Valor do multiplicador
Suécia	1810–1960	150	3.83
Alemanha	1876–1965	90	2.11
Itália	1876–1965	90	2.26
URSS – ex-URSS	1896–1965	70	2.05
França	1785–1970	185	1.62
China	1930–2000	70	2.46
Taiwan	1920–1990	70	4.35
México	1920–2000	80	7.02

Fonte: J.-C. Chesnais, *La transition démographique,* Paris, PUF, 1986), pp. 294 e 301.

(3,8). Se quisermos comparar a experiência europeia com a de atuais países em desenvolvimento, podemos escolher o México e imaginar que a transição estaria completa em 2000, tendo durado 80 anos. O declínio da mortalidade surgiu muito antes da diminuição da natalidade, pelo que o aumento natural atingiu níveis muito elevados e o multiplicador foi cerca de 7. A tabela 4.1, tomada de empréstimo a Chesnais, apresenta uma lista da duração da transição e do valor do multiplicador para vários países europeus e em desenvolvimento (por extrapolação). O multiplicador tende a ser consideravelmente mais elevado para os países em desenvolvimento do que para os europeus, com a exceção da China, cuja população é controlada por uma política demográfica draconiana.

Centrei-me de forma intencional nos aspetos mecânicos da transição, não abordando até agora a discussão das causas. O declínio da mortalidade, que começou na segunda metade do século XVIII, em geral atribui-se parcialmente a fatores exógenos, incluindo a frequência reduzida de ciclos epidémicos e o desaparecimento da peste; em parte à redução da fome devido a uma melhor organização económica; e a práticas socioculturais que ajudaram a reduzir a propagação das doenças infeciosas e a melhorar a sobrevivência, principalmente das crianças pequenas. O declínio da mortalidade incentivou o crescimento demográfico e, desta forma, aumentou a pressão nos recursos disponíveis, que, por sua vez, levaram a uma menor natalidade, devido tanto à reduzida nupcialidade como à difusão de tentativas para limitar os nascimentos. O equilíbrio apenas foi restabelecido no final do processo de declínio da natalidade, cuja oportunidade dependeu do nível de progresso das várias populações. O que acaba de ser apresentado é uma adaptação do modelo de Malthus, que implica um ajustamento da população aos recursos disponíveis através de um controlo da reprodução – sendo esta cada vez menos condicionada por fatores biológicos e cada vez mais dependente do controlo individual da natalidade, uma possibilidade que Malthus não previu.

Opiniões bastante variadas parecem concordar que a transformação social associada à Revolução Industrial induziu uma mudança nas escolhas de natalidade dos casais. O crescimento da sociedade urbana industrial, em particular, aumentou o «custo» da criação dos filhos: as crianças tornavam-se assalariados e produtores autónomos numa idade muito mais avançada do que nas sociedades agrícolas e requeriam maiores «investimentos», tanto materiais como em termos de cuidados de saúde e de educação, o que privava a mãe, em especial, das oportunidades de emprego. O custo mais elevado dos filhos parece ter sido a mola que ativou o controlo da natalidade. A sua ação foi facilitada pelo abrandamento gradual do controlo social exercido pela tradição, pelas instituições e pela religião, e ter-se-ia produzido em conjunto com o desenvolvimento económico e social da sociedade europeia. As comunicações melhoradas ajudaram à difusão destas práticas da cidade para o campo, das classes altas para as mais baixas e das regiões mais centrais para as periféricas.

Nas páginas seguintes vamos analisar mais em detalhe o declínio da mortalidade e da natalidade. Para já podemos concluir que, tal como com o motor a vapor de Watt, a energia desperdiçada pelo antigo regime demográfico tradicional europeu ficou, por volta da segunda metade do século XX, bastante reduzida. No regime contemporâneo «económico», um pequeno número de nascimentos é suficiente para compensar um pequeno número de mortes. E, contudo, ao entrarmos no terceiro milénio, estas sociedades parecem não estar dispostas sequer a produzir esses poucos nascimentos que manteriam o equilíbrio demográfico.

2. Da desordem à ordem: o prolongamento da vida

Na segunda metade do século XVIII a mortalidade começou a mostrar sinais de declínio: a vida prolongou-se e a sequência hierárquica da morte, ditada pela idade, estabeleceu-se firmemente. Da desordem dos tempos anteriores, devido à mortalidade aleatória e imprevisível, os processos de vida tornaram-se ordenados. Dois fatores relacionados explicam, em termos essenciais, a anterior natureza caprichosa da morte. O primeiro era a ocorrência frequente e irregular de crises de mortalidade que, resultando de uma variedade de causas, decepavam setores de todas as idades e classes, perturbando gravemente a vida de uma sociedade. Pondo de parte as catástrofes originadas pela peste (a peste de 1630 eliminou praticamente metade da população de Milão; a de 1656 metade da de Génova e de Nápoles[228]), uma duplicação do número anual, em si já elevado, de mortes (ocorrência suficientemente frequente), constituiu experiência traumática para o corpo social. O segundo fator era o risco de que a sucessão natural e cronológica da morte fosse invertida. Ignorando a mortalidade infantil – tão frequente que era considerada quase natural – a probabilidade de as crianças pequenas ou os adolescentes morrerem antes dos pais era elevada. Se tivermos em conta, por exemplo, a mortalidade francesa em meados do século XVIII (e_0 [esperança de vida à nascença] entre 25 e 28 anos no período de 1740-90), então podemos estimar que a probabilidade de uma mãe de 40 anos sobreviver ao seu filho de 10 anos no decurso dos 20 anos seguintes era de 1 em 4. Com a baixa mortalidade atual esta mesma probabilidade é praticamente insignificante[229].

Se enfatizei a importância da introdução da ordem e da regularidade – irei discutir seguidamente o prolongamento da vida – é por serem pré-requisitos essenciais para o crescimento: «Talvez só uma sociedade libertada do medo, bem como das consequências materiais e espirituais da morte súbita, fosse capaz de atingir essa elevada taxa de progresso intelectual e técnico, sem o qual o crescimento populacional não poderia ter sido sustentado.»[230]

---

[228] L. Del Panta, *Le epidemie nella storia demografica italiana (secoli XIV-XIX)*, Turim, Loescher, 1980, pp. 160 e 168. C. Ó Gráda, *Storia delle carestie*, Bologna, Il Mulino, 2011.

[229] De acordo com as tabelas de modelo de vida de Coale e Demeny (A. J. Coale e P. Demeny, *Regional Model Life Tables and Stable Populations*, Princeton, Princeton University Press, 1966), por exemplo, tomando a esperança de vida de 27,5 anos para as mulheres e de 25,3 anos para os homens (modelo west) obtemos os resultados que a seguir apresentamos. A probabilidade de uma mulher de 40 anos atingir os 60 anos de idade é de 0,536 e a probabilidade de um rapaz de 10 anos viver até aos 30 anos é de 0,764. Ao longo de um período de 20 anos, a mãe com 40 anos e o filho com 10 apresentam quatro possibilidades: (1) ambos sobrevivem, cuja probabilidade é de 0,536 x 0,764 = 0,410; (2) a mãe sobrevive ao filho, com uma probabilidade de 0,536 x (1 – 0,764) = 0,126; (3) o filho sobrevive à mãe, com uma probabilidade de 0,764 x (1 – 0,536) = 0, 0,354; (4) ambos morrem, com uma probabilidade de (1 – 0,536) x (1 – 0,764) = 0,110. A soma das quatro probabilidades, evidentemente, é igual a 1. Se a mãe sobreviver (probabilidade de 0,536), ela sobrevive ao filho num caso em cada quatro (0,126 : 0,536 = 0,235). Dada a mortalidade atual, a probabilidade disto acontecer é de cerca de 1 em 60.

[230] K. F. Helleiner, *La popolazione in Europa dalla peste nera alla vigilia della rivoluzione demografica*, in E. E. Rich e C. Wilson (orgs.), *Storia economica Cambridge*, IV: *L'espansione economica dell'Europa nel Cinque e Seicento*. Edição italiana organizada por V. Castronovo, Turim, Einaudi, 1975, pp. 3-106.

O declínio na intensidade e na frequência das crises de mortalidade, dos aumentos súbitos e a curto prazo – de algumas semanas a dois anos, no caso de uma epidemia grave – da taxa normal de mortes, constitui o primeiro aspeto da transição da mortalidade. Há uma grande variedade de acontecimentos que surgem sob o título geral de «crise»: a destruição da guerra, a fome e os surtos sucessivos de doenças epidémicas. A figura 4.3 dá um exemplo da atenuação das crises. A linha contínua marca o progresso da taxa de mortalidade bruta relativa à Suécia no período de 1735-1920 – as linhas descontínuas ligam (algo arbitrariamente) os valores máximo e mínimo. Podemos facilmente discernir o estreitamento progressivo da faixa de oscilação, bem como o declínio ao longo dos séculos. A tabela 4.2 apresenta os valores máximos e mínimos, bem como as diferenças entre ambos, das taxas de morte brutas francesa e sueca, relativas a períodos de 25 anos, situados entre meados do século XVIII e 1975. É clara a contração progressiva da amplitude de variação: normalmente situada entre 10 e 20 até ao final do último século, diminui por um fator de 10, para 1 ou 2 no último período. O declínio crescente da incidência das crises de mortalidade na Europa Ocidental durante o século XVIII está bem documentado[231]. Durante o século XIX, as melhorias na organização social e económica foram acompanhadas pelo controlo das doenças infecciosas, incluindo a vacina da varíola (a descoberta de Jenner veio a público em 1798 e espalhou-se rapidamente na primeira metade do século XIX) e a identificação dos agentes patogénicos responsáveis pela maior parte das epidemias devastadoras[232]. Contudo, o progresso era difícil. No século XIX, as doenças epidémicas (as antigas, como a varíola, mas também as que constituíam novidade para a Europa, como a cólera) tinham enorme impacto, tal como a gripe pandémica que se seguiu à Primeira Guerra Mundial – para não falar da destruição de vida ainda mais séria causada pelas duas guerras mundiais, pelas guerras civis na URSS e em Espanha, bem como pelas deportações em massa e pelo Holocausto.

No entanto, a mortalidade diminuiu, e não apenas devido à frequência e menor severidade das crises, mas também pelo declínio na probabilidade de morte nas várias idades durante os períodos de normalidade. A tabela 4.3 apresenta o progresso na esperança de vida (e_0, homens e mulheres) para alguns dos

---

[231] A bibliografia sobre este assunto é vasta. Irei limitar-me a citar as seguintes obras: para Itália, Del Panta, *Le epidemie, op. cit.*; para Inglaterra, E. A. Wrigley e R. S. Schofield, *The Population History of England, 1541-1871*, Londres, Edward Arnold, 1981; para Espanha, V. Pérez Moreda, *Las crisis de mortalidad en la España interior, siglos XVI-XIX*, Madrid, Siglo Veintiuno, 1980; para a França, G. Cabourdin, J.-N. Biraben e A. Blum, *Les crises démographiques*, in J. Dupâquier (org.), *Histoire de la population française*, Paris, PUF, 1988, vol. 2: *De la Renaissance a 1789*.
[232] Sobre as grandes descobertas do século XIX na área da microbiologia ver G. Penso, *La conquista del mondo invisibile*, Milão, Feltrinelli, 1973.

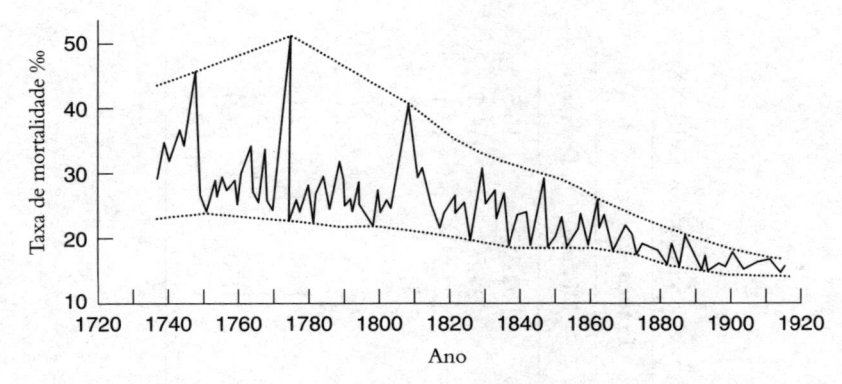

Figura 4.3   Atenuação das oscilações da mortalidade na Suécia (1735-1920)

principais países desenvolvidos, entre meados do século XVIII e os dias de hoje. Os valores iniciais, que para alguns países se situam abaixo de 30, aumentam gradualmente para cerca de 80 no início deste século. Alguns países mostram uma melhoria evidente desde meados do século XVIII e quase todos eles alcançam um progresso considerável antes de se sentir o impacto das descobertas médicas[233].

No que nos interessa, são particularmente significativos dois aspetos da mortalidade. O primeiro diz respeito ao efeito que a redução da probabilidade de morte nas várias idades teve sobre o aumento da esperança de vida – as maiores reduções ocorreram nos primeiros anos de vida, devido aos melhores cuidados prestados às crianças e às medidas tomadas para impedir a disseminação das doenças infecciosas. O segundo aspeto tem a ver com a medida dos ganhos de vida consequentes ao declínio dos vários grupos de causas de morte: o resultado, ligado ao anterior, é que o maior contributo veio do controlo das doenças infecciosas.

Este cenário de declínio da mortalidade foi confirmado por Caselli. A tabela 4.4 (pág. 146) apresenta uma divisão em termos de causas do prolongamento da esperança de vida em Inglaterra e em Gales, entre 1871 e 1951 (de 40,8 para 68,4), e em Itália entre 1881 e 1951 (de 33,7 para 66,5)[234]. Os resultados são semelhantes para estes dois países, apesar de as suas histórias sociais serem diferentes. Em ambos os casos cerca de dois terços dos ganhos em termos de esperança de vida devem-se ao controlo das doenças infecciosas (especialmente nas crianças mais

---

[233] T. McKeown, *The Modern Rise of Population*, Londres, Edward Arnold, 1976.

[234] G. Caselli, *Health Transition and Cause-Specific Mortality*, in R. Schofield, D. Reher e A. Bideau (orgs.), *The Decline of Mortality in Europe*, Oxford, Oxford University Press, 1991.

Tabela 4.2 Taxas máximas e mínimas de mortalidade (mortos por 1000 habitantes) em França e na Suécia (séculos XVIII-XX)

Período	Suécia			França		
	Máximo	Mínimo	Diferença	Máximo	Mínimo	Diferença
1736–49	43.7	25.3	18.4	48.8	32.3	16.5
1750–74	52.5	22.4	30.1	40.6	29.5	11.1
1775–99	33.1	21.7	11.4	45.2	27.1	18.1
1800–24	40.0	20.8	19.2	34.4	24.0	10.4
1825–49	29.0	18.6	10.4	27.7	21.1	6.6
1850–74	27.6	16.3	11.3	27.4	21.4	6.0
1875–99	19.6	15.1	4.5	23.0	19.4	3.6
1900–24	18.0	11.4	6.6	22.3	16.7	5.6
1925–49	12.7	9.8	2.9	18.0	15.0	3.0
1950–74	10.5	9.5	1.3	12.9	10.5	2.4

Tabela 4.3 Esperança de vida em alguns países ocidentais (1750-2002)

	1750-59	1800-09	1850-59	1880	1900	1930	1950	1980	2009
Inglaterra e Gales			41.2	44.8	46.8	61.4	69	73.9	81.6
França			39.7	43.4	45.8	56.9	66.4	74.4	81.1
Suécia	36.3	37.2	42	48.3	52.1	63.2	71.1	75.8	81.2
Alemanha								73	80.2
Itália				33.6	43	55.2	65.8	74.1	81.7
Holanda			37	41.8	48.8	64.7	71.4	75.8	80.5
Federação Russa (URSS)								67.7	67.9
EUA							68.1	73.9	78.3
Austrália						65	69	74.6	81.7
Japão							59.3	76.2	83.3

Fonte: Human Mortality Database, < http://www.mortality.org(cgi-bin/hmd/DataAvailability.php > (consultado a 2 de abril de 2011). Para 1880 e 1900: Media 1879-1881, 1899-1901.

novas: sarampo, escarlatina, difteria), doenças respiratórias (bronquite, pneumonia, gripe) e doenças intestinais (diarreia, enterite). Do ponto de vista da idade, cerca de dois terços do prolongamento da esperança de vida (um pouco menos para a Inglaterra, um pouco mais para a Itália) resultam do declínio da mortalidade nos primeiros 15 anos de vida. Os melhoramentos em idades superiores, acima dos 40 anos, são responsáveis por apenas um sexto ou um sétimo do aumento total.

A transição da mortalidade nos países desenvolvidos tem sido relativamente lenta. Por exemplo, a data na qual a esperança de vida das mulheres atingiu os 50 anos (nível no qual as perdas da geração devidas à mortalidade entre o nascimento e a idade reprodutiva são ainda consideráveis, entre 20% e 25%, e o «desperdício» do potencial reprodutivo é cerca de 30%) varia entre 1861 para a Noruega e os anos 30 para a Bulgária, Portugal e a União Soviética. A data média para os países europeus é 1903[235].

---

[235] O valor de e_0 igual a 50 foi obtido interpolando (e nalguns casos extrapolando) linearmente as séries reportadas, para vários países, por L. I. Dublin, A. J. Lotka e M. Spiegelman, *Length of Life*, Nova Iorque, Ronald Press, 1949. Para a Suécia, a Dinamarca, a Bélgica, a Holanda, a Suíça, a Austrália e os Estados Unidos a data em que a esperança de vida das mulheres atingiu os 50 anos situa-se entre 1900 e 1910; para a Inglaterra, a França e a Alemanha situa-se entre 1900 e 1910; para a Finlândia, a Áustria e a Itália situa-se entre 1910 e 1920; para a Grécia, a Hungria e a URSS é posterior a 1920.

Tabela 4.4   Ganhos em termos de esperança de vida em Inglaterra e Gales (1871-1951) e em Itália (1881-1951), repartidos pelas diversas causas de morte.

	Inglaterra		Itália	
Causas de morte	Ganhos e_0 (anos)	(%)	Ganhos e_0 (anos)	(%)
Doenças infecciosas	11.8	42.9	12.7	40.1
Bronquite, pneumonia, gripe	3.6	13.1	4.7	14.8
Doenças do sistema circulatório	0.6	2.2	0.8	2.5
Diarreia e enterite	2.0	7.3	3.4	10.5
Doenças infantis	1.8	6.5	2.3	7.3
Acidentes	0.7	2.5	0.5	1.6
Tumores	0.8	2.9	0.4	1.3
Outras doenças	7.8	28.4	7.7	24.3
Total	27.5	100.0	31.7	100.0

Fonte: G. Caselli, *Health Transition and Cause-Specific Mortality*, in R. Schofield, D. Reher e A. Bideau (orgs.), *The Decline of Mortality in Europe*, Oxford, Clarendon Press, 1991.

Os ganhos na esperança de vida aceleraram até meados do século XX. Entre 1750 e 1850, a Inglaterra, a França e a Suécia ganharam menos de um mês de esperança de vida por cada ano. Estes três países, juntamente com a Holanda e os Estados Unidos, ganharam cerca de dois meses por ano entre 1850-1859 e 1880. Nos cinco períodos que se seguiram, os ganhos médios anuais para os países da tabela 4.3 (para os quais existem dados no início e no fim dos períodos considerados) foram de 4,6 meses (1800-1900), 5,2 meses (1900-1930) e 4,6 meses (1930-1950), 4,4 (1950-1980), e 2,4 (1980-2000). A transição, portanto, ainda não terminou, apesar de o seu ritmo ter abrandado nas últimas décadas, depois de ter alcançado ganhos anuais de 4-5 meses no século anterior a 1980, durante o qual nem as calamidades da Segunda Guerra Mundial conseguiram travar os sucessos farmacológicos (sulfamidas e penicilina) dos anos 30 e 40.

O declínio da mortalidade a partir de 1850 prosseguiu em conjunto com o progresso económico e social (expressão vaga que inclui a expansão dos recursos materiais, técnicos e culturais que melhoram a sobrevivência). É tarefa dos historiadores sociais e demógrafos saber quais os fatores dominantes deste declínio: fatores sociais e culturais (métodos de criação das crianças, higiene pessoal, melhor organização dos mercados, etc.) na primeira fase da transição; fatores económicos (melhorias na qualidade de vida em termos materiais, melhorias nas infra-estruturas) na segunda; e fatores médicos, científicos e comportamentais na última fase, ainda em curso. Embora, em cada época, tenha havido uma ação conjunta de uma multiplicidade de causas.

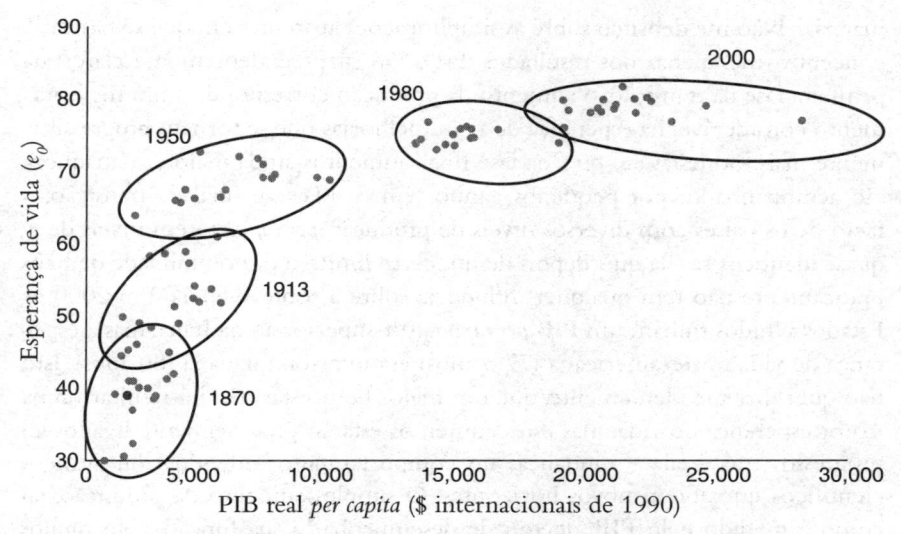

Figura 4.4 Relação entre o PIB real *per capita* e a esperança de vida (e_0), para 16 países ocidentais (1870, 1913, 1950, 1980, 2000).

Simplificando ao máximo, a figura 4.4 apresenta um quadro de síntese das relações existentes entre aumento da esperança de vida em 16 países ocidentais e um indicador do nível de bem-estar material grosseiramente representado pelas estimativas do valor dos bens e serviços produzidos (PIB) *per capita*, exprimido em preços constantes, que um estudioso recentemente recalculou retrospetivamente com metodologias uniformes (veja-se mais à frente a tabela 4.8)[236]. O gráfico compara, para cada país, o valor de e_0 com o do PIB *per capita* para 1870, 1913, 1950, 1980 e 2000, e inclui 64 pontos (4 para cada país) que descrevem a relação a longo prazo entre a esperança de vida e o bem-estar

---

[236] A. Maddison, *The World Economy in the 20th Century*, Paris, OCDE, 1995. O PIB (Produto Interno Bruto) e o PIB *per capita* utilizados neste capítulo e no seguinte são em «dólares internacionais de 1990» (ou dólares Geary-Khamis de 1990, a partir dos nomes dos académicos que desenvolveram a metodologia). Estes também são conhecidos como dólares PPC (Paridade de Poder de Compra). Um dólar PPC é uma medida abstrata que − tendo em consideração que os preços sofrem alterações no tempo e no espaço − «compra» a mesma fração de bem-estar e, portanto, é comparável em termos históricos e geográficos. Na prática, o «dólar internacional» tem muitas limitações, quer intrínsecas ao material quantitativo disponível (bastante escasso e com frequência não fiável, principalmente no que diz respeito a épocas remotas) e porque a gama de bens e de serviços produzidos e disponíveis para consumo se encontra em mudança contínua. Ver pp. 162-169 do segundo livro de Maddison acima citado. Para a lista dos 16 países veja-se a tabela 4.8.

material. Não me debruço sobre as simplificações aparentes em que se baseia[237], concentro-me apenas nos resultados. Estes são surpreendentemente claros: na primeira fase da transição, o aumento da produção corresponde a um melhoramento considerável na esperança de vida, melhorias que se tornam progressivamente mais modestas até que, na fase final, aumentos ainda maiores na riqueza são acompanhados por pequenos ganhos em e_0. Na fase final da transição, o facto de os países com diversos níveis de produção *per capita* terem níveis de e_0 quase idênticos revela que, depois de um certo limite, a disponibilidade de bens praticamente não tem qualquer influência sobre a sobrevivência. Em 2000 os Estados Unidos tinham um PIB *per capita* 40% superior ao da Itália, mas a esperança de vida norte-americana (77,3 anos) era inferior à italiana (80 anos). Isto não quer dizer, evidentemente, que um maior bem-estar não irá resultar numa maior esperança de vida, mas estes aumentos estarão provavelmente ligados ao progresso «imaterial» – mudanças no comportamento individual ou avanços científicos que abrem novos horizontes. O simples aumento da produção, tal como é medido pelo PIB, deixou de desempenhar a sua função, pelo menos nesta fase da história. Na primeira fase da transição, o aumento da produção traduziu-se, por razões óbvias, numa grande melhoria da sobrevivência: mais alimento, melhores roupas, melhores casas e mais cuidados médicos, têm um efeito notável em populações subnutridas, mal agasalhadas, mal alojadas e mal protegidas em caso de doença. Por outro lado, quando um aumento na produção beneficia populações já prósperas, os efeitos são mínimos ou inexistentes, se não mesmo negativos (por exemplo, sobrealimentação, deterioração ambiental).

3. Da elevada natalidade à baixa natalidade

O declínio da natalidade, como o da mortalidade, foi um processo gradual e variado em termos geográficos. Já analisei anteriormente a combinação de fatores, tanto biológicos (que determinam os intervalos entre os nascimentos) como sociais (que determinam a porção do período reprodutivo dedicada a ter filhos: idade de casamento, proporção dos que casam), que regula a «produção» de filhos (ver capítulo 1)[238]. Como vimos, estes fatores conseguiram influenciar significativamente a natalidade, de forma que antes da transição os níveis euro-

---

[237] A mais relevante das simplificações é que as duas variáveis não são independentes uma da outra: se é verdade que a mortalidade depende, em parte, do bem-estar, também é verdade que nenhum progresso autêntico poderia ocorrer se a mortalidade não tivesse diminuído.

[238] É evidente que existe natalidade fora do casamento, geralmente (e de forma imprópria) chamada ilegítima. Em termos históricos, os níveis de natalidade ilegítima no Ocidente foram insigni-

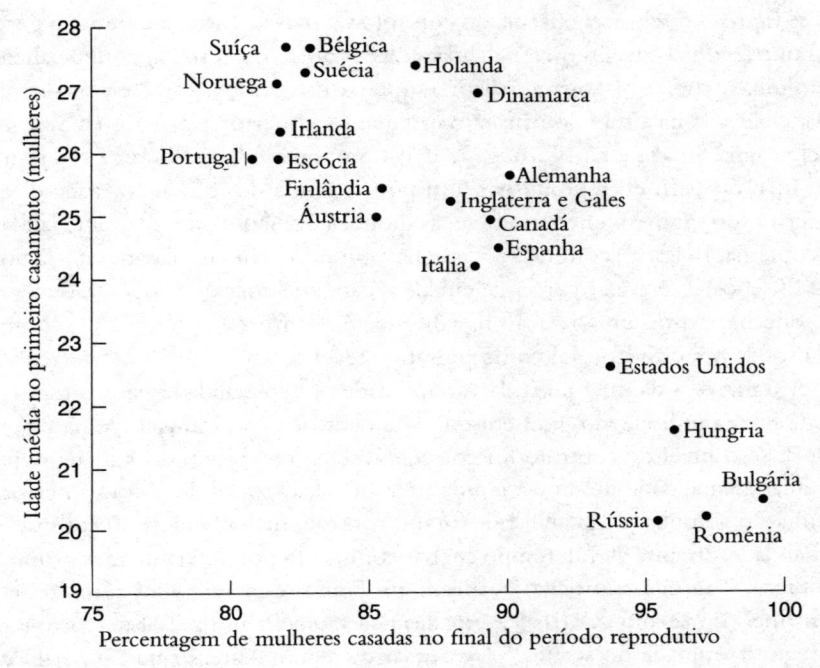

Figura 4.5 Relação entre a idade média na altura do casamento e a proporção de mulheres casadas no final do período reprodutivo, para diversos países; gerações nascidas em meados do século XIX.

Fonte: P. Festy, *La Fecondité des pays occidentaux de 1870 à 1970*, Paris, PUF, 1979, pág. 29.

peus iam desde um limite mais baixo de cerca de 30 ‰ ao mais elevado, situado acima de 45 ‰. No entanto, o controlo voluntário da natalidade[239] foi o fator decisivo no declínio da natalidade, método certamente mais eficiente do que o período alargado de amamentação, o casamento tardio ou o celibato.

---

ficantes, uma vez que, pelo menos até às últimas décadas, a grande maioria da reprodução tem ocorrido no contexto do casamento.

[239] A distinção conceptual que separa o controlo de natalidade voluntário do controlo não voluntário é subtil. Os demógrafos chamam «natalidade natural» à natalidade que não é controlada de forma voluntária. O seu nível pode variar consideravelmente em função do comportamento dos casais ou das mães (tabus sexuais, frequência das relações sexuais, duração do período de amamentação, etc. – ver capítulo 1). Contudo, este tipo de comportamentos são provavelmente «estruturais» e não refletem o desejo dos casais no sentido de que a família atinja um tamanho específico – o comportamento de procriação não varia em função do número de filhos que já nasceram. O controlo voluntário da natalidade através da contraceção ou do coito interrompido, por outro lado, tem como fim a produção de um determinado número de filhos. O controlo é

A figura 4.5 regista a eficácia do controlo marital na Europa durante o período que levou ao declínio da natalidade. As populações com baixa nupcialidade feminina ocupam a zona superior esquerda do gráfico: caracterizam-se por idade elevada na altura do primeiro casamento (superior a 27 anos na Suiça, na Bélgica, na Suécia e na Noruega) e baixa proporção de mulheres a casar antes do final do período reprodutivo (um pouco acima dos 80%). Na zona direita inferior do gráfico encontram-se as populações com elevada nupcialidade (Roménia, Bélgica), com baixa idade na altura do primeiro casamento (à volta de 20 anos) e elevada percentagem de casados (acima de 95%). Na era pré-moderna, existiu uma relação bastante forte (e inversa) entre os dois componentes da nupcialidade, tal como o gráfico revela.

A figura 4.5 dá uma ideia da variabilidade da nupcialidade na pré-transição e, de forma indireta, do grau em que esta controlava a produção de nascimentos. E se o nível de controlo foi considerável, não foi, contudo, suficiente para regular a natalidade durante a rápida transformação social do século anterior. A limitação voluntária da natalidade foi um controlo mais eficiente. O controlo da natalidade, durante algum tempo apenas conhecido por determinados grupos (a nobreza, a burguesia urbana)[240], surgiu em França e em algumas zonas restritas em finais do século XVIII[241] e espalhou-se rapidamente pela Europa durante a segunda metade do século XIX, apesar de algumas áreas rurais e periféricas parecerem ter adotado estas práticas apenas na segunda parte do século XX.

A transição da natalidade europeia de 1870 a 1960 é apresentada na figura 4.6, que se baseia num estudo internacional recente sobre o declínio da natalidade europeia ([242]). Já usámos anteriormente gráficos deste tipo (figuras 1.8 e 4.1).

---

praticado, sobretudo, por casais que já atingiram o número desejado, de forma que o comportamento reprodutivo tende a alterar-se em função dos filhos que já nasceram. Um declínio na idade média da mãe na altura do último nascimento ou na natalidade nas idades mais baixas é um sinal do controlo de natalidade numa população – ambas as situações levam a uma mudança na «forma» da curva de natalidade por idade.

[240] M. Livi Bacci, *Social-Group Forerunners of Fertility Control in Europe*, in A. J. Coale e S. C. Watkins (orgs.), *The Decline of Fertility in Europe*, Princeton, Princeton University Press, 1986.

[241] A natalidade urbana era, em geral, mais baixa do que a rural, apesar deste facto se dever, em parte, à constituição específica da população urbana e à sua elevada mobilidade. Contudo, contrariamente ao modelo do declínio rural mais lento, a natalidade começou a descer em algumas regiões da Hungria a partir de finais do século XVIII. Ver R. Andorka, *La prévention des naissances en Hongrie dans la région Ormansag depuis la fin du XVIIIe siècle*, in «Population», XXVI, 1971, 1, pp. 63-78.

[242] Os objetivos, caraterísticas e resultados gerais deste estudo, dirigido por Ansley Coale e coordenado pelo Office of Population Research da Universidade de Princeton, estão resumidos em Coale e Watkins, *Decline, op. cit.* Os países presentes na figura 4.6 são: Bélgica, Dinamarca, Inglaterra e País de Gales, Finlândia, França, Alemanha, Hungria, Irlanda, Itália, Holanda, Noruega, Portugal, Escócia, Espanha, Suécia e Suíça.

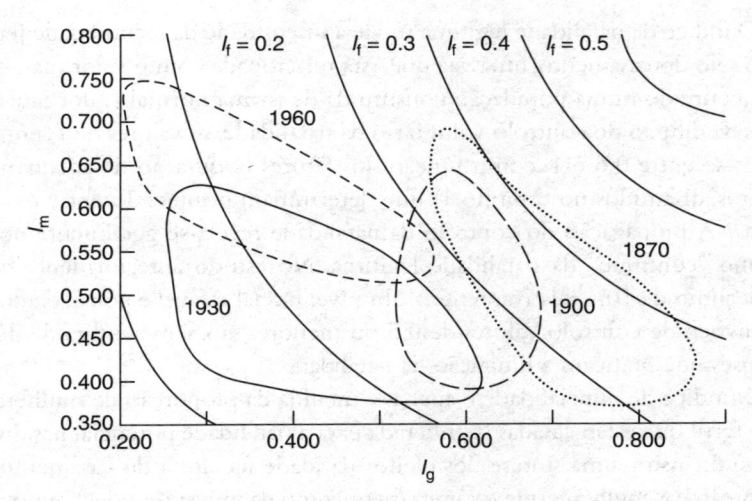

Figura 4.6   Relação entre fertilidade geral (I_f), fertilidade legítima (I_g) e proporção de mulheres casadas (I_m): área de natalidade ocupada por 16 países europeus (1870, 1900, 1930, 1960)

Aqui, contudo, os eixos foram alterados e as curvas são de «isofertilidade»: cada curva representa o *locus* dos pontos que combinam a natalidade legítima (eixo *x*) e a nupcialidade (eixo *y*) para dar a mesma «natalidade geral» (um índice da taxa de produção de filhos, fortemente correlacionada com o número médio de filhos por mulher, *Tft*). Os índices de natalidade legítima (I_g) e de nupcialidade (I_m), explicados numa nota[243], dizem o seguinte:

---

[243] Os índices I_m, I_f, I_g (índices da proporção de mulheres em idade fértil que estão casadas, natalidade geral e natalidade legítima) e I_h (índice semelhante de natalidade ilegítima, não discutido aqui) são calculados da seguinte forma: f_i, g_i e h_i representam, respetivamente, total de nascimentos, nascimentos legítimos e nascimentos ilegítimos por mulher cuja idade se situa no intervalo *i*. De forma semelhante w_i, m_i, u_i representam o total de mulheres, mulheres casadas e mulheres não casadas no mesmo intervalo de idade. F_i é o coeficiente de natalidade para a população modelo, nomeadamente as mulheres Hutteritas casadas, no período de 1921-1930, grupo notável por ter tido a natalidade mais elevada alguma vez registada numa população normalmente constituída. Dada a informação anterior, podem ser calculados os índices seguintes:

1. Natalidade geral $I_f = \sum f_i w_i \, / \sum F_i w_i$
2. Natalidade legítima $I_g = \sum g_i m_i \, / \sum F_i m_i$
3. Natalidade ilegítima $I_h = \sum h_i u_i \, / \sum F_i u_i$
4. Proporção de mulheres casadas $I_m = \sum F_i m_i \, / \sum F_i w_i$

Os numeradores 1, 2 e 3 são, respetivamente, o total de nascimentos, de nascimentos legítimos e de nascimentos ilegítimos da população estudada. Os valores de F_i são: idades entre 15-19 = 0,300, 20-24 = 0,550, 25-29 = 0,502, 30-34 = 0,447, 35-39 = 0,406, 40-44 = 0,222, 45-49 = 0,061. Os quatro índices estão relacionados pela seguinte equação: $I_f = I_g \times I_m + I_h \times (1 - I_m)$. Quando I_h

• O índice da natalidade legítima mede a intensidade da fecundidade feminina no seio do casamento, uma vez que está relacionada com o valor mais elevado encontrado numa população constituída de forma normal (valor igual a 1). Antes da difusão do controlo voluntário da natalidade, os valores de I_g, em geral, situam-se entre 0,6 e 1, como função dos fatores (a duração da amamentação e outros, discutidos no capítulo 1) que determinam o intervalo entre os nascimentos. A propagação do controlo da natalidade revela-se geralmente por um declínio «contínuo» da natalidade legítima. No estudo anteriormente citado, um declínio de 10% relativamente a um nível inicial estável é considerado sinal inequívoco de controlo. Valores de 0,5 ou menores são, sem sombra de dúvida, de países que praticam a limitação da natalidade.

• O índice de nupcialidade é apenas a medida da proporção de mulheres em idade fértil que estão casadas (ponderada para a natalidade potencial nas diversas idades). É, assim, uma síntese dos efeitos da idade na altura do casamento e da proporção das mulheres que casaram (bem como da viuvez, em declínio durante o período considerado, devido à mortalidade reduzida), patente na figura 4.5.

A figura 4.6 ilustra, portanto, o declínio progressivo da natalidade geral nos países europeus, como função dos índices anteriormente descritos. Em 1870, os níveis de natalidade variavam consideravelmente: desde abaixo de 0,3 em França (onde o controlo de natalidade já estava bem estabelecido), até cerca de 0,5 nos países de Leste (não apresentados no gráfico), caracterizados por elevada nupcialidade e alta natalidade legítima. Com excepção da França, a amplitude de posições ocupadas pelos diferentes países nesta data deve-se mais à variação da nupcialidade do que à da natalidade legítima: a área que delimita estes pontos alonga-se na vertical. O declínio da natalidade geral em datas sucessivas, por outro lado, deve-se principalmente a uma queda na natalidade legítima em resultado da difusão do controlo da natalidade: a área adquire uma orientação progressivamente mais horizontal e, em 1960, os níveis de natalidade geral são cerca de 0,2. Em mais do que um caso, o declínio da natalidade legítima é acompanhada por um aumento na nupcialidade. Este último fenómeno pode ser interpretado como reação à disponibilidade de um meio eficiente de controlo da natalidade (contraceção), que tornou o controlo nupcial supérfluo e abrandou as inibições ao casamento.

é muito baixo, digamos inferior a 0.05 (ou 5%), como tradicionalmente tem sido o caso de todas as populações ocidentais, então o índice de natalidade geral aproxima-se muito de $I_g \times I_m$. Todos os índices têm valores inferiores a 1. No caso de I_g o valor do índice representa o rácio entre a natalidade legítima da população estudada e o máximo teórico das Hutteritas. Os valores inferiores a 0,6 geralmente indicam um grau de controlo voluntário de natalidade.

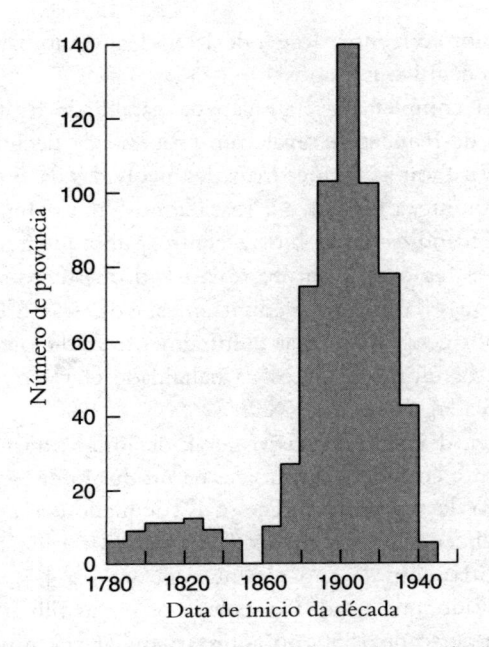

Figura 4.7 Distribuição, por década, do número de províncias da Europa que evidenciavam um declínio de 10% na fertilidade legítima (I_g)
Fonte: A. J. Coale e S. C. Watkins (orgs.), *The Decline of Fertility in Europe*, Princeton, Princeton University Press, 1986.

O ponto no qual a natalidade marital registou uma queda de 10% relativamente a um nível prévio estável (e sem aumentos subsequentes) é um indicador empírico de que se iniciou um declínio irreversível. Esta data é um momento importante na transição demográfica, e assinala a substituição do sistema tradicional de regulação da natalidade (casamento) por um novo (contraceção). Ocorreu pela primeira vez em França, em 1827, e na Rússia europeia e na Irlanda em 1922 – quase um século mais tarde. Para a Bélgica, a Dinamarca, a Grã-Bretanha, a Alemanha, a Holanda e a Suíça, a data situa-se entre 1880 e 1900; para a Suécia, a Noruega, a Áustria e a Hungria entre 1900 e 1910; e para a Itália, a Grécia, a Finlândia, Portugal e a Espanha entre 1910 e 1920. A data do declínio de 10% também foi calculada para aproximadamente 700 províncias ou distritos europeus: a sua distribuição por década está apresentada na figura 4.7. Essencialmente, existem duas distribuições: a da esquerda representa as áreas francesas que precederam, claramente, o resto da Europa, iniciando o declínio da natalidade no período entre 1780 e 1850; a da direita representa o resto da Europa. Em 60% de todos os casos a data de declínio situa-se entre 1890 e 1920:

a década com maior concentração é a de 1900-10. As últimas áreas apenas iniciaram o declínio decisivo nos anos 40.

Uma geografia completa da transição da natalidade legítima, como a do estudo detalhado de Princeton, revela um processo de declínio que começou em França e se espalhou às regiões mais desenvolvidas da Europa, incluindo a Catalunha, o Piemonte, a Ligúria e a Toscana no Sul, e a Inglaterra, a Bélgica, a Alemanha e a Escandinávia no Norte-centro. Subsequentemente, atingiu de forma mais geral as regiões da Europa do Sul e do Leste. As regiões mais periféricas (algumas áreas da Europa mediterrânica, os Balcãs, a Irlanda) e as áreas centrais em termos geográficos mas culturalmente tradicionais (algumas áreas dos Alpes) foram os últimos redutos da natalidade elevada, conquistados gradualmente em meados do século XX[244].

Podemos, agora, deixar desta visão geral, de longo prazo, da transição da natalidade, e passar a considerar os índices da produção de nascimentos e a sua evolução ao longo do tempo. O índice mais adequado é a *Tft* (número médio de filhos por mulher), que para alguns países tem sido calculada para gerações de mulheres nascidas com 25 anos de intervalo (tabela 4.5). Os níveis variam desde o mais elevado, que ronda ou excede os cinco filhos por mulher para gerações nascidas perto de 1850, ou antes, na Inglaterra, no País de Gales, na Alemanha e na Holanda, até a um mínimo de cerca de dois filhos, para as gerações nascidas por volta de 1950 (que já completaram o seu ciclo reprodutivo). As mulheres nascidas no início dos anos 60 ficaram muito aquém da reposição em países como a Alemanha, a Itália e a Espanha. Quando estas mulheres chegarem ao final do seu período reprodutivo, as que não vão ter crianças ou que apenas têm filhos únicos vão ultrapassar o número das que têm dois ou mais filhos. A Rússia, e muitos outros países ex-socialistas, e o Japão já se juntaram à liga destes países com natalidade perigosamente baixa, a ponto de se tornar motivo de preocupação. Será que estamos no início de um período de natalidade muito baixa que pode colocar em perigo o desenvolvimento da sociedade europeia, ou apenas no ponto mais baixo de um ciclo, que depressa será seguido por um aumento?[245]

---

[244] Entre os resultados do estudo de Princeton encontram-se mapas de tendências de natalidade e de nupcialidade desde a segunda metade do século XIX até 1960. Ver Coale e Watkins, *The Decline, op. cit.* Para uma «geografia» mais detalhada, ver as monografias nacionais, todas publicadas pela Princeton University Press, para os seguintes países: França (E. van de Walle), Grã-Bretanha (M. Teitelbaum), Alemanha (M. Knodel), a ex-URSS (B. Anderson, A. J. Coale e E. Harm), Itália (M. Livi Bacci), Bélgica (R. Lesthaeghe) e Portugal (M. Livi Bacci).

[245] Vários autores acreditam que, a longo prazo, a natalidade rondará cerca de 2, mantendo-se a par do número médio de filhos que os casais declaram querer, ou esperam ter ou consideram como ideal – tal como é demonstrado repetidamente pelos inquéritos. Os desvios substanciais deste padrão

Tabela 4.5 Número médio de filhos por mulher (*Tft*) para várias gerações em países ocidentais (1750-1965)

País	1750	1775	1800	1825	1850	1875	1900	1925	1950	1965
Suécia	4.21	4.34	4.68	4.4	4.28	3.51	1.9	2.05	1.98	1.98
Inglaterra e Gales	5.28	5.87	5.54	5.05	4.56	3.35	1.96	2.15	2.06	1.90
Alemanha					5.17	3.98	2.08	2.06	1.72	1.53
França				3.42	3.27	2.6	2.14	2.59	2.11	2.02
Holanda					4.98	3.98	2.86	2.76	1.85	1.77
Espanha					4.64	3.38	2.51	2.15	1.61
Itália					4.67	4.5	3.14	2.27	1.88	1.49
EUA					4.48	3.53	2.48	2.94	1.96	2.01
Austrália						3.22	2.44	2.98	2.30	2.05

Nota: Períodos centrados nas datas indicadas. Para a Holanda, 1841-50; para a Austrália, 1876-85 para 1875; os valores italianos para 1850 e 1875 baseiam-se num inquérito à fertilidade de 1931. Para a Alemanha, os valores de 1925 e 1950 referem-se apenas à Alemanha Ocidental.

Fontes: P. Festy, *La Fecondité des pays occidentaux de 1870 à 1970,* Paris, PUF, 1979. Para a Inglaterra: E.A. Wrigley e R.S. Schofield, *The Population History of England, 1541-1871,* Londres, Edward Arnold, 1981. Os dados das gerações de 1950 e de 1960 vêm do Eurostat e de fontes nacionais.

Será interessante comparar, como fizemos para a esperança de vida, a *Tft*[246] e o PIB *per capita* para os 16 países industrializados nas quatro datas habituais: 1870, 1913, 1950, 1980 e 2000 (figura 4.8). A relação é exatamente o inverso da que existe entre a produção *per capita* e a e_0: o crescimento do PIB *per capita* é acompanhado inicialmente por um declínio continuado na natalidade; subse-

---

resultarão essencialmente de mudanças no «tempo» da natalidade, devido a fatores transitórios. Sobre este ponto de vista temos J. Bongaarts, *Fertility and Reproductive Preferences in Post-transitional Societies,* in R.A: Bulatao e J.B. Casterline (orgs.), *Global Fertility Transition,* in «Population and Development Review), vol. 27, suplemento, 2001. Outros – entre os quais este autor – têm opinião diferente e defendem que as sociedades podem ajustar-se, durante longos períodos de tempo, a padrões de natalidade estruturalmente muito baixos, como demonstram os casos da Alemanha e da Itália, com natalidade baixíssima há duas ou três décadas. Alguns autores, por outro lado, consideram que a época da natalidade baixíssima terminou e que se aproxima uma fase de viragem, cf.: J.R. Goldstein, Tomás Sobotka e Aiva Jasilioniene, *The end of «lowest-low» fertility,* in Population and Development Review, 35, dezembro 2009, 4.

[246] Os valores de *Tft* aqui utilizados são taxas de «período» em vez das taxas de «geração» usadas na tabela 4.6. As taxas de período são calculadas ao combinar os níveis de natalidade de mulheres de diferentes idades na mesma data (e, deste modo, nascidas em datas diferentes e tendo histórias de natalidade diversas) e, assim, enfatizar a influência temporária dos fatores económicos.

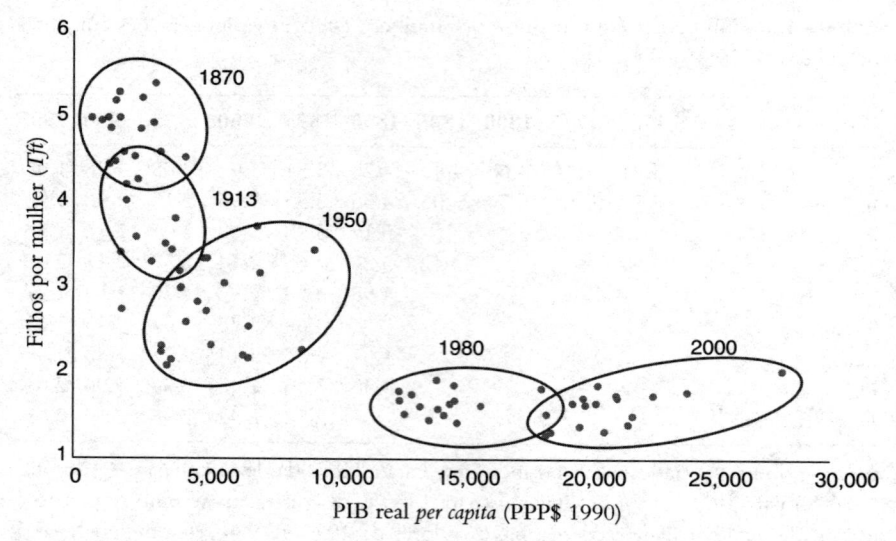

Figura 4.8   Relação entre o PIB real *per capita* e número médio de filhos por mulher (*Tft*), em 16 países ocidentais (1870, 1913, 1950, 1980 e 2000)

quentemente, os aumentos no PIB ocorrem em conjunto com reduções ainda mais pequenas na natalidade, até que se atinge o estado presente de maturidade económica e a natalidade permanece essencialmente inalterada. Não devemos aceitar como «lei» uma relação observada durante um período histórico no qual o bem-estar crescente parece ter favorecido a difusão do controlo voluntário da natalidade. A ausência de correlação nos dias de hoje entre os níveis de natalidade e de rendimento sugere que outras motivações complexas, ligadas apenas de forma ténue à disponibilidade de bens materiais, regem as decisões de natalidade dos casais.

Durante os séculos XIX e XX, a transformação social e económica foi um fator importante no declínio da natalidade, o que é confirmado pelo progresso mais lento nas áreas periféricas e atrasadas. Tem havido, evidentemente, exceções importantes que, como acontece com frequência nas ciências sociais, frustram os académicos que procuram soluções simples para problemas complexos. Os exemplos seguintes são alguns dos muitos que a bibliografia oferece: (1) na França rural, o declínio da natalidade começou mais cedo do que em Inglaterra, país mais rico e mais avançado em plena Revolução Industrial; (2) em muitos países a taxa de declínio da natalidade é explicada apenas num grau mínimo pelos índices sociais e económicos, tais como nível de educação, ruralidade, industrialização ou urbanização; (3) muitas vezes os fatores culturais – pertença a um grupo linguístico ou étnico, afiliação religiosa ou política – parecem ser mais significativos no que diz respeito ao declínio da natalidade do que os fatores económicos.

Mas se olharmos para o processo no seu todo, vemos que nenhuma população manteve durante muito tempo níveis de natalidade elevados face ao aumento do bem-estar e ao declínio da mortalidade. A transição demográfica foi, claramente, parte integrante da transformação da sociedade europeia.

4.   Emigração europeia: um fenómeno único

A síntese da transição que aqui apresento não estaria completa sem a referência às grandes correntes de migração que povoaram dois continentes e que, simultaneamente, baixaram a pressão demográfica na Europa. Já referi a importância da disponibilidade de espaço (e portanto de terra) na modelação do crescimento demográfico europeu anterior à Revolução Industrial. No final do século XVIII, mais de 8 milhões de pessoas de origem europeia, distribuídas de forma mais ou menos equitativa, povoaram as duas metades do continente americano. Ao longo de três séculos, através do imperialismo ibérico e inglês, a Europa estabeleceu as fundações políticas, económicas e demográficas da futura migração em massa. As causas dessa migração foram simultaneamente económicas e demográficas: económicas porque a Revolução Industrial e o progresso tecnológico aumentaram a produtividade e, desta forma, tornaram supérfluas grandes quantidades de trabalhadores, particularmente nas zonas agrícolas; demográficas porque a transição envolveu um grande «multiplicador» demográfico, ou seja, acelerou o crescimento da população e, desta forma, agravou os problemas criados pelas mudanças económicas. A disponibilidade de terra e de espaço nas Américas do Norte e do Sul e, em menor grau, na Oceania, conjugada com a procura de mão-de-obra nestas novas sociedades, criou as condições para a migração em massa.

Desde meados do século XIX até à segunda década do século XX os processos de integração económica entre países conheceram forte aceleração e extensão geográfica crescente graças também às melhores comunicações e à maior mobilidade dos fatores produtivos; as exportações cresceram por todo o lado a um ritmo muito maior do que a produção. Segundo Maddison, metade das poupanças do Reino Unido foram aplicadas no estrangeiro, mas também os investimentos de outros países – em primeiro lugar, a França e a Alemanha – foram muito evidentes. Boa parte dos investimentos foi aplicada na construção das redes ferroviárias, cuja extensão quintuplicou na América do Norte entre 1870 e 1913 (passou de 90 000 km para 450 000), chamando massas de trabalhadores imigrantes. Na América Latina, os poucos milhares de quilómetros de linhas ferroviárias de 1870 passaram a ser 100 000 em 1913[247]. A crescente integração económica entre países é bem resumida pela relação percentual entre o valor das exportações de bens e o PIB de cada país: relação que para o Reino Unido cresce de 3% em 1820 para 12% em 1870 e para 18% em 1913; para a França – nas mesmas datas – de 1% para 5% e para 8%; para a Alemanha de 9% para 16% entre 1870 e 1913. Segundo O'Rourke e Williamson, os movimentos migratórios de massa entre a Europa e a América que acompanharam este processo de globalização determinaram um aumento dos salários reais, uma melhoria dos padrões de vida, e uma redução da pobreza nos países de origem. Ao mesmo tempo, tiveram um notável impacto sobre os mercados de trabalho americanos, onde moderaram os salários reais, determinaram novas pobrezas e reduziram o nível de vida dos anteriores imigrantes e dos trabalhadores nativos, com os quais os recém-chegados entraram em competição. «A migração de massa, portanto, foi uma força que criou convergência económica entre os países envolvidos, determinando uma aproximação entre o nível de vida dos países pobres, de onde provinham os emigrantes, e o dos países ricos, os lugares de destino»[248]. Talvez possamos dizer, mais cautelosamente, que a globalização, mais do que «aproximar os níveis de vida» da generalidade das populações, impediu que a assimetria entre a Europa e a América se tornasse insuperável, visto que tal assimetria, quando medida pelo rendimento *per capita*, se tornou ainda mais vincada no período em consideração (cf. Tabela 4.8, pág. 174).

As estimativas para a migração europeia transoceânica, a partir dos principais países de origem, entre 1846 e 1932 são as seguintes: 18 milhões da Grã-Bretanha e da Irlanda, 11,1 milhões da Itália, 6,5 milhões da Espanha e de Portugal, 5,2 milhões da Áustria-Hungria, 4,9 milhões da Alemanha, 2,9 milhões da Polónia e da Rússia e 2,1 milhões da Suécia e da Noruega. Esta vaga de emigração, que, evidentemente, até certo ponto foi equilibrada por uma contracorrente de migração de regresso, dirigiu-se primariamente para os Estados Unidos (34,2 milhões), Argentina e Uruguai (7,1 milhões), Canadá (5,2 milhões), Brasil (4,4 milhões), Austrália e Nova Zelândia (3,5 milhões) e Cuba (0,9 milhões). Nos primeiros 15 anos do século XX, a taxa anual de emigração europeia ultrapassou 3‰, igualando cerca de um terço do aumento natural[249].

Entre 1861 e 1961, a perda líquida de população italiana devido à emigração foi de 8 milhões. Supondo que estes tinham crescido ao mesmo ritmo da

---

[247] A. Maddison, *Monitoring the World Economy*, 1820-1992, Paris, OCDE, 1995, pp. 61-64.

[248] K. O'Rourke e J. Williamson, *Globalizzazione e storia*, Bolonha, Il Mulino, 2005, pág. 281.

[249] Chesnais, *La transition, op. cit.*, p. 164.

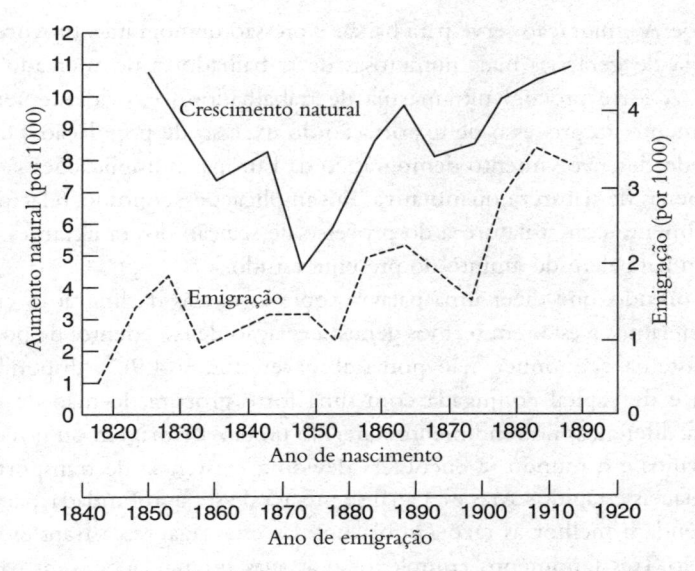

Figura 4.9 Emigração e crescimento natural do continente europeu (1820-1915)

população italiana (e é uma hipótese muito restritiva), teriam constituído em 1981 uma massa de 14 milhões de habitantes, igual a 25% da população.[250]

Estas notas breves devem dar uma ideia da importância da emigração para o sistema demográfico europeu. Em termos globais, do ponto de vista do crescimento económico agregado, esta emigração foi certamente benéfica. Tornou possível o rápido crescimento económico nas áreas de emigração, a utilização da mão-de-obra onde poderia ser mais produtiva e um aumento geral de recursos tanto na Europa como no ultramar.

A figura 4.9, retirada de Chesnais, compara o aumento demográfico na Europa continental com a intensidade da emigração cerca de 25 anos mais tarde, período que corresponde mais ou menos à média de idades dos emigrantes. Existe uma relação flagrante entre os aumentos e os decréscimos da taxa de crescimento e as tendências no sentido da emigração, um quarto de século

---

[250] Ao combinar as estatísticas de imigração dos Estados Unidos com os resultados dos censos (que perguntavam a nacionalidade dos inqueridos), consegui calcular que, entre 1880 e 1950, 50,2% dos imigrantes italianos regressaram a Itália depois de estadias de duração variável. M. Livi Bacci, *L'immigrazione e l'assimilazione degli italiani negli Stati Uniti*, Milão, Giuffrè, 1961, pp. 34–35. De forma a calcular a população atual que descende da imigração italiana líquida no período de 1861 a 1961, apliquei a taxa de crescimento italiana para cada década à migração líquida desse período, partindo do princípio que foi mantida (tanto pelos primeiros migrantes como pelos seus descendentes) até 1981.

mais tarde. A emigração serve para baixar a pressão demográfica provocada pela influência de gerações mais numerosas de trabalhadores no mercado de trabalho[251]. A forte procura ultramarina de trabalhadores é, evidentemente, um complemento ao processo de exportação do excesso de população. Do ponto de vista do desenvolvimento demográfico da Europa, as implicações são várias, e não apenas de natureza quantitativa. Tais implicações, contudo, relacionam-se primeiramente com a natureza do processo de seleção dos emigrantes e levar-nos-iam para além do âmbito do presente estudo.

Há, contudo, que dizer uma palavra sobre as causas da migração europeia. Já nos referimos a estas em termos gerais: a criação de excedentes de população que o sistema económico não podia absorver (figura 4.9), a disponibilidade de terra e de capital conjugada com uma forte procura de mão-de-obra na América, diferenças no rendimento auferido no país de origem ou nos destinos ultramarinos e o mundo «a encolher» devido à existência de transportes mais baratos, fáceis e rápidos. Mas esta análise precisa de ser aprofundada, para que se compreendam melhor as razões subjacentes a esta gigantesca transferência de população. Três fenómenos complexos e as suas inter-relações, em particular, precisam de ser identificados: primeiro, o crescimento da população rural, a disponibilidade de terra tanto na Europa como fora desta e a produtividade agrícola; segundo, a dinâmica da população rural; e terceiro, o crescimento contemporâneo de atividades não agrícolas.

No que diz respeito ao primeiro ponto, na última metade do século XVIII cerca de três quartos da população de todos os países da Europa, com excepção da Inglaterra, que se estava a industrializar rapidamente, tinham emprego na agricultura. Esta proporção baixou rapidamente, embora não de modo uniforme, no decurso do século seguinte: em 1850 era cerca de metade e no início do século XX cerca de um terço. No entanto, o volume da população agrícola cresceu durante a primeira parte do século, devido ao rápido crescimento demográfico europeu (dobrou no decurso do século) e estabilizou na última parte[252]. A expansão demográfica aumentou a procura de comida e esta procura deveu-se, na sua maior parte, ao aumento na terra cultivada. Novas terras estavam disponíveis na Europa do Norte e também a leste do Elba. Nos outros sítios os períodos habituais de pousio eram gradualmente eliminados. A produtividade, contudo, permaneceu baixa: em meados do século XIX a colheita de trigo de um hectare de terra era de cerca de uma tonelada; no início do século XX este

---

[251] Chesnais, *La transition, op. cit.*, pp. 169-172.
[252] P. Bairoch, *International Historical Statistics*, vol. 1: *The Working Population and its Structure*, Bruxelas, Université Libre de Bruxelles, 1968.

número tinha tido um modesto aumento de 20%[253]. A escassez de terra – que multiplicou o número de camponeses que não a possuíam –, juntamente com o aumento lento da produtividade, teria imposto novos limites «malthusianos» à população se não fosse a existência da vasta expansão de terra cultivada fora da Europa. Grigg calculou que a terra arável na Europa aumentou de 140 milhões para 147 milhões de hectares, entre 1860 e 1910. No mesmo período, a terra cultivada na Rússia aumentou de 49 milhões para 114 milhões de hectares, nos Estados Unidos de 66 para 140 milhões e no Canadá e na Argentina de níveis insignificantes para 33 milhões[254]. Os baixos custos de produção nas novas áreas de povoamento europeu e a descida dos custos de transporte foram, de facto, a base para a queda dos preços agrícolas, que mergulhou na crise a área rural europeia a partir dos anos de 1870. Por último, enquanto a produtividade da terra cresceu a passo muito lento, a injeção de capital no campo e a mecanização combinaram-se para aumentar a produtividade da mão-de-obra. Multidões de camponeses sem capacidade para serem proprietários e o aumento da produtividade traduzem-se num rápido aumento dos excedentes da mão-de-obra e, desta forma, os trabalhadores viram-se, amiúde, arrancados das atividades e estilos de vida tradicionais e a enfrentar situações de crise. Em resultado disso aumentou a bolsa de potenciais emigrantes[255].

O segundo ponto refere-se à dinâmica da população das regiões rurais, onde o controlo da natalidade se difundiu com considerável atraso comparativamente às cidades, causando taxas mais elevadas de crescimento populacional natural durante o período de transição. Em alguns casos – análogos à situação em muitos países em desenvolvimento – as primeiras fases da transição e as concomitantes melhorias nas condições sanitárias levaram ao aumento, em vez de ao decréscimo, na natalidade[256].

O terceiro ponto diz respeito à rapidez com que surgiram novas atividades não agrícolas na Europa e, desta forma, forneceram um escoamento alternativo

---

[253] D. Grigg, *Storia dell'agricoltura in occidente, op. cit.*, tabela 4.2., pág. 48.

[254] *Ibidem*, tabela 2.2, pág. 30.

[255] Ver D. S. Massey, J. Arango, G. Hugo, A. Kouaouci, A. Pellegrino e J. E. Taylor, *Worlds in Motion: Understanding International Migration at the End of the Millenium,* Oxford, Oxford University Press, 1998. D. J. Hatton e J. G. Williamson, *The Age of Mass Migration: Causes and Economic Impact,* Oxford, Oxford University Press, 1998.

[256] Um caso típico é o de Veneza que, nos anos 20, foi a última região do centro-norte da Itália a iniciar o controlo de natalidade. A natalidade legítima (I_g) aumentou consideravelmente no período imediatamente anterior ao estabelecimento do declínio (quase 20% entre 1881 e 1911). Os fatores do aumento incluíam a melhoria das condições de vida e a eliminação da pelagra, uma doença relacionada com um défice vitamínico, resultante da excessiva dependência do milho-maís. Ver M. Livi Bacci, *Fertility, Nutrition and Pellagra: Italy during the Vital Revolution,* in «Journal of Interdisciplinary History», XVI, inverno 1986, 3.

para o excesso da população rural. Este fenómeno não é, claro, independente do estádio de evolução da agricultura. Com efeito, os dois estão intimamente relacionados: ferramentas, máquinas e adubos que previamente tinham sido produzidos por interesses agrícolas, começaram gradualmente a ser criados de forma mais eficiente pelo sistema industrial. Mas foi o crescimento deste último sistema e, predominantemente, das atividades de serviço urbano que criou novas oportunidades para o excedente do trabalho rural. Nas áreas onde este processo ocorreu relativamente cedo, a emigração foi baixa ou, de qualquer das formas, breve. Ao invés, nas áreas onde ocorreu tarde a emigração tendeu a ser em massa.

A figura 4.10 sublinha a intensidade do fluxo de emigração (particularmente elevada na primeira década deste século) com a rapidez do crescimento da ocupação agrícola nos últimos trinta anos do século XIX em 10 países europeus. A relação é direta: os países onde a população agrícola diminui ou estaciona nas últimas décadas do século (Suíça, Bélgica, Alemanha, Dinamarca, Inglaterra) têm baixa emigração transoceânica; os países em que a ocupação rural cresce fortemente (Itália e Espanha) têm forte emigração. Também se pode dizer que a grande vaga migratória se atenua quando os excedentes demográficos se reduzem. O rácio entre os que estavam empregados nas indústrias fabris e aqueles que trabalhavam na agricultura serve como índice da situação em mudança. Quando este rácio é superior a um (ou seja, quando os que estão empregados na indústria excedem os que estão na agricultura), então a pressão para emigrar torna-se mais fraca e acaba por desaparecer à medida que o sector moderno da economia – que inicialmente consistiu em indústrias fabris mas depois cresceu para incluir transportes, serviços, construção, etc. – se torna suficientemente importante para absorver o restante excedente da população agrícola. A Grã-Bretanha, onde a emigração em massa já há muito tinha cessado, excedeu largamente o rácio 1 para 1 durante o século XIX. Antes da Primeira Guerra Mundial este rácio foi ultrapassado pelos países que atravessavam um processo rápido de industrialização: a Bélgica, onde a emigração em massa nunca tinha ocorrido, e a Alemanha e a Suíça, onde tinha cessado. Os países mediterrânicos, como a Itália e a Espanha, onde a industrialização surgiu tarde, apenas excederam este rácio nos anos 60 e 70, altura em que a emigração em larga escala parou. Noutros países, nos quais as indústrias fabris passaram a dominar a economia nacional no período entre guerras (Dinamarca, Suécia, Holanda), a emigração estava parada, inicialmente pelas restrições dos países de destino e depois pela crise económica.

A experiência da Europa – durante o século XIX e grande parte do século XX a fonte principal de população para as «novas Europas» ultramarinas – não pode

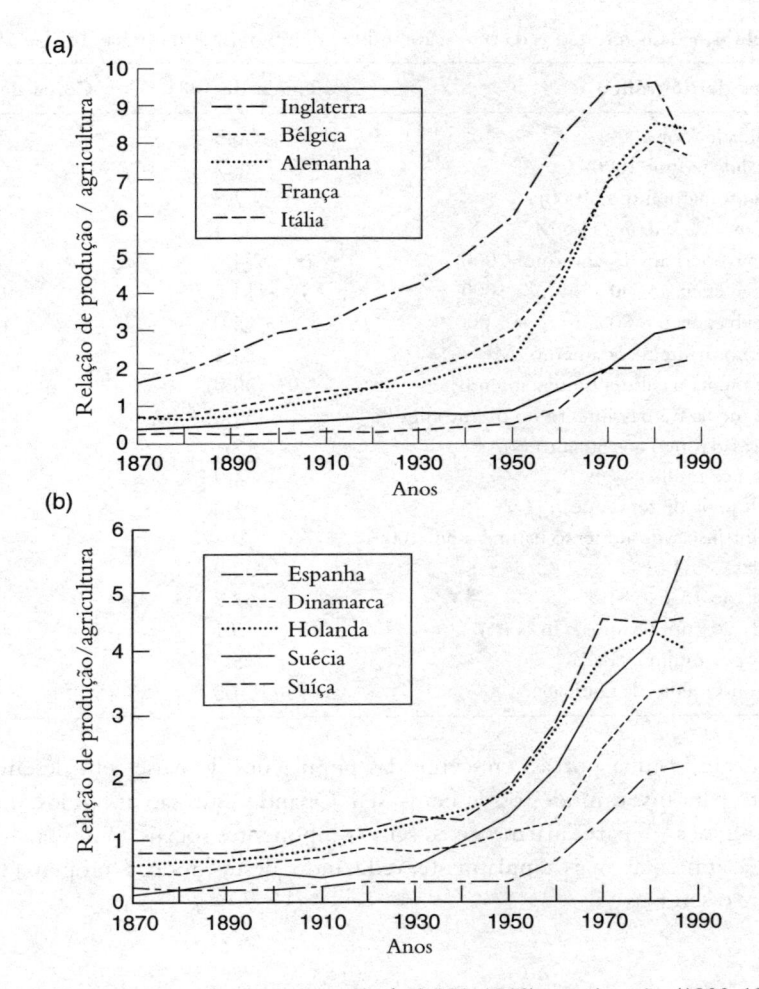

Figura 4.10 Aumento do emprego agrícola (1870-1910) e emigração (1900-1910)

ser simplesmente aplicada aos dias de hoje. A situação atual de pressão demográfica, que alimenta a migração dos países mais pobres para os mais ricos, difere fundamentalmente, na medida em que já não existem áreas «vazias» abertas à imigração e as políticas nacionais limitam severamente as possibilidades de movimentação humana. Por outro lado, a globalização económica tende a aumentar as desigualdades entre países, criando distâncias cada vez maiores entre os rendimentos de áreas ricas e pobres e aumentando, desta forma, os incentivos à migração. Contudo, a globalização pode igualmente propiciar o crescimento,

Tabela 4.6   Os resultados da transição: índices demográficos da Itália (1881 e 1981)

Índice demográfico	Cerca de 1881	Cerca de 1981
Natalidade (por 1000)	36.5	11.0
Mortalidade (por 1000)	28.7	9.6
Aumento natural (por 1000)	7.8	0.4
Esperança de vida (e_0, H e M)	35.4	74.4
Sobrevivência aos 15 anos (por 1000)	584	982
Sobrevivência aos 50 anos (por 1000)	414	936
Sobrevivência aos 80 anos (por 1.000)	65.0	422
Idade no primeiro casamento (M)	24.1	24.0
Idade média na altura do nascimento	(30.0)	27.6
Idade média no nascimento do último filho	(39.0)	30.0
Não casadas (M) aos 50 anos (%)	12.1	10.2
Filhos por mulher (*Tft*)	4.98	1.58
Taxa líquida de reprodução (R_0)	1.26	0.76
Taxa intrínseca de aumento natural (*r* por 1000)	0.77	0.99
População 0–14 (%)	32.2	21.4
População 15–64 (%)	62.7	65.3
População com 65 anos e mais (%)	5.1	13.3
Filhos por mulher casada	5.6	1.7
Tamanho médio da família	4.5	3.0

empurrando uma porção crescente das populações de países em desenvolvimento para níveis modestos de bem-estar. Quando estes são atingidos, o custo da emigração – particularmente os seus componentes sociais e culturais – tendem a aumentar mais rapidamente, reduzindo, deste modo, a propensão para deixar o seu país.

5.   Os resultados da transição

A transição demográfica e a migração a ela associada deixaram a população europeia profundamente alterada, tanto em termos dinâmicos como estruturais. As alterações associadas à obtenção de um elevado nível de eficiência demográfica podem ser expressas através de diversos índices. A tabela 4.6 apresenta estes índices para a Itália em 1881 e 1981, as datas, *grosso modo*, do início e do fim da transição demográfica neste país. Com algumas adaptações, o caso italiano é típico do continente europeu e tem um valor mais geral. Na figura 4.11 é possível deduzir a posição da Itália no contexto dos 16 países ocidentais (os países são os que surgem na tabela 4.8), de 1879 a 2000. Uma posição que, em

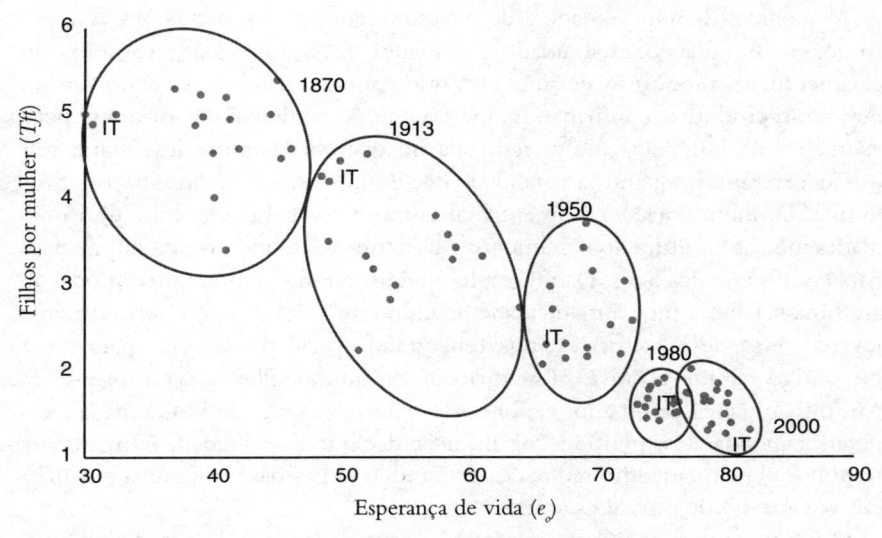

Figura 4.11   Filhos por mulher (*TfT*) e esperança de vida *(e₀)*

1879 e em 1913, é de notável «atraso» no espaço circunscrito, com natalidade e mortalidade mais elevadas, mas que em 2000 surge «na frente», com níveis dos mais baixos.

Regressemos à tabela 4.6, que requer um breve comentário. As taxas de nascimento e de mortalidade repetem o que já discutimos nas páginas anteriores, nomeadamente a intensidade reduzida, em cerca de dois terços, de ambos os fenómenos. Simultaneamente, a esperança de vida subiu para mais do dobro, uma vez que a sobrevivência aumentou imenso. Em 1981, 98% de cada geração atingiu a idade reprodutiva (15 anos) e 48% chegou à respeitável idade de 80 anos. Em 1881 estes números eram de 58% e de 6%. Como é óbvio, estas melhorias dramáticas produzem mudanças importantes numa sociedade[257].

---

[257] Embora, infelizmente, seja considerado óbvio que o aumento da sobrevivência no último século seja responsável pelo envelhecimento demográfico, isto é, pelo aumento da proporção de idosos sobre o total da população. Ora, este envelhecimento deve-se exclusivamente à diminuição progressiva da natalidade que não permitiu à estrutura etária de se alimentar adequadamente de novas gerações, também se pode demonstrar que o aumento da sobrevivência incidiu proporcionalmente sobre as idades infantis e juvenis do que nas idades idosas, provocando um aumento mais do que proporcional de jovens do que de idosos, e provocando, portanto, um efeito de rejuvenescimento da estrutura por idade. Diferente é a situação atual e a do futuro próximo: os ganhos de sobrevivência efetuar-se-ão todos nas idades maduras e idosas (quase nada havendo a ganhar nas idades juvenis): a ulterior queda da mortalidade terá, portanto, o efeito de contribuir para o envelhecimento. Mas historicamente não foi assim.

As medidas de nupcialidade e de estrutura familiar são menos óbvias, revelando, em simultâneo, estabilidade e mudança. Estável é a idade na altura do casamento e a proporção de mulheres que continuam solteiras até ao fim do período reprodutivo, confirmando que no mundo ocidental o controlo nupcial exerceu uma influência muito reduzida no quadro das mudanças dramáticas que ocorreram. Enquanto a natalidade declinou, a utilização do espaço reprodutivo diminuiu consideravelmente, tal como é revelado pela diminuição das idades médias na altura do nascimento e no último nascimento, esta última mais baixa em quase dez anos. Daqui resulta que no regime demográfico moderno a última criança atinge a maturidade quando a mãe (ou o pai) é relativamente jovem (cerca de 50 anos) e ainda tem grande parte da sua vida para viver. No antigo regime, ao invés, a maturidade do último filho ocorria quando os pais tinham cerca de 60 anos e, portanto, eram relativamente idosos, dada a esperança de vida desse período. Por último, o declínio da natalidade é largamente responsável pelo tamanho reduzido das famílias (3 pessoas por família em 1981 em vez das 4,5 de cem anos antes)[258].

O último grupo de índices, relativos à estrutura etária, é de grande interesse. O declínio na natalidade reduziu o tamanho dos grupos de idade mais jovem (a percentagem da população abaixo dos 15 anos diminuiu de 32,2% para 21,4%) e reforçou o dos mais velhos (de 5,1% para 13,3% com mais de 65 anos), acelerando o processo conhecido como «envelhecimento demográfico». Mas o que é mais interessante é a «projeção» no tempo do que teria acontecido (ou do que aconteceria) se as leis de mortalidade e natalidade de 1881 (ou de 1981) tivessem permanecido imutáveis no tempo, permitindo à população o correspondente estado de estabilidade[259]. Em 1881 a diferença entre o estado estável e o estado efetivo da população era mínimo. Em 1981, contudo, as implicações seriam desconcertantes: se a natalidade permanecesse a que era (0,76 filhas por mulher) e o mesmo com a mortalidade, a taxa de crescimento viria a ser -1% por ano, implicando a redução da população em 71 anos, enquanto a estrutura etária sofreria um ulterior e acentuadíssimo envelhecimento.

---

[258] Evidentemente que a natalidade, por si só, não determina a alteração no tamanho da família. A capacidade de sobrevivência, a idade em que os filhos saem de casa, a viuvez e os segundos casamentos, a frequência de famílias alargadas (compostas por mais de um núcleo biológico) e a co-habitação de pessoas sem laços de parentesco, são também fatores determinantes do tamanho das famílias.

[259] Uma população com um comportamento fixo da natalidade e da mortalidade, em última análise, atinge uma estrutura fixa de idades (determinada por este comportamento), bem como taxas brutas fixas de nascimento, morte e crescimento. Uma população teórica desta natureza é denominada população «estável». Na tabela 4.6 os parâmetros apresentados referem-se a populações estáveis que seriam produzidas pelos comportamentos de mortalidade e de natalidade em 1881 e 1981.

Estes poucos comentários integram o quanto foi dito até agora a respeito do processo de transição demográfica do mundo desenvolvido, que seguiu um plano básico comum aos vários países. Envolveu uma expansão demográfica geral que, através da emigração, se estendeu a outros continentes. Este desenvolvimento bastante positivo, contudo, não deixou de ter custos: apesar de as populações atuais serem muito mais «económicas» e eficientes do que as populações de há cem ou duzentos anos, no entanto adquiriram novas fraquezas. No caso da mortalidade, a maior ordem demográfica não eliminou por completo os riscos de desordem (a perda de um filho único ou dos pais em idade jovem), e estes acontecimentos, precisamente devido à sua raridade, são mais devastadores para as suas vítimas. As estruturas familiares estão reduzidas e, desta forma, são mais frágeis face ao risco. E o envelhecimento da população para lá de determinados limites constitui um fardo pesado para o sistema social. Por último, a natalidade extremamente baixa, bastante abaixo da reposição, gera «deseconomias» onerosas que, a longo prazo, são insustentáveis.

6. Relação entre crescimento demográfico e crescimento económico: considerações teóricas

Com o advento da Revolução Industrial, a introdução de maquinaria, a exploração de novas fontes de energia e o aumento do comércio, os termos da equação população, terra, mão-de-obra mudam rapidamente. O crescimento da população deixou de levar, através do aumento da procura, ao aumento nos preços e à diminuição dos salários. A partir do século XIX, a expansão demográfica da Europa, que certamente gera desequilíbrios dolorosos, ocorre, no entanto, num clima de preços em diminuição e salários em aumento. Quebrou-se o difícil equilíbrio entre população e terra, à medida que o crescimento económico e o crescimento demográfico se tornaram forças não concorrentes mas complementares. Mas isto é apenas o quadro geral, e é fácil intuir que a tentativa de descrever de forma mais específica a natureza da relação entre população e economia é tarefa difícil. Sentimo-nos inclinados a adotar o ponto de vista de Schumpeter, de acordo com o qual a população tem um papel secundário ou de fundo no desenvolvimento económico: «O impulso fundamental que estabelece e mantém o motor capitalista em movimento vem de novos bens de consumo, de novos métodos de produção e de transporte, de novos mercados, de novas formas de organização industrial que a empresa capitalista cria»[260]. A minha tarefa, contudo, não será discutir se a variação demográfica determina ou não o desenvolvimento económico, mas sim considerar a maneira e o grau em que se condicionam reciprocamente.

Mais uma vez podemos considerar o problema em termos dos rendimentos dos factores de produção, incluindo a mão-de-obra, e se estes tendem a aumentar ou a diminuir. Certamente que a dependência da disponibilidade de terra diminui à medida que a economia se expande para além da agricultura, mas a dependência de outros recursos, como carvão, ferro ou outros minerais extraídos da terra, aumenta. Devido à integração dos mercados, à abertura de novos continentes, à substituição das matérias-primas e à incessante inovação humana e progresso tecnológico, os limites destes recursos ainda não foram atingidos. O declínio, ao longo dos séculos, dos preços relativos das matérias-primas, da comida e dos produtos industriais atesta este facto.

A escassez de terra e a redução dos rendimentos não têm sido evitados apenas pela abertura do continente americano à agricultura europeia mas, acima de tudo, por causa do aumento drástico da produtividade agrícola, particularmente a partir de meados dos anos 50, altura na qual cessou o cultivo de novas terras[261]. Há quase um século e meio, o economista Jevons receava que as reservas de carvão se esgotassem[262], e nos anos 70 o Clube de Roma fez predições semelhantes no que diz respeito a outras matérias-primas[263], enquanto o espectro das reservas de petróleo em declínio assombrou os anos 70. Nenhum destes receios se concretizou, apesar de ser razoável acreditar que a escassez de recursos possa constituir no futuro um obstáculo ao desenvolvimento. Os recursos que são utilizados para a produção de energia (petróleo, carvão, madeira) não se tornaram nem mais raros nem mais caros, tal como é demonstrado pela sua reduzida incidência ao longo do tempo, relativamente a um produto constante. Nos Estados Unidos, a energia requerida em 1850 para produzir $1000 de bens de serviços (PIB, expresso em preços constantes) atingia o equivalente a 4,6 toneladas de petróleo, como equivalente; por volta de 1900 este valor tinha descido para 2,4, em 1950 para 1,8 e em 1978, no auge da crise do petróleo, para 1,5. Por outras palavras, em 1978, a unidade de energia (independentemente da fonte utilizada) produzia um valor (em preços constantes) três vezes superior ao de 1850.

[260] J. A. Schumpeter, *Capitalism, Socialism, and Democracy*, 2.ª ed., Nova Iorque, McGraw-Hill, pp. 82-83.

[261] Y. Hayami e V. W. Ruttan, *Population Growth and Agricultural Productivity*, Baltimore, John Hopkins University Press, 1985.

[262] W. S. Jevons, *The Coal Question*, Londres, Macmillan, 1865.

[263] Mit-Clube de Roma, *I limiti della popolazione mondiale*, Milão, Est-Mondadori, 1972.

Uma ulterior redução de metade do conteúdo energético de cada unidade de produto ocorreu nos últimos trinta anos[264].

Em 1910, Alfred Marshall escreveu: «Tem havido fases na história social em que as características especiais do rendimento auferido pelos proprietários da terra dominou as relações humanas (...). Mas na época presente, a abertura de novos países, ajudada por baixos preços de transporte por terra e mar, quase que suspendeu a tendência para a redução de rendimentos, no sentido em que era usado por Malthus e Ricardo, quando os salários semanais do trabalhador inglês eram com frequência inferiores ao preço de meia *bushel* de bom trigo.»[265].

Voltando a considerar a relação de longo prazo entre crescimento demográfico e desenvolvimento económico, entre 1820 e 2000, a população das quatro principais nações ocidentais (Grã-Bretanha, França, Alemanha e Estados Unidos) cresceu por um fator de 5,6, enquanto o seu PIB conjunto (em preços constantes) se multiplicou por cerca de 107. A produção *per capita*, desta forma, multiplicou-se por 19. Se, portanto, a produção *per capita* (indicador grosseiro do bem-estar individual) duplicou a cada quatro décadas, ou pouco mais, durante os últimos dois séculos, pode deduzir-se que o aumento demográfico – na eventualidade de atuar como obstáculo ao crescimento – exerceu uma ação modestamente opositora, tanto que à primeira vista parece mais aceitável a opinião contrária de quem considera que reforçou o crescimento económico.

Deixando de lado qualquer tentativa de determinar a relação causal entre população e economia, podemos, contudo, discutir alguns fatores ligados ao crescimento demográfico que podem ter acelerado o desenvolvimento, em vez de o abrandar, ou, por outras palavras, proporcionado proveitos crescentes para cada indivíduo adicional. Estes fatores podem ser agrupados em três categorias: (1) fatores puramente demográficos; (2) fatores de escala e fatores dimensionais em geral; e (3) o manancial de conhecimento e de progresso tecnológico.

1. Fatores puramente demográficos. Os fatores puramente demográficos são as alterações associadas à transição demográfica, discutidas anteriormente neste capítulo. A sua influência é considerada positiva por uma série de razões. Em primeiro lugar, o declínio da mortalidade e a reduzida frequência de doença não só aumentou a longevidade como também a eficiência da população.

---

[264] Maddison, *Phases, op. cit.*, pág. 48. O mesmo ritmo para a Grã-Bretanha, onde o rácio passa de 2,55 toneladas equivalentes de petróleo por 1000 dólares de PIB em 1850 para 0,99 em 1979. Para as tendências mais recentes, nos Estados Unidos e nos maiores países, veja-se < http://data.worldbank.org/indicator/EG.GDP.PUSE.KO.PP.KD/countries?page=5 > [consultado a 22 de maio de 2011].

[265] A. Marshall, *Principles of Economics*, Londres, Macmillan, 1920, pp. xv-xvi. Um *bushel* equivale a 35,2 litros.

Em segundo lugar, o facto de a mortalidade ter começado a seguir uma ordem mais hierárquica e cronológica eliminou em grande parte o risco de morte prematura e permitiu o planeamento a mais longo prazo, o que certamente favoreceu o desenvolvimento. Em terceiro lugar, o declínio da natalidade – anteriormente acompanhada de elevada mortalidade infantil – reduziu a quantidade de energia e recursos dedicados à criação dos filhos e, deste modo, permitiu que estes recursos (particularmente na forma de emprego das mulheres) fossem utlizados em atividades mais diretamente produtivas. E, por último, até pelo menos meados do século XX, a estrutura etária estava a alterar-se no sentido de favorecer as idades mais produtivas, melhorando o rácio entre os sectores produtivo e dependente da população[266].

Estes fatores provavelmente agiram de forma a aumentar a eficiência média da população durante o período considerado. No entanto, como veremos mais adiante, no futuro não vai ser possível repetir este tipo de progresso. Do ponto de vista de variáveis puramente demográficas, a baixa natalidade das últimas décadas, o envelhecimento da população e o fato de os aspectos benéficos dos ganhos face à mortalidade já terem sido quase totalmente alcançados, levam a concluir que foi atingido um ponto de viragem e que as populações ocidentais estão a entrar numa fase de eficiência decrescente.

    2. Fatores de escala e fatores dimensionais em geral. Já discutimos, com algum detalhe, os fatores de escala e os fatores dimensionais em geral (capítulo 3). É provável que as economias de escala tenham atuado no Ocidente, no decurso dos últimos dois séculos, em resultado do aumento demográfico para o quíntuplo que expandiu largamente os mercados. Os ganhos líquidos a nível de eficiência e produtividade são confirmados por muitos estudos, para sectores industriais isolados, em resultado da expansão de mercado[267]. De forma mais geral, Denison estimou que os fatores de escala contribuíram com cerca de 10% para o crescimento, que se seguiu à Segunda Guerra Mundial, da Europa e dos Estados Unidos[268]. Claramente, as economias de escala não resultam apenas do crescimento demográfico, mas também da expansão da economia e da integração de mercados. Contudo, mesmo dadas estas limitações, o componente demográfico das economias de escala deve ter sido significativo.

---

[266] Estes argumentos são desenvolvidos em S. Kuznets, *Modern Economic Growth*, New Haven (CT), Yale University Press, 1966, pág. 57.

[267] J. J. Spengler, *Facing Zero Population Growth*, Durham, Duke University Press, 1978, pp. 136-139.

[268] E. F. Denison, *Accounting for the United States Economic Growth*, Washington, Brookings Institution, 1974, pp. 71-75; do mesmo autor: *Why Growth Rates Differ* Washington, Brookings Institution, 1967, pp. 232-233.

O exemplo das indústrias fabris pode, provavelmente, ser alargado a outros sectores da economia, mas não a todos: talvez aos serviços, mas em muito menor grau à administração pública. Enquanto as economias de escala que resultam da expansão demográfica são razoavelmente evidentes para pequenas populações, já o são menos para populações de maior dimensão. Além disso, a eliminação de barreiras internacionais para o comércio e a integração crescente das economias (globalização) pode ser um forte substituto do crescimento demográfico, no que diz respeito à expansão de mercados. Podemos, a este respeito, citar o ponto de vista de E.A.G. Robinson: «Não há penalizações por se ser maior do que o tamanho mínimo [...] não há possibilidades de deseconomias de escala resultarem do tamanho excessivo do mercado.»[269].

Por último, o crescimento demográfico parece ter um efeito positivo não apenas em virtude das economias de escala que viabiliza, mas também devido à possibilidade da expansão de mercado. Quando a população cresce, os empreendedores são encorajados a aventurar-se em novas iniciativas e a fortalecer as que já iniciaram, processo que gera investimento e crescimento. O oposto, evidentemente, ocorre em períodos de declínio demográfico ou de estagnação. Keynes utilizou um argumento desta natureza para explicar a estagnação económica da Europa no período entre as duas guerras mundiais[270].

3. *Manancial de conhecimento e progresso* tecnológico. A abundância de conhecimento e o progresso tecnológico são fatores que também já considerámos anteriormente (capítulo 3). Os ganhos ao nível do «conhecimento testado» baseiam-se na existência de indivíduos industriosos que «inventam» novo conhecimento. A quantidade destes inventores pode ser proporcional ao tamanho da população. De qualquer modo, a invenção de novo conhecimento é favorecida por economias de escala (por exemplo, o volume de pesquisa ou de institutos científicos, a frequência de contactos entre académicos) e, desta forma, tudo o resto sendo igual, deve verificar-se um aumento nos rendimentos à medida que

---

[269] E. A. G. Robinson (org.), *Economic Consequences of the Size of Nations*. Londres, Macmillan, 1960, pág. xxii da introdução de Robinson. Para uma revisão atual do tema ver A. Alesina e A. Spolaore, *The Size of Nations*, Cambridge (MA), MIT Press, 2003.

[270] J. M. Keynes, *Some Economic Consequences of a Declining Population*, in «Eugenics Review», XXIX, abril 1937. Estas mesmas ideias foram expostas de forma muito mais explícita na revisão de J. R. Hicks relativamente a Keynes, *Mr. Keynes' Theory of Employment*, citado em Spengler, *Facing, op. cit.*, pág. 62: «A expectativa de um mercado em expansão contínua, possibilitada por uma população em crescimento, é excelente para manter animados os empresários. Com uma população em crescimento, o investimento pode avançar entusiasticamente, mesmo se as invenções forem muito banais: o crescimento da população é, por isso, bastante favorável ao emprego».

Tabela 4.7 População, emprego, produto e produtividade no Reino Unido (1785-2000)

Ano	PIB (em milhões de $ 1990)	População (milhares)	Empregados (milhares)	Horas trabalhadas por ano e por pessoa	PIB por hora trabalhada (em $ 1990)	PIB *per capita* (em $ 1990)
1785	19,080	12,681	4,915	3,000	1.29	1,505
1820	34,829	19,832	6,884	3,000	1.69	1,756
1870	96,651	29,312	12,285	2,984	2.64	3,297
1913	214,464	42,622	18,566	2,624	4.40	5,032
1950	344,859	50,363	22,400	1,958	7.86	6,847
2000	1,162,663	58,670	26,861	1,489	29.10	19,817
Aumento anual						
1785-2000	1.9	0.7	0.8	−0.3	1.4	1.2
Rácio 2000/1785	60.9	4.6	5.5	0.5	22.5	13.2
Tempo de duplicação em anos	37.0	94.5	88.0	−207.0	48.7	58.4

Fonte: Adaptado de A. Maddison, *The World Economy. A Millennial Perspective*, Paris, OCDE, 2001; *idem*, *The World Economy. Historical Statistics*, Paris, OCDE, 2003); Nações Unidas, *World Population Prospects, The 2004 Revision*, Nova Iorque, 2005. Os dados relativos a 1785 baseiam-se em A. Maddison, *Phases of Capitalist Development*, Oxford, Oxford University Press, 1982.

a população cresce. Tal como Kuznets, adepto convicto desta teoria, admite[271], este ponto de vista sugere que não podemos compensar totalmente o eventual número inferior de «criadores» ou de «instituições» através de maiores investimentos na educação e na investigação: uma comunidade maior terá sempre vantagem relativamente a outra mais pequena. Certamente que o progresso técnico – o verdadeiro motor do desenvolvimento – deve ser atribuído a novo «conhecimento», aplicado com capital suficiente. Então, se a produção de conhecimento é favorecida por economias de escala que resultam do crescimento demográfico, podemos concluir que este último contribui para o crescimento económico. Se esta posição é plausível em termos teóricos, já é mais difícil de estabelecer em termos históricos, sobretudo quando consideramos o progresso técnico de países pequenos em termos demográficos, como a Inglaterra ou a Holanda, que, durante longos períodos, excedeu significativamente o progresso técnico de nações mais populosas.

É possível, então, que durante os dois séculos anteriores o crescimento demográfico tenha agido mais como incentivo do que como controlo do desenvolvimento económico (apesar de isto suceder mais pelas razões dadas anteriormente na discussão sobre os fatores puramente demográficos, do que pelos fatores de escala e dimensionais em geral, e ainda menos devido aos que pertencem ao manancial de conhecimento e ao progresso técnico). Pelas razões opostas, podemos esperar que nas próximas décadas o declínio demográfico e o envelhecimento possam ter o efeito inverso. Contudo, a dimensão dos efeitos positivos do passado e dos efeitos negativos do futuro é algo difícil de aferir.

7. Relação entre crescimento demográfico e crescimento económico: observações empíricas

A incerteza acerca da natureza e da direção causal da relação entre a economia e a população não nos impede de observar o progresso destas duas forças ao longo dos dois séculos passados, que se caracterizaram por uma expansão vigorosa tanto da produção total como do produto *per capita*. A produção total, expressa pelo PIB (produto interno bruto), mede o valor de todos os bens e serviços produzidos, com a exceção do comércio externo, e expressa-se em preços constantes. As séries aqui utilizadas, obtidas de acordo com um método padro-

---

[271] S. Kuznets, *Population Change and Aggregate Output*, in *Demographic and Economic Change in Developed Countries*, Princeton, Princeton University Press, 1960, pp. 329-30.

Tabela 4.8 População, PIB e produtividade em 16 países desenvolvidos (1870 e 2000) (PPP$ 1990)

País	População (milhares)			PIB ($ milhões)		
	1870	2000	variação anual (%)	1870	2000	variação anual (%)
Austrália	1,770	19,071	1.8	6,452	410,789	3.2
Áustria	4,520	8,096	0.4	8,419	162,705	2.3
Bélgica	5,096	10,304	0.5	13,746	213,726	2.1
Canadá	3,781	30,689	1.6	6,407	681,234	3.6
Dinamarca	1,888	5,340	0.8	3,782	122,873	2.7
Finlândia	1,754	5,177	0.8	1,999	104,757	3.0
França	38,440	59,278	0.3	72,100	1,233,457	2.2
Alemanha	39,231	82,344	0.6	71,429	1,531,351	2.4
Itália	27,888	57,715	0.6	41,814	1,081,579	2.5
Japão	34,437	127,034	1.0	25,393	2,676,479	3.6
Holanda	3,615	15,898	1.1	9,952	343,238	2.7
Noruega	1,735	4,502	0.7	2,485	109,687	2.9
Suécia	4,164	8,877	0.6	6,927	180,390	2.5
Suíça	2,664	7,167	0.8	5,867	157,853	2.5
Reino Unido	31,393	58,670	0.5	100,179	1,162,663	1.9
EUA	40,241	284,154	1.5	98,418	7,992,968	3.4

	PIB *per capita*			Produtividade por hora trabalhada		
	1870	2000	variação anual (%)	1870	2000	variação anual (%)
Austrália	3,645	21,540	1.4	3.48	28.4	1.6
Áustria	1,863	20,097	1.8	1.38	28.8	2.3
Bélgica	2,697	20,742	1.6	2.17	35.8	2.2
Canadá	1,695	22,198	2.0	1.71	28.1	2.2
Dinamarca	2,003	23,010	1.9	1.57	27.2	2.2
Finlândia	1,140	20,235	2.2	0.86	28.4	2.7
França	1,876	20,808	1.9	1.38	35.9	2.5
Alemanha	1,821	18,597	1.8	1.55	27.8	2.2
Itália	1,499	18,740	1.9	1.05	29.4	2.6
Japão	737	21,069	2.6	0.46	23.3	3.0
Holanda	2,753	21,590	1.6	2.43	32.7	2.0
Noruega	1,434	24,364	2.2	1.2	33.7	2.6
Suécia	1,664	20,321	1.9	1.22	28.6	2.4
Suíça	2,202	22,025	1.8	1.53	25.6	2.2
Reino Unido	3,191	19,817	1.4	2.55	29.1	1.9
EUA	2,445	28,129	1.9	2.25	35.6	2.1

Fonte: Estimativas baseadas em A. Maddison, *The World Economy. Historical Statistics*, Paris OCDE, 2003; *idem*, *The World Economy. A Millennial Perspective*, Paris, OCDE, 2001; Nações Unidas, *World Population Prospects, The 2010 Revision*, Nova Iorque, 2010.

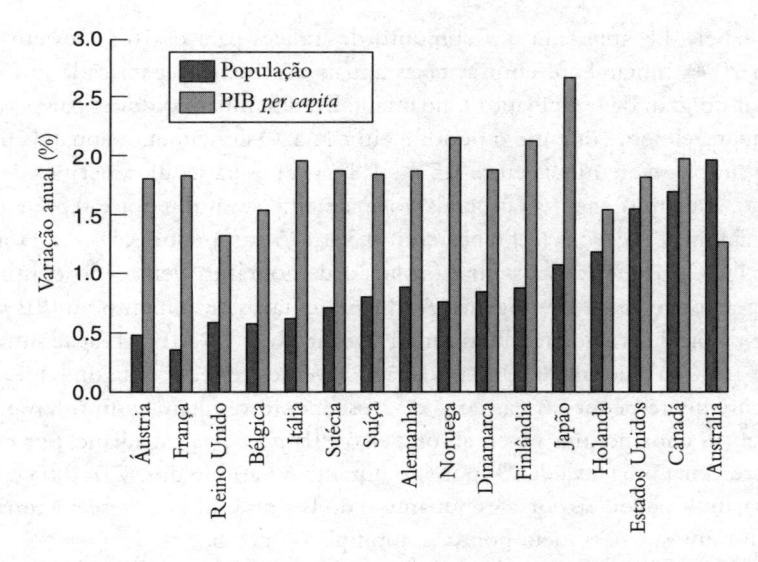

Figura 4.12 Taxa de aumento anual da população e do PIB *per capita* em 16 países industrializados (1870-2000).

nizado[272], são retiradas de um estudo comparativo de 16 países desenvolvidos, e cobre o período entre 1820 e 2000. O rigor desta reconstituição compensa apenas parcialmente os problemas de dados estatísticos inadequados (principalmente do período anterior à Primeira Guerra Mundial) e a conversão para preços constantes e moeda única. Por isso, os resultados devem ser olhados com prudência.

O caso do Reino Unido é o mais conhecido. A tabela 4.7 (pág. 172) abrange um período de dois séculos e a partir daí podemos identificar as principais características agregadas da evolução demográfico-económica atual: aumento na população e no emprego por um fator de cinco; diminuição para metade, durante o último século, do número médio de horas ativas por trabalhador; aumento de treze vezes da produção *per capita* e aumento ainda maior (22 vezes) da produtividade por hora de trabalho. A evolução demográfica impulsionou o aumento da população e do emprego; a evolução social libertou grande parte do que anteriormente era tempo dedicado ao trabalho; e a evolução económica multiplicou os rendimentos do trabalho.

---

[272] Maddison, *Monitoring, op. cit.*; *idem, The World Economy. A Millennial Perspective*, Paris, OCDE, 2001. Ver igualmente a nota 236.

A tabela 4.8 apresenta um conjunto de índices para os 16 países em 1870 e em 2000, juntamente com as taxas anuais de alteração para cada um deles. Apesar do grau de semelhança fundamental, o desempenho destes países variou consideravelmente durante o período em causa. O crescimento anual da população situou-se em média entre 1,5% e 1,8% para os países ultramarinos de imigração, enquanto para os europeus normalmente se situou entre 0,5% e 0,8%, com algumas exceções (a França com 0,3%, a Áustria com 0,4% e a Holanda com 1,1%), o que levou a uma evolução demográfica dentro do continente europeu longe de ser homogénea. As diferentes taxas de aumento no PIB *per capita* e na produtividade também foram significativas – o PIB *per capita* situou-se entre 1,4% na Austrália e 2,6% no Japão. Devemos ter em conta que diferenças aparentemente pequenas nas taxas de crescimento resultam, com o tempo, em diferenças enormes nos níveis absolutos: o PIB *per capita* canadiano, por exemplo, cresceu a uma taxa de 2% por ano durante o período de 1870-2000 e, desta forma, multiplicou-se por 13, enquanto o do Reino Unido, a crescer a uma taxa inferior em «apenas» meio ponto, se multiplicou por 6.

Levanta-se a questão se as diferenças no ritmo de crescimento da população tiveram alguma influência no desenvolvimento da economia, medido, ainda que aproximadamente, pelos aumentos no produto *per capita* e pela produtividade. Tenha-se em conta que, assim, considera-se que o desenvolvimento demográfico não é ele próprio condicionado pelo desenvolvimento económico (mas vimos que a transição demográfica e as suas modalidades foram profundamente influenciadas por ele), coisa certamente não verdadeira; presume-se um desenvolvimento demográfico «exógeno» ao sistema económico. A figura 4.12 ilustra a relação entre aumento da população e variação do PIB *per capita* no período entre 1870 e 2000.

Os 16 países são apresentados por ordem ascendente, de acordo com as taxas de crescimento da população, desde a França à Austrália. Claramente, o desempenho económico dos países considerados não tem qualquer relação aparente com a intensidade do crescimento demográfico. A experiência a longo prazo de nações ricas, cujas populações cresceram de acordo com diferentes taxas, não nos permite atribuir um papel específico ao crescimento demográfico[273].

Com base na anterior análise não devemos concluir que não existe qualquer relação entre crescimento demográfico e desenvolvimento económico. Ao invés, esta relação é complicada pela interferência dos efeitos de outros fenómenos. Tendo como referência o mesmo período que foi coberto por

---

[273] A ausência de relação é evidente quando se examinam separadamente os três subperíodos. Os coeficientes de correlação entre as taxas de variação da população e do PIB são: 1870-1913, + 0,003; 1913-1950, + 0,180; 1950-1987, -0,220; 1970-1987, -0,119.

Maddison e chegando à mesma conclusão, Kuznets, fundador desta escola de análise, observa: «Outro fatores − a disponibilidade relativa dos recursos naturais, a oportunidade de início do processo moderno de crescimento ou as condições institucionais − complicam os efeitos do crescimento populacional e evitam uma associação simples entre este e o crescimento do produto *per capita*: e o próprio crescimento populacional pode ter efeitos tanto expansivos como depressivos no aumento do produto *per capita*, com peso variável conforme as circunstâncias.»[274]

Além destas considerações existe uma mais geral, que apenas pode complicar ainda mais a relação: a população e a economia são simultaneamente variáveis dependentes e independentes. O desenvolvimento económico, como vimos, exerceu forte influência no progresso da mortalidade e da natalidade durante a transição demográfica mas, como já foi descrito, o inverso também é verdadeiro. Num sistema aberto e integrado, caracterizado por correntes significativas de migração (que serviram como força importante para a manutenção do equilíbrio durante grande parte do período considerado), os efeitos a longo prazo dos estímulos económicos e demográficos tendem a mitigar-se e a compensar-se mutuamente.

Permanecendo num nível agregado, os grandes ciclos económicos da era moderna fornecem-nos mais alguma compreensão sobre a relação entre população e economia. Keynes, por exemplo, discutindo a taxa de formação de capital na Grã Bretanha entre 1860 e 1913, declarou: «Assim, a procura acrescida de capital era atribuível, essencialmente, à população crescente e ao nível de vida em ascensão e, apenas em menor grau, às mudanças técnicas que requerem uma capitalização crescente por unidade de produção». A desaceleração demográfica do período entre guerras presumivelmente influenciou o nível de procura, criando excesso de produção e desemprego[275]. Hansen teve opinião semelhante e atribuiu ao crescimento demográfico 40% da formação de capital na Europa Ocidental e 60% nos Estados Unidos, durante a segunda metade do século XIX. De forma contrária, ele fez remontar a crise económica dos anos 30 à desaceleração demográfica de início do século e ao consequente abrandamento do investimento.[276] Foi mais uma vez Kuznets quem tentou detetar uma ligação entre os ciclos demográficos e económicos nos Estados Unidos. Um nível de vida em ascensão atraiu a imigração e encorajou a nupcialidade, acelerando o aumento demográfico. Este, por sua vez, estimulou os investimentos particularmente sensíveis ao crescimento da população (habitações, caminhos

---

[274] Kuznets, *Modern Economic, op. cit.*, pág. 68.
[275] Keynes, *Some Economic, op. cit.*, pág. 15.
[276] Citado em Spengler, *Facing, op. cit.*, pág. 64.

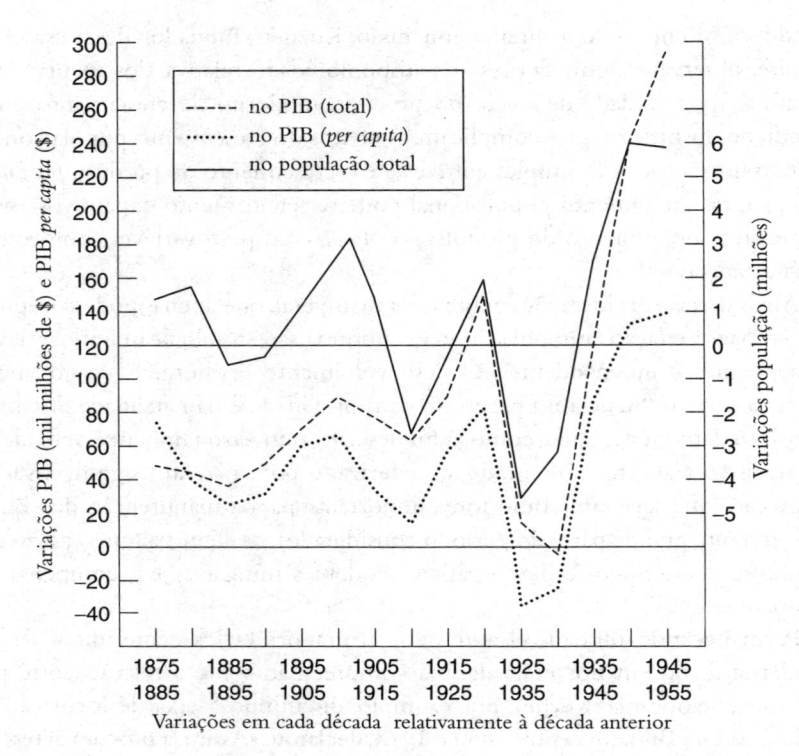

Figura 4.13   Variações decenais da população, do PIB e do PIB *per capita*; Estados Unidos (1875-1955).
Fonte: S. Kuznets, *Economic Growth and Stucture*, Nova Iorque, Norton, 1965), pág. 350.

de ferro), mas à custa de outros investimentos em bens de capital (maquinaria e estruturas industriais). Esta última situação afetou negativamente a produção e o consumo e, portanto, o crescimento demográfico, levando ao começo de um novo ciclo[277].

A figura 4.13 regista as mudanças (relativamente à década anterior) no aumento de população (em milhões), no aumento do PIB (em mil milhões de dólares) e no rendimento *per capita* (em dólares) nos Estados Unidos, por cada década de 1875 a 1955. As tendências destas três variáveis são surpreendentemente semelhantes.

---

[277] S. Kuznets, *Economic Growth and Stucture*, Nova Iorque, Norton, 1965, pp. 345-349. Para a clarificação e discussão do modelo de Kuznets, ver R. A. Easterlin, *Economic-Demographic Interactions and Long Swings in Economic Growth*, in «The American Economic Review», LVI, 1966, 5.

Voltando à Europa, é difícil explicar as fases do crescimento económico – expansão a preceder a Primeira Guerra Mundial, estagnação entre guerras e forte recuperação desde os anos 60 (interrompida de forma notável pela crise do petróleo dos anos 70) – em termos de fatores demográficos, que tendem a agir de forma lenta. No entanto, esta análise seria incompleta se não tivesse em consideração vários fatores demográficos significativos:

1. O primeiro fator é a estrutura geodemográfica do continente europeu (excluindo a URSS) e as suas consequências para a organização espacial político-económica, indiretamente relacionada com as vantagens ou desvantagens de escala. Antes da Primeira Guerra Mundial, cinco grandes nações (Grã-Bretanha, França, Alemanha, Império Austro-Húngaro e Itália) dominavam a cena europeia e tinham mais de três quartos do total da população europeia. A restante população encontrava-se espalhada por uma dúzia de pequenos países de tamanho intermédio, que tinham cerca de 6 milhões de habitantes, aos quais se adiciona a Espanha. Depois da Primeira Guerra Mundial e do Tratado de Versailles, a Europa foi dividida em 22 nações, e depois do desmembramento do Império Austro-Húngaro os grandes Estados foram reduzidos de cinco para quatro. O nível de fragmentação continental aumentou, situação que agravou os efeitos das barreiras políticas à mobilidade da população e dos bens[278]. Depois da Segunda Guerra Mundial e da «separação» da Europa de Leste, a fragmentação (que diminui na Europa Ocidental devido à unificação económica) tornou-se regional. Esta divisão entrou em colapso em resultado dos acontecimentos de 1989-1990 na União Soviética e nas nações do bloco soviético e da reunificação da Alemanha, que agora domina, em termos demográficos (para não falar económicos), o centro da Europa e – em 2007 – o alargamento da Europa para 27 estados. Tanto os aspetos demográficos como políticos destas mudanças recentes devem ser tidos em conta ao avaliar-se o desenvolvimento europeu subsequente, uma vez que pesam significativamente nos obstáculos à mobilidade da população e, deste modo, à melhor utilização dos recursos humanos. Estes mesmos fatores também mudaram economias de escala ligadas ao tamanho absoluto e relativo dos mercados e do espaço económico em geral.
2. Outro aspeto importante na determinação do papel do crescimento demográfico na expansão da procura é o crescimento das áreas urbanas

---

[278] I. Svennilson, *Growth and Stagnation in the European Economy*, Genebra, United Nations Economic Commission for Europe, 1954, pp. 67-68.

e, acima de tudo, das grandes cidades, que tão frequentemente são os catalisadores do desenvolvimento. O crescimento urbano requer grande investimento na construção e também, com frequência, em infraestruturas de alta tecnologia. As 25 cidades europeias que tinham uma população acima de 500 000 habitantes em 1910 tinham crescido no período de 1870 a 1910 a uma taxa anual de 1,9%. Entre 1910 e 1940 o crescimento abrandou para 0,9% e posteriormente para 0,3% entre 1940 e 1970 ([279]). Observações semelhantes podem fazer-se em relação aos países desenvolvidos não europeus: se durante o período anterior à Primeira Guerra Mundial, o papel impulsionador do crescimento urbano foi forte, depois disso diminuiu rapidamente.

3. A mobilidade e a migração medem a capacidade de um sistema demográfico-económico distribuir de forma eficiente os recursos humanos. Deste ponto de vista, a história europeia recente pode ser dividida em três períodos. O primeiro terminou com a imposição de restrições à imigração pelos países ultramarinos que a recebiam no início dos anos 20. Foi caracterizado por fortes processos de redistribuição que enviaram multidões de população principalmente rural para destinos ultramarinos. Ao mesmo tempo, a migração entre e dentro de Estados europeus era igualmente intensa. As barreiras legislativas à migração eram escassas e o mercado de trabalho internacional era relativamente fluido e flexível, apesar da dificuldade e dos custos elevados do transporte. O segundo período, situado entre as duas guerras mundiais, caracterizou-se pelo encerramento dos destinos de escoamento fora da Europa e a progressiva fragmentação interna do continente[280]. O mercado de trabalho encolheu e fracionou-se. O terceiro período, pós-Segunda Guerra Mundial, tem sido caracterizado pelo fim «natural» da emigração fora da Europa, por uma considerável redistribuição da população dentro da Europa Ocidental (dividida de forma vincada da economia europeia não pertencente ao mercado) e pela disponibilidade crescente de mão-de-obra não europeia. A migração intra-europeia cessa progressivamente nos anos 70 e 80, à medida que a reserva de população da Europa mediterrânica acaba de forma gradual. Mas a imigração de países fora da Europa torna-se um fator dominante, apesar das políticas

---

[279] A população destas 25 cidades era de 13,1 milhões em 1870, 28,4 milhões em 1910, 37,7 milhões em 1940 e 41,4 milhões em 1970. Os dados foram retirados de B. R. Mitchell, *European Historical Statistics*, Londres, Macmillan, 1980.

280 D. Kirk, *Europe's Population in the Interwar Years*, Princeton, Princeton University Press, 1946, pp. 97-125.

restritivas da maior parte dos países. A importância de uma mão-de--obra móvel e abundante foi sublinhada por economistas como Kindleberger, que lhe atribuiu a rápida recuperação económica da Europa no período imediato ao pós-guerra[281].

As conclusões a retirar desta análise, mantida intencionalmente genérica, são relativamente fracas. Pelo menos, podemos afirmar que durante os séculos XIX e XX o crescimento demográfico não entravou o desenvolvimento económico. Com efeito, existem indicações de que foi o contrário que aconteceu. E embora se mantenha uma posição de neutralidade relativamente à questão da relação entre crescimento económico e demográfico, acontece, contudo, que as nações que passaram por um maior crescimento demográfico são aquelas que assumiram um papel de liderança económica. Um último exemplo pode ajudar a clarificar esta relação. Entre 1870 e 2000 a taxa de crescimento anual do PIB *per capita* nos Estados Unidos e em França era idêntica (1,9%), enquanto as taxas de crescimento da população eram muito diferentes (1,5% nos Estados Unidos, 0,3% em França). Daqui resultou que a comparação das dimensões económicas dos dois países, medidas pelo PIB, se alterou de um rácio de 1,4 para 1 (a favor dos Estados Unidos) em 1870, para 6,5 para 1 atualmente. Muitos defenderão que o rendimento *per capita* é que é importante e que, deste aspeto, a França foi mais bem sucedida do que os Estados Unidos. Mas de acordo com o perfil geopolítico, é o tamanho da economia que tem maior importância. Com uma economia seis vezes maior e com a mesma fração de PIB, os Estados Unidos podem agora enviar uma ajuda aos países pobres seis vezes maior do que a França, na forma de crédito, comida, medicamentos, ferramentas ou computadores. Ou podem ter seis vezes mais aviões, mísseis e navios para combater numa guerra. Não podemos deixar de fazer esta pergunta, puramente retórica: será que os Estados Unidos seriam os líderes do mundo ocidental se tivessem tido um crescimento demográfico mais modesto?

---

[281] C. P. Kindleberger, *Europe's Postwar Growth*, Cambridge, Harvard University Press, 1967. Ver também M. Livi Bacci e G. Tapinos, *Economie et population*, in J.-P. Bardet e J. Dupâquier (orgs.), *Histoire de la Population de l'Europe*, vol. III: *Les temps incertains, 1914-98*, Paris, Fayard, 1998.

Capítulo 5

As populações
dos países pobres

1. Uma fase extraordinária

À medida que os países ricos completam a fase de expansão da população, os países pobres iniciaram a sua própria fase, extraordinária e irrepetível. As características deste ciclo de crescimento são bem descritas pelos números áridos que traduziram o recente crescimento demográfico nos chamados países menos desenvolvidos, por outras palavras, aquela parte do mundo que, segundo os nossos padrões, vive na pobreza[282]. A população dos países pobres, que em 1990 era de cerca de mil milhões de indivíduos, em 2010 estava multiplicada por cinco. Em cerca de um século estes países igualaram a expansão dos países ricos nos dois séculos que se seguiram à Revolução Industrial. Esta velocidade de crescimento é extraordinária. Entre 1900 e 1920, estima-se que a taxa de crescimento dos países pobres tenha sido cerca de 0,6% ao ano; esta taxa duplicou durante o período de 1920-1950 (cerca de 1,2%) e atingiu a máxima aceleração

---

[282] Neste capítulo utilizarei o termo «países pobres» para designar os países descritos como «menos desenvolvidos» ou «em desenvolvimento», e «países ricos» para aqueles que são geralmente chamados «desenvolvidos» ou «mais desenvolvidos». Países ricos e pobres são, evidentemente, categorias abstratas e servem essencialmente como esquema de definição. Os países ricos incluem os países da Europa e da América do Norte, a Austrália, a Nova Zelândia e o Japão. Num esforço imaginativo considerável, também estão aqui incluídos os países da Europa de Leste. Ocasionalmente utilizarei o termo «países ocidentais» para me referir aos países da Europa Ocidental e suas projeções na América do Norte e na Oceania, com exclusão do Japão, que tem uma história demográfica distinta. Entre os países pobres ou em vias de desenvolvimento estão também países que, agora, já não o são (a Coreia do Sul, por exemplo), mas que só saíram da pobreza nas últimas duas ou três décadas.

Tabela 5.1 População do mundo, dos países ricos (América do Norte, Europa, Japão, Austrália, Nova Zelândia) e dos países pobres (1900–2000)

Ano	População (milhões)			Taxa de crescimento anual[a] (%)			Repartição (%)		
	Ricos	Pobres	Mundo	Ricos	Pobres	Mundo	Ricos	Pobres	Mundo
1900	563	1,071	1,634	–	–	–	34.5	65.5	100
1920	654	1,203	1,857	0.75	0.58	0.64	35.2	64.8	100
1930	727	1,309	2,036	1.06	0.84	0.92	35.7	64.3	100
1940	794	1,473	2,267	0.88	1.18	1.07	35.0	65.0	100
1950	811	1,721	2,532	0.21	1.56	1.11	32.0	68.0	100
1960	913	2,125	3,038	1.12	2.11	1.82	30.1	69.9	100
1970	1,006	2,690	3,696	0.97	2.36	1.96	27.2	72.8	100
1980	1,081	3,372	4,453	0.77	2.26	1.86	24.3	75.7	100
1990	1,144	4,162	5,306	0.52	2.101	1.75	21.6	78.4	100
2000	1,189	4,934	6,123	0.39	1.70	1.43	19.4	80.6	100
2010	1,236	5,660	6,896	0.04	1.37	1.19	17.9	80.1	100

Nota: [a] Relativamente à data anterior.

Fonte: Estimativas das Nações Unidas (1920–2010) e do autor.

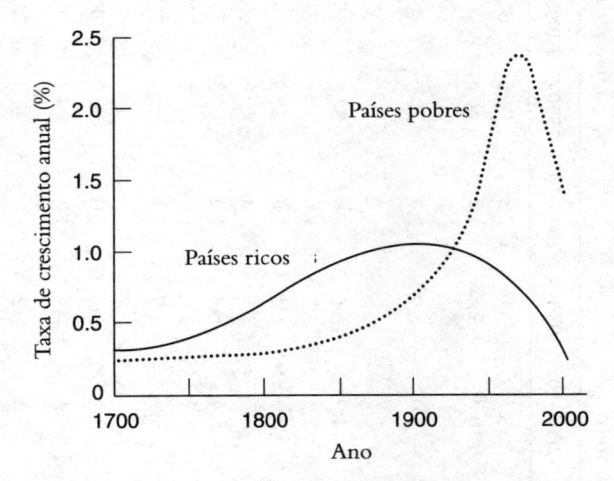

Figura 5.1 Comparação entre transições demográficas: taxas de crescimento das populações pobres e das populações ricas (1700-2010).

durante os anos 60 (2,4%), a que se seguiu nas últimas duas décadas um sensível abrandamento (tabela 5.1). Considere-se, por contraste, que os países do mundo rico (Europa e as suas projeções transoceânicas), no arco de dois séculos de desenvolvimento, só excecionalmente ultrapassaram o ritmo de aumento de 1%, velocidade inferior à metade daquela mantida durante o último meio século na parte pobre do planeta.

As razões para esta diferença são bastante simples, em termos superficiais, apesar de a realidade subjacente ser complexa. No mundo rico, a transição demográfica surgiu lentamente, em resultado de um declínio gradual na mortalidade, acompanhado de uma diminuição semelhante na natalidade. O declínio lento da mortalidade, tal como descrito no capítulo anterior, foi resultado de uma acumulação de conhecimento, principalmente a nível da medicina, que ajudou a pôr sob controlo as doenças infecciosas, tendo começado no final do século XIX e continuado até ao presente. No mundo pobre, os níveis de mortalidade continuaram elevados até recentemente. Em 1950, por exemplo, a esperança média de vida dos países pobres só chegava aos 40 anos. Contudo, a partir de meados do século XX, o conhecimento lentamente acumulado pelos países ricos foi rapidamente transferido para os países pobres, o que provocou uma forte diminuição da mortalidade[283]. A natalidade, muito dependente de

---

[283] Sobre as grandes fases da transição da mortalidade nos vários continentes: J.C. Riley, *The Timing and Pace of Health Transition around the World*, in «Populaiton and Development Review», 31, 2005, 4.

Tabela 5.2 Indicadores demográficos dos continentes (1950-2010)

Região	Produção (milhões)		Crescimento anual (%)		Natalidade (por mil)		Mortalidade (por mil)		Filhos por mulher (*Tft*)		Esperança de vida à nascença	
	1950	2010	1950-5	2005-10	1950-5	2005-10	1950-5	2005-10	1950-5	2005-10	1950-5	2005-10
Mundo	2,521	6,896	1.77	1.16	37.3	20.0	19.7	8.3	5.0	2.5	46.5	67.9
Países mais desenvolvidos	813	1,236	1.21	0.41	22.0	11.4	10.2	10.0	2.8	1.7	66.6	76.9
Países menos desenvolvidos	1,709	5,660	2.04	1.33	44.4	21.9	24.2	8.0	6.2	2.7	40.9	66.0
África	221	1,022	2.15	2.30	48.2	35.6	26.6	11.9	6.6	4.6	37.8	55.2
África Oriental	671	1,574	1.75	0.47	40.8	12.2	23.3	7.3	5.7	1.6	42.9	74.0
Ásia centro-sul	499	1,765	2.03	1.44	44.7	23.5	24.8	8.0	6.1	2.8	39.3	64.5
Sudeste Asiático	182	593	1.92	1.16	44.3	19.2	24.7	6.7	6.0	2.3	40.5	69.3
Ásia Ocidental	50	232	2.64	2.41	45.3	24.2	21.8	5.4	6.4	3.0	45.2	71.7
Europa	547	738	1.00	0.20	20.9	10.8	10.6	11.2	2.6	1.5	66.2	75.4
América latina e Caraíbas	167	590	2.65	1.15	42.0	19.3	15.6	5.9	5.9	2.3	51.4	73.4
América do Norte	172	345	1.70	0.91	24.6	13.2	9.4	8.2	3.5	2.0	69.0	78.2
Oceania	13	37	2.21	1.75	27.7	18.0	12.3	6.9	3.8	2.5	60.9	76.7
China	555	1,341	1.53	0.51	43.6	12.6	25.0	7.2	6.2	1.6	40.8	72.7
Índia	358	1,225	2.00	1.43	44.1	23.1	25.0	8.3	6.0	2.7	38.7	64.2

Fonte: Nações Unidas, *World Population Prospects. The 2010 Revision*, Nova Iorque, 2011.

fatores culturais, ou não seguiu a tendência da mortalidade ou então fê-lo de forma lenta, e os dois índices assumiram níveis bastante divergentes.

Tal como mencionado anteriormente, a simplicidade aparente deste processo é enganadora. O mundo pobre está dividido em sociedades caracterizadas por cenários ambientais, culturais e políticos com grandes diferenças, e estas refletem-se no comportamento demográfico das populações. O mundo pobre também não estava isolado do rico, de forma que antes dos anos 50 ocorreu alguma transferência de conhecimento e de tecnologia. Contudo, mesmo tendo em conta estes fatores, o facto é que a mudança demográfica no mundo pobre nas décadas recentes tem, em média, evoluído de forma rápida, comparativamente ao caminho anteriormente seguido pelo mundo rico (figura 5.1).

A tabela 5.2 descreve a diversidade demográfica global, medida por uma série de índices que já nos são familiares (para os períodos 1950-1955 e 2005--2010) para países pobres e ricos, para grandes áreas continentais e para a Índia e a China (estes dois últimos países englobam metade da população total do mundo pobre). Estes dados permitem-nos três observações gerais no que diz respeito às características distintivas dos países ricos e pobres, à demografia em alteração dos países pobres durante as décadas recentes e às diferenças inter--regionais.

As diferenças entre populações pobres e ricas são enormes: a atual (2005--2010) esperança de vida para as populações pobres é de 66 anos, para as ricas 77 anos; o número médio de filhos por mulher é de 2,7 contra 1,7; a taxa de aumento da população pobre é o triplo da taxa das populações ricas (13‰ contra 4‰). A diferença nos ritmos de mortalidade e de natalidade era muito maior há trinta anos do que atualmente. Também vale a pena referir que por volta de 1950, no início da transição demográfica nos países em desenvolvimento, os níveis de mortalidade para estes correspondiam mais ou menos às taxas europeias de meados do século XIX. O mesmo não sucede com a natalidade, uma vez que o nível de 6,2 filhos por mulher dos países em desenvolvimento excede consideravelmente os níveis ocidentais que se verificaram um século antes (em geral inferiores a 5). A diferença reside na eficácia com que as populações europeias exerceram o controlo malthusiano sobre o casamento (casamento tardio e taxas elevadas dos que não chegavam a casar), um controlo que apenas raramente se encontra nas populações pobres.

Em suma, e apesar do escasso detalhe, a tabela 5.2 não deixa de revelar as grandes disparidades dentro do mundo em desenvolvimento, que inclui tanto as populações africanas (cuja transição apenas começou) como a chinesa (com uma transição quase concluída): estas populações tinham taxas de natalidade total e de esperança de vida semelhantes em 1950-1955, mas, 60 anos mais tarde, os valores respetivos eram de 4,6 comparativamente a 1,6 filhos por mulher, bem como de 55 anos de esperança de vida relativamente a 73. Nas várias áreas continentais, e de forma ainda mais acentuada nas várias populações que as habitam, encontramos uma gama variada de situações intermédias.

Esta diversidade é ainda mais evidente ao examinarmos estes índices nas 28 maiores populações em termos demográficos dos vários continentes, que compõem o mundo em desenvolvimento (e abarcam mais de 80% da sua população)[284]. A figura 5.2 coloca cada uma destas nações no espaço estratégico de crescimento próprio de três períodos (1950-1955, 1980-1985 e 2005-2010) definido pela esperança de vida (e_0) e pelo número de filhos por mulher (*Tft*), de acordo com o modelo já apresentado no capítulo 1. As diferenças entre os três períodos são óbvias mas requerem alguma interpretação. O espaço ocupado em 1950-1995 é mais compacto do que o ocupado nos períodos subsequentes: menor é a variação dos níveis de natalidade e mortalidade; quase todas as populações ocupam um espaço que implica taxas de crescimento superiores a 2%. No período de 2005-2010, as populações ocupam um espaço muito mais extenso, sinal claro de que a transição demográfica se encontra num estádio bastante avançado. Os extremos, contudo, perduram: os países com esperanças de vida do «antigo regime» (os países a sul do Sara) e países com a mesma esperança de vida dos países desenvolvidos (os da América Latina); países sem controlo de natalidade (Etiópia, Congo) e outros abaixo dos níveis de renovação (Brasil, China, Irão e outros).

Uma observação final confirma o início de uma transição irreversível. Ainda na figura 5.2, na área oval correspondente a 1950-1955 não existe qualquer relação entre mortalidade e natalidade, uma vez que a natalidade é geralmente elevada, de forma transversal, nos países pobres (devido à limitada disseminação do controlo voluntário da natalidade), independentemente do nível de mortalidade. A mortalidade, por outro lado, já caiu em muitos países, em resultado da

---

[284] Os 28 países considerados não são, em termos absolutos, os países mais populosos do mundo pobre, mas os mais densamente povoados de cada continente: 9 em África (República Democrática do Congo, Egito, Etiópia, Quénia, Marrocos, Nigéria, África do Sul, Sudão e Tanzânia), 11 na Ásia (Bangladesh, China, Índia, Indonésia, Irão, Paquistão, Filipinas, Coreia do Sul, Tailândia, Turquia e Vietname) e 8 na América (Argentina, Brasil, Chile, Colômbia, Cuba, México, Peru e Venezuela). O conjunto da população destes países representava, no período considerado, mais de 4/5 da população total dos países pobres. Do ponto de vista da sua história e do seu crescimento demográfico, a Argentina e o Chile têm mais em comum com os países europeus (dos quais constituem «projeções») do que com os outros países da América Latina. A exclusão de países pequenos – como Hong Kong, Singapura, Maurícia, Costa Rica e Taiwan – elimina casos interessantes de transição precoce, processos que, contudo, são parcialmente favorecidos pelas suas pequenas dimensões.

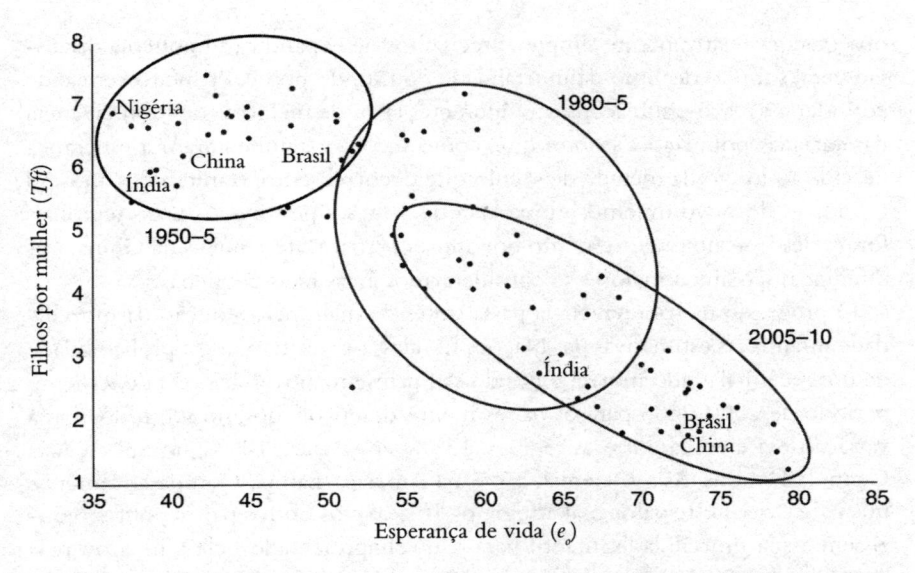

Figura 5.2 Relação entre esperança de vida (e_0) e número médio de filhos por mulher (*Tft*) para 20 grandes países menos desenvolvidos (1950-1955, 1980-1985 e 2005-2010).

infusão em massa de conhecimento e tecnologia, que se verificou a partir dos anos 40. Ao invés, no espaço correspondente a 2005-2010 existe uma correlação nítida e negativa entre e_0 e *Tft*, sendo que os países com esperança de vida elevada são também os que exibem uma natalidade reduzida. Isto aconteceu, em parte, porque o crescente bem-estar influencia a expetativa de vida e a natalidade em direções opostas, mas também porque a sobrevivência melhorada começou a ter influência direta na natalidade, tornando desnecessários e mais dispendiosos os elevados níveis desta última. De um modo geral, uma vez iniciado, este processo tendo a autoperpetuar-se até que a mortalidade complete o seu declínio.

2. As condições da sobrevivência

A mortalidade reduzida e o estabelecimento de uma sucessão cronológica na morte relacionada com a idade constituem pré-requisitos para o desenvolvimento. Cumulativamente, a redução da mortalidade infantil é uma das condições necessárias para o declínio na natalidade e a transição de um regime de «desperdício» demográfico para outro de «economia» demográfica. Além destas observações relativamente simples, precisamos de expandir um pouco a discussão geral sobre o declínio da mortalidade do mundo pobre. Primeiro, temos de considerar as razões subjacentes às diferentes taxas de melhoria de sobrevivência das variadas populações pobres que, como um todo, aumentaram a esperança de vida ao longo da metade de século que decorreu entre o início dos anos 50 e o início do novo milénio, a uma taxa de 5 meses por ano. As taxas regionais foram desde 4 meses de aumento por ano, em África, até 7 meses na China, e as diferenças são ainda maiores se considerarmos áreas mais pequenas.

O progresso da sobrevivência passa, antes de mais, pela redução da mortalidade infantil. As estimativas das Nações Unidas[285] revelaram que a probabilidade de um recém-nascido morrer antes do seu primeiro aniversário era de 94‰ no período de 2000-2005 para os países menos desenvolvidos, no seu todo, mas a variação era elevada entre as regiões: 159‰ em África, 100‰ no Sul da Ásia Central, 41‰ na Ásia Oriental, 35‰ na América Latina. Comparativamente, nos países ricos este valor mal atingia os 10‰. Se os outros países pobres reduzissem a sua mortalidade infantil para o nível apresentado pela China ou pela Ásia Oriental (41 ‰), a esperança de vida aumentaria em 7 anos para a África e 3 no Sul da Ásia[286]. Por outras palavras, a eliminação das diferenças na mortalidade infantil iria eliminar grande parte da disparidade ao nível da esperança de vida e, desta forma, constitui um objetivo prioritário na busca de uma melhor capacidade de sobrevivência: a sua redução representa não apenas um declínio considerável na mortalidade geral, como também favorece a modernização do comportamento reprodutivo e melhora o nível de saúde numa idade crucial para o desenvolvimento e subsequente eficiência dos sobreviventes.

As causas da elevada mortalidade infantil são numerosas e complexas: desde doenças infecciosas típicas da infância (sarampo, difteria, tosse convulsa, poliomielite, tétano), até uma elevada incidência de diarreia e de gastroenterite resultantes de deficientes condições sanitárias, à ação combinada de má nutrição, pobreza e infeção ou à existência de vastas regiões de malária. Tomando como referência as crianças com menos de 5 anos de idade de 42 países pobres, 33% das mortes devem-se a patologias neonatais, 22% a diarreia, 21% a pneumonia, 9% a malária e 3% a SIDA. Todos estes problemas têm resolução: as doenças típicas da infância podem ser combatidas com programas de vacinação e imunização; a diarreia e gastroenterite com o melhoramento das condições ambientais

---

[285] United Nations, *World Population Prospects. The 2010 Revision*, Nova Iorque, 2011. M. Mahy, *Childhood Mortality in the Developing World: A Review of Evidence from the Demographic and Health Surveys*, Calverton (MD), DHS Comparative Reports, n.º 4, ORC Macro, 2003.

[286] Estes resultados são calculados partindo do princípio de que a mortalidade acima dos 5 anos de idade para estes «novos sobreviventes» será a das respetivas áreas.

e de higiene; a malária com a desinfestação; e a má nutrição com programas de suplementos na dieta alimentar e, em muitas áreas, com o desaconselhamento do desmame precoce. Quando as doenças ocorrem, a intervenção médica pode, muitas vezes, impedir a sua letalidade. Em muitas circunstâncias, a diarreia, que mata pela repetição dos ataques e pela desidratação da criança, pode ser curada através de métodos simples de reidratação administrados por familiares[287]. Há soluções, mas a sua implementação depende da existência de recursos materiais, de conhecimento técnico e de consciência coletiva e individual, ou seja, da educação e do desenvolvimento.

Uma imagem clara, ainda que sucinta, das condições que acompanham a mortalidade infantil é dada pela tabela 5.3, que mostra vários índices de saúde para países seleccionados. A elevada mortalidade infantil anda de braço dado com a ausência de assistência profissional no parto, falta de acesso a água boa para consumo, baixa imunização e elevada incidência de subdesenvolvimento. A figura 5.4 mostra a relação, para 53 países pobres, entre a mortalidade nas idades de 0-4 anos e a percentagem da população com sistemas sanitários adequados (esgotos, etc.). A correlação inversa é bastante evidente.

A complexidade das causas da elevada mortalidade infantil dificulta a intervenção quando se tenta passar de um nível «médio» (o resultado do progresso inicial) para outro mais baixo, semelhante ao dos países desenvolvidos. Voltarei a esta questão depois de ter discutido a situação da mortalidade geral para as várias populações, que é expressa de forma bastante concisa pela esperança de vida (e_0). Na figura 5.4, a esperança de vida para 1995-2000 é comparada com o índice clássico de bem-estar – o PIB *per capita* (em dólares internacionais) – para 28 países pobres[288]. Como se pode ver na figura, esta relação é semelhante à dos países ocidentais (ver capítulo 4, figura 4.4): dá-se um grande aumento da esperança de vida à medida que o PIB *per capita* aumenta de níveis muito baixos, mas uma atenuação gradual da melhoria da capacidade de sobrevivência com os aumentos subsequentes na produção. Por outras palavras, o crescimento do bem-estar material é progressivamente menos eficaz no aumento da esperança de vida. Esta relação acompanha uma fase inicial de redução considerável de

---

[287] TOR ou Terapia Oral de Reidratação. Consiste em saquetas cujo conteúdo é solúvel em água e contém os sais essenciais perdidos pela criança que sofre ataques de diarreia. Bebendo esta solução, o bebé afetado consegue compensar as perdas. É uma terapia facilmente administrável pela mãe da criança ou qualquer outro membro da família. Quando é demasiado dispendioso, uma simples solução de água, açúcar e sal pode fornecer os líquidos, as calorias e o sal que a criança necessita de forma a recuperar da diarreia. Sobre as patologias da infância e o seu tratamento, ver R.Y. Stallings, *Child Morbidity and Treatment Patterns*, Calverton, DHS Comparative Reports, n.º 8, ORC Macro, 2004.

[288] A lista dos 28 países representados nas figuras 5.4 e 5.7 consta da nota 3.

Tabela 5.3 Indicadores de mortalidade e de saúde da infância (2005-2008)

	Ano do inquérito	Mortalidade no primeiro ano de vida (1q0((‰)	Mães com assistência qualificada no parto (%)	Partos em centros de saúde (%)	Crianças de 12-13 meses vacinadas (%)	Crianças com infeções respiratórias agudas tratadas em centros de saúde (%)	Crianças com diarreia tratados com hidratação oral (%)	Duração mediana do aleitamento exclusivo (meses)	Crianças abaixo do peso (%)	Crianças com estatura insuficiente (%)	Crianças com atraso de crescimento (%)
ÁFRICA											
Egito	2008	24.5	71.4	78.9	91.5	73.3	28.4	4.5	7.4	24.7	6.5
Etiópia	2005	77.0	5.3	5.8	20.4	18.7	27.5	–	38.5	46.4	10.5
Nigéria	2008	75.3	38.9	35.0	22.7	45.4	31.2	1.7	27.3	36.7	12.5
Congo (República Democrática)	2007	91.8	74.0	70.1	30.6	–	44.9	3.0	30.1	38.9	9.3
ÁSIA											
Bangladesh	2007	51.5	17.9	13.6	81.9	57.2	81.2	2.7	46.1	36.0	16.2
Filipinas	2008	24.9	98.6	44.2	79.5	49.8	58.6	2.8			
Índia	2005-6	57.0	46.6	38.2	43.5	67.3	26.0	4.6	47.8	42.5	17.1
Camboja	2005	65.6	43.8	21.5	66.6	45.4	35.8	5.0	35.6	36.8	7.4
AMÉRICA LATINA											
Colômbia	2005	18.7	90.7	92.0	58.1	–	55.4	2.7	6.9	11.5	1.3
Honduras	2005-6	23.4	66.9	66.5	74.9	53.9	55.7	0.7	11.2	24.2	1.1
Haiti	2005-6	57.3	26.1	21.9	41.3	31.5	43.8	2.3	21.9	23.3	9.2
Bolívia	2008	49.8	71.1	67.5	78.6	50.9	43.6	4.0	5.9	21.8	1.1

Nota: As medidas referem-se aos 3 anos anteriores ao inquérito; as medidas de mortalidade infantil referem-se aos cinco anos anteriores. Os indicadores de estatura, peso e atraso no crescimento (estatura por idade, peso por idade, e peso por altura) indicam a percentagem de crianças abaixo da média de dois desvios padrão.

Fonte: Measure DHS, < www.measuredhs.com/accesssurveys > (acedido a 30 de maio de 2011)

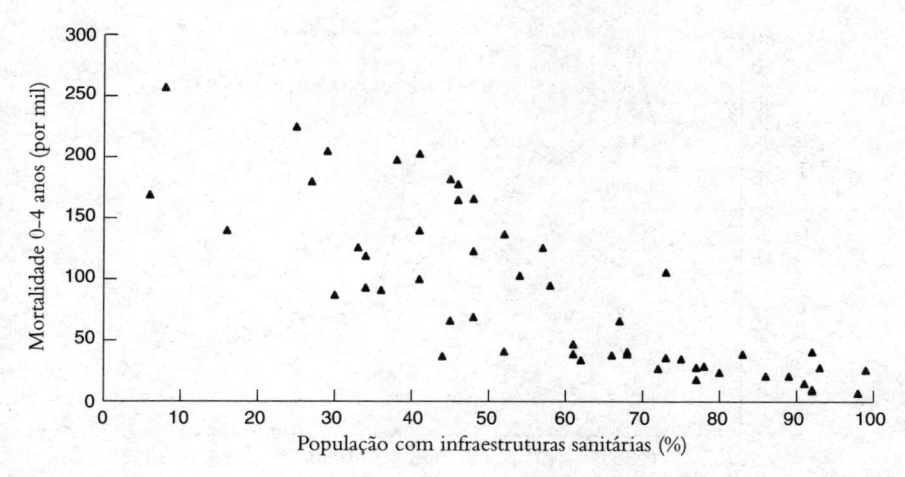

Figura 5.3 População com infraestruturas sanitárias (%) e mortalidade 0–4 anos em 53 países pobres (2000)

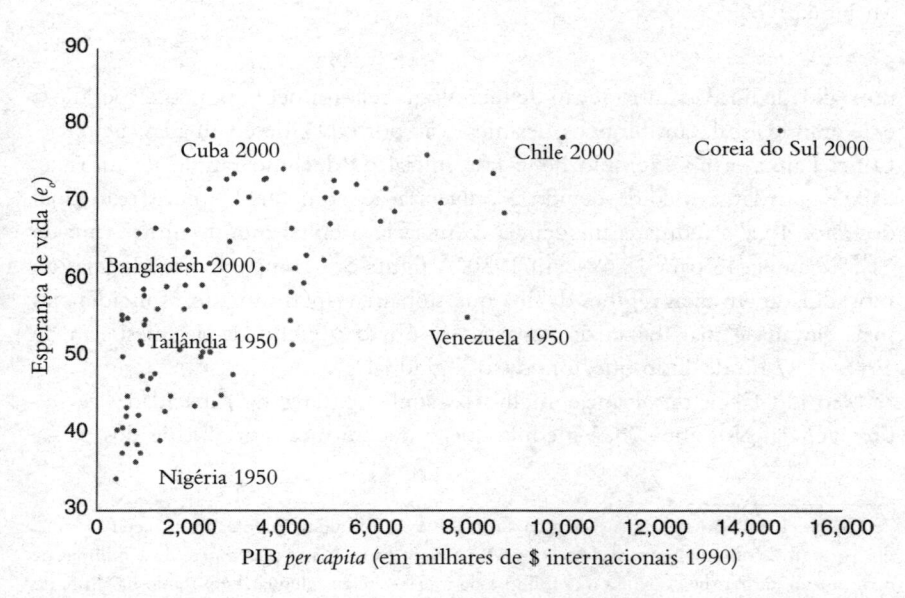

Figura 5.4 Relação entre PIB *per capita* e esperança de vida (e_o) em 28 países menos desenvolvidos (1950-19555, 1980-1985 e 2005-2010)

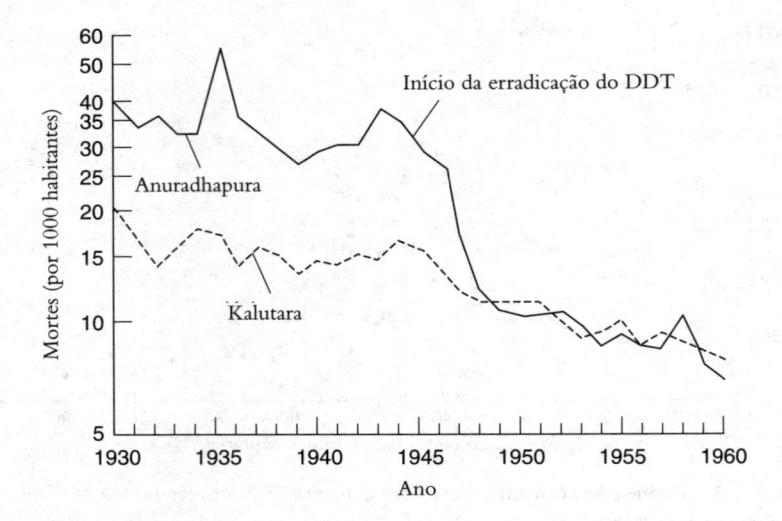

Figura 5.5 Mortalidade nas zonas do Sri Lanka com maior incidência de malária (Anuradhapura) e com menor incidência (Kalutara) (1930-60).
Fonte: P. Newman, *Malaria Eradication and population Groth*, Ann Arbor, University of Michigan, 1965.

mortalidade ligada à introdução de tecnologia relativamente pouco dispendiosa e de grande escala: antibióticos, desinfestação por DDT, determinadas vacinas[289]. O Sri Lanka é um exemplo desta fase inicial de declínio rápido de mortalidade[290]: em larga medida devido à pulverização com DDT, iniciada no final dos anos 40, e à reduzida incidência da malária, a taxa bruta de morte caiu de 21,5‰ em 1945 para 12,6‰ em 1950. A figura 5.5 compara as tendências de mortalidade em duas regiões da ilha que tinham, respetivamente, as incidências mais elevada e mais baixa de malária – é óbvio o efeito da desinfestação de 1946-1947 no declínio que, fora disso, é gradual.

Não são fáceis de alcançar melhorias suplementares na capacidade de sobrevivência. Nos anos 70, à medida que o declínio na mortalidade dos países

---

[289] Estas incluem não apenas a vacina da varíola – a varíola praticamente desapareceu no final dos anos 70 – como também vacinas contra o sarampo (responsável pela morte de 2 milhões de crianças por ano), tosse convulsa (0,6 milhões de mortes), tétano neonatal contraído na altura do nascimento resultante de infeção no cordão umbilical (0,8 milhões de mortes) e poliomielite, tuberculose e difteria, responsáveis por um número indeterminado de vítimas. Ver *Immunizing the World's Children*, in «Population Reports», série L, 1986, 5.

[290] S.A. Meegama, *The Mortality Transition in Sri Lanka*, in *Determinants of Mortality Change and Differentials in Developing Countries*, Nova Iorque, Nações Unidas, 1986.

pobres começava a revelar sinais de abrandamento aumentaram as críticas à criação, nestes países, de programas de saúde que simulavam os modelos dos países ricos e, desta forma, dependiam da criação de hospitais, clínicas e escolas sofisticadas e dispendiosas. Argumentou-se que estes programas eram muitas vezes incapazes de servir toda a população e que, embora fossem eficazes no diagnóstico e no tratamento, não atacavam as causas da elevada mortalidade[291]. No final dos anos 70, as organizações internacionais de saúde (OMS e UNI-CEF) optaram por uma nova estratégia (a *Primary Health Care* ou PHC) que envolveu a participação ativa da comunidade e utilizou pessoal paramédico (mais fácil de formar), em conjunto com tecnologia simples mas eficaz[292]. Além dos serviços de prevenção e tratamento das doenças, esta estratégia incluiu programas educativos, sistemas de água e esgotos e o apoio à utilização de tecnologia agrícola apropriada. É uma estratégia orientada para uma maior disseminação de técnicas eficazes e não sofisticadas e para o desenvolvimento da consciência individual e comunitária, que constitui a base do comportamento indispensável para a redução da mortalidade. Infelizmente, a aplicação destas estratégias, ainda que teoricamente apropriada, é difícil, uma vez que requer alterações no comportamento individual e familiar e deve operar através de diversos canais de atividade social, incluindo escolas, programas de saúde pública, etc.

De modo a completar esta discussão, devemos, por instantes, voltar à figura 5.4. Podemos ver que alguns países se situam consideravelmente acima do PIB teórico – curva e_0 – ou seja, têm uma esperança de vida consideravelmente mais elevada do que o esperado, tendo em conta o seu nível de bem-estar – enquanto outros estão abaixo dele e, portanto, têm uma esperança de vida mais baixa do que seria esperado. No início dos anos 50, a Nigéria e a Tailândia tinham o mesmo rendimento *per capita*, mas a esperança de vida da primeira era inferior 16 anos à da segunda. Amartya Sen salientou que as perspetivas de sobrevivência dos afro-americanos são muito piores do que as dos indianos de Kerala ou dos chineses, apesar de os primeiros serem várias vezes mais ricos, mesmo tendo em conta as diferenças no custo de vida[293]. Na passagem do milénio, Cuba, Chile e Coreia do Sul tinham a mesma esperança de vida elevada (78-79) anos, mas com rendimentos reais *per capita* extraordinariamente diferentes, respetivamente 2500, 10 000 e 15 000 dólares.

---

[291] W. H. Mosley, *Will Primary Health Care Reduce Infant and Child Mortality? A Critique of Some Current Strategies with Special Reference to Africa and Asia*, in J. Vallin e A. D. Lopez (orgs.), *Health Policy, Social Policy and Mortality Prospects*, Liége, Ordina, 1985.

[292] OMS-UNICEF, *Alma Ata 1978: Primary Health Care*, Genebra, OMS, 1978. OMS, *World Health Report 2008*, Genebra, 2008.

[293] A. Sen, *Health in Development*, in «Bulletin of the World Health Organization», 77, 1999, pp. 619-623. Idem, *The Economics of Life and Death*, in «Scientific American», maio, 1993, pp. 18-25.

Estas grandes disparidades (que se manifestam de igual forma se utilizarmos outros índices de desenvolvimento) são a prova de que a acumulação de riqueza material por si só não garante melhores condições de saúde, sendo que tal não se deve apenas à sua distribuição desigual pela população. Muitas vezes o problema está nos níveis de consciência individual, familiar e comunitária, que não aumentam necessariamente com o desenvolvimento económico. Pelo contrário, são o produto de heranças culturais profundamente enraizadas ou de ação política e social deliberada. Uma educação melhorada, em particular das mulheres (devido ao seu papel decisivo na criação dos filhos, na higiene doméstica e na preparação da comida), parece ser um pré-requisito necessário para o melhoramento das condições sanitárias. O facto de alguns países islâmicos continuarem a ter elevados níveis de mortalidade, apesar do desenvolvimento económico considerável, tem sido explicado pelo estatuto subordinado das mulheres e pela educação limitada que recebem[294].

Além disso, os países que tiveram mais sucesso no combate à mortalidade são aqueles cuja política governamental concedeu ao setor da saúde recursos humanos e económicos suficientes. Os exemplos da China, do Sri Lanka, de Cuba e da Costa Rica – países variados em termos políticos que desenvolveram esforços consideráveis nesta área – mostram que a baixa mortalidade está ao alcance mesmo das populações mais pobres[295]. A Organização Mundial de Saúde estima que 90% das mortes por doença infecciosa são causadas por pneumonia, diarreia, tuberculose, malária, sarampo e SIDA/VIH. No caso de algumas destas doenças, existem atualmente intervenções de baixo custo ao nível da saúde (como a terapia de reidratação oral para a diarreia, já mencionada) que poderiam facilmente prevenir muitas mortes. A incidência da malária, por exemplo, poderia ser drasticamente reduzida através do uso de redes mosquiteiras impregnadas de inseticida. E para a tuberculose há medicamentos pouco dispendiosos.

A elevada mortalidade e a alta incidência das doenças geram perda de anos de vida e, para os que sobrevivem com saúde fraca, perda de anos de vida saudável. E a sobrevivência saudável é um pré-requisito para muitos – na realidade, para a maior parte – dos ingredientes do desenvolvimento: a aquisição de eficiência física, o atingir da capacidade e das competências intelectuais, e a extensão dos horizontes temporais individuais de forma a permitir o planeamento do

---

[294] É a tese defendida por J. C. Caldwell, *Routes to Low Mortality in Poor Countries*, in «Population and Development Review», 12, 1986, 2.

[295] *Ibidem*, pp. 209-211. Para uma interpretação atualizada das tendências da mortalidade nos países pobres, ver R.R: Soares, *On the Determinants of Mortality in Poor Countries Revisited*, in «Population and Development Review», 33, 2007, 2. R. Kuhn, *Routes to Low Mortality in Poor Countries Revisited*, in «Population and Development Review», 36, 2010, 4.

Tabela 5.4 Incidência das incapacidades e das doenças (2004)

Regiões	População (milhões)	DALY ou anos--deficiência (milhões)	DALY ou anos--deficiência por 1000 habitantes	DALY ou anos de deficiência, segundo as causas (%)			
				Doenças transmissíveis	Doenças não transmissíveis	Lesões e acidentes	Total
Mundo, total	6437	1523	237	31	60	10	100
Homens	3244	796	245	30	58	12	100
Mulheres	3193	727	228	31	62	7	100
África	738	377	511	68	25	7	100
América	874	143	164	14	77	9	100
Sul e Sudeste da Ásia	1672	443	265	37	50	13	100
Ásia Oriental e Pacífico	1738	265	152	13	77	10	100
Europa e Ásia Central	883	151	171	6	86	8	100
Mediterrâneo e Médio Oriente	520	142	273	39	50	11	100

Notas: Regiões segundo a Organização Mundial de Saúde (OMS). África: entende-se África subsariana; Sul e Sudeste da Ásia compreende, entre outros, a Índia, o Paquistão e o Bangladesh; Ásia Oriental e Pacífico compreende, entre outros, a China, a Indonésia, as Filipinas e a Oceania; o Mediterrâneo é o Norte de África; a Ásia Central inclui a antiga URSS.
Fonte: OMS, *World Health Report 2004 Update*, Genebra, 2008.

futuro. É também um pré-requisito para modificar a necessidade de filhos e, consequentemente, para o controlo da natalidade. Para comprovar os melhoramentos ou fazer comparações é possível combinar as medidas de sobrevivência e as medidas de incidência da doença. Os indicadores de sobrevivência, por si só, podem revelar apenas parte da situação: confiar na medicina pode prolongar uma vida tornada miserável pela nutrição desadequada e pela ausência de higiene básica. Um melhoramento importante das medidas de sobrevivência é o cálculo, para determinada população, da perda de anos de vida saudável por morte prematura ou por incapacidade por motivo de doença ou acidente. Na prática são calculados dois valores: (a) o número de anos de vida perdidos, obtidos por cada morte a partir da diferença entre a idade de morte, e a esperança de vida nessa mesma idade numa população de baixa mortalidade; (b) o número de anos de vida saudável perdidos devido a doença ou a acidente, estimados a partir da diferença entre a altura em que se instalou essa condição e a sua remissão (ou morte). Estes anos não são contados por completo (como são no caso da morte), mas a cada condição ou doença é atribuído um determinado peso (entre 0 e 1), de acordo com a gravidade da incapacidade.

A combinação dos anos futuros perdidos na sua totalidade, devido a morte prematura, e dos anos futuros parcialmente perdidos por causa de incapacidade, dão o número total de anos perdidos (o Banco Mundial designou-os de DALY: *Disability-Adjusted Life Years*), ou anos de vida ajustados em função da incapacidade. A tabela 5.4 apresenta alguns resultados interessantes: os acontecimentos ocorridos em 2004 (mortes, doenças e acidentes) determinaram nos 6,4 mil milhões a perda de 1, 523 mil milhões de anos de vida em boa saúde ou 237 anos por cada 1000 habitantes. A incidência máxima é na África subsariana (511 DALY por 1000 de população); a incidência mínima é evidenciada nas populações da Ásia Oriental (152‰). As desigualdades entre regiões (um fator de 4) são grandes e dissimulam disparidades ainda maiores entre países, grupos sociais, etc.

3. Breve geografia da natalidade

Durante as últimas décadas a natalidade do mundo pobre tem mudado, sendo cada vez mais frequentes os sinais da disseminação do controlo voluntário da natalidade. Regiões que ainda obedecem aos padrões tradicionais de procriação coexistem agora com outras que se assemelham ao mundo mais desenvolvido. De forma a obter uma impressão inicial das alterações que têm vindo a ocorrer nos países pobres, no seu todo, ao longo dos últimos 50 anos, devemos regressar por um momento à tabela 5.2. O número médio de filhos por mulher diminuiu em mais de 3 unidades – de 6,2 para 2,7 – apesar de a China, que reduziu a natalidade para níveis de reposição (de 6,2 para 1,6), ser responsável por boa parte deste declínio. A natalidade noutras áreas grandes do mundo pobre é bastante diversificada: a natalidade africana sofreu um declínio modesto de 6,6 para 4,6 filhos por mulher, e o controlo da natalidade, particularmente a sul do Sara, ainda é raro[296]; a mudança no Sul da Ásia Central é ainda maior, com uma redução de 6,1 para 2,8, e este declínio deve-se principalmente à natalidade indiana mais baixa; o Sudeste Asiático (6 para 2,3) e a América Latina (5,9 para 2,3) registaram maiores descidas. Se tomarmos em conta a diferente escala demográfica do mundo pobre atual, a situação presente assemelha-se à do mundo ocidental no início do século XX, quando áreas onde era muito praticado o controlo da natalidade (como a França) coexistiam com outras nas quais a natalidade «natural» ainda prevalecia (como algumas regiões da Europa mediterrânica ou as zonas periféricas a norte e este do continente).[297]

O declínio da natalidade seguiu o seu caminho também na primeira década do novo milénio, observação apoiada pela comparação dos resultados desagregados dos *Demographic and Health Surveys* (DHS), inquéritos realizados desde o final dos anos 80.[298] Também na África subsariana o controlo da natalidade parece ter-se instalado, ainda que não de uma forma suficientemente rápida tendo em conta as elevadas taxas de crescimento da população da região, e ainda que, em diferentes países (Gana, Quénia, Nigéria e Tanzânia), o declínio

---

[296] Aliás, em alguns dos países da África subsariana tem havido um claro aumento da natalidade, explicado por um período mais curto de amamentação e, desta forma, por intervalos reduzidos entre os nascimentos (ver mais adiante neste parágrafo), por melhores condições sanitárias, que reduziram a incidência de determinadas doenças infecciosas causadoras de esterilidade ou natalidade reduzidas. As Nações Unidas, por exemplo, estimam que a *Tft* para a África Ocidental aumentou de 6,7 para 6,9 entre 1950-1955 e 1975-1980, e da África Oriental de 6,7 para 7. Ver também M. Garenne, *Fertility Changes in Sub-Saharan Africa*, Calverton (MD), DHS Comparative reports n.º 18, Orc Macro, 2008.

[297] Naturalmente, esta analogia apenas é aplicável num sentido mais geral, e as circunstâncias concomitantes eram muito diferentes. O declínio da mortalidade na Europa surgiu de forma mais gradual e, deste modo, permitiu um ajustamento gradual da natalidade. Além disso, mesmo em áreas de elevada natalidade o controlo da natalidade era praticado por um segmento significativo da sociedade, tais como as classes urbanas e os mais instruídos.

[298] Os inquéritos DHS têm sido realizados desde 1986 em muitos países em vias de desenvolvimentos com amostras (entre 2000 a 30000) de mulheres em idade reprodutiva. O questionário do inquérito inclui questões sobre características demográficas, história de natalidade, uso de contracetivos e saúde das mulheres e crianças, bem como muitas variáveis socioeconómicas. Vários países já tiveram mais do que um inquérito e em muitos casos foram igualmente incluídas amostras de homens e de maridos. Ver *DHS Dimensions*, in «Newsletter», 3, 2001, 1 e 7, 2005, 1.

tenha sofrido algum abrandamento que suscita preocupação acerca das tendências futuras[299]. Noutros lados, em países grandes e povoados como o Brasil, o Irão, o Vietname (para além da China e da Coreia do Sul, esta última com uma natalidade inferior à da Itália) atingiram níveis de natalidade inferiores ao nível da reposição.

A explicação destas tendências requer a análise dos principais componentes da natalidade humana, discutidos no capítulo1. Recordemos que o número médio de filhos por mulher (*Tft*) é determinado a partir de uma combinação de fatores, predominantemente biológicos, que estabelecem a natalidade natural (os intervalos entre os nascimentos relacionados com a duração da amamentação, tempo de espera relacionado prioritariamente com a frequência de relações sexuais, mortalidade fetal); por padrões de casamento (idade na altura do casamento e percentagem de indivíduos que não casam); e pelo nível de controlo de natalidade.

Já fiz referência ao facto de o nível de natalidade «inicial» dos países pobres – acima de seis filhos por mulher - ser consideravelmente mais elevado do que o do ocidente antes da transição demográfica (menos de 5). Isto deve-se, em primeiro lugar, aos níveis mais elevados de nupcialidade: a idade de casamento nos países pobres (ou a idade na qual uma união reprodutiva estável é estabelecida) tem sido, tradicionalmente, baixa, sendo que praticamente ninguém fica por casar, ao contrário da situação no Ocidente. O *World Fertility Survey* (WFS)[300] revelou, para finais dos anos 70, uma idade média no primeiro casamento de 19,8 anos em 12 países africanos (desde um mínimo de 17,5 nos Camarões até a um máximo de 23,9 na Tunísia); de 21 anos em 13 países asiáticos e do Pacífico (desde 16,3 no Bangladesh até 24,5 nas Filipinas); e de 21,5 em 13 países da América Latina e das Caraíbas (de 19,2 na Jamaica até 23,2 no Peru). Estes níveis, situados consideravelmente abaixo da média ocidental, na altura próxima dos 24 anos, são já cerca de 1,5 anos acima dos níveis apresentados 15 anos antes[301]. Nestes mesmos países, e mais uma vez de acordo com o WFS, a percentagem de mulheres não casadas no final do período reprodutivo era de cerca de 1% em África e na Ásia e 4% na América Latina (comparativamente

---

[299] G. Mboup e T. Saha, *Fertility Levels, Trends and Differentials*, in «Comparative Studies», 1999, 28. Sobre o caso da persistente elevada natalidade na África a sul do Sara ver A. Romaniuk, *Persistence of High Fertility in Tropical Africa*, in «Populaiton and Development Review», 7, março 2011.

[300] Sobre as características gerais e os resultados principais do *World Fertility Survey*, ver WFS, *Major Findings and Implications*, Londres, 1984. Os inquéritos, realizados normalmente com grupos de 3000-10 000 mulheres em idade reprodutiva, abrangeram 41 países em desenvolvimento e 21 países desenvolvidos. Na sua maior parte realizaram-se na segunda metade dos anos 70.

[301] Nações Unidas, *Fertility Behavior in the Context of Development. Evidence from the World Fertility Survey*, Nova Iorque, 1987, pp. 78 e 82.

aos níveis muitas vezes superiores a 10% no Ocidente)[302]. Esta situação está a mudar, ainda que a ritmos desiguais, com o aumento da idade das mulheres no primeiro casamento em consequência do reforço das suas prerrogativas: maior instrução, capacidade de produzir rendimento, menor disparidade de direitos dentro e fora da família. Os dados para os anos 80 e 90 confirmam a tendência no sentido de idades mais elevadas no casamento – com padrões irregulares, contudo – em consequência da modernização e, em particular, da melhoria da educação das mulheres e do aumento da participação no trabalho[303]. A idade média de casamento nos anos 90 era de 21 anos em África, 22 na Ásia e 23 na América Latina e nas Caraíbas.

Contudo, apesar de o controlo malthusiano reduzir a natalidade, a sua eficácia é limitada. Na ausência do controlo voluntário da natalidade, por exemplo, um aumento na idade de casamento de 18 para 23 anos (uma mudança radical no comportamento nupcial) resultará numa redução do número médio de filhos por mulher da ordem de 1,5-2 unidades. Como é evidente, esta redução é demasiado pequena para fazer descer a natalidade para níveis compatíveis com taxas moderadas de crescimento populacional. Além disso, um adiamento no casamento deve traduzir-se num adiamento efetivo na maternidade por parte das mulheres e implica que a reprodução esteja restringida ao casamento. Se isto acontece na Ásia, onde a natalidade não matrimonial é praticamente negligenciável, não é o caso em África, na América Latina e nas Caraíbas, onde é comum a reprodução fora do casamento.

O controlo decisivo da natalidade, contudo, é o controlo voluntário. Um indicador simples da sua «prevalência» é a percentagem de mulheres de idade reprodutiva que, num dado período, utilizam métodos de controlo de natalidade. Esta percentagem, por sua vez, pode ser dividida de acordo com o método utilizado (métodos «tradicionais» e menos eficazes como o coito interrompido ou a abstinência periódica ou métodos «modernos», mais eficazes, como a pílula, o DIU [dispositivo intrauterino] e a esterilização). A prevalência contracetiva de cerca de 70 ou mais por cento indica níveis baixos de natalidade como os que se

---

[302] Nações Unidas, *Fertility Behavior, op. cit.*, p. 78. Ver também: P. Xenos e S.A. Gultiano, *Trends in Female and Male Marriage and Celibacy in Asia*, in «Papers of the Program in Population», n.º 120, Honolulu, East-West Center, 1992. C. Westoff, A.K. Blanc e L. Nyblade, *Marriage and Entry into Parenthood*, Calverton, DHS Comparative Studies, n.º 10, 1994.

[303] Mboup e Saha, *Fertility Levels*; J. Bongaarts, *The Fertility Impact of Changes in the Timing of Childbearing in the Developing World*, Working Paper, n.º 120, Nova Iorque, Population Council, 1999; *World Marriage Patterns 2000*, in «Population Newsletter» (dezembro, 1999). Nações Unidas, *World Population Monitoring. Reproductive Rights and Reproductive Health*, Nova Iorque, 2003, pp. 133-135.

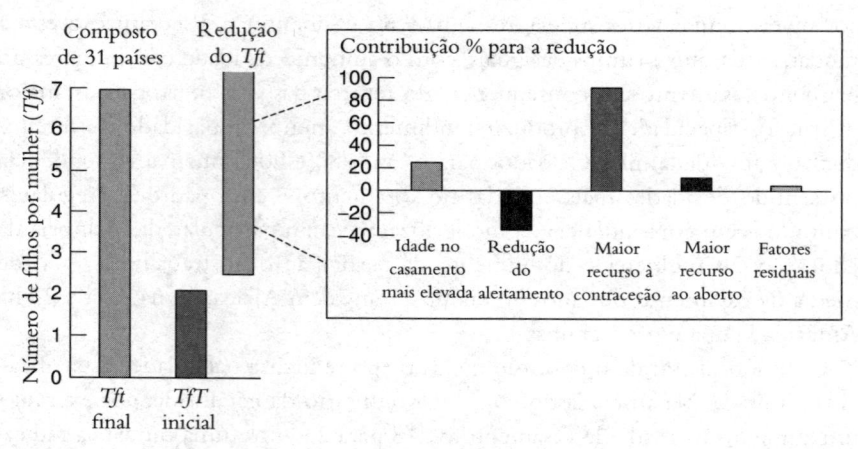

Figura 5.6 Modelo das contribuições dos vários fatores para a redução da natalidade do nível natural para níveis de reposição
Fonte: Banco Mundial, *World Development Report 1984*, Nova Iorque, Oxford University Press, 1984, pág. 115.

encontram em países ricos[304]. Os WFS (para 38 países em desenvolvimento em finais dos anos 70) encontraram níveis de prevalência de contraceção de apenas 10% em África, 23% na Ásia e 40% na América Latina e nas Caraíbas. Cerca de 3 em cada 4 mulheres inquiridas sobre meios de controlo de natalidade utilizavam os chamados métodos «modernos»[305]. Nos países da África subsariana investigados pelos DHS entre 2005 e 2008 a incidência da contraceção entre as mulheres casadas continua baixíssima: 12% no Senegal, 15% na Nigéria – o país mais populoso da África – e na Etiópia, 21% na República Democrática do Congo; 24% no Gana e no Uganda; 26% na Tanzânia; 45% no Quénia. Há, com efeito, muito caminho a percorrer se pensarmos que até em países muito pobres como o Camboja e o Bangladesh, na Ásia (40% e 56%, respetivamente), ou como a Guatemala e a Bolívia, na América Latina (54% e 61%), a proporção de mulheres casadas que recorre aos métodos contracetivos é quase, pelo menos, o dobro[306].

---

[304] W. P. Mauldin e S. J. Segal, *Prevalence of Contraceptive Use: Trends and Issues*, in «Studies in Family Planning», XIX, 1988, pág. 340. Evidentemente que estas medidas apenas dão uma imagem muito geral, uma vez que a eficácia dos vários métodos contracetivos depende, em parte, do próprio método (a pílula ou o DIU são altamente eficazes, ao contrário do coito interrompido ou da abstinência periódica) e, em parte, da constância, atenção e motivação do casal.

[305] Nações Unidas, *Fertility Behavior, op. cit.*, pág. 133.

[306] DHS Dimensions, «Newsletter», 7, 2005, 1. Os resultados continuamente atualizados dos inquéritos DHS podem ser consultados em < www.measuredhs.com/accesssurveys >.

A figura 5.6, retirada de um inquérito do Banco Mundial, representa um modelo dos fatores responsáveis pela redução do número médio de filhos por mulher dos níveis tradicionais para níveis de reposição, num conjunto de vários países pobres[307]. O modelo mostra as contribuições, positivas ou negativas, para a redução da *Tft* (de um máximo de 7 para um mínimo de 2,1 filhos por mulher) feita por alterações na idade de casamento, duração da amamentação, prevalência da contraceção, frequência de abortos e um conjunto de outros fatores residuais. Um destes fatores – a duração, em declínio, do período de amamentação – tem, na realidade, contribuído para o aumento da natalidade. A transição demográfica nestes países implicou um período mais curto de amamentação que, em igualdade de circunstâncias relativamente aos outros fatores, teria levado a períodos inferiores entre os nascimentos e a 31% de aumento na *Tft* (igual a 1,5 filhos). Contudo, as circunstâncias não eram iguais, e os outros fatores levaram a uma redução global. O primeiro destes fatores foi o aumento na contraceção (-93% = -4,5 filhos), seguido de uma idade de casamento mais elevada (-28% = -1,4 filhos)[308] e a frequência mais elevada de abortos (-10% = -0,5 filhos).

Podemos concluir esta discussão sobre a natalidade do mundo pobre analisando a figura 5.7, que compara o PIB *per capita* e a *Tft* em 28 grandes países em desenvolvimento em três períodos (início dos anos 50, 80 e 2000, tal como na figura 5.4). A relação assemelha-se à que foi revelada por uma comparação análoga realizada para os países ricos (ver figura 4.8): à medida que o rendimento sobe, a natalidade diminui, mas o volume da diminuição é progressivamente menor. Evidentemente, esta relação é obtida apenas através da simplificação drástica de uma realidade complexa e diversificada. Os desvios da curva abstrata de rendimento-natalidade do gráfico podem ser consideráveis. Com um rendimento real *per capita* de cerca de 1000 dólares, no início dos anos 50, o Quénia registava um número de filhos por mulher (7,2) que era o triplo do número de filhos do Bangladesh (2,4), que em 2000 tinha um rendimento igual. Cuba, Tailândia, Chile e Coreia do Sul tinham, em 2000, uma natalidade claramente inferior à reposição, mas com rendimentos reais respetivamente de 2500, 6000, 10 000 e 15 000 dólares. Por outras palavras, o desenvolvimento económico, tal como é estimado pelo PIB *per capita*, tem sido acompanhado por níveis de natalidade muito diferentes. Nas páginas seguintes procuraremos perceber porque é que isto acontece.

---

[307] Banco Mundial, *World Development Report 1984*, Nova Iorque, Oxford University Press, 1984, pp. 115-116.

[308] Recorde-se que o aumento da idade do casamento, ou da primeira união, tem modesta influência «redutora» da natalidade por causa da lentidão com que é produzida, como mostra a experiência do último meio século.

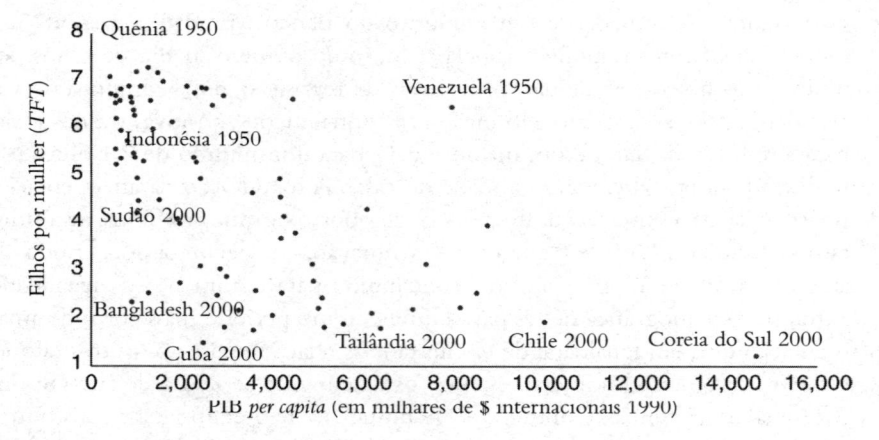

Figura 5.7 Relação entre PIB *per capita* e número de filhos por mulher (*Tft*) em 28 países menos desenvolvidos (1950-1955, 1980-1985 e 2005-2010)

4. As condições e as perspetivas do declínio da natalidade. As políticas demográficas

Confrontados com as rápidas taxas de crescimento das populações pobres nas décadas recentes, os estudiosos e quem trabalha no terreno têm debatido de forma extensa as causas da elevada natalidade e os fatores que poderiam levar ao seu declínio, pré-requisito para o crescimento moderado. Na secção anterior discutimos a mecânica da natalidade, analisando os seus vários componentes biológicos e sociais. Vimos que o aumento da idade do casamento e, acima de tudo, a disseminação do controlo da natalidade são os instrumentos do declínio da natalidade. Contudo, para que este ocorra é necessária uma mudança nos planos reprodutivos dos casais. Temos, desta forma, de compreender o que determina estes planos e o que pode ser feito para os alterar. Tomando de empréstimo a terminologia dos economistas, devemos compreender o que determina a «procura» de crianças por parte dos pais – ainda elevada nos países pobres – e quais os fatores que a poderão alterar[309].

Em primeiro lugar, podemos tomar como garantido que a preservação e a sobrevivência (do indivíduo, do grupo familiar ou do coletivo a que pertencem) são valores inatos da espécie humana, tal como o são de outras espécies

---

[309] R. D. Lee e R. A. Bulatao, *The Demand for Children: a Critical Essay*, in *idem* (orgs.), *Determinants of Fertility in Developing Countries*, I, Nova Iorque, Academic Press, 1983.

animais. A natalidade deve, deste modo, compensar a mortalidade – quando esta última é elevada, a primeira também o deve ser. Deste ponto de vista, cinco ou seis filhos por mulher são compatíveis com os níveis normais de mortalidade pré-transição. Muitas vezes, o risco de não sobrevivência de qualquer herdeiro induz os casais a ter muitos filhos, como espécie de garantia, daqui resultando que a natalidade do agregado é mais elevada do que a mortalidade geral. Tal como referido anteriormente, o declínio da mortalidade é pré-requisito necessário para o declínio da natalidade.

Em quase todos os países pobres a mortalidade, mas não a natalidade, teve uma redução significativa. Porque é que a natalidade permanece elevada? Porque é que a «procura» de filhos por parte dos pais não abrandou? Em primeiro lugar, o custo de criar as crianças permanece baixo. Nas regiões rurais e em determinadas circunstâncias, os filhos podem constituir um ganho líquido para os seus pais. O trabalho desenvolvido por crianças e adolescentes pode compensar os custos suportados pela família que, de qualquer modo, são baixos numa economia pobre[310]. Em segundo lugar, em muitos contextos sociais os pais consideram os filhos uma garantia de assistência económica e material, para não falar de afeto, na velhice. Estudos realizados na Indonésia, na Coreia, na Tailândia, na Turquia e nas Filipinas mostram que 80% a 90% dos pais entrevistados contam receber apoio económico dos seus filhos na velhice[311]. De qualquer modo, é natural contar com a ajuda dos filhos em caso de grande infortúnio[312]. Em terceiro lugar, o contexto cultural amiúde exige muitos de filhos: como afirmação da família, como garantia da continuidade das gerações ou como expressão de princípios religiosos profundamente enraizados. Por último, o desconhecimento dos métodos de controlo de natalidade, a falta de disponibilidade de contracetivos e a desadequação dos serviços médicos e de saúde contribuem para um controlo inadequado da natalidade ou para o aumento do recurso ao aborto. A existência de legislação que controla a disseminação dos contracetivos pode reforçar estas barreiras ao declínio da natalidade.

Se estas são as causas da natalidade elevada, então é necessariamente através da sua modificação que a taxa de nascimentos pode diminuir. Acima de tudo, a

---

[310] Para diferentes interpretações do custo dos filhos, ver J. C. Caldwell, *Direct Economic Costs and Benefits of Children* e P. H. Lindert, *The Changing Economic Costs and Benefits of Having Children*, ambos in Lee e Bulatao, *Determinants of Fertility, op. cit.*

[311] Banco Mundial, *World Development Report 1984, op. cit.*, pág. 52.

[312] M. Cain, *Risk and Insurance: Perspectives on Fertility and Agrarian Change in India and Bangladesh*, in «Population and Development Review», 7, 1981, pp. 435-474. No que diz respeito às expectativas dos pais relativvamente ao apoio dos parte dos seus filhos na velhice: A. I. Hermalin e Li-Shou Yang, *Levels of Support from Children in Taiwan: Expectations Versus Reality*, in «Population and Development Review», 30, 2004, 3.

mortalidade tem de baixar. A figura 5.2 (em que se compara natalidade e mortalidade) indica que quase todos os países com esperança de vida acima de 65 têm uma *Tft* relativamente baixa, o que resulta de algum controlo da natalidade, independente das condições socioeconómicas.

O aumento no «custo relativo» da criação dos filhos também parece ser fator do declínio da natalidade. Este aumento pode, por exemplo, surgir em resultado da expansão da educação feminina, de forma que as mulheres estão menos dispostas a desistir da possibilidade de um emprego remunerado a favor do trabalho doméstico e da criação dos filhos. Outros fatores podem incluir a escolaridade obrigatória na infância, que adia o início do trabalho infantil, ou um aumento geral do bem-estar, com os respetivos requisitos no sentido de maiores investimentos nas crianças. A criação de mecanismos institucionais de proteção reduz a necessidade de apoio aos pais idosos por parte dos seus filhos e, desta forma, enfraquece-se outro incentivo à natalidade elevada. Outros elementos que tendem a acelerar o declínio da natalidade incluem a eliminação de obstáculos, em termos da legislação, relativos ao controlo da natalidade, uma política que apoie ativamente o planeamento familiar, a disseminação das técnicas e do conhecimento dos contracetivos e o facto de serem simultaneamente acessíveis em termos económicos e aceitáveis a nível psicológico.

Nenhum dos fatores anteriormente apresentados pode, por si só, provocar a transição da natalidade de níveis elevados para baixos, e é difícil determinar a combinação correta de fatores, uma vez que muito depende das caraterísticas da sociedade em questão. Os elementos discutidos envolvem melhorias nos serviços médicos e de saúde, desenvolvimento económico e mudança social (mudanças nos valores, liberdade para as mulheres, secularização do comportamento): no fundo, todos os aspetos do desenvolvimento da sociedade. Nenhum aspeto por si só irá efetuar a mudança, e cada país terá de encontrar a combinação adequada.

Contudo, algumas formas de intervenção são mais simples ou mais contidas do que outras e, deste modo, constituem instrumentos políticos mais prováveis. Desde os anos 50, por exemplo, o planeamento familiar tem sido a abordagem preferencial e em termos gerais é improvável que ocorra um declínio na natalidade sem a existência de uma rede adequada destes serviços ([313]). Hoje em dia, a aceitação política deste tipo de intervenção é um dado adquirido, mas isto nem sempre aconteceu. Nos anos 50 e 60 os programas de planeamento familiar

---

[313] Na realidade, isto apenas se aplica aos países em desenvolvimento. No Ocidente, a quase totalidade da transição da natalidade teve lugar através de métodos tradicionais, como o coito interrompido. De facto, na quase totalidade do mundo ocidental a publicidade e a distribuição de métodos de controlo de natalidade foi ilegal até finais da Segunda Guerra Mundial.

– muitas vezes apresentados de forma ingénua e, até, desastrada – depararam com oposição em grande parte do mundo pobre. Nos países que adotavam um sistema político ou uma ideologia socialista, por exemplo, defendia-se que o desenvolvimento económico iria regular espontaneamente a natalidade. Nos outros, os governantes nacionalistas encaravam as políticas de controlo da natalidade como um ataque ao fortalecimento numérico da nação, e em países nos quais o fundamentalismo religioso tinha um papel importante estas políticas deparavam com uma oposição baseada em fundamentos morais. O apoio dado pelos países ricos – em especial os Estados Unidos – a estes programas, com motivos frequentemente dúbios, era considerado uma forma subtil de imperialismo capitalista. Contudo, em 1974, na Conferência das Nações Unidas sobre a população mundial, em Bucareste[314] (uma conferência restringida a delegações oficiais nacionais), a China, a Argélia, o Brasil e a Argentina encabeçaram um grande grupo de nações que se opunha a políticas que visavam a diminuição das taxas de crescimento da população. Por outro lado, muitos países asiáticos, principalmente os do subcontinente indiano, eram a favor destas políticas. Um *slogan* memorável desta conferência defendia que «o desenvolvimento é o melhor contracetivo». Dez anos depois, na Cidade do México, mais uma vez na conferência das Nações Unidas[315], a oposição tinha desaparecido: todas as nações concordaram que o crescimento demográfico deveria ser refreado através da aplicação de políticas específicas, não necessariamente ligadas a outras políticas de desenvolvimento. Em 1994, na Conferência das Nações Unidas sobre a população e o desenvolvimento, no Cairo, este ponto foi reafirmado e aprovado por unanimidade[316].

Quais têm sido os resultados da política demográfica, tomados no sentido restrito do planeamento familiar? (Iremos, por ora, deixar de lado o caso especial da China, cuja política coerciva é única.) A resposta a esta questão contém implicações importantes para políticas futuras direcionadas no sentido da redução da natalidade e do abrandamento do ritmo do crescimento populacional. De um ponto de vista convencional, grande parte da variação da natalidade nos países pobres decorre do facto de uma grande proporção das mulheres, que gostaria de limitar a sua natalidade, não o poder fazer porque ou

---

[314] Nações Unidas, *Report of the United Nations World Population Conference*, Nova Iorque, 1975.

[315] Nações Unidas, *Report of the International Conference on Population, 1984*, Nova Iorque, 1984.

[316] Nações Unidas, *International Conference on Population and Development, Programme of Action*, Cairo, 1994. Para uma resenha completa e atualizada das problemáticas ligadas à natalidade nos países pobres ver S. Salvini, *Contraccezione e pianificazione familiar*, Bolonha, Il Mulino, 1997. Para uma resenha internacional posterior a 1994 ver Nações Unidas, *Review and Appraisal of the Progress Made in Achieving the Goals and Objectives of the Programme of Action on the International Conference on Population and Development*, Nova Iorque, 2004. UNFPA, *ICPD at 15 – Report. Looking back, Moving forward*, Nova Iorque, 2011.

não tem conhecimento da existência da contraceção ou porque esta não está disponível ou o seu acesso (em muitos casos devido ao custo) é restrito. Tornar a contraceção facilmente acessível (ou, como se costuma dizer, satisfazendo «as necessidades não satisfeitas») irá acelerar o declínio da natalidade. Satisfazer esta necessidade é o objetivo das políticas demográficas, em relação às quais já se percorreu algum caminho nas últimas décadas[317]. A existência de «necessidades não satisfeitas» é atestada pelo facto de uma percentagem de gravidezes não ser desejada ou não ocorrer no momento mais adequado (e ser, portanto, indesejada nesse momento específico), e de uma parte das mulheres que não usa contracetivos querer evitar ou adiar a gravidez[318]. O papel dos programas de planeamento familiar na fase pioneira pode ser avaliado na figura 5.9. Esta apresenta uma ordenação de 88 países pobres, classificados segundo a média de declínio de natalidade (*Tft*) entre 1960-1965 e 1990, em função de duas variáveis: (1) um índice de desenvolvimento (uma síntese, para 1985, de vários indicadores de educação, mortalidade, rendimento, ocupação e urbanização); e (2) um índice do esforço dos programas de planeamento familiar em 1982-1989 (baseado num conjunto de fatores que incluem as políticas familiares adotadas, os recursos utilizados, os indicadores de estrutura social, a gestão dos programas, os contracetivos disponíveis e os serviços prestados)[319]. Os resultados foram os esperados: o declínio de natalidade mais elevado ocorreu nos países onde estes dois índices, em simultâneo, se situavam entre níveis mais elevados e médios. Ao invés, a natalidade permaneceu elevada nos países onde o desenvolvimento foi baixo e os programas foram fracos ou inexistentes. Menos óbvio de prever foi o declínio ter sido mínimo nos países que evidenciavam níveis relativamente elevados de desenvolvimento mas nos quais escasseavam os programas de planeamento familiar. O desenvolvimento sem programas apropriados abranda o processo de declínio da natalidade, enquanto a ação conjunta destes dois fatores o acelera. Os esforços no sentido de medir a contribuição «líquida» («líquida dos efeitos do desenvolvimento), para o declínio da natalidade, dos programas de planeamento familiar enfrentam grandes dificuldades e os resultados variam desde quase nada até perto de metade[320].

---

[317] J. Bongaarts, *The Role of Family Planning Programs in Contemporary Fertility Transition*, Working Paper n.º 71, Nova Iorque, Population Council, 1995.

[318] Sobre as necessidades não satisfeitas ver J. Bongaarts e J. Bruce, *The Causes of Unmet Need for Contraception and the Social Content of Services*, Working Paper n.º 69, Nova Iorque, Population Council, 1994; C. F. Westoff e A. Bankole, *Unmet need: 1990-94*, Calverton, DHS Comparative Studies, n.º 16, Macro International, 1995. C.F. Westoff, *New Estimates of Unmet Need and the Demand for Family Planning*, DHS Comparative Reports, n. 18, 2006

[319] P.W. Mauldin e J.A. Ross, *Family Planning Programs: Efforts and Results*, in «Studies in Family Planning», 22, 1991, 6.

[320] J. Bongaarts, *The Fertility Impact, op. cit.*, pág. 4.

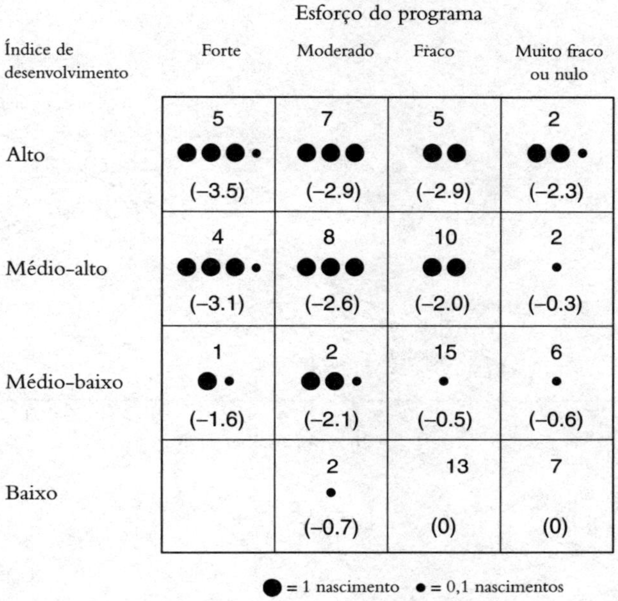

Esforço do programa

Índice de desenvolvimento	Forte	Moderado	Fraco	Muito fraco ou nulo
Alto	5 ●●●• (−3.5)	7 ●●● (−2.9)	5 ●● (−2.9)	2 ●●• (−2.3)
Médio-alto	4 ●●●• (−3.1)	8 ●●● (−2.6)	10 ●● (−2.0)	2 • (−0.3)
Médio-baixo	1 ●• (−1.6)	2 ●●• (−2.1)	15 • (−0.5)	6 • (−0.6)
Baixo		2 • (−0.7)	13 (0)	7 (0)

● = 1 nascimento   • = 0,1 nascimentos

Figura 5.8   Declínio absoluto na taxa de natalidade total (1960-1965 e 1990), por nível de desenvolvimento em 1985 e nível de «esforço do programa» em 1982-1989. *Nota*: em cada quadrado, o número superior refere-se ao número de países considerados; o número inferior (entre parêntesis) refere-se à diminuição do número de filhos por mulher (*Tft*) entre 1960-1965 e 1990.

Os apoiantes menos sofisticados do ponto de vista acabado de descrever observam que a prevalência contracetiva (ou seja, a proporção de mulheres em idade reprodutiva que está a fazer a contraceção) é baixa onde a natalidade é elevada e vice-versa, e uma correlação próxima destas variáveis é revelada no gráfico *c* da figura 5.9 (baseada nos resultados dos inquéritos DHS – realizados entre 2005 e 2009 –, em 46 países em desenvolvimento)[321]. Segue-se que as políticas que aumentam a oferta de contracetivos irão aumentar a prevalência contracetiva e fazer surgir um declínio proporcional da natalidade. Este tipo de argumento, contudo, é como dizer que construir novas escolas irá fazer aumentar o ensino básico, independentemente do facto de os pais poderem não estar dispostos a enviar os seus filhos para a escola ou da possibilidade de haver falta

---

[321] Dos 46 países, 22 pertencem à África subsariana, 10 à Ásia e ao Norte de África, 10 à América Latina, 4 à Europa.

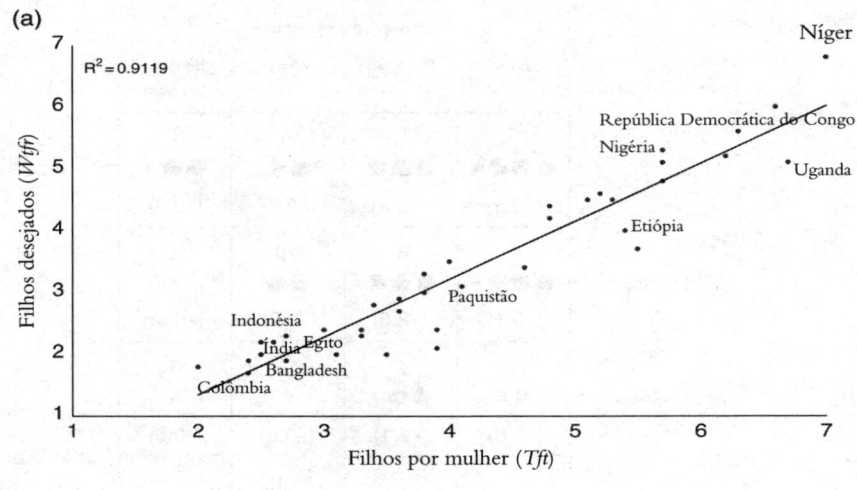

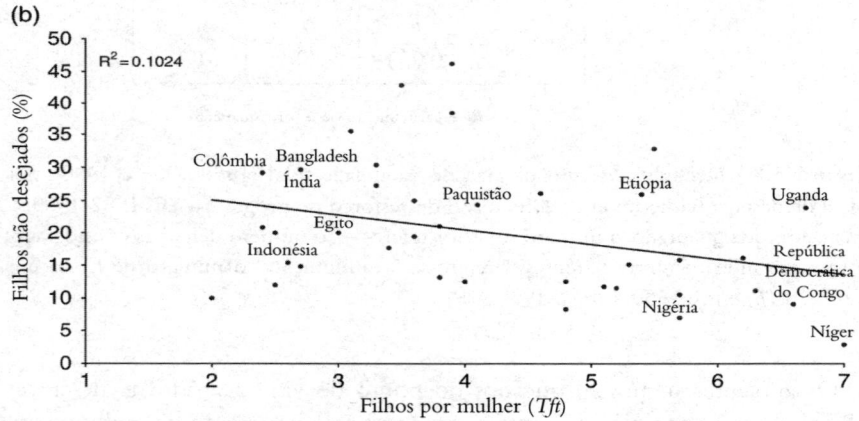

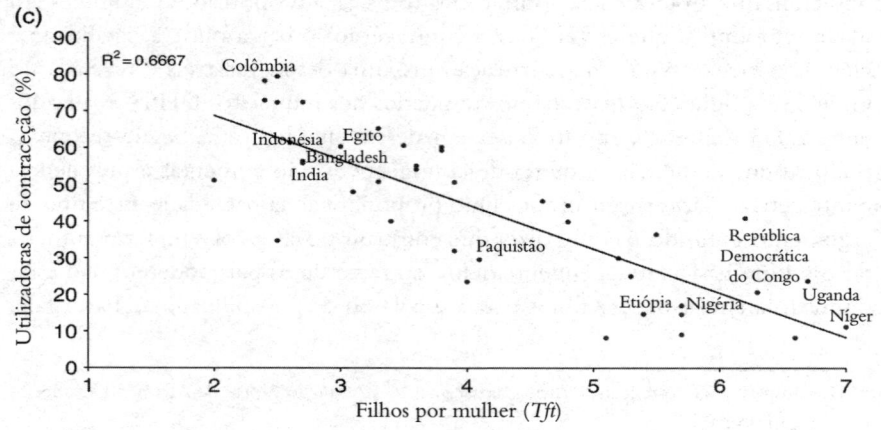

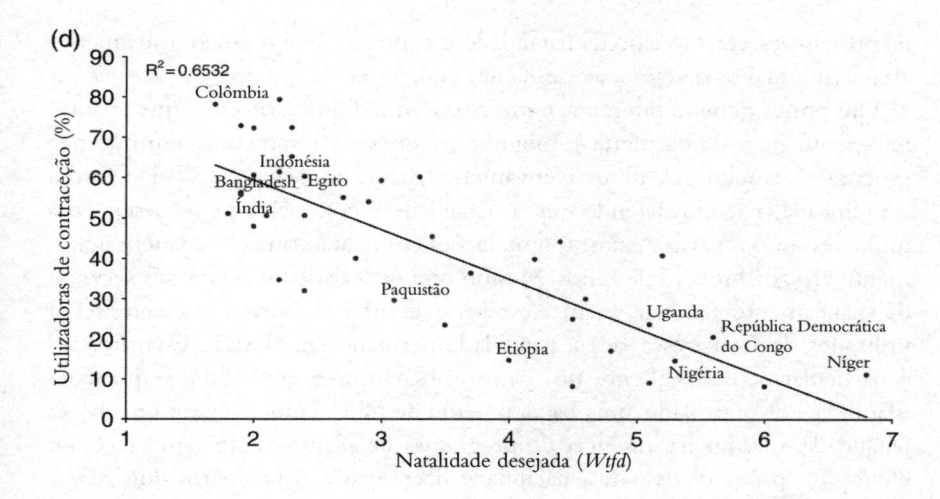

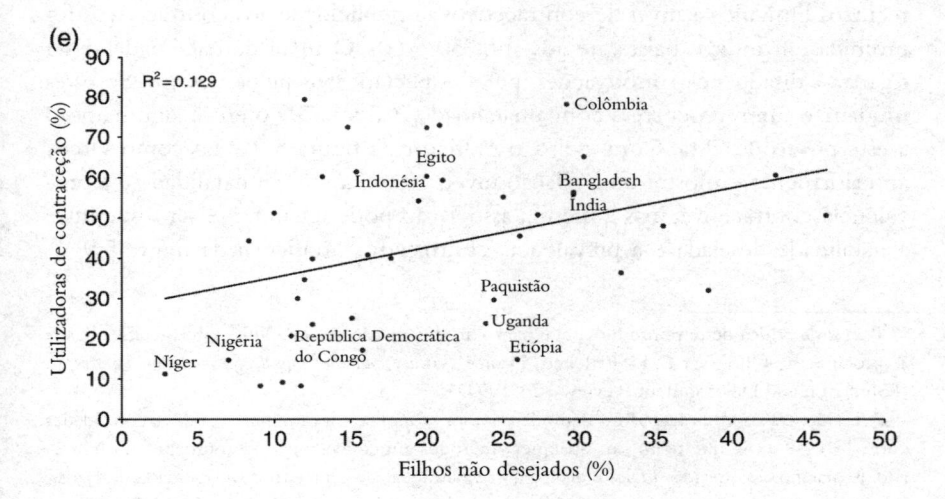

Figura 5.9 Relação entre o número médio de filhos por mulher (*Tft*), a proporção de filhos não desejados e a contraceção em 39 países menos desenvolvidos (2005-2009)

Tft = Taxa de natalidade total

Tftd = Taxa de natalidade total desejada

Utilizadoras = Percentagem da população feminina de 15-49 anos que pratica um método contracetivo qualquer.

Filhos não desejados = Diferença entre *Tft* e *Tftd* em percentagem da *Tft*.

de professores, etc. No caso da natalidade, a contraceção é o único instrumento através do qual os desejos e as aspirações podem ser alcançados.

Um ponto de vista diferente, e inverso, ao que foi descrito (e a que chamarei «ponto de vista da oferta»), sublinha os aspetos da «procura», em que por procura se entende os filhos efetivamente desejados pelos pais[322]. De forma simplificada, a teoria defende que a natalidade é conduzida pelos desejos das mulheres ou dos casais. Assim, as populações com natalidade elevada têm igualmente elevada procura de filhos. Mesmo que os recursos relativos aos serviços de planeamento familiar sejam elevados e geridos de forma eficiente, serão utilizados de forma escassa e a natalidade permanecerá elevada. Esta situação é particularmente frequente nos países subsarianos e em muitas populações islâmicas. Por outro lado, uma baixa procura de filhos coincide com uma baixa natalidade, mesmo na ausência de programas de planeamento familiar. Com efeito, nos países ocidentais a natalidade decresceu nos primeiros dois terços do século XX, apesar da legislação desfavorável ao planeamento familiar e dos recursos limitados a nível de contracetivos (a publicidade aos contracetivos foi proibida em muitos países até aos anos 50 e 60). O nível de natalidade, desta forma, é ditado pelas motivações, pelas expectativas e pelos desejos. Se estes mudam, o mesmo ocorrerá com a natalidade. A figura 5.9 oferece algum apoio a este ponto de vista. Com efeito, o gráfico *c* da figura 5.9 – tal como vimos anteriormente – mostra uma relação inversa estreita entre a natalidade e a prevalência contraceptiva, mas a mesma associação pode igualmente ser vista entre a natalidade desejada e a prevalência contraceptiva (gráfico *d* da figura 5.9)[323].

---

[322] Para uma crítica deste ponto de vista e para a argumentação de uma linha interpretativa ligada à «procura» de filhos, ver L. H. Pritchett, *Desired Fertility and the Impact of Population Policies*, in «Population and Development Review», 20, 1994, 1.

[323] A incidência da contracepção é definida como a proporção das mulheres casadas, com idades entre 15 e 49 anos, que usam um qualquer «métodos anticoncecional no momento do inquérito. A «natalidade querida» (*Tftq*) é análoga, mas não igual, ao conceito de «natalidade desejada». É estimada com base nas respostas dadas à pergunta contida no questionário DHS: «Se pudesse voltar ao tempo em que ainda não tinha filhos e pudesse escolher exatamente o número de filhos a ter na vida toda, quantos gostava de ter?». Subtraindo ao número de filhos efetivamente tidos aqueles em excesso relativamente ao número desejado, pode-se calcular o número de filhos efetivamente desejados (ou taxa de natalidade total desejada, *Tftd*). As respostas dadas à pergunta sobre a natalidade querida são, naturalmente, influenciadas pela racionalização *ex post* dos comportamentos. Na tentativa de eliminar esta distorção *ex post*, a fecundidade querida pode ser estimada indiretamente utilizando as respostas à pergunta sobre os filhos futuros desejados. Para as mulheres que dizem que querem mais um filho, os nascimentos tidos até ao momento do inquérito são todos classificados como queridos e, portanto – com um ou outro ajustamento –, é calculada uma medida do número dos filhos queridos (*Tftd*, ou taxa de natalidade total). Sobre o conceito de «natalidade desejada» ver C. Westoff, *Reproductive Preferences: a Comparative View*, Columbia,

A semelhança entre estas duas figuras implica uma associação muito próxima entre a natalidade real e a desejada, tal como é mostrado no gráfico *a* da figura 5.9. Por outras palavras, a variação na natalidade real é explicada quase por completo pela variação na natalidade desejada. Quando a natalidade é elevada, a natalidade desejada é igualmente elevada. Os gráficos *b* e *e* da figura 5.9 são ainda mais interessantes. No gráfico *b* a natalidade real é comparada com a proporção de natalidade que é indesejada[324]. Como podemos ver, não existe correlação entre as duas variáveis: com efeito, com o declínio da natalidade no sentido dos modelos normativos da família pequena, não existe um declínio concomitante da natalidade indesejada. Pelo contrário, a natalidade indesejada parece aumentar nos estádios intermédios da transição da natalidade. Observação semelhante pode ser feita no que concerne ao gráfico *e*, no qual a proporção de natalidade indesejada é comparada com a prevalência da contraceção. Poder-se-ia pensar que o aumento da prevalência de contraceção iria levar a uma redução da natalidade indesejada, mas não é esse o caso. Um estudo, pelo contrário, sugere que a variação da natalidade de país para país (mantendo constantes os desejos nesse sentido) é explicada apenas numa parte mínima (1 ou 2 por cento) pela variação na prevalência contraceptiva[325].

Em suma: (1) a natalidade é orientada por motivações e desejos; (2) a contraceção é um instrumento técnico necessário para controlar a natalidade, mas o acesso a ela – mantendo iguais os restantes fatores – tem um impacto escasso na natalidade e não reduz a natalidade indesejada; (3) as políticas no sentido da diminuição da natalidade devem ser orientadas para a «procura», procurando influenciar os fatores que determinam as propensões, desejos e motivações dos casais.

Este debate tem sido muito útil para fundamentar corretamente as políticas. Está claro que modelos normativos relativos a pequenas famílias, bem enraizados na sociedade, não podem ser gerados apenas pelos programas de planeamento familiar, por mais bem concebidos e agressivos que sejam. Paul Demeny[326] identificou quatro fatores que são particularmente importantes para determinar a transição da natalidade: (1) o custo direto que os pais devem suportar ao criar

---

Demographic and Health Surveys, Comparative Studies, n.º 3, IRD/Macro Systems, 1991. Para o conceito de natalidade querida, ver J. Bongaarts, *The Measurement of Wanted Fertility*, in Population and Development Review», 16, 1990. Para uma discussão das várias medidas, ver Pritchett, *Desired Fertility, op. cit.*

[324] Definido como $(Tft-Tftd)/Tft \times 100$.

[325] Pritchett, *Desired Fertility, op. cit.*, pág. 15. Para um ponto de vista contrário, ver B. Feyisetan e J.B. Casterline, *Fertility Preferences and Contraceptive Change in Developing Countries*, Nova Iorque, Population Council, Working Paper n° 130, 1999.

[326] P. Demeny, *Policies Seeking a Reduction of High Fertility*, in United Nations, *Population Policies and Programmes*, Nova Iorque, 1993.

e educar os filhos; (2) o custo-oportunidade dos filhos para os pais (os ganhos a que os pais – e a mulher em particular – têm de renunciar devido à presença dos filhos); (3) a contribuição da mão de obra dos filhos para os rendimentos da família; (4) a contribuição dos filhos para a segurança económica dos pais na sua velhice relativamente a outras formas de segurança. Assim, as políticas que favorecem a responsabilidade dos pais na criação dos filhos, incluindo parte do custo da sua educação e saúde; que encorajam as mulheres a fazerem parte do mercado de trabalho; que impõem o ensino obrigatório das crianças; que tornam ilegal a mão de obra infantil; e que desenvolvem sistemas públicos ou privados de apoio na velhice, conduzem ao declínio da natalidade. A combinação destas políticas com programas equilibrados de planeamento familiar e de saúde reprodutiva – que aumentam o acesso à contraceção, reduzem o seu custo e abrandam o recurso ao aborto – podem acelerar uma transição suave para a baixa natalidade.

5. Índia e China

Em meados dos anos 80 quase todos os governos do mundo já apoiavam, em certa medida, o planeamento familiar. As Nações Unidas anunciaram que isto sucedia em 127 países, 94% da população mundial[327]. Quase trinta anos depois, esta posição é um dado adquirido em todo o lado (excetuando um ou outro país fundamentalista), tal como o é a existência do direito à instrução e aos cuidados médicos. Naturalmente, a realidade é muito diferente dos direitos adquiridos e por detrás de valores encorajadores há sucessos, insucessos e também combinações de ambos. Os casos da Índia e da China são representativos e merecem atenção, mais que não seja devido às dimensões demográficas de ambos os países: em conjunto perfazem cerca de metade da população total dos países em desenvolvimento.

Os dados demográficos para os dois países estão expostos na tabela 5.5 e necessitam de poucos comentários. Entre o início dos anos 50 e o início do século XXI a natalidade chinesa foi reduzida em 73%, enquanto a da Índia diminuiu cerca de 54%. A esperança de vida na altura do nascimento na China, que se situava no mesmo nível da indiana nos anos 60, é agora 9 anos mais elevada. Hoje, a natalidade chinesa está abaixo do nível de reposição e anuncia um declínio demográfico. Ao invés, a natalidade indiana – superior à chinesa 1,1 filhos por mulher – assegura, ainda hoje, uma forte taxa de crescimento.

---

[327] *Law and Policy Affecting Fertility: A Decade of Change*, in «Population Reports», série E, novembro 1984, 7, pp. E-117.

Tabela 5.5 Índices demográficos para a Índia e para a China (1950-2010)

Ano	População (milhões)		População com menos de 15 anos (%)		Período	Taxa anual de crescimento (%)		Filhos por mulher (Tft)		Esperança de vida no nascimento (e_0)	
	Índia	China	Índia	China		Índia	China	Índia	China	Índia	China
1950	372	551	38.9	33.6							
1955	406	608	39.0	37.1	1950-5	1.75	1.97	5.97	6.11	37.9	44.6
1960	448	658	39.8	38.9	1955-60	1.97	1.58	5.92	5.48	40.9	45.8
1965	496	710	40.4	40.2	1960-5	2.04	1.52	5.81	5.61	44.1	44.0
1970	554	815	40.4	39.7	1965-70	2.21	2.76	5.69	5.94	47.5	59.4
1975	622	915	39.8	39.5	1970-5	2.32	2.31	5.26	4.77	50.8	64.6
1980	700	983	38.5	36.5	1975-80	2.36	1.43	4.89	2.93	54.2	66.3
1985	784	1057	37.5	30.3	1980-5	2.27	1.45	4.47	2.61	56.2	67.7
1990	874	1145	38.0	28.0	1985-90	2.17	1.60	4.11	2.63	57.7	68.9
1995	964	1214	36.6	27.3	1990-5	1.96	1.17	3.72	2.01	59.0	69.9
2000	1054	1269	34.7	25.4	1995-2000	1.79	0.89	3.31	1.80	60.7	70.8
2005	1140	1308	32.5	21.9	2000-5	1.57	0.61	2.96	1.70	62.5	71.6
2010	1225	1341	30.6	20.0	2005-10	1.44	0.50	2.73	1.64	64.2	72.7
2010 (1950 = 100)	329	243	79	60	2005-10 (1950-5 = 100)	82	25	46	27	169	163

Fonte: Nações Unidas, *World Population Prospects. The 2010 Revision*, Nova Iorque, 2011.

De forma a compreender estas grandes diferenças devemos ter em conta as políticas demográficas adotadas por estes dois países e os seus resultados. O governo indiano desde 1952 que tenta atingir um crescimento demográfico mais lento. Os primeiros dois planos quinquenais (1951-1956 e 1956-1961) apelaram à criação dos centros de planeamento familiar; o quinto plano (1971-1976) apelou a uma taxa líquida de nascimentos de 25‰ em 1984 (objetivo que, claramente, não foi atingido, já que a taxa de nascimentos em 1980-1985 se situou 10 pontos acima)[328]. Pouco tem sido alcançado e o declínio da natalidade tem sido mínimo: em 1970 a percentagem de casais (com mulheres em idade reprodutiva) que recorria ao controlo de natalidade era muito baixa (14%). Tanto para homens como para mulheres o método mais frequente era a esterilização[329]. O sucesso está limitado a alguns estados, às classes sociais mais altas e à população urbana. Confrontado com estes fracos resultados – decorrentes de um investimento insuficiente, mas também de descontinuidades e da dificuldade em administrar o programa num país caraterizado por uma diversidade de línguas, religiões e costumes –, em 1976 o governo de Indira Gandhi decidiu acelerar o programa. Com a proclamação de 16 de Abril de 1976, o governo implementou uma série de medidas (incluindo o fortalecimento do programa existente e maiores incentivos financeiros para os participantes) e encorajou os legisladores dos vários estados a aprovarem leis que tornavam a esterilização obrigatória a partir do terceiro filho (apenas o estado de Maharastra aprovou esta lei, mas não a aplicou)[330]. Esta linha coerciva provocou protestos violentos, que fizeram parte das causas da derrota do Partido do Congresso de Gandhi nas eleições de Março de 1977[331]. Daqui resultou um revés notável para o programa indiano. O regresso de Indira Gandhi ao poder em 1980 e os resultados inesperados do censo de 1981 (que revelaram uma população consideravelmente maior do que o esperado) levaram à renovação da política demográfica. O sétimo plano quinquenal, de 1986-1990, apelou para que fosse atingido o nível da natalidade de reposição no ano de 2000. Um objetivo irrealista, uma vez que requeria um declínio na natalidade semelhante ao que se verificou na China nos anos 70 em condições excecionais e talvez irrepetíveis. Com efeito, em 2000 a natalidade situava-se ainda cerca de 50% acima do nível de reposição.

---

[328] A. Mitra, *National Population Policy in Relation to National Planning in India*, in «Population and Development Review, III, 1977, 3; A.J. Coale, *Population Trends in India and China*, in «Proceedings of the National Academy of Sciences», LXXX, 1983, pág. 1759.

[329] Mauldin e Segal, *Prevalence*, *op. cit.*, tab. A.3.

[330] *National Population Policy: A Statement of the Government of India*, in «Population and Development Review», 2, 1976, 2.

[331] Mitra, *National Population*, *op. cit.*, pág. 207. M. Connelly, *Population Control in India: Prologue to the Emergency Period*, in «Population and Development Review», 32, 2006, 4.

O plano indiano apelava para um maior investimento no programa de planeamento familiar; a que fossem dados melhores incentivos aos participantes; ao grande aumento na esterilização e à utilização mais alargada do DIU, para não falar de outras formas de controlo da natalidade; e à colaboração entre os serviços de planeamento familiar e os serviços de cuidados maternos e infantis[332].

Apesar do apoio oficial durante 30 anos ao planeamento familiar, «o governo da Índia não conseguiu organizar um programa de controlo de natalidade que fornecesse, regularmente, serviços adequados em termos de pessoal à maioria da população. Em momentos diferentes a agência central responsável (...) promoveu métodos diversos de contraceção e experimentou diferentes abordagens organizacionais. No início, quando os contracetivos modernos não eram usados de forma generalizada em todo o mundo, havia uma esperança, em breve extinta, de que a abstinência periódica iria reduzir a taxa de nascimentos na Índia, pois parecia ir ao encontro dos princípios de Gandhi. Posteriormente, apostou-se no dispositivo intrauterino, mas a rede de planeamento familiar nunca desenvolveu a capacidade para a inserção competente, a monitorização devida e o aconselhamento adequado, de forma a contrariar os relatos exagerados sobre os perigos do dispositivo, a tranquilizar as pacientes acerca dos efeitos secundários ou, acima de tudo, para atingir taxas elevadas de inserção e de retenção. Por razões várias, a utilização dos contracetivos orais nunca foi autorizada na Índia». Esta avaliação tão dura pertence a Ansley Coale, perito na situação demográfica indiana[333]. O único aspeto do programa que teve algum sucesso foi a esterilização, cuja frequência aumentou drasticamente em 1976-1977 (8 milhões de esterilizações em 2 anos, comparativamente a uma média de 2 milhões por ano no período imediatamente anterior). A seguir à derrota de Indira Gandhi, contudo, o programa de esterilização foi subitamente interrompido e só em anos recentes voltou a dar sinais de recuperação.

Os anos 80 deveriam ter registado uma nova estratégia, concentrada não apenas no planeamento familiar mas também nos aspetos do desenvolvimento social e económico que favorecem o declínio da natalidade: aumentar a idade de casamento, melhorar o estatuto das mulheres, melhorar a literacia das mulheres, aumentar a sobrevivência infantil, reduzir a pobreza e proporcionar segurança na velhice[334]. Estas boas intenções, contudo, tiveram escasso efeito. Apesar da melhoria dos recursos, nos anos 80 assistiu-se a «uma descida abrupta na qualidade das práticas de planeamento familiar e de saúde pública» devido

---

[332] Nações Unidas, *Population Policy Briefs: The Current Situation in Developing Countries, 1985*, Nova Iorque, 1986.

[333] Coale, *Population Trends, op. cit.* pág. 1760.

[334] Nações Unidas, *Review of Recent Demographic Target-Setting*, Nova Iorque, 1989, pp. 96-108.

à influência crescente dos burocratas em detrimento da dos especialistas[335]. No final do seu mandato como primeiro-ministro, Rajiv Gandhi proferiu duras críticas ao falhanço da política demográfica na Índia, citando a excessiva centralização burocrática do programa e a sua escassa flexibilidade num país caracterizado por necessidades bastante diferenciadas[336]. Em anos recentes, o governo parece ter adotado uma estratégia mais diversificada: é facultada informação aos casais sobre uma vasta gama de métodos de planeamento familiar e os objetivos de planeamento familiar estabelecidos para os diferentes distritos foram eliminados, de modo a neutralizar receios de coerção.

Um inquérito de 2005-2006 (*National Family Health Survey*) estimou uma taxa de natalidade total de 2,7 (contra o valor de 2,9 obtido no inquérito anterior de 1998-1999 e 3,4 do de 1992-1993); 56% das mulheres casadas usam métodos contracetivos, principalmente a esterilização; cerca de quatro quintos da totalidade dos contracetivos eram obtidos a partir de fontes públicas. Desta forma, têm sido dados novos passos, apesar do papel incerto das medidas governamentais. Nas regiões urbanas, a natalidade está ao nível da reposição e as populações do Sul do país já estão abaixo dele. Mas muitos estados populosos do resto do país ainda têm natalidade muito elevada: grandes estados como Uttar Pradesh, Madhya Pradesh, Bihar e Rajastão – que no conjunto totalizam uma população de 450 milhões – têm uma *Tft* superior a 3 e mostram-se resistentes à difusão do controlo da natalidade.

Com uma população que no censo de 2011 somava 1210 milhões e com uma taxa de crescimento de 1,6% ao ano relativamente ao censo de 2001, com a perspetiva de se tornar no país mais populoso do mundo em dez anos, a questão demográfica continua a ser central para o futuro do país. Em 2000 foi lançada uma «política de população nacional», com o objetivo de estabilizar a população em 2045 (mas as últimas projeções das Nações Unidas deslocam a data para 2061, com uma população de 1719 milhões. O governo indiano,

---

[335] D. Banrji, *Population Policies and Programmes in India during the Last Ten Years*, in S. N. Singh, M. K. Premi, P. S. Bhatia e A. Bose (orgs.), *Population Transition in India*, I, Nova Deli, B.R. Publishing, 1989, pág. 49.

[336] Discurso de Rajiv Gandhi na abertura da XXI Conferência Geral da União Internacional para o Estudo Científico da População [International Union for the Scientific Study of Population (UISSP)], Nova Deli, a 20 de Setembro de 1989: «E no entanto, em larga medida, os nossos programas de planeamento familiar são mais ou menos uniformes em todo o país. Na prática, um conjunto idêntico de serviços é oferecido quer em áreas com elevado crescimento demográfico quer nas áreas de crescimento moderado [...] mas as preferências dos casais, em particular as preferências das mulheres, na questão do número da prole [...] são sobretudo determinadas pelas expetativas e pelo *ethos* da comunidade local ou do bairro. Como é que isto pode ser determinado de forma monolítica por uma agência central?».

consciente da oposição feroz por parte da população a políticas coercivas, afirma que a nova política populacional recusará a coerção e a força e se baseará no «consentimento informado e em princípios democráticos»[337]. As orientações implicam o envolvimento direto das autoridades locais; uma maior participação dos homens nos aspetos da planificação familiar; incentivos monetários acrescidos para a esterilização masculina e feminina; incentivos diretos para elevar a idade do casamento. Mais em detalhe, foram dados incentivos para os casais que vivem abaixo do limiar da pobreza, que retardam o casamento para a idade legal de 21 anos, que não têm mais de dois filhos, ou nos quais um dos membros foi esterilizado depois do nascimento do segundo filho. Por fim, deve-se sublinhar outro aspeto preocupante da evolução demográfica recente, ou seja, o aumento do rácio entre homens e mulheres no nascimento em muitos estados da Índia, sobretudo nos mais ricos, como Haryana, Punjabe e Gujarate. Um fenómeno disseminado e grave, particularmente na China e no Sudeste Asiático, sobre o qual voltaremos a falar mais adiante, ligado a formas de aborto seletivo e produzido pela preferência dos casais por filhos de sexo masculino. Em muitas regiões do país, o aumento desta distorção dramática produz um forte desequilíbrio na composição por género, e corre o risco de excluir do casamento uma considerável proporção de homens, sobretudo nas camadas mais desfavorecidas, com complexas consequências negativas. Várias medidas foram tomadas para contrastar esta tendência.

O historial dos programas governamentais de planeamento familiar na China difere consideravelmente do indiano[338]. Em 1949 Mao declarou: «A vasta população da China deve ser encarada como um bem. Mesmo que se multiplique muitas vezes, será sempre perfeitamente capaz de resolver os problemas criados por este crescimento. A solução reside na produção […]. Revolução e produção podem resolver o problema da alimentação da população»[339]. Contudo, à medida que a revolução se foi consolidando e foram conhecidos os resultados do

---

[337] «Populi» 22, 1995, 4, pág. 2; East-West Center, *New Survey Finds Fertility Decline in India*, in «Asia-Pacific Population Policy», janeiro-fevereiro, 1995, 32; International Institute for Population Studies and ORC Macro, *National Family Health Survey (NFHS-2), India, 1998-99*, Mumbai, IIPS, 2000; *idem, National Family Health Survey, India, 2005-06; India Considers Adopting Family Planning Incentives*, in «Popline», 22, março-abril, 2000.

[338] Sobre a política demográfica chinesa recorri ao estudo de de M. Aglietti, *La politica di pianificazione familiare in Cina dalla fondazione della Republica a oggi*, tese de licenciatura em Demografia, Faculdade de Ciências Políticas, Universidade de Florença, ano académico 1986-1987. Ver também *Population and Birth Planning in the People's Republic of China*, in «Population Reports», série J, janeiro-fevereiro, 1982, 25; J. Banister, *China's Changing Population*, Stanford (CA), Stanford University Press, 1987.

[339] Aglietti, *La politica, op. cit.*, pág. 20.

censo de 1953, começou a emergir a preocupação com o problema da população. NoVIII Congresso do Partido em 1956 o discurso de Zhou En-lai incluiu estas afirmações: «Todos nós concordamos com a adoção de medidas em favor do controlo de natalidade, tanto para protecção das mulheres e das crianças como para assegurar que as gerações mais novas são criadas e educadas de forma a garantir a saúde e prosperidade nacionais»[340]. Este primeiro programa de controlo de natalidade deveria ter criado uma rede de assistência, de produção de contracetivos e um plano para encorajar a população a usar estes serviços e instrumentos de controlo da natalidade. Mas a mudança de orientação ocorrida com o ambicioso programa económico e social do «Grande Salto em Frente» (1958-1959) e a concomitante fé cega em objetivos de produtividade gigantesca não se integravam bem com a prudência em âmbito demográfico. Em resultado disto o programa parou bruscamente. Mas depois do insucesso do Grande Salto em Frente, das más colheitas, da fome e da elevada mortalidade de 1959-1961, foi lançada uma segunda campanha, com a criação de um Departamento de Planeamento Familiar. Esta segunda campanha que, entre outras coisas, apresentou o DIU e defendeu o casamento mais tardio, no fundo foi suspensa durante a Revolução Cultural. Só com o regresso à normalidade, em 1971, é que se iniciou a terceira campanha, baseada em três princípios: casamento mais tardio, intervalos mais longos entre os nascimentos e menos filhos. Casamento mais tardio significava, para as mulheres, casarem-se aos 23 anos nas regiões rurais e aos 25 anos nas cidades. Intervalos mais longos entre os nascimentos traduziam-se em 4 anos entre a primeira e a segunda crianças. E menos filhos significava não mais do que 2 crianças nas cidades e 3 no campo. Em 1977 este último limite foi baixado para 2 crianças, tanto nas cidades como nas áreas rurais. O sucesso inquestionável deste programa nos anos 70 deveu-se a um sistema de quotas de nascimentos: «De acordo com este sistema, o governo chinês começou a estabelecer objetivos anuais numéricos para a taxa natural de crescimento populacional em cada província (…). As autoridades e prefeitos de cada província, por sua vez, traduziam a quota de nascimentos que lhes fora atribuída pelas prefeituras e distritos sob sua jurisdição. Este processo continuou em sentido descendente até que atingiu a equipa de trabalho ou o seu equivalente urbano»[341]. Dentro destes grupos, os casais que planeavam ter filhos reuniam-se com os chefes do seu grupo, de forma a determinar quais tinham direito a ter um filho no ano seguinte. Cerca de metade dos casais que praticava o controlo de natalidade usava o DIU, cerca de um terço recorria à esterilização e os restantes escolhiam uma variedade de outros métodos, incluindo uma proporção

---

[340] *Ibidem*, pág. 28.
[341] *Ibidem*, pp. 152-153.

considerável que usava esteróides[342]. O recurso ao aborto também se tinha alargado e era facilmente acessível, gratuito, e não necessitava do consentimento do marido.

Depois da morte de Mao e da derrota do Bando dos Quatro, os objetivos demográficos tornaram-se simultaneamente mais explícitos e mais ambiciosos. Durante a segunda sessão da Quinta Assembleia Nacional Popular, em 1979, Hua Guofeng afirmou que uma grande redução no crescimento demográfico era uma das condições essenciais para o sucesso das «quatro modernizações» (da agricultura, da defesa, da indústria e da ciência e tecnologia). Inicialmente, o objetivo era reduzir a taxa de crescimento natural para 0,5% em 1985 e zero no ano 2000. Em setembro de 1980, Hua atualizou estes objetivos, sendo que o novo alvo consistia em não exceder 1200 milhões em 2000. De forma a conseguir alcançar este objetivo estabeleceu-se em 1979 o limite de um filho por casal, com exceção para as minorias étnicas, áreas fronteiriças e casais em situações especiais. Foi introduzida uma variedade de incentivos e de desincentivos para que este objetivo difícil fosse atingido. O instrumento principal era o certificado de um filho, emitido pelas autoridades locais, que garantia aos casais e às suas crianças uma série de benefícios em troca do compromisso de não ter mais do que um filho. Os benefícios incluíam aumentos nos vencimentos e pensões, alojamentos de maior dimensão, cuidados médicos gratuitos e prioridade nas escolas para essas crianças. Os casais que se recusavam a cooperar e tinham um segundo filho ou, mais grave ainda, um terceiro filho, sofriam penalizações na forma de cortes salariais, revogação de privilégios e outros desincentivos[343].

A política chinesa do filho único tem sido promovida com intensidades variáveis. Até 1983 a pressão aumentou, à medida que foram implementados em larga escala métodos brutais. Os protestos e o descontentamento que daí resultaram, contudo, conduziram a um período de incerteza entre 1984 e 1986; seguidamente, porém, os programas ganharam novo fôlego. Também devido ao número cada vez maior de mulheres em idade reprodutiva, nascidas durante o período de aumento de natalidade em consequência do catastrófico Grande Salto em Frente (entre 1983 e 1993 o número de mulheres entre 21 e 30 anos de idade aumentou de 80 para 125 milhões)[344].

O censo de 1990 contabilizou 1134 milhões de chineses e revelou que os objetivos oficiais não podiam ser alcançados. Como já foi indicado, até 1985 a política do governo continuou a ter como objetivo uma população não superior a 1200 milhões até ao ano de 2000, mas esta fórmula foi substituída pela

---

[342] *Population and Birth Planning, op. cit.*, pág. 590.
[343] Aglietti, *La politica, op. cit.*, pág. 217.
[344] K. Hardee-Cleaveland e J. Banister, *Fertility Policy and Implementation in China*, in «Population and Development Review», 14, 1988, 2, pág. 247.

mais flexível de «cerca de» 1200 milhões, que na prática significa 1250 milhões. Este limite foi igualmente revisto, em termos oficiais, para 1300 milhões (as Nações Unidas estimaram a população em meados de 2010 em 1341 milhões, valor muito próximo dos 1333 milhões efetivamente contabilizados pelo censo do mesmo ano)[345]. O descontentamento da população, a quem era negado um dos direitos humanos fundamentais, pressionava no sentido do abrandamento da coerção. Os anos 80 foram, com efeito, caracterizados por diversos exemplos do abrandamento da política: a extensão progressiva do direito dos casais das zonas rurais a ter um segundo filho quando o primogénito é rapariga, ou a permissão com bases especiais, provavelmente discricionárias, ou porque a família vivia em zonas remotas ou tinha características especiais[346]. O declínio da natalidade parou na primeira parte dos anos 80 e a natalidade até subiu entre 1985 e 1987 (a *Tft* aumentou de 2,3 para 2,5). O desmantelamento dos coletivos socialistas, a ferramenta essencial das políticas de planeamento familiar, «levou à erosão dos quadros dirigentes e à desagregação do sistema de incentivos e de desincentivos económicos em que a política se apoiava em grande parte»[347]. Além disso, o processo de liberalização económica e a atenuação geral do controlo público sobre o comportamento individual aumentaram os obstáculos à implementação total desta política. Contudo, no início dos anos 90, os líderes da China renovaram o seu empenho na política do filho único, deixando intacta a regulamentação e fortalecendo a sua implementação: um inquérito à natalidade realizado a nível nacional colocou o seu valor em 1,9 em 1992, bastante abaixo do nível médio dos anos 80. Aparentemente, este novo impulso conduzido pelo partido teve sucesso, reforçando o compromisso para com o planeamento familiar em todos os níveis e sistemas de responsabilidade, fortalecendo os incentivos e as sanções a nível económico, introduzindo sistemas de segurança na velhice,

---

[345] *Population and Development Review* 20, 1994; declaração lida na 27.ª Sessão da Comissão sobre População das Nações Unidas, 28 de março de 1994, por Peng Yu, representante da China junto da Comissão. O texto refere também as linhas condutoras da política demográfica chinesa. No que respeita às estimativas da população da China nas várias datas, Nações Unidas, *World Population Prospects. The 2010 Revision, op. cit.*

[346] Jiali Li, *China's Family Planning Program: How, and How Well, Did it Work?*, The Population Council, Working Paper n.º 65, 1994. De uma amostra de autorizações dadas aos casais rurais para terem um filho secundogénito (ou mais), 33% tinham a ver com o falecimento ou a incapacitação do primeiro filho; 7% deveu-se a novo casamento; 25% porque o casal vivia numa região remota ou tinha características especiais (pertencia a uma minoria étnica; um membro do casal trabalhava nas minas ou tinha uma incapacidade qualquer, etc.); 14% eram «autorizações especiais» (em grande parte discricionárias); 21% para permitir o nascimento de um varão que desse continuidade à linhagem.

[347] S. Greenhalgh, Z. Chuzhu e L. Nan, *Restraining Population Growth in Three Chinese Villages*, in «Population and Development Review», 20, 1994, 2, pág. 366.

etc.[348]. A continuação do rápido crescimento económico e a mudança social consequente também tiveram influência nas normas e nos valores reprodutivos, facilitando, desta forma, a tarefa dos responsáveis por esta política. Muitas províncias atualmente isentam do compromisso de ter apenas um filho os jovens que não têm irmãos. Quando dois destes jovens se casam são autorizados a ter dois filhos. De acordo com a legislação atual (2005), a política do filho único é cumprida estritamente em seis províncias e regiões sob a jurisdição direta do governo central (entre as quais Pequim, Xangai e Tianjin), que representam 35% da população total. A política que permite aos casais cujo primogénito é do sexo feminino ter um segundo filho aplica-se a 54% da população. Os 11% residuais são constituídos por populações periféricas compostas por minorias étnicas, às quais são permitidas duas e mesmo três crianças. Se estas regras fossem cumpridas de forma rigorosa, a *Tft* da população chinesa situar-se-ia nos 1,5 por mulher.

É convicção cada vez mais difundida na China, em ambientes académicos e também políticos, que a política do filho único, velha de trinta anos, tem de ser abandonada. Por três motivos fundamentais. Primeiro, porque as preferências relativas à baixa natalidade estão agora bem enraizadas no comportamento dos casais e, simultaneamente, as políticas coercivas podem entrar em rota de colisão com as aspirações e modos de vida das gerações mais jovens; observa-se também que nas regiões rurais uma elevada proporção de «casais autorizados» a ter um segundo filho renuncia a ele. E muitos inquéritos mostram que o abandono da política em vigor teria efeitos absolutamente marginais sobre a natalidade total do país. Segundo, porque a conjunção da política de filho único e da aspiração profundamente enraizada de ter um herdeiro masculino alterou bastante o rácio entre os sexos, em termos de nascimentos, atualmente perto de 120 (contra um nível natural de 105-6, sendo 108 em 1982). Isto é uma consequência do aborto seletivo em função do sexo e de uma mortalidade infantil mais elevada das crianças de sexo feminino, comparativamente às de sexo masculino com a mesma idade, devido a diversas formas de negligência e discriminação. É verdade que esta distorção é típica também de outros países do Sudeste Asiático (e também da Índia, como já vimos), onde não existem políticas demográficas coercivas, mas também é verdade que na China a distorção atingiu níveis inéditos. O terceiro motivo prende-se com o rápido envelhecimento da população, que sofrerá uma fortíssima aceleração na segunda e na terceira décadas do século, quando entrarem na velhice os muitos nascidos nos anos 50 e 60. A combinação do rápido crescimento dos idosos (mais de 65 anos: 7% em 2000; 23% em 2050), da ausência de cobertura das reformas para a grande maioria da população, da ausência ou da distância (por migração) de um filho varão, a quem

---

[348] *Ibidem*, pp. 382-389.

tradicionalmente é confiado a apoio aos velhos, vai determinar um explosivo problema social nas próximas décadas[349].

Apesar das grandes dificuldades, a política demográfica chinesa atingiu claramente objetivos de que o outro gigante populacional asiático nem sequer se aproximou. São muitas as razões para este sucesso, mas podem ser resumidas em quatro aspetos:

1. A transformação social chinesa avançou de forma mais rápida e eficiente na área dos cuidados de saúde pública. Daqui resultou que a mortalidade diminuiu mais rapidamente do que na Índia, favorecendo o declínio da natalidade.
2. No sistema político chinês, a autoridade do grupo dirigente do Partido Comunista estende-se a todos os níveis da hierarquia administrativa, descendo até às equipas de produção. Este sistema permitiu a rápida execução das diretivas de política demográfica, tarefa facilitada por uma propaganda e doutrinação eficazes[350].
3. Foi criada uma rede eficiente de distribuição e de assistência, que empregava uma variedade de métodos de controlo de natalidade, incluindo o aborto.
4. A população chinesa pode ser mais recetiva à limitação da natalidade. Outras sociedades da Ásia Oriental, com algum grau de ligação aos chineses (por exemplo, o Japão, Taiwan, a Coreia do Sul, Singapura e Hong Kong), experimentaram um declínio rápido na natalidade, em contextos socioeconómicos variados[351].

---

[349] Para uma resenha atualizada das tendências demográficas e políticas na China, ver Wang Feng, *Can China Continue to Afford its One-Child Policy?*, in «AsiaPacific Issues», 77 (março, 2005); T. Sharping, *Birth Control in China, 1949-2000, Population Policy and Demographic Development*, Londres e Nova Iorque, Routledge Curzon, 2003. R. D. Retherford, M. K. Choe, J. Chen, X. Li e H. Cui, *Fertility in China: How Much Has it really Declined?*, in «Population and Development Review», 31, 2005, 1; Zeng Yi, *Options for Fertility Policy Transition in China*, in «Population and Development Review», 33, 2, junho 2007; Gu, Baochang, W. Feng, G. Zhigang e Zhang, E., *China's Local and National Fertility Policies at the End of the Twentieth Century*, in «Population and Development Review», 33, 2007, 1. Sobre o tema da conveniência em abandonar a política do filho único e sobre as tendências atuais da natalidade há intervenções em abundância, por exemplo, S. P. Morgan, G. Zhigang e S. R. Hayford, *China's Below Replacement Fertility: Recent Trends and Future Prospects*, in «Population and Development Review», 25, 2009, 3; Y. Cai, *China's Below Replacement Fertility: Government Policy or Socio-economic Development?*, in «Population and Development Review», 36, 2010, 3; Y. Cai, W. Feng, Z. Zhenzhen, G. Baochang, *Fertility Intention and Fertility Behavior: Why Stop at One?*, conferência apresentada na Population Association of America, Dallas, 15-17 de abril de 2010.

[350] Aglietti, *La politica, op. cit.* pág. 328.

[351] Coale, *Population Trends, op. cit.*, pág. 1761.

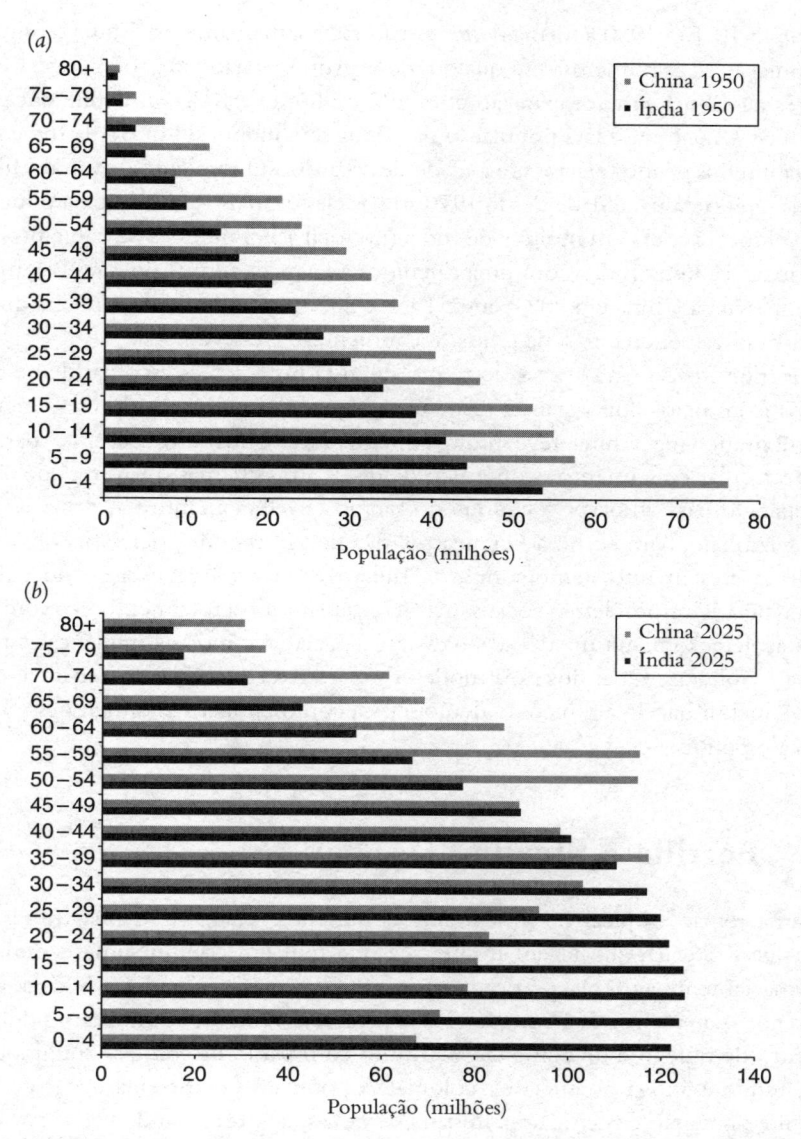

Figura 5.10   População da India e da China em 1950 e prevista (Nações Unidas, variante média) em 2025.

As estruturas etárias relativas à China e à Índia em 1959 e 2025 (esta última de acordo com as projeções das Nações Unidas que, por acaso, não prevê-em que os objetivos chineses sejam plenamente atingidos) são comparadas na figura 5.10. Em 1950 a forma destas estruturas é semelhante e a China tem uma população mais numerosa em qualquer dos grupos etários: um total de 551 milhões na China, em comparação com 372 milhões na Índia, uma diferença de mais de 48%. Em 2025 a população da China será menor do que a da Índia em cada um dos grupos etários até à idade de 35 anos, em resultado de um declínio mais rápido da natalidade desde 1970 só nas classes mais velhas é que a população chinesa supera em muito a da Índia (no total 1395 milhões de habitantes na China e 1456 na Índia, com uma diferença a favor da última de 43%). A Índia ultrapassará a China em 2021; entre 1950 e 2025 a população da Índia irá quase quadruplicar, enquanto a da China irá aumentar 2 vezes e meia.

É muito cedo para avaliar do ponto de vista histórico as escolhas demográficos feitas pelos dois gigantes asiáticos. A rápida desaceleração do crescimento demográfico na China teve provavelmente um contributo relevante para o espectacular crescimento económico desde os anos 70, mas o país terá de estar preparado para absorver o choque do rápido envelhecimento nas décadas que se avizinham, bem como a herança política de um regime coercivo. Por outro lado, o crescimento demográfico da Índia travou a modernização do país e agravou vários problemas sociais, mas não reprimiu o crescimento económico, em aceleração na última década, e evitará à sociedade indiana mudanças estruturais violentas. Qual dos dois modelos é preferível é objeto de debate, e este deve incluir não só a dimensão demográfica como também as dimensões social, ética e política.

6.   Fertilia e Sterilia

Numa região tropical de um grande continente situam-se as duas terras de Fertilia e Sterila, que fazem fronteira e que têm em comum uma economia primariamente agrícola, praticada nas terras altas mais temperadas. Sterilia tem um porto de mar, onde fica a sua cidade principal. Durante séculos tem sido um centro de tráfego e de comércio marítimo com países próximos e longínquos, incluindo a antiga potência ex-colonial. A população de Sterilia é, particularmente na região costeira, uma mistura de etnias, que resultou de várias correntes de emigração que povoaram as áreas costeiras. Fertilia, por seu lado, fica no interior e estende-se pelo continente, sendo caracterizada pela homogeneidade étnica e por uma cultura tradicional. Em termos políticos é dominada por uma classe de grandes proprietários e o contacto com o mundo exterior é mínimo. Na época da descolonização, que ocorreu contemporaneamente nos dois países, as populações tinham sensivelmente a mesma dimensão e possuíam características demográficas semelhantes: a natalidade era elevada e não controlada e a mortalidade, apesar de elevada para os padrões ocidentais, tinha, contudo, diminuído consideravelmente graças à introdução da penicilina e à eliminação da malária pela pulverização de DDT no período colonial. Em resultado disso, ambos os países tinham elevadas taxas de crescimento, entre 2% e 3%. A independência levou ao poder uma coligação apoiada pelos donos das terras em Fertilia, enquanto a classe mercantil conseguiu a hegemonia em Sterilia. Além da liberalização do comércio e do tráfego, um dos primeiros atos políticos em Sterilia foi o início de um vigoroso programa de planeamento familiar, disseminado pelo país através de um sistema de comunicações internas e apoiado por investimento estrangeiro. Criou-se rapidamente uma equipa de pessoal treinado e uma rede móvel de consultores. Outras medidas incluíram a liberalização do aborto e da esterilização, a atribuição de subsídios para os contracetivos e incentivos à participação no programa. Provavelmente nunca se conseguirá determinar se este programa foi realmente a causa das mudanças profundas no comportamento de reprodução que se seguiram ou se apenas acelerou uma transição que estava prestes a iniciar-se. Seja como for, a natalidade baixou rapidamente, atingindo em breve os níveis de reposição. Em comparação, o governo mais tradicional de Fertilia, influenciado pelos grupos religiosos fundamentalistas e que dominavam uma população pouco exposta ao contacto e às trocas comerciais com o estrangeiro, reconhecia apenas em termos formais a diretiva das Nações Unidas para respeitar o direito de cada casal a decidir quantos filhos queria ter. Apesar da pressão do antigo colonizador, que forneceu considerável ajuda económica, não foi iniciada qualquer política ativa de planeamento familiar e, na realidade, o governo bloqueou programas semelhantes lançados por interesses privados. O controlo da natalidade espalhou-se de forma lenta, e 30 anos depois da independência as mulheres de Fertilia davam à luz uma média de mais dois filhos do que as de Sterilia.

Estas duas políticas afetaram de forma muito diferentes o crescimento demográfico e o desenvolvimento económico destes países. As consequências demográficas incluem taxas de crescimento e estruturas de idades divergentes. Com dimensões idênticas em termos populacionais por altura da independência (que em Sterilia, contudo, foi apelidada de Revolução), o rácio era, 30 anos mais tarde, de 1,4 para -1 (naturalmente a favor de Fertilia) e de 2 para -1,60 anos mais tarde. Em Sterilia, a população com idade inferior a 15 anos constituía 42% do total na altura da Revolução, ao fim de 30 anos este número tinha descido para 27% e, ao fim de 60 anos, para 21% (altura em que a taxa de crescimento era de cerca de 0). Em Fertilia, por outro lado, a proporção de população com idade inferior a 15 anos, semelhante à de Sterilia na altura da independência (42%)

diminuiu de forma mais lenta, representando 38% do total ao fim de 30 anos e 30 % 60 anos depois. Nesta última data, o crescimento da população continuava a atingir cerca de 1,5% ao ano. Ao invés, 60 anos depois da Revolução, a proporção da população em Sterilia com mais de 65 anos (12%) era o dobro da população equivalente em Fertilia.

As diferenças no desenvolvimento económico foram igualmente significativas. A taxa elevada de crescimento de Fertilia levou a que a população em idade ativa quadruplicasse, com um concomitante nível alto de subemprego agrícola. Fortes correntes de migração afluíam, principalmente à capital, que se transformou numa cidade enorme, sobrepovoada por multidões empobrecidas. Dado o tamanho médio, ainda grande, das famílias, o escasso rendimento do Fertiliano comum vai quase por completo para a aquisição dos bens necessários para a sobrevivência, sobrando pouco para poupanças. Facto pouco positivo para os investimentos, que apenas conseguem a custo acompanhar o crescimento populacional. Os escassos recursos financeiros atribuídos pelo governo eram insuficientes para expandir as infraestruturas e os serviços. O alargamento da educação, em particular, foi lento: apesar do declínio (lento) da natalidade, a população em idade escolar, entre os 5 e os 15 anos, triplicou no período considerado de 60 anos. A conjugação de uma taxa lenta de desenvolvimento agrícola e uma elevada taxa de urbanização fez com que o país, em tempos exportador de produtos, fosse transformado em importador líquido de produtos alimentares. A falta de investimento inibiu o desenvolvimento da sua frágil indústria fabril e o país acumulou uma dívida externa enorme. O crescimento do rendimento *per capita* foi pequeno e o número absoluto (se não a percentagem) dos marginalmente pobres e iletrados aumentou drasticamente.

A história recente de Sterilia difere substancialmente da de Fertilia. A limitação da natalidade assegurou que, durante os 60 anos que se seguiram à revolução, o volume da população em idade escolar deste país tivesse permanecido constante (por oposição à triplicação que se verificou em Fertilia), o que permitiu que os dinheiros públicos fossem usados para a expansão e melhoria considerável do sistema de educação. Em resultado disso, as gerações que entraram no mercado de trabalho têm sido sucessivamente menores em número e com melhor formação do que em Fertilia. A eficiência da força de trabalho tem aumentado rapidamente, alimentando o desenvolvimento, em simultâneo, nos sectores de economia tradicionais e modernos. O controlo de natalidade também teve como resultado famílias mais pequenas e, desta forma, uma emancipação mais rápida das mulheres e a possibilidade de realizar poupanças pessoais dos recursos que deixaram de ser completamente absorvidos pelas necessidades básicas. O maior volume de poupança permitiu a realização de investimentos que ultrapassaram o crescimento demográfico, tornando possível a modernização das infraestruturas, bem como a maior produção agrícola e a diversificação económica. Além disso, as mudanças na estrutura etária têm reduzido de forma notável o rácio de dependência (o número de elementos não produtivos da sociedade – os idoso e os muito novos – por 100 elementos produtivos), fator que também favoreceu o desenvolvimento económico. Este tipo de processo decorreu em Fertilia de forma muito mais lenta. Os níveis mais baixos de crescimento populacional e de urbanização e, acima de tudo, uma produtividade agrícola melhorada garantiram que Sterilia continuasse a ser um exportador líquido de produtos alimentares, o que ajudou a financiar a compra de maquinaria para o desenvolvimento das indústrias fabris. O rendimento *per capita* cresceu rapidamente e 60 anos após a Revolução Sterilia tem metade da população de Fertilia, um produto interno bruto superior e um nível de vida invejado pelo país vizinho.

O excerto anterior foi inventado pelo autor, mas poderia ter sido tirado do estudo de um historiador que tentasse descrever e interpretar o passado recente destes dois países, também eles puramente imaginários[352]. Análises desta natureza têm sido frequentes ao longo das décadas que se seguiram à Segunda Guerra Mundial, durante as quais a taxa de crescimento populacional dos países em desenvolvimento subiu drasticamente, tornando o aumento demográfico uma das principais preocupações contemporâneas. O contraste entre Fertilia e Sterilia serve para ilustrar os caminhos que as nações mais pobres têm seguido nas décadas recentes ou poderão seguir no futuro próximo. Contudo, a análise anterior, sendo relativamente credível na sua linha geral de raciocínio, é-o menos no que diz respeito aos pressupostos de base que toma como dados adquiridos.

O primeiro destes pressupostos é que o rápido crescimento populacional leva inevitavelmente à redução dos rendimentos obtidos da mão-de-obra e outros fatores de produção e, deste modo, à diluição do capital que, mantendo iguais os outros fatores, empobrece a população. De acordo com esta fórmula, o crescimento populacional mais lento de Sterilia é claramente uma vantagem. O segundo pressuposto é que famílias mais pequenas levam à criação de poupanças e, a partir daí, a maiores investimentos, outro ponto a favor de Sterilia.

---

[352] Estou grato a um bem conhecido académico tanto pela ideia como pelos nomes de Fertilia e de Sterilia. Ver J.E. Meade, *Population Explosion, the Standard of Living and Social Conflict*, in «The Economic Journal», LXXVII, 1967, pp. 233-255. O exemplo das duas ilhas de Fertilia e de Sterilia está nas páginas 239-242, juntamente com muitas observações incisivas acerca da relação entre o crescimento demográfico e o desenvolvimento económico. A minha tentativa para encontrar nomes alternativos para Fertilia e para Sterilia e, desta forma, evitar este plágio não teve sucesso.

O terceiro pressuposto é que o crescimento populacional mais lento significa maior eficiência da mão-de-obra e, portanto, maior produtividade. E segundo o quarto pressuposto, fatores de escala relacionados com o volume demográfico têm pouca relevância e, desta forma, não beneficiam a população em crescimento mais rápido. De igual modo, parte-se do princípio de que o aumento populacional não tem efeitos positivos no progresso tecnológico. Em suma, o sucesso na restrição do crescimento demográfico deve ser um fator determinante do desenvolvimento económico. Segue-se, então, que o crescimento demográfico e o desenvolvimento económico que ocorreram desde os anos 60 ou 70 se relacionam inversamente entre si.

Este último ponto, que resume os anteriores, pode ser submetido a um teste relativamente simples, semelhante aos realizados para os países ocidentais do capítulo 4, que compara as taxas de crescimento da população de 28 países pobres e a taxa de desenvolvimento do PIB *per capita* no período entre 1950 e 2000[353]. A figura 5.11 regista a taxa de crescimento da população relativamente à taxa de crescimento do PIB para o período entre 1950-2000: existe uma relação inversa, ainda que não muito estrita, entre as duas variáveis. A observação mais específica sugere que a ligação entre crescimento demográfico e desenvolvimento económico é obscurecida por uma série de fatores que provavelmente se anulam uns aos outros. Em muitos casos, o crescimento demográfico não é um obstáculo intransponível ao bem-estar crescente e, por razões diversas e complicadas, esses fatores que parecem ter um contributo tão claro em Fertilia e Sterilia têm, de fato, atuado de forma muito menos nítida no mundo real[354]. Regressarei a este problema nas páginas seguintes.

---

[353] Para a lista de países ver a nota 284.

[354] Numa panorâmica sobre a relação entre população e desenvolvimento, Robert Cassen escreve: «No seu conjunto, análises económicas simples parecem sugerir que os países com crescimento demográfico mais rápido a longo prazo irão acabar com um rendimento *per capita* mais baixo [...]. Mas nem a teoria nem a econometria conseguiram, até à data, demonstrar sem sombra de dúvida esta relação».Ver R. Cassen, *Overview*, in R. Cassen (org.), *Population and Development: Old Debates, New Conclusions*, New Brunswick, Transaction Publishers, 1994, pp. 10-11. Para Ansley Coale a ausência de relação entre crescimentos demográfico e crescimento económico deve-se ao facto banal de o crescimento demográfico ser dado (retirando a migração) pela diferença entre as taxas de nascimento e de mortalidade, já que, ambas, têm uma forte relação inversa com o desenvolvimento. Como consequência disto, a mesma taxa de crescimento demográfico pode ocorrer em diferentes níveis de desenvolvimento, tornando pouco nítida qualquer relação visível com a velocidade do crescimento económico. Ver A. Coale, *Population Trends and Economic Development*, in J. Menken (org.), *World Population and U.S. Policy:The Choices Ahead*, Nova Iorque, W. W. Norton, 1986.

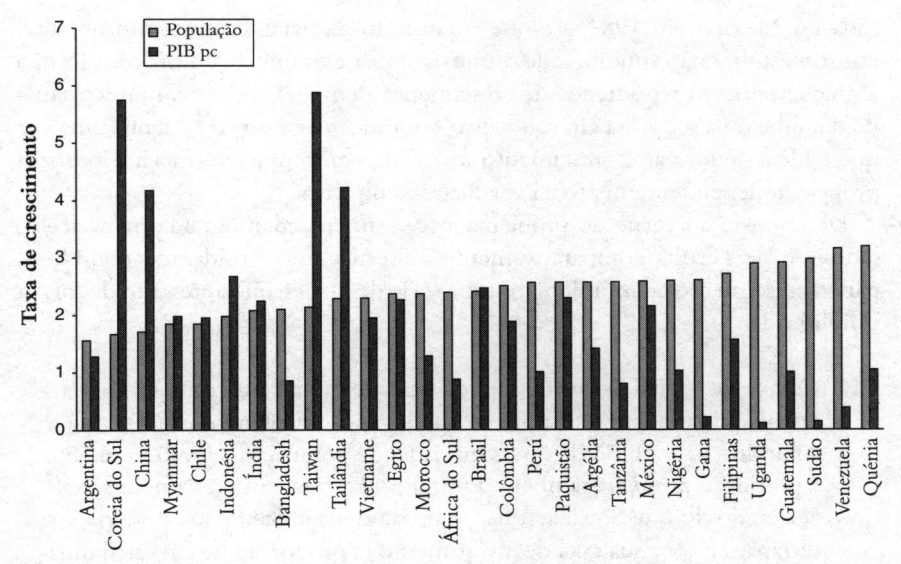

Figura 5.11 Crescimento passado (1980-2010) e futuro (2010-2040) da população em idade de trabalhar na África e na Ásia (variação percentual por ano).

7. As razões de um paradoxo

O facto de o modelo de relação entre crescimento demográfico e desenvolvimento económico pressuposto nos exemplos de Fertilia e Sterilia não se ter verificado, ou se ter verificado apenas parcialmente, suscitou um debate complexo, que induziu os estudiosos a verificarem empiricamente as premissas teóricas do modelo e a encontrarem explicações para a ausência de confirmação[355]. Foi nos anos 80, quando se tornou universalmente aceite que o crescimento populacional devia ser controlado – na Conferência das Nações Unidas reali-

---

[355] Existe uma bibliografia considerável sobre este tema. Escolho alguns trabalhos que, pela amplitude dos temas tratados e pela sistematicidade, me parecem fundamentais: Banco Mundial, *World Development, op. cit.*, sobretudo capítulos 5 e 6; G. McNicoll, *Consequences of Rapid Population Growth: An Overview and Assessment*, in «Population and Development Review», 10, 1984, pp. 177-240; E. Hammel *et al.*, *Population Growth and Economic Development: Policy Questions*, Washington, National Academy Press; A. C. Kelley, *Economic Consequences of Population Change in the Third World*, in «Journal of Economic Literature», XXVI, 1988, pp. 1685-1728; Cassen, *Population and Development., op. cit.*; Kelley, A. C. and R.M. Schmidt, *Economic and Demographic Change: A Synthesis of Models, Findings and Perspectives*, in Nancy Birdsall, A. C. Kelley e S.W. Sinding (orgs.), *Population Matters*, Nova Iorque, Oxford University Press, 2001; D. D. Headey e A. Hodge, *The Effect of Popula-*

zada no México em 1984 – e que o controlo da natalidade era um objetivo em si mesmo e não subordinado a outros, que a existência de uma relação não ambígua entre os fenómenos de crescimento demográfico e económico também começou a ser posta em causa. Isto, contudo, não é surpreendente, uma vez que a ideia de limitar o crescimento foi aceite como objetivo meritório por si próprio, independentemente da verificação empírica.

De regresso ao cerne do problema, o crescimento demográfico mais acelerado – o de Fertilia comparativamente a Sterilia – é considerado prejudicial para o crescimento económico por uma série de razões, que apresento de forma simplificada:

1. O *stock* de capital físico (ou seja, de bens de capital tais como ferramentas, maquinaria, infraestrutura e edifícios) por trabalhador diminui, ou é «diluído», pela adição de novas unidades de população. Como resultado, a produção *per capita* também diminui[356]. Fertilia, em crescimento mais acelerado do que Sterilia, sofre com esta desvantagem, que poderia ser ultrapassada se a sua taxa de investimento (a proporção de PIB atribuída ao investimento) aumentasse. Este aumento, contudo, apenas poderia surgir se uma proporção mais pequena de rendimento fosse atribuída ao consumo, que, por sua vez, está relacionado com o nível de vida. A tabela 5.6 apresenta os valores absolutos do investimento bruto para um conjunto de países e por cada componente da população em idade ativa, e ainda a variação desta prevista para a década de 2010-2020. A «dotação» de investimento por ativo (indicador muito grosseiro, mas significativo) é de poucas centenas de dólares para os países africanos, para o Bangladesh e a Bolívia, que também têm aumentos elevadíssimos – entre 20% e 40% – da população ativa na próxima década. Tailândia, China e Coreia do Sul têm dotações *per capita* muito mais elevadas, e praticamente nenhum crescimento dos ativos. México e Brasil estão numa posição intermédia, com boas dotações e baixo aumento dos ativos. Os Estados Unidos têm a dotação mais elevada e são citadas como comparação. Para diminuírem a assimetria que os separa dos países mais ricos os países pobres deveriam expandir a sua taxa de investimento para níveis superiores aos predominantes nas economias

---

tion Growth on Economic Growth, in «Population and Development Review, 35, 2009, 2, 2009. Estes últimos afirmam que a influência negativa do crescimento demográfico sobre o desenvolvimento é mais evidente após 1980.

[356] Sobre este ponto e os seguintes, consultar o trabalho clássico de A. J. Coale e E. M. Hoover, *Population Growth and Economic Development in Low-Income Countries,* Princeton, Princeton University Press, 1958, pp. 19-20.

Tabela 5.6   Investimento bruto interno e população em idade ativa em alguns países

País	Total PIB, 2009 (mil milhões de $)	Investimento bruto, 2009 (mil milhões de $)	População ativa, 2010 (milhões)	Variação população ativa, 2010-2020 (%)	Investimento bruto potencial por ativo em 2010 ($)
China	3,543.4	1,633.2	812.1	3.1	2,011
Índia	1,141.2	404.7	627.4	18.7	645
Bangladesh	73.6	17.9	86.8	30.2	206
Coreia do Sul	957.3	230.4	29.6	-1.5	7,779
Tailândia	194.8	44	40.3	0.7	1,091
Nigéria	148.8	14.5	66.5	29.8	218
Etiópia	18.5	4.8	34.4	38.7	140
Egito	124	23.8	43.0	20.2	554
Brasil	1,020.9	179.8	109.3	10.4	1,645
México	870.6	193.5	58.9	13.6	3,284
Bolívia	11.5	1.9	4.6	26.0	409
EUA	12,898.8	1,812.1	173.2	3.9	10,461

Nota: A população ativa é a população entre os 20 e os 65 anos de idade.

Fonte: Para os dados sobre rendimento e sobre investimentos cf. < http://data.un.org/Data.aspx > (acedido a 16 de abril de 2011)

desenvolvidas: e pelos dados apresentados bem se compreende a dificuldade de um feito do género.

No que diz respeito à variação da força de trabalho, as perspetivas dos
países menos desenvolvidos variam consideravelmente. A figura 5.12
compara a taxa de crescimento anual da população ativa dos países da Ásia
e da África subsariana durante os últimos trinta anos (1980-2010) com
as taxas de crescimento previstas para os próximos trinta (2010-2040).
Para quase todos os países asiáticos (quadro *a*) as taxas futuras estão bem
abaixo das taxas anteriores, enquanto para os países da África subsariana
(quadro *b*) os países com crescimentos menores do que os anteriores
equilibram-se com os que terão crescimentos superiores. Por outro
lado, nos países africanos o crescimento da população ativa será, em
média, superior à dos países asiáticos. É presumível que estas diferenças
se reflitam também nas dinâmicas económicas[357].

2. Quando os recursos naturais – em especial a terra e a água necessárias
   para a tornar produtiva – são escassos ou dispendiosos, também eles são
   afetados pelo excessivo crescimento populacional, sofrendo a redução
   progressiva dos rendimentos que já comentámos em detalhe anteriormente (ver capítulo 3). Durante a década de 2000-2010, a população
   agrícola em idade ativa irá continuar a aumentar rapidamente em muitos países asiáticos já caracterizados por elevadas densidades de população agrícola, elevado nível de gente sem terra e uma dimensão média
   reduzida entre aqueles que a possuem. À medida que a população rural
   aumenta, «as implicações serão lúgubres. A terra arável por agricultor
   diminuirá ainda mais, baixando a produtividade da mão-de-obra e o
   rendimento, aumentando a incidência de pobreza rural e exacerbando
   a desigualdade»[358].

3. O capital humano, tal como é expresso pela eficiência física e técnica
   da população, está sujeito a leis semelhantes às que se aplicam ao capital físico. Se, por exemplo, Fertilia e Sterilia investirem a mesma percentagem de PIB em programas sociais (educação, mas também saúde
   pública) no início das suas transições demográficas, então a diferença
   de crescimento subsequente na dimensão das populações em idade
   escolar será de tal forma que, enquanto em Sterilia a educação pode
   ser expandida e melhorada sem aumentar esta percentagem, algo de

---

[357] R. Eastwood e M. Lipton, *Demographic Transition in sub-Saharan Africa: How big will the demo-graphic dividend be?*, in «Population Studies», 65, 2011, 1.

[358] J. Bauer, *Demographic Change and Asian Labor Markets in the 1990's*, in «Population and Develo-pment Review», 16, 1990, pág. 631.

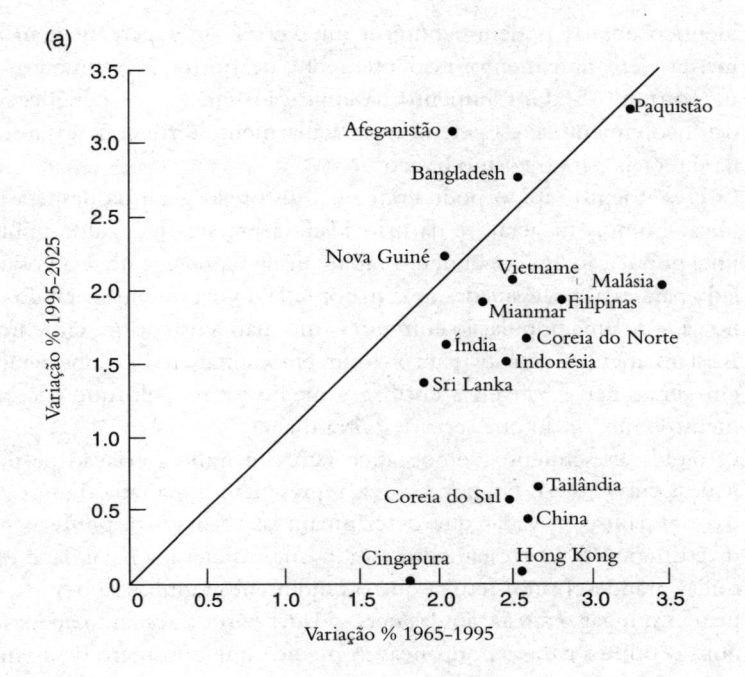

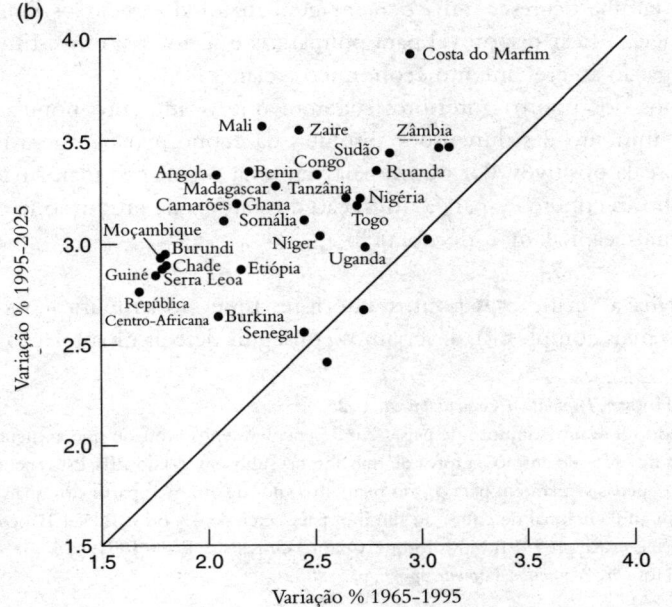

Figura 5.12 Crescimento passado e futuro na força de trabalho: (a) da Ásia, (b) África

idêntico apenas poderá acontecer em Fertilia se a percentagem aumentar (em detrimento, evidentemente, de outros investimentos ou do consumo)[359]. Um aumento na educação tem efeitos benéficos no desenvolvimento, e este efeito é particularmente forte com a transição da iliteracia para o ensino básico[360].

4. O crescimento rápido pode criar uma distorção geral da despesa pública. Como, em geral, se dá prioridade à literacia e à saúde pública, uma população em crescimento rápido pode requerer que seja posta de lado para estas necessidades uma maior fatia do orçamento geral do que no caso de uma população com um ritmo mais lento de crescimento[361]. Restam menos recursos para investir em capitais fixos, considerados, em geral, mais rentáveis a curto e a médio prazo, pelo que o crescimento é menor do que seria de outra forma.

5. O rápido crescimento demográfico também inibe a criação de poupanças familiares. Estas, por sua vez, representam uma fatia significativa das poupanças privadas que determinam os recursos disponíveis para investimento[362]. O crescimento rápido implica elevada natalidade e famílias grandes. Daqui resulta que o rendimento familiar se destina, em primeiro lugar, à satisfação das necessidades básicas, restando apenas alguns cêntimos para as poupanças. À medida que o número de crianças por família decresce, uma percentagem maior dos recursos familiares começa a ficar disponível para poupanças e, assim, para investimentos. A ligação ao crescimento económico é clara.

6. Vários dos pontos anteriores sugerem que o aumento populacional (ou aumento das dimensões absolutas da economia) não gera fatores de escala positivos. Por outras palavras, uma população maior não cria melhores condições para a utilização dos fatores de produção (recursos naturais, capital, mão-de-obra)[363].

De forma a verificar os pontos anteriores (que são simplificações de teorias muito mais complexas), deveríamos conseguir detetar uma relação negativa

---

[359] Coale e Hoover, *Population Growth, op. cit.*, p. 25.

[360] Um estudo sobre um conjunto de países em desenvolvimento mostrou que aumentar em um ano a média dos anos de ensino da força de trabalho faz subir em 9% do PIB. Esta taxa de melhoria, contudo, apenas se mantém para os três primeiros anos de ensino, a partir dos quais o retorno relativo a um ano adicional de educação diminui para cerca de 4% do PIB. Ver Banco Mundial, *World Development Report 1991*, Nova Iorque, Oxford University Press, 1991, pág. 43.

[361] Coale e Hoover, *Population Growth, op. cit.*, pág. 285.

[362] *Ibidem*, p. 25.

[363] No que diz respeito à escassa relevância dos ganhos de escala para as indústrias fabris, ver National Research Council, *Population Growth, op. cit.* pág. 52.

entre o crescimento demográfico e o desenvolvimento económico ao longo das últimas décadas. Se não o temos conseguido fazer é porque as diferentes situações dos países pobres e as suas histórias amiúde tempestuosas em termos políticos, económicos e sociais, têm alterado, muitas vezes de formas inesperadas, os mecanismos mencionados anteriormente.

Consideremos os investimentos em capital fixo que representam um contributo importante para o desenvolvimento nos países pobres. Nas três décadas a seguir a 1960 estima-se que cerca de dois terços de crescimento de *output* resultou do aumento de *input* de capital, quando comparado com 1/4 devido à mão-de-obra e 1/7 ao fator de produtividade total ou progresso técnico. Em países industriais, a contribuição do capital fixo no mesmo período foi muito mais baixa, tendo sido estimada entre 1/4 e 1/3 do crescimento total[364]. Se os restantes fatores permanecerem semelhantes, em princípio deverá existir um efeito de diluição no capital por trabalhador em populações com um crescimento mais rápido[365]. Muitos países, em particular os mais pobres, conseguiram isto de forma a aumentar a percentagem do seu PNB destinado ao investimento: de acordo com o Banco Mundial, as economias com baixo rendimento aumentaram esta parcela de 20% para 30% entre 1970 e 1993[366]. Na Índia e na África do Sul, entre 1990 e 2009 o rácio entre investimentos fixos e produto bruto aumentou cerca de 8-9 pontos percentuais. Desta forma, o «efeito de diluição» no capital, exercido por um rápido crescimento populacional, foi, pelo menos parcialmente, neutralizado.

No que diz respeito aos recursos naturais fixos, particularmente a terra, a expansão agrícola que tem permitido que os países em desenvolvimento, como um todo, aumentassem a produção agrícola a uma taxa mais elevada do que a população deve-se mais à rentabilidade crescente (a «revolução verde»), do que ao cultivo de novas terras[367]. Com efeito, em muitas regiões a introdução da tecnologia da revolução verde tem sido ajudada pela elevada densidade populacional, que favorece o desenvolvimento de infraestruturas e a transferência de

---

[364] Banco Mundial, *World Development Report 1991*, Nova Iorque, Oxford University Press, 1991, pág. 45. Ver também E.F. Denison, *Trends in American Economic Growth*, Washington, Brookings Institution, 1985, que estima que a contribuição da acumulação de capital para o crescimento do PIB dos Estados Unidos, entre 1929 e 1982, foi inferior a 1/5. Ver igualmente A. Maddison, *Phases of Capitalism Development*, Oxford, Oxford University Press, 1982, pp. 23-4; Kelley, *Economic Consequences of Population Chang, op. cit.*, pp. 1704-1705.

[365] National Research Council, *Population Growth*, pp. 40-6.

[366] Banco Mundial, *World Development Report 1995*, Nova Iorque, Oxford University Press, 1995, tab. 9.

[367] Y. Hayami e V. W. Ruttan, *The Green Revolution: Inducement and Distribution*, in «Pakistan Development Review», XXIII, 1984, 1, pp. 38-63.

tecnologia[368]. Noutras regiões, contudo, a escassez de terra e o seu custo elevado têm criado sérios obstáculos[369].

Estudos recentes têm igualmente lançado a dúvida sobre a teoria segundo a qual o rápido crescimento demográfico altera a proporção da despesa pública, favorecendo os «investimentos sociais», em particular a educação, à custa de investimentos em capital fixo. De acordo com alguns, as taxas de crescimento demográfico dos países pobres não afetaram o progresso da literacia e da educação, nem distorceram os gastos públicos em detrimento dos investimentos no capital fixo. A utilização de forma mais económica dos recursos disponíveis (limitando os salários dos professores, por exemplo) permitiu a concretização dos objetivos apesar da elevada pressão demográfica[370]. No período seguinte a 1980, em muitos países, uma maior proporção de recursos tem sido canalizada para a educação[371].

No que diz respeito à criação de poupanças, tanto as considerações teóricas como empíricas contestam o pressuposto de que uma população em crescimento rápido implica necessariamente uma taxa mais baixa de poupanças, dada a maior dimensão da família. Vários mecanismos possíveis parecem neutralizar este efeito. O primeiro relaciona-se com o facto de a intensidade do trabalho produzido por adultos na família não permanecer fixo, mudando em resposta às alterações nas dimensões das famílias. Um grande número de crianças dependentes leva à intensificação da atividade produtiva (particularmente nas áreas rurais), a um aumento nos recursos e, talvez, também das poupanças[372]. Chayanov, no seu estudo sobre as economias rurais, colocou em evidência uma relação clara entre o número de dependentes por trabalhador e a intensidade laboral, em famílias de camponeses na Rússia czarista. A intensidade aumentou com o crescimento das famílias e decresceu à medida que estas se tornaram mais

---

[368] P. L. Pingali e R. H. Binswagen, *Population Density and Agriculture Intensification: A Study of the Evolution of Technologies in Tropical Agriculture*, in D. G. Jonhson e R. D. Lee (orgs.), *Population Growth and Economic Development*, Madison, University of Wisconsin Press, 1987.

[369] Kelley, *Economic Consequences of Population Change*, pp. 1712-1715.

[370] T. P. Schultz, *School Expenditures and Enrollments, 1960-1980: The Effects of Income, Prices and Population Growth*, in Johnson e Lee (orgs.), *Population Growth, op. cit.*; ver igualmente J. G. Williamson, *Human Capital Deepening, Inequality and Demographic Events along the Asia-Pacific Rim*, in N. Ogawa, G. W. Jones e J. G. Williamson (orgs.), *Human Resources in Development along the Asia-Pacific Rim*, Singapura, Oxford University Press, 1993; Crook, *Principles of Population, op. cit.*, pp. 203-205.

[371] A. Cammelli, *La qualità del capitale umano*, in M. Livi Bacci e F. Veronesi Martuzzi (orgs.), *Le risorse umane del Mediterraneo, Bolonha,* Il Mulino, 1990.

[372] Para uma ampla resenha da relação entre crescimento demográfico e a poupança, ver A. Mason, *Saving, Economic Growth, and Demographic Change*, in «Population and Development Review», 14, 1988, pp. 113-144; Kelley, *Economic Consequences of Population Change, op. cit.*, pp. 1706-1708; Banco Mundial, *World Development, op. cit.*, pp. 82-84.

pequenas[373]. Em segundo lugar, numa população em crescimento rápido, existe um rácio mais elevado de trabalhadores jovens (que poupam) relativamente a trabalhadores mais velhos ou reformados (que têm poupanças negativas), e este efeito tende a equilibrar o efeito negativo que um grande número de crianças dependentes tem sobre as poupanças[374]. Por último, as poupanças familiares, nos países pobres, têm origem principalmente em poucas famílias muito ricas e, como tal, são pouco influenciadas pela dimensão das famílias. Tal como as coisas se apresentam, os muitos testes à relação entre o crescimento demográfico (para não falar na estrutura etária, no rácio de dependência, etc.) e a taxa de poupanças não produziram resultados significativos. Parece que forças opostas se neutralizam e pode igualmente acontecer que a insuficiência de dados jogue um papel importante no facto de os resultados serem inconclusivos[375].

O último ponto diz respeito às possíveis economias de escala, já discutidas (ver capítulo 3). Os que apoiam a hipótese de uma correlação negativa entre o crescimento demográfico e o desenvolvimento económico acreditam que estas são inexistentes ou, pelo menos, irrelevantes. Outros, contudo, sustentam que o crescimento populacional e a densidade crescente levaram ao desenvolvimento de infraestruturas (sobretudo ao nível das comunicações e dos transportes) necessárias ao desenvolvimento económico[376]. Tal como já mencionado, em muitos países o desenvolvimento agrícola e a revolução verde parecem ter sido favorecidos, e não contrariados, pela densidade demográfica mais elevada e, desta forma, num sentido alargado, parece ter sido exercida uma influência positiva significativa por fatores de escala.

Devemos igualmente acrescentar o facto de que a situação geográfica de um país, o seu ambiente em termos de clima e de biopatologia, a sua acessibilidade e configuração natural e o seu quinhão de recursos primários, interagem de forma próxima com as suas características demográficas e económicas[377].

Os problemas levantados pela consideração da relação entre a população e a economia são intrincados, e envolvem variáveis cuja interação e relação causal com outros fatores nem são estáveis nem bem compreendidas. A anterior discussão pode ajudar a explicar porque é que a evolução da relação entre

---

[373] A.V. Chayanov, *The Theory of Peasant Economy*, Homewood, Irwin, 1966. Para uma formulação eloquente e atualizada ver J. Simon, *The Economics of Population Growth,* Princeton, Princeton University Press, 1977, pp. 185-195.

[374] National Research Council, *Population Growth, op. cit.*, pág. 43.

[375] *Ibidem*, pp. 43-45; Kelley, *Economic Consequences of Population Change, op. cit.*, pp. 1706-1707.

[376] Simon, *Economics of Population Growth, op. cit.*, pp. 262-277.

[377] São considerações muito banais, tanto que têm sido quase esquecidas pela bibliografia sobre o crescimento. No entanto, veja-se J. Sachs, J. Sachs, *Nature, Nurture and Growth,* in «The Economist», 14 julho, 1997.

população e economia nas décadas recentes ilude os esquemas teóricos simples. A adaptabilidade extrema do comportamento humano, tanto em termos demográficos como económicos, face às limitações externas confunde as simplificações dos que gostariam de traduzir este comportamento em fórmulas elementares, de modo a possibilitar uma análise simples. Além disso, a forma desordenada e apressada como a tecnologia tem progredido atenua, expande e distorce as relações que, amiúde, são tidas por adquiridas.

Contudo, a ausência de uma relação direta e unívoca entre crescimento demográfico e desenvolvimento económico não quer dizer que ela não exista nem que, em última análise, não seja mensurável. Parecem-me relevantes, ainda hoje, as conclusões de A. C. Kelleys: «O crescimento económico (tal como é medido pelo produto *per capita*) em muitos países em desenvolvimento teria sido muito mais rápido num ambiente de crescimento populacional mais lento, apesar de num determinado número de países o impacto da população ter, provavelmente, sido negligenciável e, em alguns, positivo. O impacto adverso da população tem ocorrido com maior probabilidade nos locais onde a terra arável e a água são particularmente escassas ou de aquisição dispendiosa, onde os direitos de propriedade sobre a terra e os recursos naturais estão mal definidos e onde as políticas governamentais são desfavoráveis ao fator mais abundante de produção: a mão-de-obra. O impacto positivo da população ocorreu com maior probabilidade onde há abundância de recursos naturais, onde as possibilidades para a ocorrência de economias de escala são substanciais e onde os mercados e outras instituições (particularmente o governo) distribuem os recursos de forma razoavelmente eficiente no tempo e no espaço»[378].

Desta forma, a escolha entre os percursos demográficos de Fertilia e de Sterilia recairá, em geral, pelo de Sterilia: mas atenção, esta escolha pode não ser sempre bem-sucedida.

---

[378] Kelley, *Economic Consequences of Population Change, op. cit.*, pág. 1715. Ver também A. C. Kelley e W. P. McGreevey, *Population and Development in Historical Perspective*, in Cassen (org.), *Population and Development, op. cit.*

Capítulo 6

O futuro

1. População e autorregulação

A população humana, há dois séculos, no processo para alcançar maior eficiência e ordem a nível demográfico ativou um ciclo de crescimento sem precedentes que está a esgotar-se no mundo próspero, mas ainda se encontra em plena expansão no mundo pobre. A população mundial atingiu o valor de 1000 milhões quando os motores a vapor começaram a revolucionar os transportes. Os 2000 milhões foram alcançados depois da Segunda Guerra Mundial, à medida que os aviões começaram a tornar-se um meio de transporte cada vez mais comum. Os 3000 milhões foram atingidos no início da era espacial. Os 4000 e os 5000 milhões não esperaram por épocas com cariz igualmente revolucionário, tendo sido alcançados em 1974 e 1987. Os 6000 milhões foram atingidos em 1998 e os 7000 milhões em 2012. Muitos demógrafos, na certeza de que iram ganhar, estariam dispostos a apostar que os 8000 milhões não serão atingidos antes de 2025: a dinâmica das atuais estruturas de idade jovem e elevada natalidade garante que estes níveis irão facilmente antecipar os prazos previstos. Uma previsão a mais longo prazo perde rapidamente segurança, tornando-se eventualmente um puro exercício aritmético, a cujos resultados, porém, não renunciamos.

Muitos encaram este processo de crescimento como uma mola que está cada vez mais comprimida, pronta para libertar, ao primeiro abanão, a força devastadora acumulada. De um ponto de vista económico, a redução dos rendimentos deverá, mais tarde ou mais cedo, baixar o nível de vida, uma vez que terra, água, ar e minerais são todos recursos fixos e limitados, permitindo uma substituição apenas parcial e, desta forma, pondo um limite inevitável ao crescimento. A relação entre crescimento demográfico e deterioração ambiental também parece clara, a julgar pela poluição causada pela expansão industrial e pela degradação ecológica geral associada ao aumento da agricultura, da indústria e da urbanização, bem como de outras atividades humanas. E o crescimento demográfico é uma ameaça também para a saúde e para a ordem social, dada a impossibilidade de expandir indefinidamente a produção de comida e a inevitabilidade da competição e do conflito entre indivíduos, grupos e povos, em busca de um nível de vida mais elevado.

Outra fação, pelo contrário, acredita firmemente na capacidade de a população se ajustar a números mais elevados. O progresso tecnológico, sublinham os partidários desta fação, permite a substituição dos recursos primários e leva a uma produção agrícola crescente. Além disso, os preços relativos da energia, dos recursos primários e da comida estão em níveis que, em termos históricos, são baixos e, de qualquer modo, o mercado reagiria à escassez com a subida dos preços, o que estimularia o progresso tecnológico, garantindo a crescente produtividade e a possibilidade de substituição dos recursos. Relativamente à produção não regulada, cujo preço atual para a humanidade se traduz na deterioração ambiental, os otimistas demográficos defendem que tais custos podem ser «internalizados», ou seja, pagos pelos seus responsáveis. O seu argumento fundamental é que o bem-estar físico e económico da população mundial está em constante melhoramento, em resultado do progresso científico e económico, e que não há razão para recear que esta situação se altere.

É difícil, senão impossível, escolher entre estas duas formas de previsão do futuro. Mais uma vez voltamos ao modelo de Malthus e, no que diz respeito às versões mais radicais dos argumentos anteriores, ao que aparenta ser um regresso ao debate entre perspetiva catastrófica e perspetiva otimista. Contudo, talvez o próprio debate não tenha em consideração o verdadeiro objetivo e o problema possa ser mais bem compreendido à luz da abordagem alternativa que foi referida em capítulos anteriores. Apresentei a história da população como um compromisso contínuo entre forças de constrangimento e forças de escolha. Os constrangimentos têm sido impostos por um ambiente hostil, pelas doenças, pelas limitações de comida e de energia disponíveis e, atualmente, por um ambiente ameaçado. As escolhas têm incluído as estratégias flexíveis de casamento e de reprodução, de mobilidade, migração e estabelecimento, bem como de defesa contra as doenças. Esta interação entre as forças de constrangimento e as forças de escolha tem alterado continuamente o ponto de equilíbrio demográfico e gerado ciclos longos de crescimento, bem como fases de estagnação e de regressão. A busca dinâmica e contínua de equilíbrio não deve ser encarada como produto de mecanismos espontâneos de autorregulação que minimizam o sofrimento e a perda, mas sim como um processo difícil de adaptação, que recompensa as populações mais flexíveis e penaliza as mais frágeis e rígidas.

Muitas populações tiveram êxito na autorregulação, enquanto outras não o tiveram ou apenas o conseguiram demasiado tarde, tendo pago um preço alto na forma de mortalidade mais elevada, de regressão demográfica e, em alguns casos, de extinção. No caso de outras populações, a capacidade de defesa face a catástrofes foi prejudicada por decisões erradas, aumentando a vulnerabilidade demográfica[379].

Ao olhar para o futuro, devemos refletir não apenas sobre o crescimento numérico, razoavelmente garantido, que irá ocorrer nas próximas décadas (e sobre o crescimento a longo prazo, baseado em conjeturas), mas também nos mecanismos de «escolha» que a humanidade tem à sua disposição, bem como se estes são ou não adequados face a constrangimentos externos e mais ou menos eficientes relativamente ao passado.

2. Os números do futuro

Já mencionei que as populações dos dias de hoje se caracterizam por uma inércia considerável e que, desta forma, as projeções demográficas para as duas próximas décadas são razoavelmente plausíveis. Por exemplo, em 2030 a população com idade superior a 20 anos virá de gerações nascidas antes de 2010, o que é equivalente a dizer de gerações já nascidas e quantificadas. Precisamos apenas de subtrair a mortalidade, que é razoavelmente estável no tempo. Por outro lado, a dimensão da população com menos de 20 anos que irá nascer entre 2010 e 2030 é desconhecida e dependerá de duas variáveis. A primeira, o tamanho da população em idade reprodutiva, não é uma incógnita, uma vez que, tal como referido, quase todos os que irão entrar no seu período de fecundidade durante os próximos 20 anos já nasceram. A segunda variável, desconhecida, refere-se à propensão desta população para ter filhos, e no que se refere a este aspeto, na melhor das hipóteses apenas podemos fazer uma boa conjetura. A mais longo

---

[379] Podem ser encontrados exemplos mesmo no século XX. Consideremos os efeitos desastrosos da coletivização forçada do «Grande Salto em Frente» de 1958-1962 na China (30 milhões de mortes acima do normal em 4 anos) ou os efeitos semelhantes da crise de 1932-1933 na União Soviética, agravados certamente pela coletivização levada a cabo nas zonas rurais. Ver B. Ashton *et al., Famine in China 1956-81*, in «Population and Development Review», 10, 1984; A. Blum, *Naître, vivre et mourir en Union Sovietique*, Paris, Plon, 1995; A. Graziosi (org.), *Lettere da Karkov* (Einaudi, Turim, 1991); M. Livi Bacci, *On the Human Costs of Collectivization in the USSR*, in «Population and Development Review», 19, 1993, n. 4; S. Adamets, *Famine in the 19th and 20th Century Russia: Mortality by Cause, Age and Gender*, in C. O'Grada e T. Dyson (orgs.), *Famine Demography Perspectives from Past and Present*, Oxford, Oxford University Press, 2001. Frank Dikötter, *Mao's Great Famine: the History of China's most Devastating Catastrophe, 1958-62*, Nova Iorque, Walker and co., 2010.

prazo as projeções tornam-se sempre mais incertas, ainda que baseadas em metodologias sofisticadas que satisfazem mais a estética do que a razão, e se tornam exercícios de «cenário» com mero caráter ilustrativo. Ilustraremos as projeções que se alongam até final do século – a três gerações de distância –, mas estas, como é óbvio, pressupõem que se preveja (por exemplo) o comportamento reprodutor de mulheres que ainda nem sequer nasceram, e das filhas destas, e das filhas das filhas destas... e por mais estáveis que sejam os comportamentos ninguém pode realmente imaginar quais os contextos em que as decisões serão tomadas daqui a cinquenta ou cem anos.

Em prazos menos alargados – algumas décadas – as previsões demográficas podem contar com algumas forças de inércia relevantes. O grau de inércia de uma população pode ser medido de diversas formas. Uma delas consiste em imaginar que as populações, digamos a partir de hoje, adotam (e não abandonam subsequentemente) a natalidade de reposição – que, como sabemos, irá eventualmente levar a uma população estável em termos numéricos (crescimento zero) – enquanto a mortalidade permanece fixa e a migração líquida é nula. Apesar de tudo, se a população em questão tem tido, até recentemente, um nível elevado de natalidade e, deste modo, uma estrutura etária jovem (como nos países em desenvolvimento), então irá continuar a aumentar durante determinado período. Nas décadas seguintes, muitos dos que nasceram recentemente irão entrar na idade reprodutiva, e mesmo que cada um deles tenha poucos filhos, sendo numerosos não deixarão de, mesmo assim, dar origem a um grande número total de nascimentos. Estes nascimentos, por sua vez, irão ser bastante superiores, em número, às mortes, uma vez que estas ocorrerão principalmente entre os mais idosos, que pertencem a gerações menos numerosas, nascidos há muitas décadas, quando a população era bastante menor do que a de hoje. À medida que os que nasceram no novo regime de natalidade começam a atingir a idade reprodutiva, o número de nascimentos diminuirá gradualmente, até que será aproximadamente igual ao número de mortes. Por exemplo, de acordo com as previsões das Nações Unidas (variação média, revisão de 2010), espera-se que a população mundial aumente de 6,9 para 9,3 mil milhões entre 2000 e 2050. Contudo, mesmo com a natalidade de reposição, a partir de 2010 a população mundial irá na mesma crescer até 8,1 mil milhões em 2050. Este crescimento de 1,2 mil milhões – em vez dos 2,4 mil milhões previstos – seria uma consequência exclusiva da jovem estrutura etária atual, ou seja, da «força de inércia» que existe hoje.

Nas décadas que se avizinham a inércia demográfica, por si própria, irá levar a um crescimento demográfico considerável, *grosso modo* proporcional ao peso sobre a população das faixas etárias reprodutivas. Os números de há alguns anos atribuíam à força da «inércia», entre 2000 e 2050, um crescimento de cerca de 10% na América do Norte, 23% na Ásia, 42% na América Latina e Sul da Ásia e 50% em África. Na Europa, por outro lado, a inércia seria responsável por um declínio, dada a sua estrutura etária bastante envelhecida[380]. De forma a comprimir esta inércia, a China recorreu à política do filho único − ou seja, a um nível de natalidade bastante inferior à reposição. Contudo, como sabemos, a natalidade da grande maioria das populações situa-se bastante acima do nível de reposição e, deste modo, à força da natalidade elevada deve ser adicionada a dinâmica da inércia.

As Nações Unidas há já algum tempo que fazem projeções rigorosas da evolução da população mundial, revistas periodicamente[381]. A tabela 6.1 apresenta alguns dos principais resultados de estimativas retrospetivas e das chamadas previsões de variação média até 2050. As últimas baseiam-se na evolução da natalidade e da mortalidade considerada mais plausível, nomeadamente que a natalidade dos países menos desenvolvidos irá continuar a diminuir, de 2,6 filhos por mulher em 2010-2015 para 2,2 em 2045-2050, e que a expectativa de vida na altura do nascimento irá aumentar durante o mesmo período, de 67 para 74 anos. Para os países desenvolvidos prevê-se que irá dar-se uma recuperação suave da natalidade (de 1,7 para 2) e um aumento suplementar na expetativa de vida (de 78 para 83 anos).

Os resultados mais interessantes desta previsão são os seguintes:

1. A população mundial atinge os 8 mil milhões em 2025 e os 9 mil milhões em 2043[382];
2. A taxa de crescimento da população mundial, equivalente a 11‰ em 2010--2015, irá diminuir gradualmente para 4,4‰ em 2045-50;
3. Contudo, uma vez que esta taxa em declínio do crescimento se aplica, não obstante, a uma população cada vez maior, o aumento anual absoluto de

---

[380] National Research Council, *Beyond Six Billion: Forecasting the World Population*, Washington, National Academy Press, 2000.

[381] Nações Unidas, *World Population Prospects. The 2010 Revision*, Nova Iorque, 2011. Os dados estão disponíveis no *site* da «Population Division» das Nações Unidas.

[382] Para um conjunto de previsões que vão até 2100 ver W. Lutz, W. C. Sanderson e S. Scherbov (orgs.), *The End of World Population Growth in the 21st Century: New Challenges for Human Capital Formation and Sustainable* Development, London-Sterling, Earthscan, 2004. Os autores calcularam uma série de 2000 projeções para 13 regiões do mundo com base num conjunto de possíveis combinações de funções de fertilidade e de sobrevivência. No que diz respeito à população mundial, em 60% dos casos irá permanecer abaixo dos 10 mil milhões em 2100. Em 86% dos casos, irá atingir o seu máximo antes de 2100. De menor interesse é a tentativa de explorar o possível percurso da população mundial até 2300, dada a imprevisibilidade das tendências a longo prazo ao nível da natalidade e da mortalidade. Ver Nações Unidas, *World Population in 2300*, Nova Iorque, 2003.

Tabela 6.1 Populações do mundo e dos continentes segundo as estimativas e as projeções das Nações Unidas (1950-2050)

Região	1950	1975	2000	2025	2050
	População (milhões)				
Mundo	2,532	4,076	6,123	8,003	9,306
Países desenvolvidos	811	1,046	1,189	1,287	1,312
Países menos desenvolvidos	1,721	3,030	4,934	6,716	7,994
África	230	420	811	1,417	2,192
América do Norte	172	242	313	383	447
América Latina e Caraíbas	167	323	521	669	751
Ásia	1,403	2,393	3,719	4,667	5,142
Europa	547	676	727	744	719
Oceania	13	21	31	44	55
	Distribuição percentual				
Mundo	100	100	100	100	100
Países desenvolvidos	32.0	25.7	19.4	16.1	14.1
Países menos desenvolvidos	68.0	74.3	80.6	83.9	85.9
África	9.1	10.3	13.2	17.7	23.6
América do Norte	6.8	5.9	5.1	4.8	4.8
América Latina e Caraíbas	6.6	7.9	8.5	8.4	8.1
Ásia	55.4	58.7	60.7	58.3	55.3
Europa	21.6	16.6	11.9	9.3	7.7
Oceania	0.5	0.5	0.5	0.5	0.6
	Variação anual a partir da data anterior (%)				
Mundo		1.90	1.63	1.07	0.60
Países desenvolvidos		1.02	0.51	0.32	0.08
Países menos desenvolvidos		2.26	1.95	1.23	0.70
África		2.41	2.63	2.23	1.75
América do Norte		1.37	1.03	0.81	0.62
América Latina e Caraíbas		2.64	1.91	1.00	0.46
Ásia		2.14	1.76	0.91	0.39
Europa		0.85	0.29	0.09	−0.14
Oceania		1.92	1.56	1.40	0.89

Nota: 2025 e 2050: variação média
Fonte: Nações Unidas, *World Population Prospects. The 2010 Revision* (Nova Iorque, 2011).

78 milhões em 2010-2015 irá diminuir gradualmente para 40 milhões em 2040-2050.

4. O objetivo, em termos populacionais, de 9,3 mil milhões para o ano de 2050 depende da efetiva diminuição da natalidade que – no conjunto da população mundial – deveria descer de uma *Tft* igual a 2,45 em 2000-2005, para uma *Tft* estimada de 2,16 em 2050. Qualquer fração da *Tft*, em termos decimais, acima ou abaixo do valor estimado no final deste período implicará, mais ou menos, cerca de 270 milhões de habitantes, mais ou menos em 2050.

5. Como se prevê que a população dos países desenvolvidos continue aproximadamente invariável, quase todo o aumento da população mundial entre 2010 e 2050 é de atribuir-se ao crescimento dos países em desenvolvimento.

6. As mudanças geodemográficas irão ser consideráveis: entre 2010 e 2050 o peso da população dos países desenvolvidos irá diminuir de 17,9% para 14,1% da população mundial; o peso da Europa descerá ainda mais rapidamente, de 10,7% para 7,7%. No mundo pobre aumentará bastante o peso da população africana, que passará dos 14,8% de 2010 para os 23,6% em 2050.

7. As últimas projeções das Nações Unidas aventuram-se imprudentemente até ao fim do século: o mundo atingiria os 10 mil milhões em 2083 e os 10,12 mil milhões em 2100, data em que a taxa de crescimento seria inferior a 1‰ e a população muito próxima da estagnação. Em 2100, o peso demográfico da África subiria até aos 35,3% da população mundial, quase duas vezes e meio do número atual.

O crescimento demográfico impressionante e variável dos últimos 50 anos e o que está reservado para as próximas décadas irá alterar consideravelmente o posicionamento dos países mais populosos do mundo (tabela 6.2). Em 1950, quatro países europeus contavam-se entre os dez mais populosos, juntamente com dois outros países desenvolvidos, os Estados Unidos e o Japão. Destes, apenas os Estados Unidos irão lá continuar em 2050, sublinhando, desta forma, o declínio do ocidente na «geodemografia» do mundo. Nenhum país africano estava entre os dez mais populosos em 1950, mas a Nigéria, a República Democrática do Congo e a Etiópia irão juntar-se à liga das nações com maior população em 2050. O Paquistão, apenas em 13º lugar em 1950, situar-se-á no 6º lugar em 2050, enquanto nesse ano a Índia terá destronado a China como país mais populoso do mundo.

Em resultado da dinâmica variável das nações do mundo, os rácios quantitativos entre populações tradicionalmente em conflito, ou apenas em contacto,

Tabela 6.2 Os 10 países mais populosos do mundo (1950, 2000, 2050 e 2100; milhões de habitantes)

Posição	1950		2000		2050		2100	
	País	População	País	População	País	População	País	População
1	China	551	China	1,269	Índia	1,692	Índia	1,551
2	Índia	372	Índia	1,054	China	1,296	China	941
3	EUA	158	EUA	282	EUA	403	Nigéria	730
4	Federação Russa	103	Indonésia	213	Nigéria	390	EUA	478
5	Japão	82	Brasil	174	Indonésia	293	Tanzânia	316
6	Indonésia	75	Federação Russa	147	Paquistão	278	Paquistão	261
7	Alemanha	68	Paquistão	145	Brasil	223	Indonésia	254
8	Brasil	54	Bangladesh	130	Bangladesh	194	R. D. do Congo	212
9	Reino Unido	51	Japão	126	República Democrática do Congo	149	Brasil	177
10	Itália	46	Nigéria	124	Etiópia	145	Uganda	171
Total, primeiros dez		1,560		3,664		5,063		5,091
Mundo		2,532		6,123		9,306		10,125
Primeiros dez em % do mundo		61.6		59.8		54.4		50.3

Nota: 2025 e 2050: variação média

Fonte: Nações Unidas, *World Population Prospects. The 2010 Revision* (Nova Iorque, 2011).

irão sofrer alteração. E apesar de as relações entre os países serem condicionadas, antes de mais, por fatores políticos, culturais e económicos, as grandes alterações nas suas dimensões relativas em termos populacionais terão, inevitavelmente, efeito[383]. Por exemplo, o rio Grande separa o mundo rico da América do Norte do mundo pobre do México e da América Central. O rácio de população entre estas duas áreas era de 4,6 para 1 em 1950. Em 2050 será de 2,1 para 1. É difícil imaginar que nada se altere em consequência deste fato. Os países ricos da costa norte do Mediterrâneo tinham 2,1 vezes mais população do que os países pobres das costas do sul e do leste em 1950. Em 2050 este rácio será de 0,4 para 1. Não será, decerto, surpreendente que esta inversão traga algumas consequências, de que já se vislumbram sinais. E o que dizer relativamente às relações numéricas em alteração entre países que tradicionalmente estão à compita ou em conflito e que crescem de acordo com diferentes taxas: Turquia e Grécia, Brasil e Argentina, Israel e os países árabes vizinhos (ou a população árabe no interior das suas fronteiras), sem falar da China e da Índia?

Outros cálculos, levados a cabo por Bongaarts e Bulatao, ajudam a avaliar o impacto que a natalidade, a mortalidade, a migração e a estrutura etária podem ter sobre o crescimento populacional ao longo do século XXI[384]. Os autores usaram projeções do Banco Mundial que estimam que a população mundial irá crescer dos 6,1 mil milhões em 2000, até cerca de 10 mil milhões em 2100. As hipóteses subjacentes a estas projeções são bastante semelhantes às adotadas pela variação média das Nações Unidas (até 2050) que acabámos de apresentar. Em 2100, a população mundial, depois de ter atingido a natalidade de reposição e elevados níveis de esperança de vida, irá atingir quase uma estagnação no fim do século. O crescimento durante o século que se aproxima (3,9 mil milhões no total) irá resultar de quatro fontes: (a) a estrutura etária inicial que, como vimos anteriormente, ainda é bastante jovem no mundo em desenvolvimento; (b) a natalidade, que ainda excede a reposição; (c) a continuação do declínio da mortalidade; e (d) a migração, que para o mundo inteiro é, obviamente, zero. Na tabela 6.3, os efeitos dos vários componentes foram estimados na forma de coeficientes de multiplicação. Consideremos a população mundial: o rácio entre a população em 2100 (9,96 mil milhões – número muito próximo dos 10,12 mil milhões previstos pelas Nações Unidas) – e 2000 (6,07 mil milhões) é 1,64 («multiplicador total» ou um aumento de 64%). Mas este multiplicador

---

[383] G. McNicoll, *Population Weights in the International Order*, Nova Iorque, Population Council, Working Paper, n. 120, 1999. J. Goldstone, *The New Population Bomb*, in «Foreign Affairs», vol. 89, n. 1, 2010.

[384] J. Bongaarts e R. Bulatao, *Completing the Demographic Transition*, Nova Iorque, Population Council, Working Paper, n. 125, 1999. Para as projeções a longo prazo ver Nações Unidas, *Long Range World Population Prospects Based on the 1998 Revision*, Nova Iorque, 1999.

Tabela 6.3 População das regiões do mundo e contributo para o crescimento de migrações, natalidade, mortalidade e inércia (2000 e 2100).

Região	População (mil milhões)			Efeito multiplicador de				Produto dos multiplicadores
	2000	2100	Var. % ano 2000 e 2100	Migrações	Natalidade	Mortalidade	Inércia	
Mundo	6.07	9.96	3.89	1.00	1.09	1.15	1.31	1.64
Países ricos	1.18	1.11	0.07	1.02	0.84	1.10	1.00	0.94
Países pobres	4.89	8.86	3.97	1.00	1.13	1.15	1.39	1.81
Ásia Oriental	2.04	2.70	0.66	1.00	0.94	1.14	1.25	1.34
Sul da Ásia	1.48	2.69	1.21	1.00	1.10	1.15	1.44	1.82
Médio Oriente e Norte de África	0.33	0.73	0.40	1.00	1.28	1.14	1.50	2.19
África subsariana	0.67	1.98	1.31	1.00	1.64	1.21	1.50	2.98
América Latina e Caraíbas	0.52	0.88	0.36	0.99	1.04	1.14	1.45	1.70
América do Norte	0.31	0.37	0.06	1.03	0.99	1.08	1.11	1.22
Europa	0.73	0.61	0.12	1.01	0.78	1.12	0.96	0.85

Fonte: J. Bongaarts e R. A. Bulatao, *Completing the Demographic Transition*, Nova IOrque, Working Paper, n.º 125, Population Council, 1999.

é o produto de um «multiplicador de migração» de 1 (a migração líquida é 0), um «multiplicador de natalidade» de 1,09, um «multiplicador de mortalidade» de 1,15 e um «multiplicador de inércia» (a estrutura de idades inicial jovem) de 1,31. Desta forma o contributo líquido da natalidade para o futuro crescimento é mais pequeno do que a contribuição da mortalidade, e esta é muito menor do que a do componente relativo à inércia. É interessante comparar, no mundo pobre, situações extremas, como as da Ásia Oriental (dominadas pela China, com um aumento de 34% ao longo do século) e da África subsariana (cuja população irá triplicar). No caso da Ásia Oriental, o efeito da natalidade (agora inferior ao nível de reposição) é negativo (multiplicador inferior a 1) e a grande fatia do crescimento resulta da inércia. No caso da África subsariana, a elevada natalidade é a principal responsável pelo crescimento futuro (multiplicador de 1,64), seguida pela inércia (1,50) e pela mortalidade (1,21), cujo declínio é posto em perigo pela epidemia de SIDA.

3. A divisão Norte-Sul e as grandes migrações

O processo de globalização que durou a metade de século que precedeu a Primeira Guerra Mundial foi não apenas económico mas igualmente demográfico. Os fluxos financeiros e o comércio de bens desenvolveram-se a par da migração de dezenas de milhões de pessoas da Europa para destinos transoceânicos, de um continente rico em mão-de-obra e pobre em terra para regiões ricas em terra e pobres em recursos humanos. No final deste processo (ver capítulo 4) a Europa e a América estavam mais próximas, menos diferentes e mais ricas[385]. Não foi um jogo de soma zero, não obstante o custo suportado pelos protagonistas, os migrantes, particularmente na fase inicial do processo. A fase atual de globalização tem características diferentes da que ocorreu há um século. A integração económica entre os países tem avançado a velocidade elevada: em 1950 o valor dos bens comercializados nos mercados internacionais era cerca de um décimo do PNB global, comparativamente ao valor atual de um quarto. Contudo, as transferências humanas entre países, regiões e continentes são, em números relativos, inferiores ao que eram na fase prévia da globalização. Isto pode parecer surpreendente face às pressões migratórias palpáveis que se estão a ocorrer no mundo pobre, do número cada vez maior de migrantes e dos grandes esforços que o mundo rico está a fazer para conter as pressões migratórias. O balanço migratório entre países desenvolvidos e países em desenvolvi-

---

[385] D. J. Hatton e J. G. Williamson, *The Age of Mass Migration: Causes and Economic Impact*, Oxford, Oxford University Press, 1998.

mento situava-se em 0,7 milhões anuais nos anos 60, cresceu até aos 1,3 milhões nos anos 70 e 80, até aos 2,6 milhões nos anos 90 e aos 3,4 milhões na primeira década deste século (tabela 6,4)[386]. Isto é, sem dúvida, um crescimento rápido, mas a população mundial duplicou igualmente durante o mesmo período. Os Estados Unidos, que no início do século tinham menos de 100 milhões de habitantes, receberam nos anos que precederam a Primeira Guerra Mundial uma imigração líquida superior a 1 milhão por ano.

Há, no entanto, outra consideração a ser feita, ou seja, a de que a «transferência» de populações pobres para as populações ricas já se tornou − nesta fase da história − um fenómeno estrutural. Cada população confia a sua «renovação» aos novos nascimentos (renovação biológica) e às novas entradas de migrantes (renovação social): na década passada, nos países em desenvolvimento, regista-ram-se 136 milhões de nascimentos e 34 milhões de migrantes para um total de 170 milhões de «novos» indivíduos, que representam o componente «positivo» da renovação da sociedade. Esta renovação é, portanto, confiada em cerca de 1/5 aos migrantes (34:170 x 100 = 20%), que já não são um componente marginal das sociedades ricas.

A tabela 6.5 apresenta uma estimativa do *stock* migratório nos vários continentes em 1960, 1990 e 2010. O *stock* de migrantes num dado país é definido como o número de pessoas que vivem nesse país mas nasceram noutro sítio ou têm outra nacionalidade (é utilizado um dos dois critérios). A soma de valores relativos aos vários países dá o total do *stock* mundial. Isto é apenas uma aproximação do *stock*, uma vez que a definição de migrante varia de país para país e os censos, nos quais se baseiam estas estimativas, constituem uma ferramenta fraca no que diz respeito à contagem de migrantes. O *stock* migratório mundial quase triplicou entre 1960 e 2010 (de 76 para 214 milhões), mas uma vez que a população mundial cresceu no mesmo período a um ritmo pouco inferior, o número de migrantes por 100 habitantes aumentou pouco (2,5% em 1960 e 3,1% em 2010). O declínio da migração no mundo em desenvolvimento (de 2,1% para 1,5%) compensa a sua duplicação aproximada nos países ricos (de 3,1% para 7,4%). Existem 17 migrantes por 100 habitantes na Oceania, 14 na América do Norte, 9 na Europa e 0 na China.

O fenómeno migratório é de tal maneira complexo que os modelos e paradigmas apenas captam parcialmente os seus mecanismos. Por isso, é muito difícil fazer previsões. Fluxos e *stocks* são determinados pela interação de fatores como

---

[386] Nações Unidas, *World Population Prospects. The 2010 Revision, op. cit.* Uma resenha muito completa das migrações internacionais encontra-se também em Nações Unidas, *World Economic and Social Survey 2004. International Migration*, Nova Iorque, 2004.

Tabela 6.4 Saldos migratórios decenais das regiões do mundo (1950-2010; milhões)

Período	Países desenvolvidos	Países com menos desenvolvimento	Outros países menos desenvolvidos	África	Ásia	Europa	América Latina e Caraíbas	América do Norte	Oceania
1950–9	−0.1	−1.0	0.9	−1.3	1.6	−4.9	−0.5	4.2	0.9
1960–9	7.1	−1.5	−5.6	−2.2	0.0	1.0	−3.8	4.0	1.1
1970–9	12.2	−9.2	−3.0	−3.4	−4.1	3.9	−4.2	7.1	0.6
1980–9	13.1	−9.3	−3.8	−3.5	−2.9	4.0	−7.0	8.3	1.0
1990–9	25.7	−0.5	−25.2	−4.1	−13.2	9.9	−7.8	14.3	0.8
2000–9	34.0	−8.9	−25.1	−6.2	−16.0	18.4	−11.2	13.3	1.8

Nota: Os países «com menor desenvolvimento» são países predominantemente africanos e têm (2010) uma população igual a 15% do total da população dos países «menos desenvolvidos».

Fonte: Nações Unidas, *World Population Prospects. The 2010 Revision*, Nova Iorque, 2011.

Tabela 6.5 O *stock* de migrantes no mundo (1960-2010)

Área e Região	Estimativa do stock de migrantes (milhares)			Migrantes por 100 habitantes			Variação anual do stock de migrantes (%)		
	1960	1990	2010	1960	1990	2010	1960–90	1990–2010	1960–2010
Mundo	75,901	1,55,518	2,13,944	2.5	2.9	3.1	2.4	1.6	2.1
Países desenvolvidos	32,085	82,355	1,27,711	3.4	7.2	10.3	3.1	2.2	2.8
Países menos desenvolvidos	43,816	73,163	86,232	2.1	1.8	1.5	1.7	0.8	1.4
África	8,977	15,973	19,263	3.2	2.5	1.9	1.9	0.9	1.5
Ásia	29,281	50,876	61,323	1.8	1.6	1.5	1.8	0.9	1.5
China	248	376	686	0.0	0.0	0.0	1.4	3.0	2.0
India	9,411	7,493	5,436	2.1	0.9	0.4	−0.8	−1.6	−1.1
Europa	16,957	49,401	69,819	3.3	6.9	9.5	3.6	1.7	2.8
América Latina e Caraíbas	6,039	7,130	7,480	2.8	1.6	1.3	0.6	0.2	0.4
América do Norte	12,513	27,774	50,042	6.1	9.8	14.2	2.7	2.9	2.8
Oceania	2,134	4,365	6,014	13.4	16.2	16.8	2.4	1.6	2.1

Fonte: Nações Unidas, Departamento da População, 2011 (< http://esa.un.org/ >, último acesso a 11 de abril de 2011).

o crescimento diferencial das populações, diferenças no nível de vida, regulamentação e leis que influenciam os fluxos migratórios e a sua composição, proximidade e distância: por outras palavras, fatores demográficos, económicos, políticos e geográficos. No que diz respeito às próximas décadas, algumas forças, já ativas, vão continuar a determinar os futuros fluxos migratórios, com uma intensidade que, em parte, pode ser prevista. Vamos discuti-las de forma sintética.

Desigualdades demográficas. Este tema já foi abordado: recordemos que a taxa de aumento da população em idade ativa irá continuar a ser consideravelmente diferente nos países ricos e nos países pobres. Nos países ricos, a taxa de natalidade muito baixa das últimas três ou quatro décadas tem comprimido o crescimento e levado a um declínio dos grupos de idade mais baixa, bastante acentuado em alguns países. Nos países pobres, por outro lado, a diminuição na taxa de natalidade é um assunto recente, e muitos jovens vão continuar a entrar no mercado de trabalho durante um longo período de tempo. Entre 2010 e 2030, a população com idades situadas entre os 20 e os 60 anos irá aumentar 26% nos países pobres, e diminuir 7% nos países ricos. Este aumento será particularmente elevado nos países da África subsariana e o declínio muito pronunciado em países grandes como a Rússia, o Japão, a Alemanha, a Itália ou a Espanha.

Desigualdades económicas. Se as tendências das últimas décadas são um guia para o futuro, o hiato entre o mundo em desenvolvimento e o mundo desenvolvido irá acentuar-se ainda mais. Entre 1950 e 2000, a diferença no rendimento *per capita* (expresso em dólares internacionais de 1990) entre as economias ocidentais (Europa e América do Norte), por um lado, e Ásia, África e América Central e América do Sul, por outro, tem aumentado. Em 1950, o rendimento *per capita* na Europa e na América do Norte situava-se em $5000/$6000 acima do rendimento *per capita* de cada um dos três continentes. No ano 2000 esta diferença aumentou para $14 000/19 000. Ainda mais surpreendente é o facto de, durante a metade de século aqui considerada, não terem aumentado apenas as diferenças absolutas mas também as relativas: o rácio entre o rendimento *per capita* nas economias ocidentais e o rendimento *per capita* em África aumentou de 8 em 1950 para 16 em 2000 e, na América Latina, o mesmo rácio aumentou de 3 para 5. Apenas na Ásia é que a diferença diminuiu (o rácio desceu de 9 para 7), devido principalmente ao desempenho do Japão[387].

---

[387] M. Livi Bacci, *Riflessioni su integrazione, disuguaglianze e migrazioni internazionali*, in A. Quadrio Curzio (org.), *La globalizzazione e i rapporti Nord-Est-Sud*, Bolonha, Il Mulino, 2004. M. Livi Bacci, *In cammino. Breve storia delle migrazioni*, Bolonha, Il Mulino, 2010, pp. 87-88.

Perante estas tendências, será que estes hiatos irão aumentar no futuro? O crescimento atual é sustentado pela inovação tecnológica e existe um imenso desequilíbrio entre os hemisférios norte e sul, tanto no que diz respeito à produção como ao uso de tecnologia. Os países avançados em termos de conhecimento científico e inovação tecnológica também estão mais bem posicionados para produzir ainda maior inovação e *know-how*, com uma típica reação em cadeia, enquanto as outras regiões ficam para atrás. Apenas quando o processo de acumulação de inovação científica e tecnológica começa a enfraquecer – como aconteceu na primeira parte do século XX – é que acelera um processo de difusão e se dá uma convergência. Mas isto leva tempo. Entretanto, é provável que as desigualdades entre os países continuem a aumentar, tal como tem acontecido nas últimas décadas.

Políticas de migração. As políticas de migração estão em contínua evolução, apesar de se verem algumas mudanças de direção. A primeira vai no sentido de restrições severas ao movimento de refugiados, que tinha atingido um número recorde de 14 milhões em meados dos anos 90. Os direitos de asilo têm sido restringidos em todos os países, mesmo nos que têm tradições muito liberais. Um segundo desenvolvimento consiste num conjunto de políticas que tendem a colocar barreiras mais eficientes aos imigrantes irregulares, tornando as fronteiras menos permeáveis ou apertando o controlo sobre os imigrantes ilegais. Além disso, a reunificação da família foi tornada mais difícil e cada vez mais os trabalhadores imigrantes são recrutados com base nas suas competências profissionais, ou outras características determinadas pelos países de imigração. Se se tivesse de prever o futuro, dir-se-ia que as políticas parecem orientadas no sentido de um controlo, restrição e seleção mais severos[388].

A integração entre povos – um indicador indireto é o *stock* de migrantes – cresceu bastante menos do que a integração económica, cuja medida é a relação entre intercâmbio e produto bruto. A globalização económica, porém, foi apoiada por um empenho político e cultural coerente e prolongado que levou à progressiva liberalização das trocas, à diminuição de barreiras e tarifas aduaneiras e à instituição de uma poderosa organização internacional com poderes de regulação das trocas (Organização Mundial do Comércio). Entretanto, ao invés, as barreiras aos fluxos migratórios foram reforçadas e a ação das forças globais que dinamizam as migrações foi travada. Não emergiu uma visão partilhada do

---

[388] Livi Bacci, *In cammino, op. cit.*, pp. 106-107. Para uma resenha sistemática das políticas migratórias dos países desenvolvidos ver a publicação anual OCDE, *International Migration Outlook*, cuja última edição consultada é a de 2010.

bem comum, e os convites à cooperação – não falemos de governo – internacional foram débeis e pouco acolhidos.

É um facto significativo que poucos Estados tenham ratificado as duas convenções da Organização Internacional do Trabalho (n.º 97, de 1949, e n.º 143, de 1975) relativas aos trabalhadores migrantes, e que a Convenção das Nações Unidas sobre os Direitos dos Trabalhadores Migrantes e das suas Famílias, de 1990, tenha precisado de 13 anos para se tornar efetiva e – em meados de 2009 – apenas tivesse sido ratificada por 43 países (apenas um da Europa). Os interesses em conflito são demasiado fortes, e demasiado débil é a voz dos migrantes, demasiado frágil a perceção dos interesses comuns e de longo prazo.

Em 2003, o Secretário-Geral das Nações Unidas, Kofi Annan, criou a Global Commission on Migration and Development (GCMD) [Comissão Global sobre Migração e Desenvolvimento] a qual, após dois anos de consultas e debates, encerrou os trabalhos em 2005 com uma proposta tão tímida quanto vaga. Consistia na criação de uma International Global Migration Facility (IGMF) [Departamento da Migração Global Internacional] com o objetivo de favorecer «a coordenação e integração das políticas em áreas em que se cruzam os mandatos de várias instituições, respeitantes, por exemplo, ao tráfico de pessoas, às relações entre migração e asilo, e às implicações para o desenvolvimento das migrações internacionais, incluindo as remessas»[389]. Em palavras simples, a IGMF teria de coordenar as funções desempenhadas por várias agências (que, no entanto, continuaram a ser as titulares dessas mesmas funções), quer pertencentes à família das Nações Unidas – como o ACNUR e o OIL, as agências da ONU para os refugiados e para o trabalho – como fora dela – como a Organização Internacional para as Migrações (OIM), a própria Organização Mundial do Comércio (OMC) e outras. Mas até esta proposta modesta de coordenação de capacidades e funções atualmente dispersas pelas várias agências ficou sem efeito até aos nossos dias. Por seu lado, o objetivo mais ambicioso de «reunir numa única organização as diferentes funções ligadas às migrações das agências existentes dentro e fora das Nações Unidas» era reformulado, segundo o relatório final, «numa abordagem de longo prazo», ou seja, em palavras mais claras, adiado para um futuro distante e nebuloso.

Se até estas propostas mínimas foram postas de lado, que dizer da ideia de construir gradualmente uma instituição supranacional – da natureza da OMC – à qual possam ser cedidas frações (mesmo que mínimas, no início) da sua soberania em âmbitos ligados às migrações? Propostas do género não parecem ser populares no debate internacional e são deixadas a vozes isoladas. «O mundo tem uma necessidade premente de políticas migratórias esclarecidas e de boas

---

[389] Livi Bacci, *In cammino*, *op. cit.*, pág. 114

práticas a difundir e codificar. Uma Organização Mundial das Migrações poderia começar a agir sobrepondo as políticas de cada país relativamente à entrada, saída e residência dos migrantes, legais ou ilegais, económicas ou políticas, qualificadas ou não qualificadas. Este projeto poderia ser utilmente posto no centro da atenção dos agentes políticos»[390]. Assim escreveu o economista Jagdish Bhagwati há alguns anos. Poucas vozes se juntaram ao debate.

Geografia dos sistemas migratórios. Não obstante a rápida progressão da globalização e do crescimento numérico dos migrantes, os «sistemas» migratórios têm permanecido inalterados ao longo das décadas. Por «sistema» referimo-nos a uma área de atracção de fluxos migratórios centrípetos originários de determinadas áreas geográficas[391]. Destes, podemos identificar três, ou talvez quatro, sistemas principais: o sistema centrado na América do Norte e que atrai pessoas principalmente da América Latina; o sistema europeu com uma forte atracção sobre os países das orlas meridionais e ocidentais do Mediterrâneo; um terceiro sistema formado pelos países produtores de petróleo do Golfo Pérsico e que atrai pessoas do Médio Oriente. Está em formação um quarto sistema, centrado nas economias em rápido crescimento do Sudeste Asiático. Mas vastas regiões da África, da Ásia e da América Latina permanecem, por razões complexas, alheias aos processos de migração. A explosão da União Soviética e do seu sistema político e económico não resultou na migração de milhões de pessoas do Leste para o Oeste, tal como previsto para depois de 1992. O facto de os sistemas migratórios não terem expandido as suas áreas de influência é também consequência da inércia viscosa que une os países de origem e de destino, devido às muitas ligações políticas, económicas e sociais que se formam e se consolidam com o tempo, reforçadas pela formação de grandes comunidades étnicas nos países de destino. Deste modo, novas entradas no «sistema» são mais difíceis. A concentração dos sistemas também aumentou: em 1960 o *stock* migratório dos Estados Unidos e da Europa representava 39% do *stock* mundial; em 2010 a parcela tinha aumentado para 56%.

Os diferenciais demográficos profundos e as crescentes desigualdades económicas determinam as tensões e pressões migratórias, que as políticas de migração cada vez mais rígidas tentam controlar e refrear. O resultado destas forças sobre o volume da migração internacional é incerto, mesmo se o acentuado défice demográfico de grande parte do mundo rico pressupõe uma crescente

[390] J. Bhagwati, *Borders Beyond Control*, in «Foreign Affairs», 82, n.º 1, 2003
[391] G. Tapinos e G. Delaunay, *Can One Really Talk of Globalization of Migration Flows?*, in OCDE, *Globalization, Migration and Development*, Paris, 2000.

procura de imigração. A crise económica de 2008-2009 certamente abrandou o impulso económico para a migração Sul-Norte, mas as forças de fundo não tardarão a vir novamente ao de cima.

4. A sustentabilidade da sobrevivência prolongada

Os resultados das projeções que temos apresentado assentam em pressupostos partilhados pela maior parte dos peritos neste campo. Para os observadores prudentes e realistas: haverá mais um aumento na esperança de vida na próxima geração ou daqui a duas, fomentado pela continuação da diminuição da mortalidade em idades avançadas; são pouco prováveis retrocessos significativos; os níveis de sobrevivência prolongada juntamente com as melhorias ao nível da saúde alcançadas no início do novo século não estão ameaçados; o fosso entre as populações ricas e as pobres irá diminuir rapidamente[392].

De acordo com as projeções das Nações Unidas (variação média), por exemplo, calcula-se que a esperança de vida (homens e mulheres) nos países desenvolvidos aumentará ainda de cerca de 77 anos para 83 nas quatro décadas entre 2010 e 2050, e de 67 para 75 anos nos países menos desenvolvidos. Grandes populações, como o Japão, poderiam facilmente atingir uma esperança de vida de 88 anos em meados do século XXI, enquanto outros grandes países ocidentais se aproximariam dos 85. Com efeito, ao longo do século XX a sobrevivência tem vindo a aumentar de forma quase contínua no Ocidente e o mesmo aconteceu nos países pobres depois da Segunda Guerra Mundial. O conhecimento científico tem aumentado tremendamente, tal como os meios técnicos para o controlo das doenças. As condições básicas de vida melhoraram praticamente em todo o lado. O otimismo parece justificado quando se considera o futuro, e raramente há dúvidas relativamente à sustentabilidade das tendências[393]. Muitos consideram que as meninas nascidas no início deste século chegarão facilmente ao próximo, com uma esperança de vida à nascença próxima dos 100 anos. Contudo, quando se lida com o futuro temos de ter consciência de que as previsões plausíveis são incertas e que a sustentabilidade das tendências atuais é

---

[392] National Research Council, *Beyond Six Billion, op. cit.*

[393] Sobre o tema complexo da longevidade humana: K.W. Wachter e C.E. Finch (orgs.), *Between Zeus and the Salmon. The Biodemography of Human Longevity*, Washington, National Academy Press, 1997. B. Carnes e S.J. Olshansky, *A Realistic View od Aging, Mortality and Future Longevity*, in «Population and Development Review», 33, 2, 2007.

ameaçada por uma pluralidade de fatores, classificados como fatores biológicos, políticos e económicos. A discussão destes fatores é importante para considerarmos o futuro com olhar crítico.

Sustentabilidade biológica. Nada é fixo no mundo da biologia, uma vez que existe uma interação e uma adaptação mútua contínuas entre os principais atores: os humanos (o objeto da nossa análise), os micróbios patogénicos (bactérias, vírus, protozoários, espiroquetas, rickettsias, etc.) ou os animais (depósito ou vetores dos micróbios). O historiador tem muitas provas das interacções mutáveis entre seres humanos e agentes patogénicos, do surgimento de novas doenças, da transformação de algumas, do desaparecimento de outras. A peste, o tifo, a varíola, a sífilis, a tuberculose, a malária – grandes flagelos do passado – chegaram e foram-se embora, desaparecendo numa região, reaparecendo noutra, com incidência e letalidade variáveis. «Devido à quantidade relativamente pequena de ADN e de ARN, ou de ambos, que transportam, da sua rápida taxa de crescimento e grandes populações, os agentes patogénicos microbianos podem evoluir e adaptar-se muito rapidamente. Estes mecanismos evolutivos permitem-lhes adaptar-se a novas células ou espécies hospedeiras, produzir «novas» toxinas, contornar ou suprimir respostas inflamatórias ou imunes e desenvolver resistência a medicamentos e anticorpos. A capacidade de adaptação é necessária para uma competição bem-sucedida e para a sobrevivência, em termos de evolução, de qualquer forma microbiana, mas é particularmente crucial para os agentes patogénicos, que têm de enfrentar as defesas do hospedeiro, bem como a concorrência microbiana»[394].

As interacções mútuas, bem como as alterações comportamentais e ambientais modificam o panorama geral de forma contínua. Nos anos 50 e 60 – nos primórdios do sucesso dos antibióticos e outros medicamentos – havia muita esperança de que as doenças infeciosas pudessem ser definitivamente erradicadas. O surgimento, desaparecimento e reemergência de muitas outras doenças são consequência quer da evolução biológica dos vírus e micróbios, quer da interação entre o mundo humano e o mundo animal, ou da intrusão em ambientes isolados, ou da ação – ou negligência – da sociedade. A gripe, a febre amarela, a encefalite, a SIDA, a dengue, a tularemia, a doença de Lyme, a febre de Lassa, o ébola, o SARS, a gripe das aves – todos elas caem numa das categorias mencionadas anteriormente. Outras doenças que julgámos controladas nos anos 50 e 60 – como a tuberculose, a malária ou a cólera – voltam a ressurgir

---

[394] J. Lederberg, R. E. Shope e C. S. Oak (orgs.), *Emerging Infections*, Washington, National Academy Press, 1992, pág. 84.

sempre que as condições ambientais se deterioram, e isto pode acontecer tanto nos bairros de lata urbanos como nas regiões rurais empobrecidas[395].

A epidemia da SIDA: sustentável para os ricos, insustentável para os pobres. A infeção pelo VIH ou SIDA foi identificada em 1981 e definida e nomeada em 1982, mas já estava numa fase epidémica na África Central nos anos 70, e há provas de vestígios do seu aparecimento no Congo em 1959. Ainda resta provar, sem sombra de dúvida, como é que esta infeção se desenvolveu entre os humanos, mas a hipótese de ter tido uma origem símia parece plausível. Uma pessoa infetada pode transmitir o vírus a outra pessoa saudável por via sexual ou sanguínea (transfusões, partilha de seringas), as grávidas podem infetar os seus fetos, bem como as mães que amamentam os seus bebés. A partir do momento da infeção podem passar dez anos até a pessoa desenvolver a SIDA, e uma vez desenvolvida (acredita-se que todas as pessoas infetadas acabarão por desenvolver a síndrome) segue-se a morte, na maior parte dos casos no prazo de quatro anos após a manifestação dos primeiros sintomas[396]. Isto na ausência dos novos medicamentos antirretrovirais, que têm sido desenvolvidos recentemente.

A epidemia VIH/SIDA é uma doença nova e tem-se espalhado por todo o mundo, tendo como alvos os mais novos e sexualmente ativos. A sua imagem negra faz lembrar os flagelos do passado: é mortal, como a peste; transmite-se através do contacto sexual, como a sífilis; afeta crianças e jovens adultos, como a varíola; tem um longo período de incubação, como a tuberculose. Enquanto não são desenvolvidas vacinas, os novos e dispendiosos medicamentos antirretrovirais (ART) diminuem a infeção dos indivíduos seropositivos e adiam o aparecimento da SIDA, prolongando, assim, as suas vidas.

Na figura 6.1, a difusão epidémica de VIH/SIDA está assinalada em termos geográficos. O seu epicentro localiza-se na África Central equatorial (Ruanda, Uganda, Zâmbia, Congo) e a infeção atinge a Bélgica e a França através do contacto migratório com as suas antigas colónias. Nos anos 60, uma torrente de trabalhadores haitianos imigrou para o Zaire depois da sua descolonização. Entre os que regressaram ao Haiti ou que migraram para os Estados Unidos havia pessoas infetadas, que levaram a doença para a América do Norte. Da América do Norte, do Haiti e das Antilhas, a doença viajou para a América Central e para o Brasil e espalhou-se pelo restante território da América Latina. A difusão da África Central para o sul do continente foi alimentada pelas guerras e pelas rotas de transportes e de comércio internacional e, no caso da África

---

[395] J. Lederberg *et al.*, *Emerging Infections*, in OMS, *World Health Report 1998. Life in the 21ˢᵗ Century*, Genebra, 1999.
[396] UNAIDS, *Trends in HIV Incidence and Prevalence*, Genebra, 1999.

Figura 6.1   Difusão geográfica da epidemia de SIDA/VIH (anos 70 e 80)

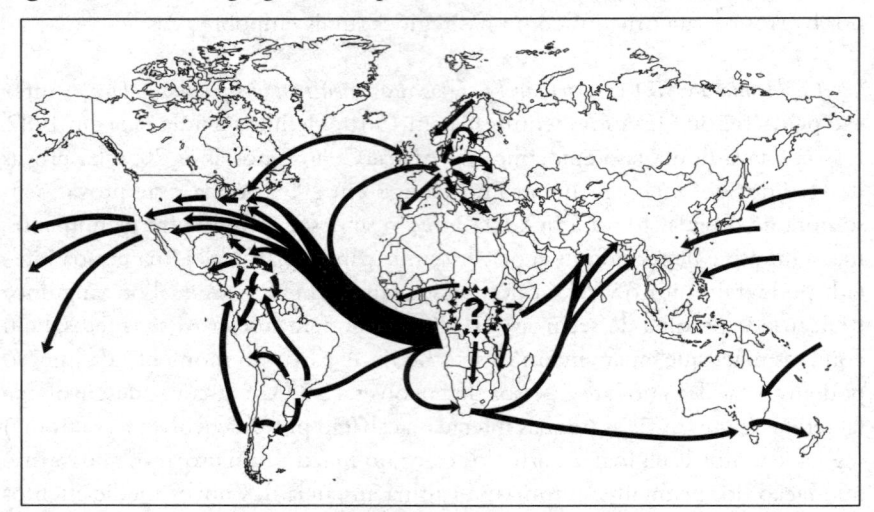

Fonte: G.W. Shannon e G. F. Pyle, *The Origin and Diffusion of AIDS: A View from Medical Geography*, in «Annals of the Association of American Geographers», 79, 1989, n.º 1, pág. 12.

do Sul, pelo regresso do exército da guerra em Angola. A migração e as viagens internacionais, numa rede apertada de contactos a nível mundial, têm espalhado a doença por todo o globo[397].

A epidemiologia de VIH/SIDA numa dada população depende de uma série de fatores, entre os quais os padrões de comportamento sexual, a promiscuidade e o número de parceiros de mulheres e de homens infetados, bem como o estado de saúde da população em risco (em particular a frequência de doenças sexualmente transmitidas e a presença de lesões dérmicas genitais). A infeção entre «trabalhadores da indústria do sexo» – masculinos ou femininos – é um veículo poderoso de disseminação. Os padrões de emigração masculina das aldeias rurais para as áreas urbanas, os contactos múltiplos com prostitutas infetadas e as visitas periódicas à aldeia de origem conduzem – como tem acontecido em África – a uma elevada taxa de difusão[398]. Quando a transmissão sexual é,

---

[397] R. C. H. Shell, *Halfway to the Holocaust: The Rapidity of the HIV/AIDS Pandemic in South Africa and its Social, Economic and Demographic Consequences*, Proceedings of the Third African Population Conference, vol. 1, Durban, 1999.

[398] Tim Dyson, *HIV/AIDS and Urbanization*, in «Population and Development Review», 29, 3, 2003.

em larga medida, entre homossexuais, existe um rácio homem–mulher mais elevado entre os infetados. Quando a transmissão é principalmente heterossexual o rácio – tal como em África – é próximo de um. De igual forma, uma proporção elevada de mulheres infetadas significa uma proporção elevada de crianças infetadas[399].

A tabela 6.6 mostra algumas das características da epidemia de VIH/SIDA no final de 2008, de acordo com estimativas oficiais. Crê-se que cerca de 33 milhões de pessoas estejam infetadas, a nível mundial, 2/3 das quais na África subsariana. As taxas de prevalência na população adulta são geralmente uma fração de ponto percentual, mas ultrapassam o 1,1% nas Caraíbas e os 5% na África subsariana. Nesta região, no início do milénio a prevalência excede os 20% na África do Sul e os 30% no Zimbabué e no Botswana. Em 1999 suscitaram polémica os resultados de um estudo que previa que em 2003, na África do Sul, as mortes relacionadas com a SIDA iriam ultrapassar o total do conjunto das mortes de todas as outras causas. O mesmo estudo previu que, por volta de 2009, a esperança de vida à nascença – que tinha atingido os 61 anos de idade no início dos anos 90 – iria cair para 40 anos[400]. Em resultado da introdução de novos medicamentos eficientes, cujo custo diminuiu, os desenvolvimentos atuais são um pouco menos trágicos do que o previsto, mas a esperança de vida caiu na mesma para 51 anos no período de 2005-2010. O Botswana é um caso extremo, onde se estima que cerca de 1/3 da população adulta esteja infetada pelo VIH e onde a esperança de vida caiu de 64 anos em 1985-1990 para 43 em 2000-205, um declínio de mais de um ano de vida por cada ano de calendário. As previsões para a totalidade do continente subsariano são, hoje em dia, um pouco menos lúgubres do que há uns anos graças às novas terapias, a uma consciência cada vez maior dos mecanismos subjacentes à transmissão da infeção, a estilos de vida em mudança gradual e a uma liderança mais ativa por parte dos governos, que no passado foram demasiado lentos a admitir o impacto trágico da pandemia. Os efeitos deste desastre vão para lá da demografia: afetam a cultura, a sociedade e a economia. Pensemos na crescente proporção de órfãos, deixados aos cuidados de familiares ou entregues a si próprios; no fardo sobre a família que constitui a pessoa doente, incapaz de trabalhar; no fardo da doença para a sociedade, em termos de perda de produção e de custos de saúde adicionais. Há apenas alguns anos, o custo atual dos medicamentos para prolongar a vida de toda a população infetada teria excedido o total do rendimento *per capita* da região[401].

---

[399] UNAIDS, *AIDS Epidemic Update. December 2004*, Genebra, 2004; UNAIDS, *2004 Report on the Global AIDS Epidemic*, Genebra, 2004.

[400] Shell, *Halfway to the Holocaust, op. cit.*, pp. 164–165.

[401] *Ibidem*, pág. 151.

Tabela 6.6 A epidemia de SIDA/VHI no final de 2009

Região	Início da epidemia	População com SIDA/VHI (milhares)	Infecções por 1000 adultos	Novas infecções de VHI em 2009 (milhares)	Mortes por SIDA em 2009 (milhares)	Mortes por 1000 pessoas infetadas com SIDA/VHI	Modo principal de transmissão
África subsariana	fim dos anos 70	22,500	50	1,800	1,300	58	Hetero
Norte de África e Médio Oriente	fim dos anos 80	4,60	2	75	24	52	IDU, Hetero
Ásia Meridional e Sudeste Asiático	fim dos anos 80	4,100	3	270	260	63	Hetero
Ásia Oriental e Pacífico	fim dos anos 80	770	1	82	36	47	IDU, Hetero, MSM
América Latina	fim dos anos 70	1,400	5	92	58	41	MSM, IDU, Hetero
Caraíbas	fim dos anos 70	240	103	17	12	50	Hetero, MSM
Europa de Leste e Ásia Central	início dos anos 90	1,400	8	130	76	54	IDU, MSM
Europa Ocidental	fim dos anos 70	820	2	31	9	11	MSM, IDU
América do Norte	fim dos anos 70	1,500	5	70	26	17	MSM, IDU, Hetero
Oceania	fim dos anos 70	57	3	4	1	18	MSM, IDU
Total		33,247	8	2,571	1,802	54	

Legenda: MSM = transmissão sexual entre homens; IDU = transmissão endovenosa entre toxicodependentes; HETERO = transmissão heterossexual.

Nota: Adultos = indivíduos com idades entre os 15 e os 49 anos.

Fonte: UNAIDS, 2010.

Enquanto se espera pelo desenvolvimento de vacinas eficazes, é crucial que a comunidade internacional desenvolva meios e formas de baixar os custos das novas terapias.

Sustentabilidade política. O segundo problema a ter em conta prende-se com a sustentabilidade «política» da sobrevivência prolongada. O termo «política» define o enquadramento global institucional da sociedade. A sobrevivência prolongada não é um feito, pois é o fruto da acumulação contínua de conhecimento científico, de mecanismos tecnológicos, de comportamentos corretos, de segurança ambiental, de recursos materiais e de ação social eficiente. Este processo lento está na base do progresso, tal como o conhecemos durante o século XX. Não nos devemos esquecer que, mesmo no final do século XIX, em muitas populações europeias, e em meados do século XX em muitas sociedades em desenvolvimento, a sobrevivência não era melhor do que há 1000 anos. O prolongamento da sobrevivência foi contínuo, nas populações ricas, durante o século XX, com revezes apenas temporários e excecionais nos piores anos das duas guerras mundiais.

A manutenção deste ritmo de progresso implacável durante a próxima ou as duas próximas gerações implica que não haja qualquer falha nos pilares que têm sustentado o progresso alcançado no século XX. Contudo, a história mostra que isso não é impossível: o caso da ex-URSS é, com efeito, macroscópico. A Rússia atual tinha atingido uma esperança de vida (considerando os dois sexos em conjunto) de 69 anos no início dos anos 60, o que era muito próximo da esperança de vida das populações ocidentais. Seguiu-se uma estagnação e um revés significativo, de modo que, em meados dos anos 90, a esperança de vida tinha caído para 65, um declínio de 4 anos relativamente ao avanço de cerca de 7 anos nos países ocidentais[402]. O colapso foi maior para a população masculina, cuja esperança de vida diminuiu para 59 anos no início deste século e retrocedeu para os níveis de meio século antes, muito mais baixos do que os dos países mais pobres da América Latina, como a Bolívia e a Guatemala. O mau funcionamento e posterior colapso do regime político é a causa principal da crise de sobrevivência: os níveis de nutrição sofreram um declínio; o consumo de álcool aumentou, ao mesmo tempo que a qualidade do produto se deteriorou; os gastos com a saúde pública caíram em termos concretos também devido ao aumento dos preços dos medicamentos e dos cuidados que envolviam tecnologia mais avançada; a pobreza extrema aumentou vertiginosamente, afetando quase um quarto de todos os lares; desenvolveu-se uma síndrome de ten-

---

[402] United Nations, *World Population Prospects, op. cit.*

são social e o alcoolismo, a violência e o suicídio aumentaram rapidamente[403]. O colapso político produziu um aumento nas taxas de mortalidade, em particular entre os adultos, devidas a causas cardiovasculares e respiratórias, a doenças relacionadas com o consumo de álcool, a violência, etc. De forma menos marcada, ocorreram desenvolvimentos semelhantes noutros países, anteriormente socialistas, da Europa Central e de Leste[404]. Há exemplos semelhantes nos países em desenvolvimento: depois do *boom* do petróleo nos anos 60 e início dos anos 70, a Nigéria sofreu um período de instabilidade política e de empobrecimento, com deterioração do sistema de saúde. Um colapso gigantesco, de natureza semelhante ao que ocorreu com a população da ex-URSS, pode, com efeito, não voltar a ocorrer nos países ricos. Mas poderemos excluir a possibilidade de um período de crise e de estagnação, que comprometa parte do progresso na sobrevivência que mesmo as previsões prudentes calculam para os próximos 50 anos?

Sustentabilidade económica. O terceiro problema diz respeito à sustentabilidade económica da sobrevivência prolongada. Pesquisas recentes têm chamado a atenção para o facto de, apesar de as populações europeias mais avançadas terem, em média, uma esperança de vida mais elevada do que a população americana, esta última tem uma mortalidade mais baixa entre «os mais velhos dos idosos»[405]. As razões para esta inversão da mortalidade nas idades mais avançadas são complexas, mas podem estar relacionadas com o melhor acesso a cuidados de saúde e com o nível mais elevado, em termos tecnológicos, desses cuidados. O acesso continuado a medicina de alto nível tecnológico – e os progressos continuados na investigação ao nível da biologia, da genética e da farmacologia – podem ser a chave para continuar a estender o prolongamento da esperança de vida. Contudo, o declínio da mortalidade é, hoje em dia, a causa principal do envelhecimento da população. À medida que a população envelhece, o impacto combinado do aumento da necessidade de cuidados, do acréscimo do conteúdo tecnológico desses cuidados e do crescimento do preço, já de si acima da

---

[403] M.V. Shkolnikov e G.A. Cornia, *Population Crisis and Rising Mortality in Transitional Russia*, in G.A. Cornia e R. Paniccià (orgs.), *The Mortality Crises in Transitional Economies*, Oxford, Oxford University Press, 2000; G.A. Cornia e R. Paniccià, *The Transition's Population Crisis: Nuptiality, Fertility and Mortality Changes in Severely Distressed Economies*, in M. Livi Bacci e G. De Santis (orgs.), *Population and Poverty in Developing Countries*, Oxford, Oxford University Press, 1999; A. Andreev et al., *Réaction d'une population hétérogène à une perturbation. Un modèle d'interprétation des évolutions de mortalité en Russie*, in «Population», n.º 1, janeiro-fevereiro, 1997.

[404] Cornia e Paniccià, *The Mortality Crisis, op. cit.*; Nações Unidas, *World Population Monitoring 1998. Health and Mortality. Selected Aspects*, Nova Iorque, 2000, pp. 16-17.

[405] N.G. Bennett e S.J. Olshansky, *Forecasting Us Age Structure and the Future of Social Security*, in «Population and Development Review», 22, 1996, n.º 4, pág. 708.

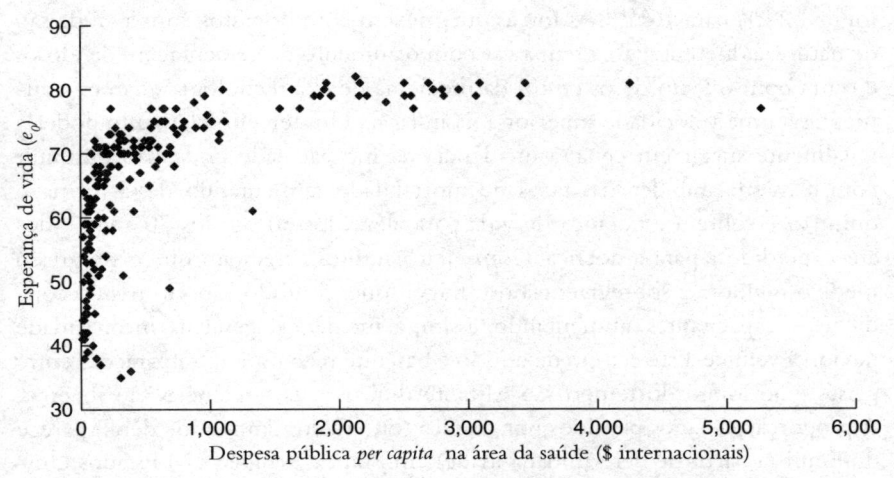

Figura 6.2 Despesa pública *per capita* na área da saúde ($ internacionais) e esperança de vida (e_0) (2002)

média, de todo o setor, pode agravar ainda mais o fardo económico da saúde. E isto pode não ser «sustentável», no sentido em que a sociedade pode optar por outras prioridades em termos de gastos: uma vez que os recursos públicos são limitados, a saúde pode competir com a educação, ou com o ambiente, ou o controlo do crime, etc. Desta forma, o investimento crescente na saúde leva ao envelhecimento, e este cria uma procura crescente da saúde que, estando intimamente aliada aos cuidados que envolvem alta tecnologia, conduzem a um fardo cada vez maior que o sistema público pode não estar disposto ou preparado para suportar[406].

Está previsto que a proporção da população com idade superior a 65 anos nos países desenvolvidos, cerca de 16% da população total em 2010, será 10 pontos percentuais mais alto em 2050. Entre os idosos, a proporção dos mais velhos irá aumentar de forma bastante rápida. O impacto sobre os gastos com a saúde vai ser bastante relevante: entre 1990 e 2009 a quota média do PIB *per capita* relativa aos gastos com a saúde aumentou – para as seis maiores economias da OCDE (Estados Unidos, Japão, Alemanha, França, Reino Unido e Itália) – de 8% para 10%. Nos Estados Unidos, durante o mesmo período, o aumento

---

[406] O crescimento da despesa pública na área da saúde (em termos percentuais face ao PIB) pode determinar uma mudança dos gastos do setor público para o setor privado, aumentando a desigualdade no acesso aos bens e serviços de saúde. Isto pode ter consequências negativas na sobrevivência.

foi de 12,2% para 16%[407]. As forças que mexem com os gastos com a saúde são de natureza diferente: uma tem a ver com o aumento da percentagem de idosos e outra com o facto de os custos da medicina de alta tecnologia estarem a aumentar a uma velocidade superior à da inflação. Um terceiro elemento poderia igualmente surgir em cena: a incidência da incapacidade pode não diminuir com a mesma rapidez das taxas de mortalidade, aumentando desta forma o quinhão – sobre a esperança de vida para além dos 60 ou dos 70 anos – dos anos «perdidos» para a doença. Com efeito, muitos acreditam que o progresso médico melhora a sobrevivência dos frágeis que, contudo, são vítimas de condições incapacitantes, aumentando, assim, a incidência geral da incapacidade devido à velhice. Este campo de estudo é bastante recente: as comparações entre países e ao longo do tempo são bastante difíceis e as tendências são incertas. A proporção de anos perdidos por doença (ou vividos com saúde débil) parece diminuir (a partir de determinada idade) em França, estagnar nos Estados Unidos e aumentar na Austrália. Mas as tendências da incapacidade vão ser importantes na determinação das orientações nas despesas com a saúde[408]. Algumas considerações interessantes podem ser retiradas da figura 6.2, na qual os gastos públicos *per capita* com a saúde estão relacionados com a esperança de vida, tanto em países ricos como em países pobres. A partir de determinados níveis de despesa pública, a esperança de vida permanece mais ou menos a mesma, e isto confirma o que afirmamos anteriormente: os fatores imateriais que não podem ser convertidos em termos monetários (conhecimento, organização, melhores práticas, comportamentos) constituem fatores relevantes da sobrevivência humana. E se os gastos com a saúde continuam a aumentar? O que acontecerá se os sistemas de saúde começam a fazer cortes nos tratamentos de alta tecnologia? Será que a baixa sobrevivência na velhice vai continuar a melhorar?

A sobrevivência prolongada deve ser compatível com os nossos sistemas sociais e demográficos, deve ser sustentada pelo controlo e vigilância contínuos do mundo biológico, garantida por regimes políticos razoavelmente estáveis e cujas mudanças necessárias não implicam as consequências traumáticas que tantas sociedades sofreram no século XX, e deverá apoiar-se num fluxo contínuo de recursos disponíveis para a investigação, a prevenção e a cura. Se a população mundial pode prolongar a sua esperança de vida durante o século XX à taxa de quatro meses por ano, este feito heroico não será possível no século XXI, cuja missão mais prosaica irá ser a manutenção dos ganhos conquistados, a sua

---

[407] OCDE, *Factbook 2005*, Paris, 2005.
[408] J. Dupâquier (org.), *L'espérance de vie sans incapacite*, Paris, PUF, 1997. V. Egidi, *Health Status of Older People*, in «Genus», LIX, 2003, 1.

extensão ao mundo pobre, a prevenção de retrocessos e a melhoria da qualidade de vida[409].

5. Limites móveis

A última parte do século XXI irá, muito provavelmente, ver uma população superior em 60% à sua dimensão atual. É difícil, contudo, afirmar se um crescimento desta natureza irá pôr em perigo o progresso económico e social, uma vez que, como já se repetiu, a população não é uma «variável independente», mas sim algo que reage e se adapta às possibilidades de expansão com as quais se depara. Em séculos recentes, muitos estudiosos defenderam com firmeza a ideia de que existe uma «capacidade de povoamento» global ou, seja como for, uma dimensão máxima sustentável, dados os limites do espaço e da tecnologia e a necessidade de manter a qualidade de vida e evitar a decadência ambiental[410]. Pode discutir-se aprofundadamente a questão da qualidade de vida, uma vez que, tal como Giammaria Ortes, não queremos ver a humanidade «crescer não apenas para lá do número de pessoas que poderiam respirar sobre a Terra, mas para um número que toda a sua superfície não pudesse conter, desde o vale mais profundo até à montanha mais alta, apertadas como sardinhas em lata»[411], condição que determinado tipo de progresso tecnológico pode mesmo tornar possível.

A identificação de uma «capacidade de povoamento» apresenta tantas dificuldades conceptuais que se torna quase inútil em termos práticos. Trata-se de uma ideia derivada da biologia e da ecologia animal, que tem como objetivo medir a capacidade de determinado ambiente para sustentar a vida animal. Com a espécie humana, contudo, também temos de ter em conta o desenvolvimento da tecnologia, a elasticidade do conceito de qualidade de vida e a capacidade de adaptação e interação num sistema dinâmico não fácil de modelar. Não obstante, nós vivemos realmente num mundo finito e é importante a questão relativa à localização da fronteira a partir da qual números e recursos entram em conflito. A figura 6.3, retirada de um trabalho recente dos

---

[409] Existe porém controvérsia sobre este tema: quase todos os cenários descontam uma esperança de vida crescente, com aumentos até 100 anos em finais do século, um otimismo que não partilho.

[410] Uma revisão exaustiva das definições e conceitos implícitos na expressão «capacidade de povoamento» pode ser encontrada em J.E. Cohen, *How Many People Can the Earth Support?*, Nova Iorque, Norton, 1995, pp. 419-425. O livro é todo ele dedicado à análise deste conceito.

[411] G. Ortes, *Riflessione sulla popolazione delle nazioni per rapporto all'economia nazionale* [1790], in «Scrittori classici di economia politica», Milão, G.G. Destefanis, 1804, vol. 24, pág. 28.

autores de *The Limits to Growth*[412], descreve quatro formas possíveis de interação entre a população e a «capacidade de povoamento». As primeiras duas formas (*a* e *b*) representam uma visão otimista, em que as duas forças não entram em conflito. No primeiro caso, à medida que a população cresce também aumenta a capacidade de povoamento (CP), graças ao progresso tecnológico, e as duas curvas não se intersetam. No segundo caso, a CP é constante, mas o crescimento da população torna-se mais lento à medida que se aproxima do limite imposto pelo ambiente finito. As outras duas curvas (*c* e *d*) representam, ao invés, as situações de conflito. No primeiro (crescimento exagerado e oscilação), há um ajustamento contínuo. No segundo (crescimento exagerado e colapso), o crescimento da população provoca um colapso ambiental, um declínio dos recursos e a catástrofe demográfica. Qual deles descreve, então, o futuro? Será que não vai haver conflito e expansão ilimitada (a)? Um conflito inevitável, que resultará em oscilações mais ou menos dramáticas e dolorosas (c ou d)? Ou uma adaptação e uma limitação de crescimento à medida que a população se aproxima de um limite ambiental (b)?

A tentativa de estimar a capacidade de povoamento da Terra tem mais de três séculos de existência. Estas estimativas baseiam-se em critérios variados: desde afirmações categóricas e absolutas, à adaptação e extrapolação de curvas matemáticas, à extensão de densidades observadas de populações à totalidade da superfície terrestre. Outros métodos apoiam-se na disponibilidade de um recurso limitado, geralmente a comida, de forma a calcular a população máxima possível. E outros ainda combinam vários recursos, por exemplo comida e água. As tentativas mais complexas procuram simular a interação entre vários fatores, a sua possibilidade de substituição e a adaptação dos estilos de vida. Em 1995, Joel Cohen fez uma revisão crítica de todas as tentativas conhecidas para estimar a capacidade de povoamento[413], desde as primeiras estimativas do holandês Leeuwenhock (1679), do inglês Gregory King (1695) e do alemão Peter Sussmilch (1741 e 1765) – todas situadas numa faixa relativamente estreita entre 4 e 13,9 mil milhões – até às mais recentes. Das 93 estimativas revistas por Cohen, 17 atribuem uma capacidade de povoamento inferior a 5 mil milhões, 28 entre 5 e 10 mil milhões, 16 entre 10 e 15 mil milhões, 8 entre 15 e 25 mil milhões, 13 entre 25 e 50 mil milhões e 11 acima de 50 mil milhões[414]. A mediana situa-se à volta dos 10 mil milhões, nível que deve ser efetivamente atingido por volta do ano 2100, de acordo com o que já foi dito. As diferenças dependem tanto dos métodos utilizados como das hipóteses formuladas. Surpreendentemente,

---

[412] D. H. Meadows, D. L. Meadows e J. Randers, *Beyond the Limits: Global Collapse or a Sustainable Future*, Londres, Earthscan, 1992.

[413] Cohen, *How Many People*, op. cit., pp. 216-221.

[414] *Ibidem*, pp. 402-425.

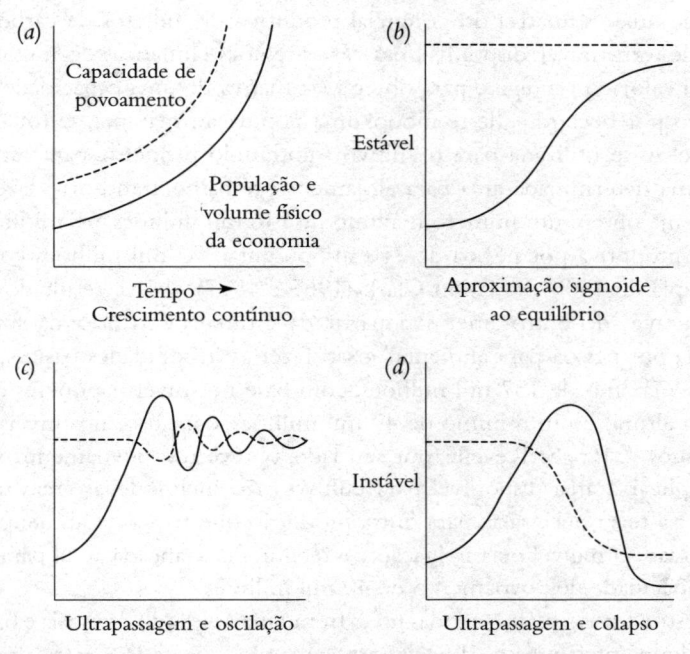

Figura 6.3 Modelos de aproximação da população à capacidade de povoamento
Fonte: D. H. Meadows, D. L. Meadows e J. Randers, *Beyond the Limits: Global Collapse or a Sustainable Future?*, Londres, Earthscan, 1992, pág. 108.

contudo, o «teto» não aumenta à medida que nos movimentamos das hipóteses mais antigas para as mais recentes, ao invés, o que aumenta é a variabilidade das estimativas. Mas estes valores são pouco mais do que estatísticas; são úteis para satisfazer a nossa curiosidade, mas não são um bom guia para estimar a capacidade de povoamento real da Terra.

Olhando para o futuro a partir da nossa localização privilegiada no presente, as estimativas mais recentes têm em conta a mudança tecnológica e os estilos de vida, e as que se apoiam em situações contemporâneas e menos hipotéticas têm maior interesse. Um pequeno número destas estimativas merece a nossa atenção imediata. Uma das capacidades de povoamento mais elevadas foi calculada por De Wit (1967), com base na suposição de que o processo de fotossíntese seria o fator limitativo e que nem a água nem os recursos minerais iriam impor limites[415].

---

[415] C.T. De Witt, *Photosynthesis: Its Relation to Overpopulation*, in A. San Pietro, F.A. Greer e T.J. Army (orgs.), *Harvesting the Sun: Photosynthesis in Plant Life*, Nova Iorque, Academic Press, 1986[7], pp. 315-320.

Ele divide uma estimativa do potencial produtivo de hidratos de carbono por hectare de terra arável, disponível nas várias regiões climáticas do mundo, pelo consumo calórico *per capita,* para obter a estimativa de uma capacidade de povoamento por hectare e, deste modo, uma população máxima, se toda a terra disponível fosse utilizada para o cultivo (subtraindo primeiro, para cada indivíduo, uma determinada área para alojamento, trabalho, transporte, lazer, etc.). Desta forma obtém um número máximo de 146 mil milhões, permitindo uma área não produtiva por pessoa de 750 m^2, ou então 73 mil milhões com uma quota dupla de 1500 m^2. Colin Clark (1967 e 1977) obteve resultados semelhantes através de outros meios: a partir da estimativa da área da superfície necessária por pessoa para alimentar e satisfazer as necessidades básicas, obteve um valor máximo de 157 mil milhões, com base nos níveis japoneses de consumo (na altura) e um mínimo de 47 mil milhões, com base nos níveis norte-americanos[416]. Roger Revelle, por seu lado, obteve um povoamento inferior ao multiplicar a área disponível para cultivo (não incluindo as áreas tropicais alagadas e a terra necessária para outra produção que não a de alimentos) pela produtividade atingível pela irrigação e a tecnologia avançada atual para chegar a uma capacidade de povoamento de 40 mil milhões[417].

Estas estimativas situam-se todas no extremo mais elevado da escala e baseiam-se em alguns pressupostos difíceis (por exemplo, que toda a terra disponível seja cultivada através de técnicas avançadas). Com a introdução de hipóteses mais realistas, as estimativas decrescem rapidamente. Gilland (1983), por exemplo, usou um método semelhante ao que Revelle utilizou mas com base em hipóteses menos optimistas no que diz respeito à área cultivável e à produtividade, e obtém uma estimativa bastante mais baixa de 7,5 mil milhões com níveis confortáveis de consumo[418]. Um estudo conjunto FAO-IIASA (1983) optou por uma abordagem diferente. Com base num mapa com os tipos de solo elaborado pela FAO (e que inclui todo o mundo em desenvolvimento, à exceção da China), foram estudadas várias regiões climáticas relativamente a 15 colheitas básicas e foram realizadas estimativas do potencial produtivo, de acordo com três hipóteses diferentes[419]. A hipótese mais baixa envolve um cultivo sem modificações e métodos tradicionais sem a utilização de adubos, pesticidas ou métodos mecânicos, enquanto a mais elevada prevê o uso de toda a panóplia da tecnologia da revolução verde, incluindo a mecanização completa e a utilização

---

[416] C. Clark, *Population Growth and Land Use,* Londres, Macmillan, 1977.

[417] R. Revelle, *The Resources Available for Agriculture,* in «Scientific American» (setembro, 1976).

[418] B. Gilland, *Considerations on World Population and Food Supply,* in «Population and Development Review», 9, 1983. *Idem, Population and Overpopulation,* Copenhaga, 2011 (manuscrito).

[419] Cohen, *How Many People, op. cit.,* pp. 196-209.

de pesticidas e adubos. A hipótese mediana baseia-se em suposições mais realistas. A capacidade de povoamento desta área, que tinha uma população de cerca de 2 mil milhões em 1975 (duplicada em 2010), foi colocada em 4 mil milhões pela hipótese baixa, 13,7 mil milhões de acordo com a intermédia e 32,8 mil milhões pela mais elevada. Por último, num estudo recente e equilibrado, Smil (1994) estima que uma redução realista na quebra de eficiência, na irracionalidade e no desperdício no sistema de produção, distribuição e consumo poderia permitir a sobrevivência de mais 2,5-3 mil milhões de pessoas aos níveis atuais de consumo, e que os *inputs* produtivos adicionais – deixando de lado a possibilidade de progressos revolucionários ao nível da bioengenharia – poderiam alimentar mais uns 2-2,5 mil milhões[420]. Parece, assim, realista pensar que a Terra será capaz de sustentar até 10 ou 11 mil milhões de pessoas no século XXI.

Existem, evidentemente, hipóteses mais restritivas que incorporam níveis mais elevados de consumo e medidas severas de conservação e de gestão ambiental, e que estimam capacidades de povoamento inferiores à população dos dias de hoje. Contudo, o facto de estes limites terem sido excedidos no contexto da diminuição dos preços reais e do aumento dos níveis médios de saúde e de esperança de vida lança sobre elas algumas dúvidas. Além disso, entre 1970 e 2000 o consumo de alimentos nos países em desenvolvimento cresceu ao ritmo de 0,8% ao ano, enquanto no mesmo período de tempo o índice dos preços alimentares, em termos reais, diminuiu para mais de metade (figura 6.4)[421], corte impensável se o sistema produtivo mundial se encontrasse num estado de tensão grave. Naturalmente, trata-se de níveis médios: veremos mais adiante que as diferenças entre países e regiões são muito relevantes. Resumindo, portanto, extrai-se destes estudos (e sem se enveredar por questões de distribuição entre os países ou os grupos sociais) a convicção abstrata de que a capacidade de povoamento da Terra está consideravelmente acima do nível da população atual, e que o sistema económico, durante várias décadas, deverá ser capaz de alimentar o mundo a níveis médios superiores aos do presente.

---

[420] V. Smil, *How Many People Can the Earth Feed?*, in «Population and Development Review», 20, 1994, n.º 2; FAO, *World Agriculture Towards 2015-2030*, Roma, 2002.

[421] Segundo as estimativas da FAO, entre 1969-1971 e 1999-2001 as disponibilidades calóricas *per capita* aumentaram, nos países em desenvolvimento, de 2111 para 2654. As melhorias também dizem respeito à África subsariana com um aumento, no curso do mesmo período, de 2100 para 2207. FAO, *World Agriculture: towards 2030-2050*, Roma, 2006, pág. 8; FAO, *The State of Food and Agriculture 2010-11*, Roma, 2011. Para uma análise de longa duração das tendências da produção alimentar ver T. Dyson, *Population Growth and Food Production: Recent Global and Regional Trends*, in «Population and Development Review», 20, 1994, n.º 2.

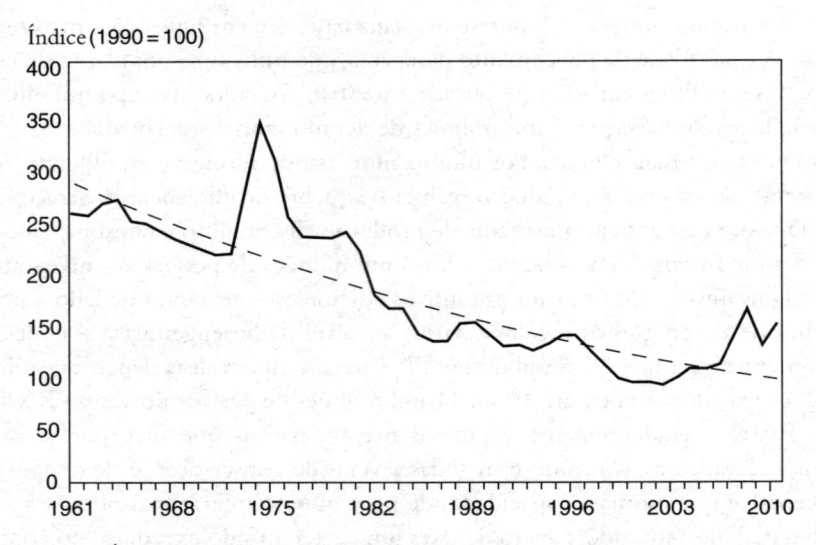

Índice (1990 = 100)

Figura 6.4   Índice dos preços reais (1990 = 100) dos produtos alimentares, 1961--2010.

Assim, no futuro próximo a reserva de alimentos não irá impor limites à população. Talvez devêssemos procurar noutro sítio, por exemplo, nos recursos não renováveis necessários para a manutenção da produção e dos padrões de vida. (Apesar de podermos, em simultâneo, recordar o economista Jevons, que no século XIX receou que uma escassez de carvão pudesse comprometer a produção industrial.) Nesta área, da mesma forma, há indicações de que não encontraremos limites tão depressa e isto devido a três razões intimamente relacionadas. A primeira é que o rácio entre reservas (não reservas potenciais, mas aquelas nas quais pode existir uma extração rentável aos preços atuais) e produção – que exprime a duração de tais reservas com as taxas atuais de extração – não exprime uma tendência para o crescimento durante as últimas décadas, para os minerais principais[422]. Em segundo lugar, tal como pode ser visto na

---

[422] World Resources Institute, *World Resources*, *op. cit.*, pp. 5-6. O rácio entre reservas globais e produção anual para o petróleo cresceu 30 anos em finais dos anos 70 para mais de 40 em meados dos anos 90; para o gás natural o rácio cresceu de menos de 50 anos para mais de 70. Dados mais recentes elevam o rácio para o petróleo, 54 anos (2010), e baixam-no para o gás natural, 60 anos (2008). Ver N. Nacikenovic, A. Grubler e A. McDonald (orgs.), *Global Energy Perspectives*, Cambridge, Cambridge University Press, 1998, pág. 54. *Oil Reserves*, «Wikipedia», [http://en.wikipedia.org/wiki/Oil_reserves], acedido em 22-06-2011; *Natural Gas by Country*, in «Wikipedia», [http://en.wikipedia.org/wiki/Natural_gas_by_country], acedido em 22-06-2011. Estas estimativas mudam rapidamente com o passar do tempo.

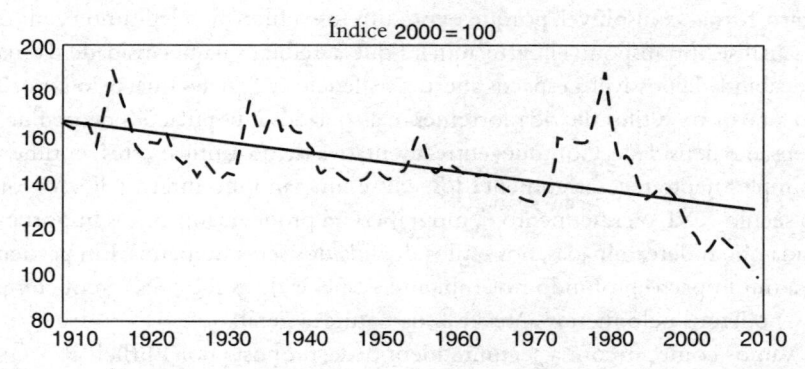

Figura 6.5 Índice dos preços reais (2000 = 100) dos recursos primários, 1910-2010.

figura 6.5, que faz a comparação entre preços reais dos recursos primários e população, estes preços têm diminuído, apesar do crescimento da população e da produção. E, em terceiro lugar, o progresso tecnológico garante um elevado nível de substituição de recursos não renováveis. À medida que um ou outro mineral começa a escassear, os preços aumentam e, desta forma, encorajam o desenvolvimento de novas tecnologias que permitam este tipo de substituição.

O raciocínio anteriormente apresentado tem sido conduzido tendo em conta uma escala global, e trata-se especificamente do planeta, no seu todo, que estamos a falar. As diferenças no desenvolvimento, nos recursos naturais, nas instituições políticas e nas catástrofes naturais ou provocadas pelo homem não nos permitem estender este tipo de discussão a um nível local ou regional.

6. Impacto ambiental

A breve revisão anteriormente apresentada das várias estimativas da capacidade de povoamento da Terra e dos fatores potencialmente limitativos ao crescimento da população – produção de comida, disponibilidade de recursos primários – sugere que ainda estamos longe desses limites e que, de qualquer forma, os sintomas principais que deveriam anunciar a sua aproximação – redução nas reservas, preços a subir – não estão à vista. Se, ao invés, considerarmos o tema da capacidade de povoamento num contexto mais alargado, que inclui não apenas o acesso a uma determinada quantidade de bens por pessoa (alimentos, manufaturas, serviços), mas também estilos de vida, qualidade do ambiente, disponibilidade de espaço e todas as coisas que são valorizadas num determinado período histórico e cultural, então o problema torna-se muito mais complicado. Com efeito, torna-se insolúvel, porque existe um fosso filosófico legítimo e, em última análise, intransponível entre aqueles que acreditam na necessidade da maior acessibilidade possível a espaços abertos e silêncios e aqueles que, pelo contrário, são a favor de estilos de vida fortemente associados a populações de grande dimensão e densidade. Contudo, entre a tentativa de quantificar estes sentimentos e simplesmente recusar comentá-los, existe um caminho intermédio. Ao longo do século XXI, o crescimento demográfico irá produzir mudanças importantes, ainda que indeterminadas, nos estilos de vida dos seres humanos. Em particular, terá um impacto profundo no ambiente, e apesar de as relações serem complexas, podemos pelo menos antever a sua natureza geral.

Vamos começar com a seguinte identidade, proposta por Ehrlich[423]:

$$I = P \; x \; A \; x \; T.$$

De acordo com ela, o impacto sobre o ambiente (*I*) é função do tamanho da população (*P*) multiplicado pelo fluxo de bens por pessoa (*A*) – expresso pelo consumo ou pelo rendimento *per capita* – multiplicado por um fator que representa o nível de tecnologia (*T*) – expresso por índices que medem o conteúdo de cada unidade de produção em termos de *inputs* de recursos materiais, tais como energia, equipamentos, espaço, etc. Se queremos que o impacto sobre o ambiente (*I*) permaneça estável ou diminua com a riqueza, ou que o padrão de vida (*A*) se mantenha estável ou aumente, então temos inevitavelmente de agir sobre a dimensão da população (*P*) e sobre a tecnologia (*T*). Vamos igualmente partir do princípio de que não existe relação entre as variáveis (ou que, por exemplo, as variações na população não afetam *A* ou *T* e vice-versa), hipótese contra a qual argumentei neste livro. A única variável bem definida nesta equação é *P*, cuja dimensão conhecemos com precisão, bem como muitas outras características interessantes como localização, sexo, idade, atividade, etc. No que diz respeito a *P* também nos podemos aventurar a fazer previsões futuras com probabilidades relativamente boas de sucesso. Mas, e no que concerne a *A*, ou riqueza? Um acréscimo de $20 000 de um motociclo parece aumentar muito mais a riqueza individual do que uma bicicleta sofisticada no valor de $2000 ou uns sapatos caros no valor de $200. Mas o cálculo não é tão direto se o motociclista tiver de circular em ruas urbanas poluídas, com muito trânsito e com algum risco, o ciclista num circuito seguro de ruas bem pavimentadas e o peão num ambiente agradável e ecológico. Assim, a nossa variável *A*, ou riqueza, não trata apenas de uma questão de economia, de recursos materiais e de organização da sociedade, mas também dos estilos de vida imateriais, ou melhor, da

---

[423] P.R. Ehrlich e J.P. Holdren, *Impact of Population Growth*, in «Science», n. 171, 1971, págs. 1212--1217.

filosofia de vida, cuja natureza varia no tempo e no espaço. Relativamente a T, ou tecnologia, as coisas são ainda mais complicadas: enquanto a riqueza, dadas determinadas hipóteses e cálculos aproximados, pode ser medida por uma bitola monetária, não existe uma medida que ofereça confiança para quantificar a tecnologia e a sua mudança, em especial quando é aplicada a processos tão diferentes como a produção de comida ou de energia, a produção de uma grande variedade de bens ou o desempenho de serviços.

A equação de Ehrlich é muito útil para enquadrar alguns aspetos fundamentais do desenvolvimento atual. Suponhamos que ela seja facilmente solúvel e que se ponha a condição de manter o impacto ambiental (ou seja, I) invariável nos próximos 40 anos, e consideremos a Itália e a Índia. Suponhamos que neste período de tempo a população italiana se mantém invariável (a imigração compensa o défice de nascimentos e o índice P permanece igual a 1 em 2050), e que o rendimento *per capita* (A) duplica (assinalando um modesto aumento anual de 1,7%, de resto mais alto do que o da primeira década deste século). O produto dos índices P x A é, portanto, igual a 2. Na Índia, ao invés, as projeções das Nações Unidas dizem que a população aumentará 38%; se atribuirmos uma taxa de crescimento do rendimento *per capita* igual a 5% (um pouco menos do que na última década; índice A em 2050 = 7,4) o componente P x A aumentará de 1 para 10,2 (1,38 x 7,4 = 10,2). Para que o impacto ambiental permaneça constante, em Itália, seriam precisas injeções de tecnologia que permitam diminuir para metade, em 2050, o conteúdo de energia e de matéria-prima de cada unidade de produto ($T = 0,5$; 1 x 2 x 0,5 = 1): não é impossível que tal aconteça. Mas tais injeções deveriam ser fortíssimas na Índia, já que tal conteúdo deveria reduzir-se para cerca de 1/10 do atual ($T = 0,098$; de facto, 1,38 x 7,4 x 0,098 = 1). É impossível que tal aconteça porque o crescimento indiano das próximas décadas multiplicará sobretudo o consumo daqueles bens – comida, manufaturas, habitação, combustível – de elevado conteúdo material e energético, circunstância necessária para sair da pobreza. O exemplo puramente teórico poder-se-ia estender aos casos dos países ricos e dos países pobres: mas a conclusão é que para uma ou duas gerações o impacto ambiental (I) não poderá deixar de crescer rapidamente, devido à necessidade de satisfazer aquelas necessidades básicas atualmente muito comprimidas dada a pobreza de recursos.

Neste contexto, a relação entre população e ambiente pode ser encarada sob diferentes perfis, de que iremos analisar quatro. O primeiro diz respeito ao crescimento inevitável do consumo de recursos não renováveis ao longo das próximas décadas e, dessa forma, a não sustentabilidade do desenvolvimento por um período de tempo mais ou menos longo. O segundo trata do impacto do crescimento demográfico sobre a procura de alimentos, a produção e o ambiente. O terceiro concerne às mudanças na alocação de espaço, com particular ênfase nos ambientes frágeis. E o quarto examina o possível contributo do crescimento populacional para a poluição atmosférica e, deste modo, para o aquecimento global. Estes quatro pontos têm um elemento em comum: durante as duas próximas gerações, a «inércia» real inerente à estrutura etária jovem das populações pobres irá gerar um aumento inevitável. Com efeito, a variação média da previsão das Nações Unidas, que se estende até ao ano de 2050, implica um aumento de cerca de 60% por volta desse ano (a população das regiões menos desenvolvidas irá aumentar de 4865 mil milhões no ano de 2000 para 7840 milhões). Mais população – e com um grau mais elevado de abundância – irá implicar mais atividade humana e um impacto crescente sobre o ambiente, a não ser que o seu efeito combinado seja neutralizado pelos avanços tecnológicos.

7. Limites emergentes: matérias-primas e alimentação

É sabido que os níveis de consumo *per capita* de matérias-primas e de energia nas economias ricas são várias vezes superiores aos das economias pobres. Segundo estimativas, nos anos 90 o rácio é de 20 vezes para o consumo de alumínio, 17 para o de cobre, 10 para o de ferro, 9 para o de combustível fóssil e 3 para o de lenha, para citar apenas alguns exemplos[424]. Um índice sintético consiste em calcular o conjunto *per capita* (em toneladas e reportado ao ano) dos recursos de base consumidos (biomassas, minerais, inertes da construção, materiais energéticos). Pois bem, nos países desenvolvidos o consumo de 20 toneladas *per capita* (2000) era mais do triplo de quanto ocorre nos países pobres[425]. Estes dados confirmam o que já se sabia, ou seja, os países ricos contribuem de forma desproporcionada para o esgotamento das reservas de recursos. Contudo, o panorama futuro é menos sombrio do que a situação atual porque a substituição, a reciclagem e as mudanças nos padrões de consumo estão a determinar um declínio no conteúdo energético e de bens do valor de cada dólar adicional decorrente da produção dos países ricos[426]. Além disso, as populações ricas vão crescer lentamente ou ter um crescimento nulo nas décadas futuras. Desta forma, as perspetivas para a estabilização ou mesmo para o declínio, a

---

[424] World Resources Institute, *World Resources*, pp. 8–11.

[425] UNEP, *Decoupling Natural Resources and Environmental Impacts from Economic Growth*, UNEP, 2011, tab. 2.1.

[426] World Resources Institute, *World Resources, op. cit.*, pág. 6.

longo prazo, do consumo dos recursos básicos nos países ricos, têm alguma sustentação. As perspetivas para os países pobres são diferentes. De acordo com as estimativas do Banco Mundial para 2008[427] o rendimento *per capita* das economias pobres (definido como rendimento «baixo» ou «médio» e que representa 85% da população mundial) era de $1280, comparativamente a $28 600 para as economias ricas (rendimento «elevado»). O ritmo de crescimento, durante as próximas décadas, das economias pobres terá de exceder o das ricas (se não mesmo a diferença absoluta), se se pretende reduzir o rácio entre a riqueza destes dois mundos. Durante a próxima geração o rendimento *per capita* destas economias terá de ser multiplicado por um fator de 2, de 3 ou superior, o que irá implicar mais ferro e minerais para as ferramentas, mais matérias têxteis para o vestuário, mais madeira para a construção, mais comida para a alimentação, mais espaço para viver e mais energia para todas estas atividades. Uma vez que o padrão de vida das populações pobres é muito baixo, este fluxo adicional de bens por pessoa terá de ser obtido através de elevados *inputs* de energia, bens e espaço por cada dólar de produção. E estas populações, evidentemente, estão a pedir mais comida, ferramentas, vestuário, alojamento e combustível. Tendo em conta que sensivelmente durante as próximas duas gerações elas irão duplicar em termos de dimensão e que o fluxo de bens *per capita* terá de ser multiplicado várias vezes, é fácil perceber que este crescimento indispensável dificilmente poderá ser mantido durante muito tempo[428]. É esta a lógica da chamada «curva de Kuznets» (que se inspira em algumas ideias do economista Kuznets, publicadas nos anos 50), que prevê que com o aumento do rendimento cresça também o conteúdo (material, energético) de cada unidade de produto, mas com taxas decrescentes, até atingir um ponto de viragem, para lá do qual cada ulterior unidade de rendimento terá um conteúdo decrescente de recursos. A curva, por isso, assume a forma de um sino, ou melhor, de uma bacia virada ao contrário. A longo prazo, também os países pobres – que já não o serão – poderão percorrer o ramo descendente da curva, tal como começa a acontecer (pelo menos em relação a alguns consumos) nos países ricos[429]. Mas para que este processo conduza à paragem do crescimento dos consumos de recursos de básicos será necessário que passem várias gerações e que a população se encaminhe para a estagnação.

---

[427] Banco Mundial, *World Development Report 2010*, Washington, 2010.

[428] P. Demeny, *Population and Development*, in IUSSP, *Distinguished Lecture Series on Population and Development*, International Conference on Population and Development, Cairo, 1994.

[429] D.I. Stern, *The Environmental Kuznets Curve*, «International Encyclopaedia of Ecological Economics», junho, 2003. A curva é utilizada como modelo das emissões que são, no entanto, uma função dos *inputs* de matérias-primas.

O segundo ponto tem a ver com a agricultura e a procura de comida. Durante os próximos 30 anos (2005-2035) a população mundial irá aumentar em 31% e a população dos países pobres em 37%. Este crescimento irá implicar pelo menos um crescimento proporcional na produção de comida – mas muito mais, se se pretender que o padrão geral de vida aumente, a segurança alimentar cresça e diminua o número de indivíduos subnutridos, que atualmente se situa nos 800 milhões[430]. Cerca de quatro quintos do consumo total é de cereais, de forma que a crescente procura de cereais (juntamente com a procura de outros bens alimentares, produtos têxteis e combustível) «irá acrescer enormemente à pressão sobre os recursos naturais, não apenas sobre a terra arável, mas também sobre as reservas de água, peixe e madeira. Os recursos naturais terão de ser geridos com grande cuidado. Terão de ser protegidos de administração inadequada em consequência da pobreza, da pressão populacional, da ignorância e da corrupção. As florestas naturais, as zonas pantanosas, as áreas costeiras e as pradarias – todas de grande valor em termos ecológicos – terão de ser protegidas da utilização excessiva e da degradação»[431]. Esta é a avaliação do Banco Mundial. As tendências passadas sugerem as opções para o futuro. Entre 1961 e 1990 a produção de cereais nos países pobres aumentou 118%, comparativamente a um aumento populacional de 93%, de forma que a produção *per capita* aumentou substancialmente. Cerca de 92% deste aumento pode ser atribuído a um aumento nas médias de rentabilidade e apenas 8% a um aumento na área de cultivo. É evidente que opções semelhantes estão em aberto no futuro: a produção de cereais pode ser obtida quer adicionando nova terra de cultivo, quer através de uma intensificação de áreas já cultivadas. As duas opções têm diferentes impactos potenciais sobre o ambiente. Citando novamente o Banco Mundial:

«Se puder ser produzida mais comida na mesma terra, isso irá abrandar a pressão no sentido do cultivo de novas terras e permitirá a preservação de áreas naturais intactas (...). Mas a intensificação também pode causar problemas. Aumentar as produções através da utilização de produtos químicos, do desvio de mais água para irrigação e da mudança da utilização da terra pode criar problemas noutros sítios. O escoamento das águas com detritos de adubos e de animais pode causar o crescimento excessivo de algas e levar à eutrofização dos lagos, dos estuários e dos mares interiores. Apesar de estes efeitos externos serem mais comuns na Europa Ocidental e na América do Norte, a poluição de fontes agrícolas está a tornar-se significativa na Europa de Leste e também noutras partes do mundo em desenvolvimento. No Punjabe, no Paquistão e

---

[430] FAO, *The State of Food Insecurity in the World 2010*, Roma, 2010.
[431] Banco Mundial, *World Development Report 1992: Population and Environment*, Oxford, Oxford University Press, 1992, pág 134.

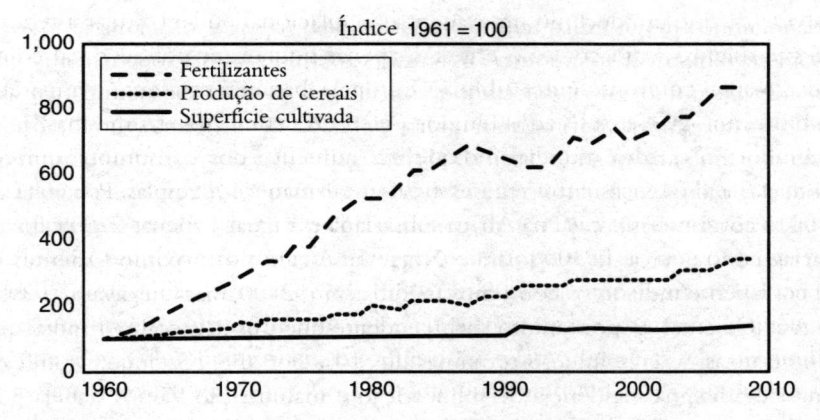

Figura 6.6. Produção de cereais, uso de fertilizantes e superfície cultivada (1961 = 100), 1960-2010.

em Java, na Indonésia, a utilização de contributos químicos é quase tão grande como nas áreas industriais»[432].

A alternativa à intensificação é trazer novas áreas para o cultivo (extensificação), mas não é necessário citarmos Malthus para concluir que este processo não pode durar indefinidamente. Com efeito, em alguns países – no Bangladesh, por exemplo – os limites já foram atingidos. Durante a última década do século anterior, a biotecnologia tem surgido como outra forma de aumentar ainda mais a rentabilidade sem aumentar o uso de adubos, proporcionando, deste modo, novas alternativas (não propriamente «novas», porque tem sido usada uma espécie de biotecnologia já desde os primórdios da agricultura, de forma a melhorar a qualidade, a rentabilidade e a variedade dos produtos alimentares) ao dilema entre a intensificação e a extensificação. As aplicações da biotecnologia são controversas e proporcionam «tanto promessas como perigos para a comunidade mundial» – palavras dos apoiantes convictos do ponto de vista de que o futuro da agricultura reside nesta nova revolução genética. «Na agricultura e na silvicultura ela promete novas formas de dominar e melhorar o potencial biológico das colheitas, do gado, do peixe e das árvores, e formas melhoradas de diagnosticar e de controlar as infestações e os agentes patogénicos que lhes causam danos. Os perigos residem nos aspetos éticos profundos que rodeiam o controlo destas novas tecnologias poderosas e a avaliação e gestão dos riscos para a saúde humana e para o ambiente, associados a aplicações específicas»[433].

---

[432] *Ibidem.*
[433] I. Serageldin e G.J. Persley, *Promethean Science: Agricultural Biotechnology, the Environment and the Poor*, Washington, CGIAR, 2000.

É evidente que um declínio no aumento populacional poderá ajudar a reduzir estes problemas, cujo controlo e gestão apenas podem ser políticos (tal como prova o atual confronto entre a União Europeia, bastante prudente em matéria de biotecnologias, e os Estados Unidos, defensores convictos das mesmas).

Embora o quadro mundial indique um aumento dos consumos calóricos *per capita*, as diferenças entre regiões e países permanecem amplas. Por volta de 2000, o consumo *per capita* na África subsariana era igual a apenas 2200 calorias diárias, contra cerca de 3000 para o Norte de África e o Próximo Oriente; no subcontinente indiano os consumos médios eram 2400, mas chegavam às 2900 na Ásia Oriental. É, pois, muito surpreendente que um país como a Índia, que atingiu taxas de crescimento próximas dos 10% por ano, continue a sofrer de uma elevadíssima incidência de subnutrição e malnutrição. Vimos (tabela 5.3) que a incidência de crianças abaixo do peso atinge 48% e que a de crianças com estatura insuficiente é de 43%, como (ou mais) na Etiópia, e isto num país avançado no setor nuclear e na vanguarda no campo da tecnologia informática. À malnutrição associa-se uma maior vulnerabilidade às patologias, menor eficiência física, atrasos na aprendizagem. Mas também em países com consumos calóricos adequados subsistem graves carências de substâncias nutritivas essenciais (ferro, zinco, sódio, vitaminas). Em suma, o desenvolvimento hesita em traduzir-se em melhoramentos nutritivos substanciais.

Por fim, uma última consideração relativa à maior frequência das «emergências nutritivas», causadas por acontecimentos naturais ou por vicissitudes criadas pelo homem: guerras, crises económicas e sociais. Segundo a FAO, o número de países com emergências alimentares e o número de emergências que precisaram de intervenção e auxílio está em constante crescimento a partir dos anos 80[434]. Crises alimentares que amiúde têm consequências trágicas para a saúde e a sobrevivência – como as que atingiram por várias vezes a Coreia do Norte e o Corno de África nas últimas décadas. Para concluir, uma nota sobre o atual rápido crescimento dos preços dos alimentos que determinou, em conjunto com a crise económica de 2008-2010, a paragem e a inversão de tendência de declínio da incidência da malnutrição no mundo. O índice dos preços, calculado pela FAO, era igual a 90 em 2000, aumentando para 112 em 2004 e atingindo o pico de 200 no ano de crise de 2008; desceu para 157 em 2008, para aumentar rapidamente até 230 no primeiro semestre de 2011[435]. A forte procura de grandes países como a China e a Índia, fatores climáticos, o deslocamento das super-

---

[434] FAO, *The State of Food Insecurity, op. cit.*, pág. 70
[435] FAO, *FAO Food Price Index*, <www.fao.org/worldfoodsituation/wfs-home/foodpricesindex/en/>, acedido em 18-06-2011.

fícies cultivadas – da alimentação para a produção de culturas para a produção de etanol para motores – são alguns dos fatores desta preocupante tendência muito perigosa para as populações de menores rendimentos. O Banco Mundial estimou o número de pessoas malnutridas em 848 milhões em 2005-2007, com um aumento para 920 milhões em 2008, para 1023 milhões em 2009, com inflexão para 925 milhões em 2010[436]. As interações entre produção, preços e consumos alimentares são muito complexas, mas têm uma relevância direta sobre a saúde e a sobrevivência, cujo progresso pode ser ameaçado se as tendências acima referidas se vierem a consolidar.

8. Limites emergentes: espaço e ambiente

Se a procura crescente de comida implica maior extensificação da agricultura, então as modificações no uso da terra podem pôr em perigo áreas que já estão num equilíbrio delicado. A alteração do *habitat* não é, evidentemente, algo de novo na história humana. Desde a Idade Média que a face da Europa tem mudado profundamente à medida que a floresta regrediu a favor da terra de cultivo. Num nível global, tem-se estimado que a terra de cultivo aumentou entre 1700 e 1980 por um fator de 6, aumento inferior à proporção do crescimento populacional[437]. Em 1989-1991, os 130,4 milhões km^2 de terra do mundo estavam divididos da seguinte forma: 14,4 milhões km^2 (11%) destinados ao cultivo de colheitas; 33,6 milhões km^2 (25,8%) de terra de pastagem permanente; 39 milhões km^2 (29,9%) de floresta e mata; e 43,4 milhões km^2 (33,3%) eram classificados como «outras terras» (terra não cultivada, prados não destinados a pastagem, zonas pantanosas, áreas de construção, etc.)[438]. Ao longo do período de 1979-1981 a 1989-1991 a terra de cultivo de colheitas aumentou em 1,8%, a de pastagem em 2,4% e as outras terras em 5,5%, enquanto a terra de floresta diminuiu em 7,8%[439]. Por último, a desflorestação – ou a diminuição permanente da área de floresta a favor de outros fins – manteve-se a uma taxa anual de 0,4% entre 1990 e 1995[440]. A manterem-se durante um longo período de tempo, mudanças desta natureza irão certamente trazer alterações profundas à superfície da Terra.

---

[436] FAO, *The State of Food Insecurity*, op. cit., pág. 66.
[437] G.K. Heilig, *Neglected Dimensions of Global Land-Use Change: Reflections and Data*, in «Population and Development Review», 20, 1994, n.º 4, pág. 833, tab. 1.
[438] World Resources Institute, *World Resources*, op. cit., pág. 284, tabela 17.1.
[439] *Ibidem*.
440 FAO, *State of the World's Forests*, Rome, 2011.

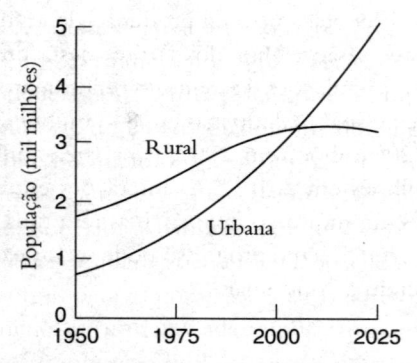

Figura 6.7   Andamento da população rural e da população urbana (1950-2025).

A incidência do crescimento da população é evidente no caso de ambiente delicados, como as florestas tropicais. Apesar de existir alguma controvérsia relativamente à taxa de desflorestação, há um consenso generalizado de que o principal fator é a limpeza de terras com fins agrícolas – em particular em África e na América Latina – e que isto representa cerca de dois terços da desflorestação total[441]. Este tipo de limpeza é consequência direta da crescente procura de comida e de lenha para combustível e, de forma indireta, do crescimento demográfico. Ao nível do conjunto dos países, existem, com efeito, alguns indícios de relação positiva entre a taxa de crescimento demográfico e a taxa de desflorestação[442], mas esta relação é relativamente fraca uma vez que existem outros fatores intermédios em ação: oportunidades de intensificação, densidade populacional e regulamentação e instituições governamentais. Os estudos relativos a cada país, contudo, têm descrito claramente situações nas quais a desflorestação ocorreu por pressão demográfica, em diferentes contextos, como as Filipinas – onde a migração a partir das terras mais baixas, com uma elevada densidade populacional, para o interior montanhoso tem levado a uma rápida desflorestação –, a Guatemala, o Sudão e a Tailândia[443]. Em geral, existe uma relação que se reforça a si mesma entre o elevado crescimento populacional, a pobreza e a degradação da terra. A pobreza está associada à elevada natalidade, uma vez que as crianças – na ausência de sistemas de saúde e de subsídios – são uma garantia contra o

---

[441] Banco Mundial, *World Development Report 1992, op. cit.*, pp. 57-58.

[442] S. Preston, *Population and Environment from Rio to Cairo*, in IUSSP, *Distinguished Lecture Series on Population and Development*, International Conference on Population and Development, Cairo, 1994, pág. 8; R.E. Bilsborrow, *Population, Development and Deforestation: Some Recent Evidence*, in United Nations, *Population, Environment and Development*, Nova Iorque, 1994.

[443] Bilsborrow, *Population, op. cit.*, pp. 129-131.

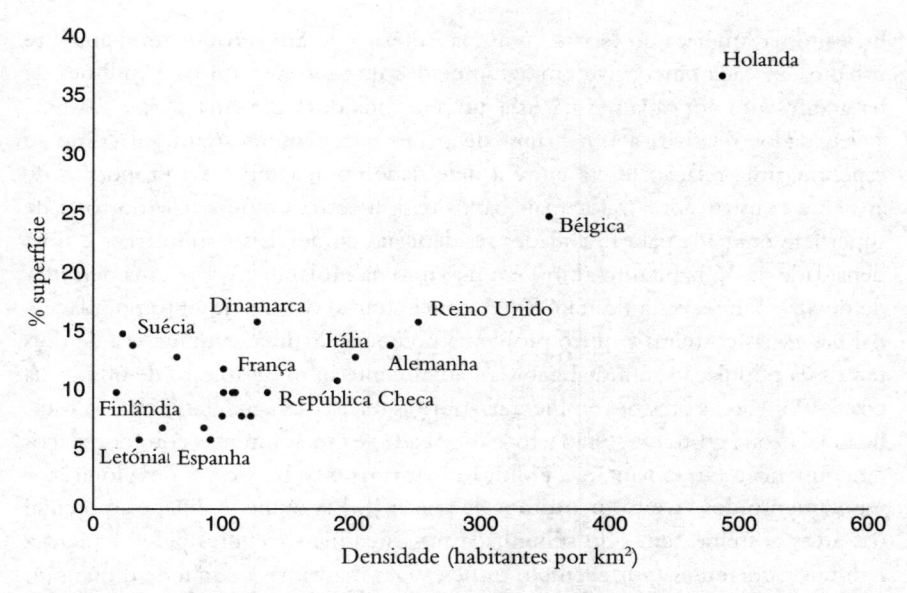

Figura 6.8 Densidade populacional e percentagem da superfície ocupada (para finalidades residenciais, comerciais, industriais) nos países europeus, 2009.

desamparo na velhice. A escassez de capital e de recursos básicos – como água e lenha para combustível – mantém a natalidade, uma vez que as crianças fornecem mão de obra e rendimento necessários. E a natalidade elevada determina taxas elevadas de crescimento demográfico que podem danificar ainda mais os recursos ambientais, particularmente quando estes são propriedade comum[444].

O crescimento das áreas de construção para alojamento, para utilização industrial, comercial e recreativa, bem como para redes de vias de comunicação e outros fins, é outro aspeto da transformação da utilização da terra que não pode durar indefinidamente sob pressão da mudança populacional. Uma força motriz a este nível é a rápida urbanização. Segundo estimativas e projeções das Nações Unidas (figura 6.7), a população urbana cresceu de 28,8% da população total em 1950 para 50,5% em 2010; mais de 3/4 das populações desenvolvidas vivem hoje em áreas urbanas, e prevê-se que uma maioria das populações dos países menos desenvolvidos será urbanizada a partir de 2020. Uma crescente proporção da população urbana vive nos grandes aglomerados e nas megalópo-

[444] N. Cuffaro, *Population Growth and Agriculture in Poor Countries: A Review of Theoretical Issues and Empirical Evidence*, in «World Development», 25, 1997, n.º 7, pág. 1158; P. Dasgupta, *An Enquiry into Wellbeing and Destitution*, Oxford, Clarendon Press, 1993.

lis: tanto na América do Norte como na América do Sul cerca de um habitante urbano em cada cinco vive em aglomerados que ultrapassam os 5 milhões de habitantes; um em cada seis na Ásia, um em cada doze em África[445].

Os dados relativos a um grupo de países europeus mostram, tal como se esperava, uma relação direta entre a densidade populacional e a proporção de áreas de construção: o valor mais baixo regista-se na Letónia (6% do total de superfície ocupada para finalidades residenciais, comerciais e industriais e uma densidade de 36 habitantes/km^2) e o máximo na Holanda (37% e uma densidade de 487/km^2 – ver a figura 6.8). A concentração do crescimento populacional nas zonas costeiras é outro problema potencial. Estima-se que cerca de dois terços da população mundial habitem atualmente num perímetro de 60 km da costa: «Por isso, as pressões ambientais sobre as terras e as águas costeiras – a totalidade da zona costeira – estão a tornar-se cada vez mais intensas com os espaços de construção em expansão, a poluição marítima e os baixios, e a exploração e esgotamento dos viveiros marítimos de peixes [...]. A vulnerabilidade ambiental das áreas costeiras tem sido sublinhada nos anos mais recentes pelos acidentes naturais recorrentes (por exemplo tufões, vagas marítimas de grande dimensão) que afetam as áreas densamente povoadas dos deltas do Sul e do Sudeste Asiático, em particular no Bangladesh, o que coloca diversos problemas ao nível da gestão ambiental»[446].

Por fim, uma referência às relações complexas entre população, clima e suas transformações. É um tema intrincado e tecnicamente complexo, que aqui apenas enunciamos. Está mais do que provado que o aumento das emissões de gases de efeito estufa, devido ao crescimento da população e ao volume de atividades humanas, está na raiz do aquecimento das últimas décadas. Calcula-se que o volume das emissões de gases de efeito estufa entre 1970 e 2004 cresceu 80% e para este aumento contribuíram todas as atividades humanas (produção de energia, as atividades industriais, agrícolas, residenciais e comerciais, os transportes)[447]. Podemos dizer – adaptando a equação de Ehrlich – que o

---

[445] United Nations Population Division, *Urban Agglomerations 2007*, Nova Iorque, 2011. Para uma série de ensaios sobre os múltiplos aspetos da urbanização ver G. Martine, G.McGranahan, M. Montgomery e R. Fernández-Castilla, *The New Global Frontier. Urbanization, Poverty and Environment in the 21st Century*, Londres, Earthscan, 2008.

[446] B. Zaba e J.I. Clarke, *Introduction: Current Directions in Population-Environment Research*, in B. Zaba e J.I. Clarke (orgs.), *Environment and Population Change*, Liege, Ordina, 1994.

[447] Intergovernmental Panel on Climate Change (IPCC), *Climate Change 2007: Sinthesis Report*, Genebra 2007. As emissões de CO_2 nos países em desenvolvimento estão destinadas a ultrapassar as dos países desenvolvidos num período relativamente breve. Ver A. Lanza, *Il Controllo del clima: aspettative e ruolo per le economie emergenti*, Roma, Fondazione ENI Enrico Mattei, 2005.

impacto ambiental devido aos gases de efeito estufa (*I*) é o resultado conjunto da população, do nível económico e da tecnologia utilizada (ou seja, *P*, *A* e *T*). Há vinte anos Bongaarts estimou que cerca de metade do crescimento das emissões entre 1985 e 2025 se devia ao aumento da população[448].

As últimas complexas simulações levadas a cabo pelo IPCC (Intergovernamental Panel on Climate Change) baseadas em hipóteses acerca do desenvolvimento da população, do crescimento económico, do andamento das emissões, confirmaram que a tendência para o aquecimento continuará durante o século e que em finais do século (na década 2090-2099) a temperatura média do globo será mais alta, entre 8 e 4 graus centígrados consoante as hipóteses, relativamente ao fim do século XX (1980-1999)[449]. Em que medida, e de que maneira, é que o aquecimento global incidirá sobre os fenómenos demográficos? Antes de propor algumas considerações deve ter-se em conta a extrema adaptabilidade climática da espécie humana, que desde o Paleolítico encontramos estabelecida nas latitudes mais diversificadas e nos ambientes mais rigorosos. E sem as proteções que a experiência e as tecnologias foram tornando disponíveis. Hoje, os habitantes de Irkutsk, quase um milhão, vivem com uma temperatura média anual de 1 grau negativo (e em janeiro o termómetro marca em média 20 graus negativos). Os habitantes de Mascate, capital de Omã, 29 graus de latitude mais a sul da cidade siberiana, vivem com uma temperatura média anual de quase 30 graus. Quase se pode dizer que um aumento de alguns graus, dilatado durante quase um século, não deveria ter consequências relevantes. Mas seria uma conclusão excessivamente simplificada que esconde muitos aspetos negativos que devem ser citados. Primeiro, uma variação assinalável das mudanças climáticas nas várias regiões do globo, com um impacto particular em áreas frágeis ou marginais. Sobretudo as regiões costeiras ficariam bem mais expostas a inundações, com consequências negativas relevantes para vastas populações. Em segundo lugar, a desertificação de vastas regiões de baixa latitude e uma perda de produtividade das culturas de cereais. Em terceiro lugar, uma redistribuição geográfica de agentes patogénicos e nas regiões expostas a maior aquecimento um aumento de algumas patologias infeciosas e da malnutrição. Por último, morbilidade e mortalidade acrescidas em consequência de ondas de calor, aluviões e secas[450].

Os quatro pontos discutidos no último parágrafo revelam a complexidade da relação entre crescimento populacional e ambiente. Esta relação é afetada de

---

[448] J. Bongaarts, *Population Growth and Global Warming*, Nova Iorque, The Population Council, Working Paper, n.º 37, 1992.

[449] IPCC, *Climate*, *op. cit.*, pág. 45.

[450] IPCC, *Climate*, *op. cit.*, pág. 51.

variadas formas pelo número de habitantes e pelo volume e pela natureza das atividades humanas (com os símbolos P, A e T). O crescimento populacional inevitável da primeira parte deste século, juntamente com o grau crescente de riqueza, irá determinar uma maior procura de equipamentos, comida e espaço. Irá esgotar alguns recursos fixos e pôr uma maior pressão nos renováveis. A tecnologia pode compensar muitos efeitos indesejáveis, aumentando os processos de substituição e diminuindo a poluição. E as instituições também o poderão fazer, regulando a utilização da terra, o acesso a recursos, etc. Por seu lado as mudanças culturais podem contribuir para este objetivo através de alterações no consumo e no comportamento. No final, os efeitos negativos do crescimento populacional — pelo menos durante o próximo século — podem ser neutralizados e os limites ao crescimento alargados. Mas temos de reconhecer três pontos: o primeiro é que o crescimento populacional não é neutro; o segundo é que um abrandamento do crescimento irá facilitar a solução de muitos problemas; e o terceiro é que as forças que ameaçam o sistema de vida no planeta nunca foram tão fortes. É prudente diminuir os riscos: a restrição do crescimento populacional contribui para este fim[451].

9. Cálculos e Valores

Regresso aos temas debatidos no início deste capítulo; a perspetiva sobre o futuro desenvolvimento da população e as suas implicações não permite, nem agora, tomar partido pelos otimistas ou pelos catastrofistas. Podemos, no entanto, tentar compreender se os mecanismos de «escolha» à disposição da humanidade, e que permitem regular o crescimento numérico em função da perceção dos constrangimentos, enfraqueceram ou se reforçaram em relação ao passado. As últimas reflexões serão dedicadas a este tema, examinando-o de dois pontos de vista: o da perceção dos constrangimentos e o do funcionamento dos mecanismos de escolha e regulação.

A perceção dos elementos de constrangimento levanta problemas complexos. De facto, como a força de inércia das populações é muito forte, as correções impostas pelo seu curso — por exemplo, uma mudança no fluxo dos nascimentos — pode ter efeitos muito dilatados no tempo. Por outro lado, certos sinais

---

[451] Veja-se a perspetiva relativamente otimista do National Research Council, *Our Common Journey: A Transition Towards Sustainability,* Washington, National Academy Press, 1999, pág. 160. «Uma transição bem sucedida no sentido da sustentabilidade é possível no decurso das duas próximas gerações. Esta transição pode ser alcançada sem tecnologias milagrosas ou drásticas transformações sociais».

de «perigo» só podem ser descodificados com atraso. Pensemos na deterioração ambiental, que só é plenamente notada, nos seus efeitos, quando o estrago já está feito: a lenta desflorestação de um vale conduzirá a cheias ruinosas do rio, mas só com grande atraso em relação ao início do processo de degradação; o «efeito de estufa» produzido pela acumulação de dióxido de carbono e outros gases na atmosfera pode explicar os seus efeitos com décadas de atraso relativamente ao início do processo e, aliás, as primeiras fases de aquecimento poderiam ser interpretadas erradamente como sinais positivos.

A perceção dos problemas suscitados pelo crescimento demográfico nas sociedades rurais tradicionais era provavelmente muito mais direta e imediata do que na sociedade moderna. Os habitantes de uma aldeia, de um vale, de uma região tinham a perceção imediata e direta dos acontecimentos prejudiciais provocados pelo estabelecimento de novas famílias numa área já saturada; os métodos de regulação, embora menos eficazes do que os atuais, podiam favorecer gradualmente os necessários ajustamentos demográficos. A expansão e a integração dos mercados e o desenvolvimento do comércio contribuíram para esconder, à perceção do indivíduo, a ligação existente entre recursos naturais (terra, por exemplo) e bens consumidos. Hong Kong pode crescer desmesuradamente consumindo produtos agrícolas importados dos Estados Unidos ou da Argentina sem nunca perceber a ligação existente entre os cereais ou as carnes consumidas e o ambiente rural que os produz. Esta é a consequência necessária do desenvolvimento económico; mas deve reconhecer-se que este processo quebrou a ligação direta entre o protagonista de escolhas demográficas (o indivíduo) e o ambiente, em sentido lato, produtor de forças de constrangimento. Esta ligação vai-se lentamente reconstituindo à medida que cresce a consciência na opinião pública, nas instituições e nos governos mais prudentes, da globalidade e da interação entre fenómenos que respeitam ao ambiente.

Num plano económico mais imediato, os sinais de «perigo» deveriam vir do setor dos preços, que assinalam a escassez iminente de bens fundamentais e a necessidade, portanto, de remediar a situação contendo a procura (e isto, a longo prazo, pode ter implicações demográficas) quando não for possível intervir sobre a oferta. Mas nem sempre o sistema de preços emite os sinais correctos e uma política de subsídios pode distorcer o sistema e anular o sinal. Amiúde citam-se os efeitos perversos – do ponto de vista demográfico – de políticas que tendem a manter artificialmente baixos os preços de bens alimentares básicos em muitos países, sacrificando as remunerações dos agricultores e acelerando o êxodo para as cidades já hipertróficas. A um nível mais geral, a não inclusão, nos preços, dos custos ambientais provocados pela produção de bens equivale a uma severa distorção do «sinal» que os preços deveriam dar.

Passemos aos mecanismos de escolha e de regulação do crescimento. Falámos bastante deles nos capítulos 4 e 5 e é evidente que com a difusão do controlo da reprodução eles se reforçaram enormemente. É, por isso, evidente que um novo, poderosíssimo, instrumento de regulação está a difundir-se com notável rapidez, tornando as sociedades muito mais flexíveis perante os constrangimentos que têm de enfrentar. Quando muito perfila-se um problema de sinal oposto, ou seja, que o travão ao controlo dos nascimentos fique bloqueado em níveis demasiado baixos – como acontece na Europa – apesar dos problemas evidentes que a natalidade demasiado baixa determina (envelhecimento rápido, desequilíbrio nas relações entre gerações). Até o elemento de regulação malthusiano por excelência – o acesso à reprodução, ou casamento – resulta reforçado, como se pode deduzir do crescimento da idade no casamento ocorrido nas últimas décadas em grande parte das populações mais pobres. Também se falou demoradamente do controlo da mortalidade, e os êxitos nos últimos dois séculos continuaram até hoje com prolongamentos consistentes da esperança de vida até mesmo onde ela já era muito alta. Todavia, não se deve desvalorizar o facto de ulteriores diminuições da mortalidade poderem encontrar obstáculos nos custos crescentes ligados a um prolongamento inatural da vida humana: custos económicos ligados à tecnologia médica e à assistência, e custos morais ligados ao sofrimento do «encarniçamento» terapêutico nas suas várias formas ou à solidão. Deve ter-se em conta, também, o surgimento de novas doenças (SIDA) ligadas a novos comportamentos e à versatilidade transformadora dos vírus; a permanência de flagelos antigos, como o cancro, cujas ligações prováveis às alterações do ambiente (produzidas pelas atividades humanas) ou à alimentação, não são fáceis de eliminar; o surgimento de novos formas mais subtis de constrangimentos ambientais – o *stress* – com as suas múltiplas consequências negativas.

Se do ponto de vista dos mecanismos de regulação dos nascimentos e das mortes as sociedades contemporâneas estão equipadas com muito maior eficácia do que anteriormente, não se pode dizer o mesmo de outro veículo de escolha: a mobilidade humana. O povoamento do mundo fez-se através das migrações que distribuíram eficientemente a população em função dos recursos existentes ou potenciais. A emigração sempre foi, por outro lado, a via principal para fugir à pobreza e à degradação[452]. Esta «liberdade» de estabelecimento que, na época moderna, levou ao povoamento europeu da América temperada, da Austrália e da Sibéria, está hoje gravemente comprometida. Foi prevalecendo, sob o impulso de fatores principalmente políticos, uma lógica nacional que olha para as migrações como facto marginal, aceitável apenas em enquadramentos muito rigidamente estruturados e em contingentes relativamente reduzidos. Porven-

---

[452] J. K. Galbraith, *The Nature of Mass Poverty*, Harmondsworth, Penguin Books, 1980.

tura, não podia ser de outra maneira, dada a enorme diferença de rendimento e disponibilidade entre países e a facilidade das deslocações. Contudo, sublinho o facto: não existe nenhum território «vazio» disponível sobre o qual derramar excedentes demográficas e colonizar com homens, plantas e animais[453]. A uma crescente integração económica corresponde uma crescente separação entre povos e etnias. A criação de novos Estados nacionais com contornos amiúde artificiais provocou o regresso de etnias e grupos, anteriormente misturados, a âmbitos políticos bem definidos. Em muitos casos, verifica-se no seio de perímetros nacionais uma tendência para a «segregação» entre grupos. Portanto, um elemento de escolha, a migração, diminuiu relativamente a épocas anteriores.

O balanço, assim, tem ativos, mas também tem alguns passivos. Difícil é fazer a soma, embora a capacidade de controlar os nascimentos devesse tornar-se a alavanca decisiva para travar o crescimento se se tornasse património comum de toda a humanidade.

Permita-se-me, a fechar, uma derradeira reflexão. É cada vez mais consistente a opinião segundo a qual o controlo do crescimento se esteja a tornar um valor, e como tal não precisa de demonstrações nem de confirmações. Esta é, no fundo, uma sorte para os demógrafos, que não mais serão obrigados a ter de demonstrar a oportunidade desta ou daquela tendência. A certeza de que o ambiente é finito (embora os limites possam ser continuamente alargados) e que o crescimento não pode continuar sem limites, parece uma motivação intelectual suficiente para considerar que o género humano precisa de se preparar, durante uma longa fase histórica, para moderar, travar e, se calhar, em alguns casos, inverter, a sua rota. É preciso ter presente outro elemento: para lá de certos limites, o crescimento demográfico cria também deseconomias de escala. Pense-se, em primeiro lugar, no crescimento desmesurado das concentrações urbanas nos países pobres. Em 1975 apenas três megalópolis ultrapassavam os 10 milhões de habitantes; em 2007 havia 19, que deverão tornar-se 27 em 2025, com uma população total de 447 milhões (5,7% da população mundial)[454].

Os problemas sociais, sanitários, ambientais crescem de maneira mais do que proporcional ao crescimento numérico dos agregados. Deseconomias de escala podem dizer respeito à pobreza, à ignorância, à alimentação. Apesar do indubitável progresso económico generalizado, o forte crescimento demográfico provoca – embora no contexto de uma diminuição da incidência relativa (expressa em percentagem da população total) do analfabetismo, da pobreza ou da malnutrição – um aumento absoluto do número de analfabetos, de pobres e de

---

[453] A.W. Crosby, *Ecological Imperialism. The Biological Expansion of Europe, 900-1900*, Londres, Cambridge University Press, 1986.

[454] Nações Unidas, *World Urbanization Prospects. The 2003 Revision*, Nova Iorque, 2004.

malnutridos. Segundo o Banco Mundial, apesar de a incidência sobre o total da população de pobres (definidos como aqueles que vivem com menos de 1,25 dólares PPP por dia) ter diminuído, nos países em desenvolvimento, durante os últimos vinte anos, o seu número absoluto permaneceu aproximadamente constante. Na África subsariana, a pobreza assim definida desceu de 58% da população em 1990 para 51% em 2005, mas o número de pobres cresceu quase cem milhões (de 295 para 387)[455]. A situação para a malnutrição e o analfabetismo é análoga, com um forte aumento dos esfomeados e dos analfabetos[456]. O objetivo, fixado em meados dos anos 90, de diminuir para metade o número das pessoas subalimentadas no mundo (estimado em 825 milhões em 1999-1992) antes de 2015, será quase com certeza falhado: em 2009, com efeito, esse número já tinha ultrapassado os mil milhões. E, ainda, as catástrofes naturais − como o *tsunami* que atingiu as costas indonésias e tailandesas em finais de 2004 e o que atingiu o Japão em 2011, assim como as inundações ou as secas − ou as catástrofes geradas pela ação humana, e que atingem regiões densamente povoadas, requerem programas de ajuda que, dadas as dimensões numéricas das populações atingidas, são difíceis de organizar e dirigir. A eliminação de um fenómeno negativo torna-se mais difícil (de modo mais do que proporcional) com o crescimento das dimensões numéricas das populações atingidas. E esta também pode ser indicada como deseconomia de escala.

É, por isso, verosímil que estejamos a entrar numa fase histórica − de duração limitada − durante a qual o crescimento da população cessará de produzir rendimentos crescentes, podendo, ao invés, causar fortes deseconomias de escala. Há, por isso, uma justificação teórica para o controlo do crescimento demográfico, que se torna um elemento estratégico para a sobrevivência global, aceitável não apenas por cálculo de conveniência, mas também por um valor intrínseco.

Existe um sentimento difuso de que o atual crescimento demográfico é como um veículo que viaja velozmente por uma estrada perigosa. A estrada simboliza a finitude dos recursos para a sobrevivência, que consideramos limitados, apesar da sua elasticidade. No fim da estrada existe um precipício. Duas equipas trabalham na solução do problema. Uma tenta melhorar a estrada de maneira a que se evite o precipício ou construindo uma ponte sobre ele: é o engenho humano a esforçar-se por economizar os recursos limitados, substitui-los por outros, inventar novos recursos. A outra equipa, ao invés, trabalha no veículo, mas não existe acordo. Alguns querem reduzir-lhe a potência e a

---

[455] Sobre as relações entre população e pobreza ver também Banco Mundial, *World Development Report 1999/2000, op. cit.*, pág. 25. Sobre a relação entre população e pobreza ver também Livi Bacci e De Santis (orgs.), *Population and Poverty, op. cit.*

[456] Sobre o tema ver < www.worldhunger.com >.

velocidade, de maneira a adiar o mais possível a chegada ao precipício. Outros querem melhorar-lhe o volante, os travões, as suspensões para que o condutor guie com maior segurança, adaptando-se às caraterísticas da estrada, acelerando, abrandando ou parando se necessário. É este o veículo que preferimos, ágil nas manobras e na escolha do itinerário mais adequado, com um condutor cauto, experiente e capaz de ler os sinais de perigo.

Leituras Sugeridas

De seguida, indicam-se algumas obras de referência e as principais revistas científicas para o leitor que queira aprofundar os temas apresentados em cada capítulo.

Capítulo 1

C.M. Cipolla, *Uomini, tecniche, economie*, Milão, Feltrinelli, 1990[4].

P. Demeny e G. McNicoll (orgs.), *Encyclopaedia of Population*, Nova Iorque, Macmillan, 2003.

J.D. Durand, *Historical Estimates of World Population*, in «Population and Development Review», 3, 1977, pp. 253-296.

M.P. Hassell e R.M. May (orgs.), *Population Regulation and Dynamics*, Londres, Royal Society, 1990.

F.A. Hassan, *Demographic Archaeology*, Nova Iorque, Academic Press, 1981.

H. Léridon, *Human Fertility: The Basic Components*, Chicago, University of Chicago Press, 1977.

F. Macfarlane Burnet e D.O. White, *Natural History of Infectious Disease*, Cambridge, Cambridge University Press, 1972[4].

C. McEvedy e R. Jones, *Atlas of World Population History*, Harmondsworth, Penguin, 1985.

B. Slicher van Bath, *Storia agraria dell'Europa occidentale (500-1850)*, Turim, Einaudi, 1972.

E.A. Wrigley, *Popolazione e storia*, Milão, Il Saggiatore, 1969.

Capítulo 2

A.J. Ammerman e L.L. Cavalli Sforza, *La transizione neolitica e la genetica di popolazione in Europa*, Turim, Boringhieri, 1986.

V.G. Childe, *Man Makes Himself*, Nova Iorque, Mentor, 1951.

K.H. Connell, *The Population of Ireland (1745-1850)*, Oxford, Clarendon Press, 1950.

A.W. Crosby, *Imperialismo ecologico: l'espansione biologica dell'Europa, 900-1900*, Roma-Bari, Laterza, 1988.

P.D. Curtin, *The Atlantic Slave Trade. A Census*, Madison, The University of Wisconsin Press, 1969.

A. Hayami, *The Historical Demography of Pre-modern Japan*, Tóquio, University of Tokyo Press, 2001.

J.Z. Lee e Wang Feng, *One Quarter of Humanity*, Cambridge, Harvard University Press, 1999.

M. Livi Bacci, *Popolazione e alimentazione*, Bolonha, Il Mulino, 1993[3].

—*Conquista. La distruzione degli indios americani*, Bolonha, Il Mulino, 2005 [*A Conquista. Destruição dos Índios Americanos*, Lisboa, Edições 70, 2006].

T. McKeown, *L'aumento della popolazione nell'era moderna*, Milão, Feltrinelli, 1979.

W.H. McNeill, *La peste nella storia: epidemie, morbi, contagio dall'antichità all'epoca contemporanea*, Turim, Einaudi, 1987.

N. Sánchez-Albornoz, *La población de América Latina*, Madrid, Alianza Editorial, 1994[2].

Capítulo 3

E. Boserup, *The Conditions of Agricultural Growth*, London, Allen and Unwin, 1965.

—*Population and Technology*, Oxford, Blackwell, 1981.

R. Cassen (org.), *Population and Development: Old Debates, New Conclusions*, Oxford, Transaction Publishers, 1994.

N. Crook, *Principles of Population and Development* (org. I.M. Timaeus), Oxford, Oxford University Press, 1997.

D. Grigg, *Storia dell'agricoltura in occidente*, Bolonha, Il Mulino, 1994.

S. Kuznets, *Popolazione, tecnologia, sviluppo*, Bolonha, Il Mulino, 1990.

M. Livi Bacci, *In cammino. Breve storia delle migrazioni*, Bolonha, Il Mulino, 2010

T.R. Malthus, *Saggio sul principio di popolazione*, Einaudi, Turim, 1977 (*An Essay on the Principle of Population*, edição original inglesa em 1798).

—*Esame del principio di popolazione*, in T.R. Malthus, *Saggio sul principio di popolazione*, Turim, Einaudi, 1977 (edição original 1830).

J. Simon, *The Ultimate Resource 2*, Princeton, Princeton University Press, 1996.

Capítulo 4

AA. VV., *Rapporto sulla popolazione. L'Italia a 150 anni dall'Unità*, Bolonha, Il Mulino, 2011

J.P. Bardet e J. Dupâquier (orgs.), *Histoire des Populations de l'Europe*, Paris, Fayard, 1997-99, 3 vols.

A.J. Coale e S.C. Watkins, *The Decline of Fertility in Europe*, Princeton, Princeton University Press, 1986.

M.W. Flinn, *Il sistema demografico europeo, 1500-1820*, Bolonha, Il Mulino, 1983.

M. Haines e R.H. Steckel, *A Population History of North America*, Cambridge-Nova Iorque, Cambridge University Press, 2000.

T.J. Hatton e J.G. Williamson, *The Age of Mass Migration: Causes and Economic Impact*, Oxford, Oxford University Press, 1998.

M. Livi Bacci, *La trasformazione demografica delle società europee*, Turim, Loescher, 1977.

— *La popolazione nella storia d'Europa*, Roma-Bari, Laterza, 1998.

R. Schofield, D. Reher e A. Bideau (org.), *The Decline of Mortality in Europe*, Oxford, Clarendon Press, 1991.

E.A. Wrigley e R.S. Schofield, *The Population History of England 1541-1871: A Reconstruction*, Londres, Edward Arnold, 1981.

Capítulo 5

A. Angeli e S. Salvini, *Popolazione e sviluppo nelle regioni del mondo. Convergenze e divergenze nei comportamenti demografici*, Bolonha, Il Mulino, 2007

J. Banister, *China's Changing Population*, Stanford, Stanford University Press, 1987.

J. Casterline, *The Onset and Pace of Fertility Transition: National Patterns in the Second Half of the Twentieth Century*, in «Population and Development Review», 2001.

A.J. Coale e E.M. Hoover, *Population Growth and Economic Development in Low-Income Countries*, Princeton, Princeton University Press, 1958.

K. Davis, *The Population of India and Pakistan*, Nova Iorque, Russell & Russell, 1968 (edição original 1951).

R. D. Lee e D.S. Reher (orgs.), *Demographic Transition and Its Consequences*, suplemento do vol. 37, 2011 de «Population and Development Review»

M.R. Montgomery e B. Cohen (orgs.), *From Death to Birth: Mortality Decline and Reproductive Change*, Washington, National Academy Press, 1998.

S. Salvini, *Contraccezione e pianificazione familiare*, Bolonha, Il Mulino, 1997.

A. Sen, *Poverty and Famines*, Oxford, Clarendon Press, 1981.

OMS, *World Health Report 2000*, Genebra, 2000.
Xizhe Peng (org.), *The Changing Population of China*, Malden, Blackwell, 2000.

Capítulo 6
S. Castles e M.J. Miller, *The Age of Migration*, Nova Iorque, Guilford, 1998[2].
J.E. Cohen, *Quante persone possono vivere sulla terra?*, Bolonha, Il Mulino, 1998.
P. Demeny e G. McNicoll (orgs.), *The Political Economy of Global Population Change*, suplemento do vol. 32, 2006 de «Population and Development Review».
L.T. Evans, *Feeding the Ten Billion: Plants and Population Growth*, Cambridge, Cambridge University Press, 1998.
A. Golini, *La popolazione del pianeta*, Bolonha, Il Mulino, 2003.
A. Golini (org.), *Il futuro della popolazione del mondo*, Bolonha, Il Mulino, 2009
W. Lutz, W.C. Sanderson e S. Scherbov (orgs.), *The End of World Population Growth in the 21st Century: New Challenges for Human Capital Formation and Sustainable Development*, London-Sterling, Earthscan, 2004.
Banco Mundial, *World Development Report 1992. Development and Environment*, Nova Iorque, Oxford University Press, 1992.
National Research Council, *Beyond Six Billion: Forecasting the World's Population*, Washington (D.C.), National Academy Press, 2000.
OCDE, *International Migration Outlook,* Paris, 2010
UNAIDS, *Trends in HIV Incidence and Prevalence: Natural Course of the Epidemic or Results of Behavioral Change?*, Genebra, 1999.
Nações Unidas, *World Population Prospects. The 2010 Revision*, Nova Iorque, 2011,
— *World Economic and Social Survey 2004. International Migration*, Nova Iorque, 2004.
— *Long-range World Population Projections*, Nova Iorque, 1999.
K.W. Wachter e C.E. Finch, *Between Zeus and the Salmon: The Bio-demography of Longevity*, Washington (D.C.), National Academy Press, 1997.

Revistas científicas
Ageing & Society [envelhecimento & sociedade]
< http://journals.cambridge.org/action/displayJournal?jid=ASO >

Demografia
< http://muse.jhu.edu/journals/dem/_>

European Journal of Population
< www.springer.com/social+science0s/demography/journal/10680_>

Estudos sobre população
< http://www.springerlink.com/content/0168-6577 >

Genus
< http://utenti.lycos.it/genusjournal/>

Investigação demográfica
< www.demographic-research.org >

International Migration Review
< http://www.wiley.com/bw/journal.asp?ref=0197-9183 >

Journal of population economics
< http://www.popecon.org/index.php >

Journal of Population Research
< http://www.springer.com/social+sciences/population+studies/journal/125
   46?detailsPage=editorialBoard >

Migração internacional
< http://www.blackwellpublishing.com/journal.asp?ref=0020-7985 >

População e História
< http://sides.uniud.it/index.php/popolazione-e-storia.html >

População
< http://www.ined.fr/en/resources_documentation/publications/population/ >

Population and Development Review
< http://www.wiley.com/bw/journal.asp?ref=0098-7921 >

Recursos na internet sobre temas de demografia e população

O site *www.neodemos.it*, além de ter centenas de contributos sobre temas que se referem à população e à sociedade, mantém uma lista atualizada de ligações a recursos nacionais e internacionais, centros de estudo, gabinetes de estatística e de censos, organizações internacionais, bases de dados internacionais. Todos eles são recursos disponíveis *on-line*.

Índice das Figuras

Índice das Tabelas

Índice Analítico